Georg Guntermann

Vom Fremdwerden
der Dinge beim Schreiben

Kafkas Tagebücher als
literarische Physiognomie
des Autors

Max Niemeyer Verlag Tübingen 1991

Als Habilitationsschrift auf Empfehlung der Germanistischen Fakultät der Universität Bonn gedruckt mit Unterstützung der Deutschen Forschungsgemeinschaft

CIP-Titelaufnahme der Deutschen Bibliothek

Guntermann, Georg:
Vom Fremdwerden der Dinge beim Schreiben : Kafkas Tagebücher als literarische Physiognomie des Autors / Georg Guntermann. – Tübingen : Niemeyer, 1991
(Studien zur deutschen Literatur ; Bd. 111)
NE: GT

ISBN 3-484-18111-7   ISSN 0081-7236

Printed in Germany.
Satz: pagina GmbH, Tübingen
Druck: Allgäuer Zeitungsverlag, Kempten
Einband: Heinrich Koch, Tübingen

Inhalt

V

ERSTER TEIL

Das Tagebuch zwischen Autor und Werk

Ich lach' mich kaputt. Mit diesen Worten habe er, Hagenbuch, seine Tagebücher nach drei Tagen jedesmal rigoros
abgebrochen.   (Hanns Dieter Hüsch)[1]

Das TB ist das Alibi der Wirrköpfe; ist
einer der Abörter der Literatur!
(Arno Schmidt)[2]

---

[1] Hanns Dieter Hüsch, Stadthalle Bad Godesberg, 20. März 1983; ähnlich Hüsch
[1983], 129f.
[2] Schmidt [1965], 116.

2

15 X 21 Alle Tagebücher, vor einer Woche etwa, M. gegeben. Ein wenig freier? Nein. Ob ich noch fähig bin eine Art Tagebuch zu führen? Es wird jedenfalls anders sein, vielmehr es wird sich verkriechen, es wird gar nicht sein, über Hardt z. B. der mich doch verhältnismäßig sehr beschäftigt hat, wäre ich nur mit größter Mühe etwas zu notieren fähig. Es ist so, als hätte ich schon alles längst über ihn geschrieben oder was das gleiche ist, als wäre ich nicht mehr am Leben. Über M. könnte ich wohl schreiben, aber auch nicht aus freiem Entschluß, auch wäre es zu sehr gegen mich gerichtet, ich brauche mir solche Dinge nicht mehr umständlich bewußt zu machen, wie früher einmal, ich bin in dieser Hinsicht nicht so vergeßlich wie früher, ich bin ein lebendig gewordenes Gedächtnis, daher auch die Schlaflosigkeit.

15. [Oktober 1921] Es ist ein halb zwei Uhr. Aber es gefällt mir so wenig, ins Bett zu gehen! ich langweile mich lieber. Wie wenig Zeit hat man, und man schlägt sie tot!
Ich gondle nach Nürnberg. Es ist Sonntag, ich bin mit der Bi im Kino und nachts im Café. Man arretiert uns, weil ich einen Kaffee zurückweise. Die Bi benimmt sich wunderbar. Sie sitzt unberührt inmitten vieler, die mich instinktiv hassen, und sie fühlt das. Mein Zug geht um ein halb zwei Uhr. Ich treibe mich in der kalten Nacht auf der Burg herum, rauche, trinke Schnaps. Dann schiffe ich mich ein, hocke fressend, schlafend, fluchend, träumend, rauchend, saufend im Zug, 10 Stunden lang. Da ich den Revolver dabeihabe, schwitze ich vor Höchst Blut, es ist besetztes Gebiet. Ich kaufe in Frankfurt ein Zigarrenkistchen, aber die Post ist zu, und im Abteil ist kein Abort mit Stukkatur als Versteck. Es wird nicht visitiert. Bei M[arianne] bin ich gleich daheim.

Von höchst Unterschiedlichem ist die Rede, dort von Literatur, hier von ›Leben‹. Dort treten Tagebücher auf, eine Frau (»M[ilena]«) als ihre Empfängerin und erste (zweite) Leserin, sowie ein – Rezitator (»[Ludwig] Hardt«); hier bestimmen andere Requisiten das Bild, zwischen zwei Frauen stehen Kaffee und Schnaps sowie Revolver und Zigarren. Private Geschichte auf der einen Seite, die in den zeitlosen Schwierigkeiten des Schriftstellers gipfelt, das zu tun, wonach ihn zeitlebens drängt: zu schreiben, steht gegen öffentliche Geschichte, die durch das zufällige Inventar hindurchscheint und die räumliche und zeitliche Festlegung gestattet innerhalb einer realen historischen Situation, den politischen Wirren in Deutschland nach dem Ende des Ersten Weltkrieges, erneuerten Reparationsforderungen der alliierten Siegermächte und der Ermordung Matthias Erzbergers. Der eine Autor reflektiert seine ruhelos-stehende Innenwelt, der andere agiert, inmitten einer ihm unverbundenen, in Bewegung und Aufruhr begriffenen Außenwelt. Es sieht so aus, als seien beide Verfasser mit sich und ihrer Lage uneins, doch ist auch darin kaum eine Gemeinsamkeit zu erblicken. Das Ungenügen des einen am dramatischen inneren Leben erscheint notwendig und grundsätzlich, ausweglos, die Verstörung des anderen innerhalb ›dramatischer‹ äußerer Abläufe eher zufällig und veränderlich. Noch nicht einmal der reihende Stil beider Notierungen dürfte als vergleichbar angesehen werden; dort, wo in dem einen Falle allein innere Gedankenbewegungen die eigene Aktivität ausmachen, wirkt deren Abfolge gleichwohl zwanghaft-erlitten, wie von einer fremden Instanz unvermeidlich aufgezwungen, während das ziellose Handeln des anderen, vom Tempo der äußeren Ereignisse angetrieben, in seiner Aufzählung dennoch willentlich erzwungen sich ausnimmt, wie von einer künstlichen, selbstgemachten Pose getragen. Der eine Autor, 38jährig, wird sich in der Art seiner Eintragungen für die restlichen drei Jahre seines Lebens treu bleiben wie vorher; dem anderen, 23 Jahre alt, stehen noch erhebliche Veränderungen in seinem Leben und Schreiben bevor. Was also verbindet die beiden Texte miteinander? Nahezu nichts, außer dem Datum, unter dem sie geschrieben sind, und der Tatsache, daß es sich jeweils um Eintragungen in ein Tagebuch handelt:[3] Erweis für seine Vielgesichtigkeit, für die Vielfalt der Themen und Motive, die in ihm auftauchen können, der möglichen Antriebe, es schreibend zu füllen, der unterschiedlichen Funktionen, die es für seinen Verfasser übernehmen kann.

»Was bewegt einen Menschen, sich abends hinzusetzen, einen Stift zur Hand zu nehmen und in ein sich allmählich füllendes Buch zu schreiben, das wir Tagebuch nennen? [...] Ist er sich im klaren, daß lediglich zwei Aussagen wirklich wahr sein werden: nämlich der Ort und das Datum?«[4] Solche Fragen – und solche Verlegenheiten um eine Antwort – kennzeichnen seit langem das Verhalten der Literaturwissenschaft gegenüber der literarischen Gattung ›Tagebuch‹. Und daran hat auch die Tatsache bislang nichts ändern können, daß die literarischen Selbstzeugnisse insgesamt, Tagebücher und Arbeitshefte, Autobiographien und Memoiren, Reiseberichte und Briefe, die früher, auch äußerlich – in den großen wissenschaftlichen Editionen etwa –, streng von den ›klassischen‹ Gattungen getrennt gehalten wurden, neuerdings, im Zuge des gewachsenen Interesses am Subjektiven und Individuellen, mehr und mehr Aufmerksamkeit auf sich ziehen. Dabei ist das Tagebuch aufgrund der Aura des Authentischen, von der es umgeben ist, in besonderem Maße dazu angetan, die Neugier des Betrachters zu befriedigen.[5] Es soll als Quelle für Auskünfte dienen, Informationen über den

---

[3] Kafka [1982ff.] III, 863 (Zitatnachweis im weiteren durch Angabe der Seitenzahl im Text); Brecht [1975], 167.

[4] Schramm [1983], 1.

[5] Ein kleines Beispiel dafür nur ist die Reihe im Magazin der Wochenzeitung »DIE

Schreiber liefern, im Falle des Schriftsteller-Tagebuchs als Hilfsmittel zur Klärung von Fragen des ›eigentlichen‹ Werks beitragen: Datierungen erleichtern und Einflüsse belegen, Absichten des Schreibens verdeutlichen oder Änderungen in dessen Konzeption illustrieren. Aber die Verlegenheit desjenigen, der im Tagebuch Einblick sucht, ist darin begründet, daß der gewünschten ›objektiven‹ Auskunft über das schreibende Subjekt eben die Subjektivität dieser Aufzeichnungen im Wege steht. Die Versuchung des Lesers – nicht nur von Tagebüchern, sondern autobiographischer Texte allgemein – liegt darin, daß er die Beschreibungen, die sie ihm anbieten, für wirklich nimmt, als reale Porträts realer Gegebenheiten, statt die vielfältigen Vermittlungen, die zwischen Leben und Literatur, wirklicher Person und deren Gegenwärtigkeit im Tagebuch liegen, mitzubedenken. Um die Besonderheit des ›diarischen‹ Ichs zu fassen, ist es notwendig, die spezifischen Eigenschaften des Tagebuchs als einer eigenen literarischen Gattung zu berücksichtigen, auf ihm eigengesetzliche Formen des Schreibens zu achten. Um »*durch* Tagebuch und Autobiographie Individuen und Gegenstände sehen zu können, müssten wir zuvor *auf* diese Texte schauen und die ihnen eigentümlichen sprachlichen Verfahren erfassen – ähnlich, wie wir beim Porträt des Malers auf das Material, wie Farbe, auf Licht und Schatten, auf Gebärden und Haltung, auf Gewand, Beiwerk und Hintergrund oder, um nur einiges zu nennen, auf die Bildgrösse achten. Es bedarf einer Wendung vom Beschriebenen zum Beschreiben, für den Leser von Autobiographien und Tagebüchern offenbar ebenso ›unnatürlich‹ wie für den Zuschauer am Fußballplatz das Vorhaben, auf den Tormann zu schauen statt auf die Feldspieler und den Ball.« Um das Abbild, das der Tagebuchschreiber von sich in seinem Tagebuch schafft, richtig einschätzen zu können, ist es erforder-

ZEIT«, in der Rolf Hochhuth allwöchentlich ein Tagebuchblatt eines berühmten Zeitgenossen veröffentlichte, »keines von gestern, sondern eines von heute. Und auch nur geschrieben für den Tag und nicht herzeigenen Notizblättern entrissen, wohl aber mit dem Mut zur alltäglichen Intimität, Frische, Flüchtigkeit und Sprunghaftigkeit unserer gestreßten [?] Gedanken«, Hochhuth [1985], 32, Er tut dies erklärtermaßen in der Absicht, den Geist der Zeit in einer Reihe möglichst unverstellter Selbstzeugnisse auf eine möglichst authentische Weise zu fassen und zu dokumentieren, dabei in ungebührlicher Anbiederung übrigens (»keine Statements, ihr Großen von heute, keine mediengeübten Exerzitien. Nur ein wenig Menschliches von möglichst vielen, bitte«), in versuchter Nähe, als deren Ziel und Inhalt sich, hinter dem Menschlich-Allzumenschlichen, in erschreckender Weise das wieder hervorgewendete Normale zu erkennen gibt. – Die Tagebuchblätter indes, die in dieser Reihe zum Abdruck kommen, sind meistenteils fingierte, das heißt, Texte ›als ob‹, eigens für diesen Anlaß in der – vorgestellten – Art eines Tagebuchs geschrieben (also wie?), von Personen, die für sich selbst kein Tagebuch führen. »Wenn ich ein Tagebuch schriebe« ist denn auch die Reihe betitelt, und in diesem Konjunktiv ist der Widerspruch von Authentizität und Fiktion auf den Begriff gekommen.

lich, »die eigengesetzlichen, sich perpetuierenden Beschreibungssysteme aufzuspüren«, mit deren Hilfe es entstanden ist; »vom Porträt« ist eher der
»Weg zum Porträtierenden zu suchen als zum Porträtierten«[6] – selbst wenn
es, bei einer so reflexiven Gattung wie dem Tagebuch, auf den ersten Blick
so scheint, als fielen hier diese beiden Instanzen in eins zusammen. Bisher
wurde das literarische Tagebuch vorrangig behandelt als etwas, das nähere
Auskunft geben kann über seinen Schreiber, über die Bedingungen, Absichten und Ziele seiner Produktion, nicht aber als etwas, das selbst als eine
Form oder Stufe dieser Produktion anzusehen wäre. Das Tagebuch des
Schriftstellers verdient Interesse nicht allein als autobiographisches Zeugnis
des Autors, als Hilfe zur Entschlüsselung verborgener Bezüge in seinem
Werk, sondern ebenso im Hinblick auf seine eigene Literarität.

---

[6] Welzig [1983], 33.

A. Annäherungen an eine fragliche literarische Gattung
Über die Verlegenheit einer Bestimmung aus Gegensätzen

Innerhalb der bisherigen Bemühungen der Literaturwissenschaft um die Gattung ›Tagebuch‹ dominiert weithin die Ratlosigkeit der Beschreibung, angesichts der Vielfalt von Formen, Inhalten und Funktionen, die sich dem eröffnet, der es unternimmt, als »Chronist«,[7] sei es in form- oder geistesgeschichtlicher Absicht, einen »Blick in europäische Tagebücher«[8] zu werfen.[9] »Es gibt wohl nicht die Definition des Tagebuchs; es gibt so viele

---

[7] Just [1963/1966], 26.

[8] So der Untertitel bei Hocke [1963a]. Vgl. von demselben Autor »Das europäische Tagebuch« [1963b/1978] und die dort gebotene Anthologie, die, bei all ihrer weltanschaulichen Gebundenheit, dennoch Anknüpfungspunkt für vielfältige Interessen und Fragerichtungen sein kann. ›Anthologisch‹ angelegt ist auch die »Einführung« in die Gattung ›Tagebuch‹ durch Görner [1986], der – bei ungleich schmalerem Materialfundus – in der Aneinanderreihung der von ihm vorgestellten Autoren (z. B. »Gerhart Hauptmann – Max Frisch – Bertolt Brecht – Günter Grass«) und ihrer Rubrizierung unter eine Folge von Aspekten (hier »IV. Das Tagebuch als Collage«) unentschieden hin- und herschwankt zwischen Literarhistorie und Typologie der Gattung.

[9] Diese Verlegenheit angesichts der Vielfalt der Erscheinungen, die es alle an einem Zipfel festzuhalten und mit einem Namen zu belegen gilt, spiegelt sich selbst in der Einführung einer so problembewußten Studie wie der 1979 erschienenen von Jurgensen über »Das fiktionale Ich« ([1979], 7–30), deren Erkenntnisziel, eine Entsprechung von Tagebuchform und Werkstruktur, mit der hier vorliegenden Untersuchung in mancherlei Hinsicht aufgegriffen wird. Jurgensen läßt, nicht anders als die meisten seiner Vorgänger, einen kaleidoskopartigen Reigen entstehen von Formen des Tagebuchs, Themen und Funktionen des in ihm (von sich) schreibenden Ich – eine bunte Folge aus kursiv hervorgehobenen Stich- und Hauptwörtern, die den Verfasser denn auch nicht vor unscharfen, weit ausholenden Verallgemeinerungen, gewissermaßen »Aufzeichnungen von *existentieller Reichweite*« (30) bewahren. Ja, in den Einzeluntersuchungen kehrt dieses Prinzip einer Reihung aus mangelnder Ordnung wieder als In-Beziehung-Setzen von Motiven, das geleitet wird durch unhistorische, bestenfalls undeutlich philosophiegeschichtlich fundierte Bewertungsmaßstäbe; die Reihenfolge der analysierten und zitierten Textabschnitte aus den untersuchten Tagebüchern ist nur zu häufig bestimmt vom Gebot der steigenden Seitenzahl, gehorcht dem Prinzip des Umblätterns. Damit soll der Wert der Untersuchung Jurgensens keinesfalls grundsätzlich in Abrede gestellt werden – sie wird an gehöriger Stelle noch des öfteren zitiert werden –, ebensowenig die Genugtuung darüber, daß eine literaturwissenschaftliche Studie wie die seine ganz ohne Anmerkungen und weitgehend ohne Sekundärliteratur ihr Auskommen findet.

Definitionen wie Tagebücher«[10] – die Verlegenheit, die aus einer solchen Feststellung spricht, spiegelt noch einmal die Schwierigkeit, über Tagebücher als literarische Selbstzeugnisse »anders zu reden als über Personen. Der Vorsprung des sogenannten wissenschaftlichen Diskurses vor der Alltagsrede ist da nicht allzu groß. Wir verfügen für Tagebuch und Autobiographie über keinen der elementaren poetologischen Begriffe, wie wir sie etwa bei der Interpretation von Gedichten, Dramen oder Romanen anzuwenden gelernt haben. Statt dessen drängen sich Vokabeln auf wie ›Spiegel‹, ›aufrichtig‹, ›ehrlich‹, ›grundehrlich‹, so als schrieben sich Tagebuch und Autobiographie, Bereitschaft zur Aufrichtigkeit einmal vorausgesetzt, mehr oder weniger von selbst, so als verschriftlichte der Autor unter dem Diktat des Gedächtnisses lediglich, was gespeichert und längst geordnet und auch schon entsprechend verpackt ist.«[11] Wohl gibt es kurzerhand entschlossene Definitionsversuche (»Ein Tagebuch ist ein fortlaufender, meist von Tag zu Tag geschriebener Bericht über Dinge, die im Lauf jedes einzelnen Tages vorfielen«).[12] Doch sie bringen die Gefahr mit sich, über äußerliche Annäherungen an die Form (»Reihe von täglich aufeinanderfolgenden Aufzeichnungen, die von wechselnder Ausdehnung und Intensität sind«)[13] und über tautologische Bemerkungen zum Inhalt kaum hinauszugelangen (»die schriftliche Niederlegung äußerer Ereignisse, Vorfälle und Begebenheiten, die mit der Person des Tagebuchführenden in irgendeinem Zusammenhang stehen, persönlicher Erlebnisse und Erfahrungen, Reflexionen, Meditationen und seelischer Vorgänge im allgemeinsten Sinne«). So wird etwa das Prinzip der Wiederholung als Merkmal festgestellt,[14] »schubweises Wachsen« oder eine »gewisse Regelmäßigkeit des Berichtens« mit »einer deutlich erkennbaren Trennung der einzelnen Niederschriften voneinander«; allemal handele es sich um »Aufzeichnungen eines einzelnen Schreibers über Dinge, die er im Laufe eines Tages mit eigenen Augen beobachtete oder die ihn innerlich beschäftigten.«[15] Das aber hat zur bedenklichen Folge, »daß plötzlich alles, Arbeitsheft, Merkblatt, Haushaltbuch, Reisenotiz, Skizze und Reflexion wie autobiographischer Entwurf, sofort zum Tagebuch gemacht wird; wo die Grenzen fließend sind, wird das Genre zur Nacht, in der alle Katzen grau sind.«[16] Die Gefahr solcher am Ende inhaltsleeren Definitionen soll umgangen werden mit Versuchen zur Klassifizierung durch Gegen-

---

[10] Raddatz [1986], 41.
[11] Welzig [1982], 65.
[12] Boerner [1969], 11; vgl. auch Aichinger [1977], 803: »(relativ) regelmäßige Aufzeichnungen aus dem eigenen Leben«.
[13] Gräser [1955], 120.
[14] Kurzrock [1955], 5, 121.
[15] Boerner [1969], 11.
[16] Wuthenow [1990], 13.

8

überstellung, kontrastive Bestimmungen, in denen man der eigentlichen Merkmale für die ›Textsorte‹ Tagebuch antithetisch, in Abgrenzung zu benachbarten ›Gattungen‹ habhaft werden möchte. So bewegt sich dann der suchende Blick ratlos-zielstrebig hin und her zwischen Tagebuch und Zeitung (von der es die Privatheit unterscheide) oder zwischen Tagebuch und Chronik (der gegenüber es nicht allein die außergewöhnlichen Ereignisse festhalte); im Gegensatz zum Brief wiederum erscheint das Tagebuch reflexiv an das eigene Ich gerichtet, von der Autobiographie trennen es die größere Erlebnisnähe und das Fehlen urteilender Zusammenschau und Distanz.[17] Doch gerade wenn etwa die »Wahrheit zur Autobiographie, als einer anderen Form, zur »Wahrheit des von innen gesehenen Lebens«[18] zu gelangen, durchgespielt wird, wenn Einblick gegen Überblick steht,[19] Authentizität des Einzelnen gegen deutende Überschau eines Zusammenhangs,[20] wenn Gegenwart in einer Fülle von Teilerfahrungen als kontrastives Merkmal hervortritt gegenüber der Vergangenheit als einem (nachträglich) geordneten und begriffenen Handlungskontinuum,[21] dann drängt sich die Frage nach dem historischen Gehalt solcher Eingrenzungsversuche auf, nach der literaturgeschichtlichen Berechtigung derartiger Gegenüberstellungen, die aporetisch enden: in denen nämlich das Tagebuch als was eigentlich gezeigt wird – als defizient? als fortgeschritten? Läßt sich das Tagebuch erfassen als Symptom der Auflösung herkömmlichen Schreibens? Begreifen als Medium der Dissoziierung gebräuchlicher literarischer Ausdrucksweisen? Fast mag es so scheinen, wenn etwa das Bekenntnis zum Ausschnitt, zum offenen Fragment und Versuch, zur Frage schlechthin, dem Anspruch auf Überblick, Allwissenheit und geschlossene Gesamtschau, auf Antworten überhaupt als einzig zeitgemäß-verantwortliche Haltung entgegengehalten wird.[22] Ist das Tagebuch eine Form, in der die Auflösung der Form (des autobiographischen Romans) Gestalt annimmt?

---

[17] Boerner [1969], 12f.
[18] Pascal [1960/1965], 229.
[19] Kästner [1961], 13.
[20] Kieser [1975], 27f.
[21] Grenzmann [1959], 84–86; vgl. auch Pascal [1960/1965], 86f.
[22] Kieser [1975], 43.

1. Kapitel. Funktionalität als Anhaltspunkt

> Nun soll das Tagebuch recht regelmäßig
> besorgt werden.   (Richard Wagner)[23]
>
> Ach, zehn und mehr Tagebücher sollte
> ich zur Zeit führen! Drei, vier habe ich
> schon begonnen.   (Hermann Hesse)[24]
>
> Pauvre journal intime! [...] Ou plutôt
> pauvre moi!   Henri-Frédéric Amiel)[25]
>
> Welche Lücke in meinem Tagebuche! –
> Gottlob, dass sie nicht auch in meinem
> Inneren, in mir selbst ist.
>   (Franz von Baader)[26]

Die Schreibabsicht und der diaristische Erlebnisbereich

Weshalb schreibt ein Autor Tagebuch? Welche Absichten sind damit verbunden, welche Funktionen erfüllt es ihm? Bedeutet die Eintragung ins
Tagebuch Entlastung, die eine Distanz zum eigenen Ich verschafft, oder ist
gerade im Gegenteil die Verbindung des Schreibenden mit dem Beschriebenen hier besonders eng, kann der Tagebuchschreiber mit seinen Aufzeichnungen auf eine sonst kaum mögliche Weise gleichgesetzt, in ihnen identifiziert werden? Der Funktionalität des Tagebuchs hat man sich am häufigsten zu nähern versucht im Aufweis einander widerstreitender Möglichkeiten, in der Gegenüberstellung entgegengesetzter Schreibantriebe. Es ist
grundsätzlich unterschieden worden zwischen der Tagebuchaufzeichnung,
die nur ein Hilfsmittel darstelle, Vorstufe sei für anderes, und derjenigen,
die, eigenwertig, ihren Selbstzweck in sich trage. Einmal ist es die Notiz, die
ohne vorgängige Ordnung, »ohne Zufügung eigener Reflexionen«[27] eine
einzelne Beobachtung abkürzend vor der Verflüchtigung der Erinnerung
bewahren soll, das andere Mal ist es die ausführende Betrachtung, die das
Wahrgenommene verarbeitet und in der Reflexion über das Zufällig-Be-
sondere in systematische Zusammenhänge zu heben sucht. Hier »Notiz«-,
dort »Reflexionstagebuch«,[28] hier »Notatenjournal«,[29] dort »Meditationen-

---

[23] Wagner [1904], 37 (Venedig, 3. September 1858).
[24] Hesse [1932/1960], 14.
[25] Amiel [1976], 257 (Berlin, 16. Dezember 1847) – »Armes Tagebuch! [...] Oder
vielmehr: ich Armer!« Amiel [1986], 29.
[26] Baader [1850/1963], 39 (Egenburg, 19. Mai 1786).
[27] Boerner [1964], 604.
[28] Kurzrock [1955], 110, 134.
[29] Buchholz [1942], 2.

buch«,[30] hier »kalendermäßige Dokumentation von Erlebnissen und Begegnungen, von Gesprächen und Korrespondenz«, dort »persönliche Rechenschaft und verschwiegene Beichte«,[31] hier »Tagebücher des äußeren Lebens«[32] als »Spiegel der Welt«,[33] »Merkbücher, Gedächtnishilfen«,[34] dort »kontemplative Tagebücher[35] als »Spiegel der Seele«[36] – in solcher Unterscheidung von Form und Funktion wird dann auch Wertung vollzogen, was den Inhalt betrifft, das Maß seiner Gültigkeit und inneren Wahrhaftigkeit. ›Echtheit‹,[37] weil Privatheit der unmittelbaren, unveränderten Erlebniswiedergabe, in der die unverstellte Suche nach Wahrheit über sich und die Welt Realität gewinne, steht gegen die fingierte Authentizität, die auf Öffentlichkeit ausgerichtete Literarität ausgefeilter und überarbeiteter, von erkennbarem Gestaltungswillen motivierter und geprägter Aufzeichnungen, bei denen, gewollt oder ungewollt, »der unsichtbare Leser [. . .] dem Autor die Hand« führe:[38] sie seien in ihrer nachträglichen Stilisierung und Ausgestaltung weniger der Selbstanalyse als der Selbststilisierung verpflichtet, nur in sehr eingeschränktem Maße der Wahrheit über Leben und Person des Autors dienlich, und strebten als Fiktion danach, sich über die Realität zu erheben.[39] Mutmaßungen dieser Art über »Wahrheit und Lüge des Diaristen«[40] bleiben allerdings durchweg unbefriedigend, weil unergiebig, und vor allem fragwürdig, da sie nicht nur auf eine aufdringlich-zutrauliche Weise in der Psychologie von Leben und Werk des Autors hin- und herfahren, sondern auch (mit welchem Recht eigentlich?) moralisieren und (nach welchem Maßstab?) richten. Festzuhalten bleibt indes zunächst der problematische Ort des Tagebuchs auf der Grenzlinie zwischen Außen und Innen, Welt- und Icherfahrung, Ferne der Beschreibung und Nähe der Reflexion; auf das andere und das Selbst, die Mehrzahl der Dinge und die Einzahl des Pronomens der Ersten Person, auf alles außer sich und auf sich selbst richtet sich das Schreiben im Tagebuch und gewinnt darin die Vollzahl seiner Merkmale als reflexive Gattung.

Der Gegensatz von »Einfall und Erfahrung«, zwischen denen sich das Tagebuch bewegt,[41] ist aufzulösen versucht worden in eine Abfolge ver-

---

[30] Kurzrock [1955], 5.
[31] Beißner [1963], 7.
[32] Boerner [1964], 603.
[33] Just [1963/1966], 30.
[34] Boerner [1964], 604.
[35] Ebd., 603.
[36] Just [1963/1966], 30.
[37] Vgl. Hocke [1963b/1978], 16.
[38] Just [1963/1966], 33.
[39] Vgl. Boerner [1969], 25–28, 30–33.
[40] Ebd., 30.
[41] Kieser [1975], 57.

schiedener, aufeinander aufbauender Funktionen, die es für seinen Schreiber erfüllen könne. Marie Luise Kaschnitz hat, aus ihrer Sicht des Zusammenhangs, die Stufenfolge »Gedächtnis – Zuchtrute – Kunstform« benannt.[42] ›Gedächtnis‹ des Autors ist das Tagebuch als Ort der Sammlung von Eindrücken, Beobachtungen und Formulierungen, offen für spätere Verwendung; »Ventil, Spiegel, Zuchtrute«[43] sind Umschreibungen für den Selbstbezug, den adhortativen Anspruch, der mit der Reflexion des eigenen Tuns im Tagebuch verbunden ist, während ›Kunstform‹ die bewußt arrangierte Notiz meint, die sich in der ausgeführten Gestaltung vom ursprünglichen, auslösenden Erlebnis entfernt hat, indem sie es mit ihren Mitteln, literarisch, zu bewältigen sucht. Notieren, Reflektieren und Gestalten sind, als »Entwicklung«[44] verstanden, Momente einer Steigerung in Richtung Fiktionalität, bezeichnen das literarische Tagebuch als einen Prozeß der Verwandlung des authentischen Materials. Dabei mangelt es dieser Unterscheidung in Stufen jedoch an Durchlässigkeit, an Anschaulichkeit für die Übergänge und Zusammenhänge zwischen den verschiedenen Funktionen, für das eigentliche Prozeßhafte, die Verwandlung, die in der Anverwandlung erfolgt. Was macht den Selbstbezug, die Reflexivität dieser Gattung aus, deren Zielgerichtetheit als Orientierungsversuch in einem besonderen Sinne, dem des Fragments, als »Logbuch im Labyrinth«[45] wohlfeil gedeutet werden kann, vergleichbar den »Brotkrümchen, welche Hänsel und Gretel im Walde ausstreuten, um gewiß wieder nach Hause zu finden«?[46] Wie wird das Abbild des Außen zum Spiegel des Innen? Was verändert sich – das Tagebuch als Ort des Übergangs, der Vermittlung verstanden – aus dem Leben in Literatur?

Tagebuch als Abbild des Außen

»Tagebücher präsentieren gewesenes Präsens.«[47] Wie umfangreich auch immer sie sein mögen – die Gottfried Kellers etwa, im engeren Sinne, umfassen kaum mehr als 16 Seiten,[48] diejenigen von Henri-Frédéric Amiel, einem Zeitgenossen aus dem 19. Jahrhundert, in dem die diarische Introspektion des freigesetzten, aus allen Bindungen gefallenen bürgerlichen Individuums einen ersten Höhepunkt erreicht, dagegen über 16 000 Seiten[49] –, die Ord-

---

[42] Kaschnitz [1965].
[43] Boerner [1969], 20.
[44] Kaschnitz [1965], 32.
[45] Boerner [1969], 63.
[46] Carossa [1924/1962], 484 f. (13. Dezember 1916).
[47] Kästner [1961], 13.
[48] Keller [1947], 32–62 (8. Juli–16. August 1843); dazu noch »Frühe Aufzeichnungen« (29–32), »Traumbuch« (63–89) und »Tagebuchblätter« (90–98).
[49] Amiel [1976], 37.

nung wird dem Tagebuch von außen gegeben, das Gerüst liefert die Zeit. ›Ephemeriden‹ oder ›Kalender‹, ›Annalen‹, ›Diarium‹ oder ›Journal‹ sind nur einige Benennungen für eine Gattung, der die Abfolge der Tage, das Nacheinander von Einzelnem innerhalb ihrer 24 Stunden den äußeren Rahmen bildet:

MONTAG

Ich ging in den Club Sozial und trank Kaffee.
Ich sprach mit Genaro.
Mit Moto fuhr ich einen Jeep auf den Flugplatz.
Ich schrieb eine Erzählung.
Ich ging auf einen kleinen Platz am Flusse.
Ein Mädchen auf einem Fahrrad verlor ein Paket, das ich aufhob.
Ein Schmetterling.
Vier Orangen, auf einer Bank gegessen.
Sergio ist ins Kino gegangen.
Ein Affe auf einer Mauer und ein Papagei.[50]

Der Tag gliedert den »diaristischen Erlebnisbereich«,[51] indem er sich als Summierung von Augenblicken darbietet; aus der »porösen Struktur [. . .] unserer Gegenwartsempfindung ergibt sich ein löcheriges Dasein«, hält Arno Schmidt allen emphatisch-ungenauen Apologeten der Gattung vor: »Von Mitternacht zu Mitternacht ist gar nicht ›1 Tag‹, sondern ›1440 Minuten‹ (und von diesen wiederum sind höchstens 50 belangvoll!).«[52] Das Tagebuch spaltet das zeitliche Kontinuum in viele kleine Segmente auf; diese Einzelmomente, einmal durch Reflexion gewonnen und festgehalten, können dem folgenden Tag – und damit allen weiteren des künftigen, gebesserten eigenen Lebens – als Schema vorgeschrieben werden, etwa in der Form einer Reihung von Vorsätzen (die, wie im zitierten Beispiel aus dem Tagebuch des Samuel Johnson, auch solche Art, sich Vorsätze zu machen, mit zum Vorsatz erhebt):

---

[50] Gombrowicz [1970] I, 367f. (1956) –
»*Poniedziałek.*
Zaszedłem do Club Social i piłem kawę.
Rozmawiałem z Genaro.
Z Moto jeździłem jeepem na lotnisko.
Pisałem powieść.
Poszedłem na placyk, nad rzeką.
Dziewczynka, jadąca na rowerze, zgubiła paczkę, którą podniosłem.
Motyl.
Cztery pomarańcze, zjedzone na ławce.
Sergio poszedł do kina.
Małpa na murze i papuga.« Gombrowicz [1957], 298f.
[51] Kieser [1975], 33.
[52] Schmidt [1959], 291. – Zu den emphatisch-ungenauen Apologeten gehört noch Görner [1986], 12: »Wer Tagebuch schreibt, möchte dem Flugsand der Zeit etwas Greifbares abgewinnen.«

My Purpose is
1
2 To avoid Idleness.
   To regulate my sleep as to length and choice of hours.
   To set down every day what shall be done the day following.
   To keep a Journal.
3 To worship God more diligently.
   To got to Church every Sunday.
4 To study the Scriptures.
   To read a certain portion every week.[53]

Eine extreme Form für solchen selbstauferlegten Schematismus bildet das
Journal von Henri-Frédéric Amiel, der mehrfach, so etwa unter dem
30. Oktober 1840, den Tag zwecks größerer Ökonomie in der Ausnutzung
der Zeit in Halb-, ja Viertelstunden-Schritte einander ablösender Beschäfti-
gungen einzuteilen sucht (und dabei im zitierten Beispiel, in bezeichnender
Fehlleistung, das Gesamte – rechnerisch – verfehlt):

Arrangement des heures pour cet hiver. – Coucher à 10 heures, lever à $5^1/_2$.

Lever à $5^1/_2$	$6 - 7^1/_2$		repasser les six cours de la veille, $^1/_4$ d'heure chacun
laver, etc.			
fourneau allumer			
	$8 - 3$		cours à l'Auditoire
	$3^3/_4 - 5$		lecture poétique $^1/_4$ – Allemand $^1/_2$ – Italien $^1/_2$
	$5 - 7$	14 [!]	danse. Escrime. Exercices de corps. Société.
	$7 - 8$		musique
	$8 - 9$		dessin
	$9 - 10$		Journal[54]

Die planmäßige Zuwendung zur eigenen Existenz gewinnt aus dem Nachvollzug des Gewesenen den Entwurf für das, was noch werden soll. Im

---

[53] Johnson [1958], 73 (Vorabend vor Ostern [i. e. 21. März] 1761) –
»Mein Vorsatz ist
1
2 Trägheit vermeiden.
   Mein Schlafen regulieren hinsichtlich Länge und Zeitpunkt.
   Jeden Tag festlegen, was am folgenden getan werden soll.
   Ein Tagebuch führen.
3 Gott mit mehr Gewissenhaftigkeit verehren.
   Jeden Sonntag zur Kirche gehen.
4 Die Heilige Schrift studieren.
   Jede Woche ein bestimmtes Pensum lesen.« (Übersetzung vom Verf.; GG)
[54] Amiel [1976], 177 (30. Oktober 1840). –
»Einteilung der Zeit für diesen Winter. – Schlafen um 10 Uhr, Aufstehen um $^1/_26$.

Großmaßstab ist es die Autobiographie, in der- nachträglich – planerisch Hand an das eigene Leben gelegt wird, im kleinen ist es das Tagebuch, das kurzfristig – prospektiv – auf Veränderungen reagieren und ebensolche provozieren kann. Es bleibt dabei Abbild des Außen, indem es sich an äußeren Maßstäben orientiert: Die reale Zeit, mit der Uhr zu messen, am Kalender abzulesen, liefert die Datierung für das Erlebnis, so wie historisch und geographisch bestimmte Örtlichkeiten, mit Namen auf Plänen und Karten zu dokumentieren, eine Lokalisierung für den ›inneren Ort‹ des Erlebten ermöglichen.[55] Das Tagebuch ist Abbild des Außen seiner formalen Struktur nach, festgelegt in Raum und Zeit, nicht nur inhaltlich, dann, wenn es von Gegebenheiten und Begebenheiten der äußeren Wirklichkeit berichtet. Täte es nur dies, die Schwelle des Ungenügens wäre schnell erreicht: Friedrich Hebbel nimmt sich, in seinem Tagebuch, einen solchen Typus grimmig vor: »Ein Mensch, der ein Tagebuch führt und Manches nur deshalb thut, um etwas hinein zu schreiben zu haben!«[56] Er argwöhnt hier eine innere Leere, die mit Berichten über Äußeres verdeckt werden solle, dadurch, »daß ich nämlich die Blätter mit ewig wiederholten Berichten über mein Waschen, Haarkämmen, Kaffeetrinken und Pfeifestopfen fülle, um sie nicht weiß lassen zu müssen.«[57] Manchen nachdenklichen Autoren machen gehäufte Mitteilungen dieser Art die gesamte Gattung fragwürdig, auch wenn sie sich in ihr selbst bewegen:

> Ich habe diese Aufzeichnungen u. a. deshalb eingestellt, weil mir der Versuch, das Wetter und die Spaziergänge zu notieren, zu albern wurde und die wichtigeren inneren usw. Vorgänge zuviel Zeit weggenommen haben würden.

So Robert Musil[58] – und er leitet damit doch nur von einer Tagebucheintragung zur nächsten über.

Aufstehen um $^1/_2$6 6 $- ^1/_2$8 ⎫	Wiederholung der sechs Fächer vom
Waschen, usw.	Vortag, jeweils $^1/_4$ Stunde
Ofen anzünden 8 $-$ 3	Unterricht
$^3/_4$4 $-$ 5	poetische Lektüre $^1/_4$ $-$ Deutsch $^1/_2$ $-$
	Italienisch $^1/_2$
5 $-$ 7 ⎬ 14 [!]	Tanzen. Fechten. Leibesübungen.
	Gesellschaft.
7 $-$ 8	Musik
8 $-$ 9	Zeichnen
9 $-$ 10 ⎭	Tagebuch«
	(Übersetzung vom Verf.; GG)

[55] Vgl. Kieser [1975], 28–33.
[56] Hebbel [1903] III, 160 (6. Januar 1847).
[57] Ebd., 152 (1. Januar 1847).
[58] Musil [1976] I, 717 (27. August 1930).

15

Zeitliche und räumliche Bezugssysteme lassen eine Festlegung des Tagebuchs als eines Abbildes des Außen zu. Allein sie bilden nur den äußeren Rahmen; das Bild, das, von diesem Rahmen umgrenzt, sich in ihm zeigt, ist ein Spiegelbild im eigentlichen Sinne des Wortes, der Spiegel des Innen. Die Zeitstruktur wird immer subjektiv gebrochen, das, was von außen eindeutig datierbar ist, erweist sich als komplexes Ineinander verschiedener Zeitebenen. Das »Spannungszentrum« liegt »im Moment der Aufzeichnung« selbst, so »daß noch der spätere Leser das in der Niederschirft erstarrte Ticken des Sekundenzeigers wahrzunehmen vermeint«.[59] Doch das, was notiert wird als Gegenwart, in der Entladung momentaner Spannung, verwandelt sich im Moment des Niederschreibens bereits zur »gegenwärtigen Vergangenheit«,[60] die festgehalten wird auf eine – wie weit auch immer entfernte – Zukunft hin. Die Datierung wird in jedem Falle überstiegen, das, was als augenblickliches Spiegelbild das Gedächtnis entlasten soll, wird einmal, »als Mittel einer bewußten Selbstprüfung«,[61] zu planmäßiger Persönlichkeitsbildung eingesetzt werden können. Besinnung im Tagebuch ist also ebenso Ergebnis stattgefundenen wie Vorbereitung zukünftigen Tuns, wenn nicht bereits im Aufschreiben der Antrieb zur Hebung des Ungenügens am eigenen Ich neutralisiert wird, wie es ja »die Gefähr des Tagebuchs überhaupt« sein kann, »allzufrühe die Keime der Erinnerung in der Seele aufzudecken und das Reifen ihrer Früchte zu vereiteln« – wie Benjamin das »Abarbeiten in der Selbstbeobachtung«,[62] die folgenlose Reflexivität, die der eigenen Aktion ersatzweise vorweggreift und sie damit entbehrlich erscheinen läßt, am literarischen Beispiel, den Aufzeichnungen Ottiliens in Goethes »Wahlverwandtschaften«, kritisch ausstellt.[63]

Tagebuchschreiben ist Ort der Vermittlung, Aneignung der Widersprüche der äußeren Umgebung ebenso wie Auslagerung der inneren Konflikte, ist das »Protokoll« des Austausches, der »zwischen Innen- und Außenwelt« stattfindet.[64] Das Tagebuch ist, im Sinne dieser konstitutiven Spannung von Innen und Außen, reflexives Schreiben, Schreiben eines Autors, der nicht nur über die Voraussetzungen, Umstände und Aussichten seines Lebens und Schreibens sich Rechenschaft ablegt, sondern, seiner selbst bewußt, im Zugriff auf die äußeren Dinge, die ihn umgeben, sich selbst thematisiert. Indem das Festhalten, Aufschreiben und Wiederlesen

---

[59] Boerner [1969], 60.
[60] Baumann [1978], 804.
[61] Boerner [1964], 605.
[62] Goethe [1890], 246 (III. Theil, 14. Buch).
[63] Benjamin [1924–25/1977a], 178.
[64] Just [1963/1966], 28.

einen unaufhörlich in sich geschlossenen Kreislauf bildet, wird die diarische Selbsterkenntnis zur praktischen Einsicht in die Relativität des Absoluten, in die Überholbarkeit des einmal fraglos als gültig Angesehenen. Das heißt, das Tagebuch als »Form kontinuierlicher Selbstaussage«[65] leistet Selbsterkenntnis als Einsicht in deren Grenzen, liefert das Gegenteil von platter Selbstgewißheit, purer Verdoppelung, planer Identität des Autors mit sich selbst. Die Gleichsetzung des Tagebuchschreibers mit seinem Tagebuch ist deshalb unzulässig, weil er selbst – und es ist das Tagebuch, welches dies deutlich macht – mit sich nicht gleichzusetzen ist.

2. Kapitel. Reflexivität als Merkmal

25. [Mai 1797]
[. . .] *Unaufhörliches Denken an mich selbst,*
und *das, was ich erfahre und thue.*
(Novalis)[66]

24. August 1839
[. . .] mir ist zumute [. . .] überhaupt so
reflexiv wie nur je ein Pronomen.
(Sören Kierkegaard)[67]

1953
Ich.   MONTAG
Ich.   DIENSTAG
Ich.   MITTWOCH
Ich.   DONNERSTAG
(Witold Gombrowicz)[68]

Das Tagebuch und die Ausbildung des Privaten: zur Entwicklung einer autobiographischen Gattung

»Bei keiner literarischen Gattung sind Ursprung und Reife durch einen so ungeheuren Zeitraum getrennt wie bei dem Tagebuch.«[69] – Fraglich, ob

---

[65] Hennecke [1951], 9.
[66] Novalis [1960–75] IV, 40 (Journal Tennstedt/Grüningen).
[67] Kierkegaard [1962], 215. – »tilmode [. . .] overhovedet saa reflexiv som noget Pronomen.« Kierkegaard [1910] II, 201f.
[68] Gombrowicz [1970] I, 9. –
»*Poniedziałek.*
Ja.
Wtorek.
Ja.
Środa.
Ja.
Czwartek.
Ja.« Gombrowicz [1957], 11.
[69] Meyer [1898/1905], 281.

17

diese Behauptung, gestützt auf eine Teleologie (›Reife‹) innerhalb der Geschichte einer Gattung, zutrifft oder nicht; unstreitig jedoch ist, daß die Entwicklungsgeschichte des Tagebuchs als einer literarischen Form innerhalb der europäischen Literaturgeschichte untrennbar gebunden scheint an die Ausbildung des modernen Ich-Bewußtseins.[70] Nicht von ungefähr ist es die Zeit der Renaissance, aus der erste diaristische Zeugnisse in heutiger Auffassung vergleichbarem Sinne datiert werden, noch nahe an der Chronik und den Annalen, Künstlertagebücher zumeist wie die Reisetagebücher Albrecht Dürers. Namen wie Montaigne (»Essais«, 1580) und Pascal (»Pensées sur la religion, et sur quelques autres sujets«, 1669), Samuel Pepys (»Diary from 1659 to 1669«) und James Boswell (»London Journal 1762–1763«, »The Life of Samuel Johnson«, 1791) stehen für fortgeschrittene Tendenzen im außerdeutschen Raum, bis das 18. Jahrhundert als das Jahrhundert der Progression der Subjektivität auch für das deutsche Sprachgebiet zu einem gewaltigen Anstieg von Schreibformen führt, die der literarischen Introspektion dienen. War in den Frühformen des Tagebuchs »noch keine Rede von der Erfahrung der eigenen Individualtiät auf anderem Wege als durch eigene Beobachtung äußerer Vorgänge«,[71] so ist es jetzt das neu erwachte und anwachsende Bedürfnis nach literarischen Formen der Selbst-Beobachtung, von dem die Gattung ›Tagebuch‹ entscheidende Impulse erhält. Dieses Bedürfnis ist zunächst religiös inspiriert und legitimiert. Das Tagebuch bildet den geheimen Ort für das Bekenntnis eigener Verfehlungen (sein »Sündenregister« nennt es Albrecht von Haller).[72] In pietistischen Brüdergemeinden lesen die Mitglieder einander daraus vor in religiöser Meinung, zum Zwecke moralischer Besserung, der Buße und des gegenseitigen Bekennens,[73] bevor mit der Empfindsamkeit das säkularisierte Interesse am »erinnerte[n] Ich«[74] auch gefühlskundlichen Phänomenen sich zuwendet und so etwas wie eine »Psychologisierung des geistlichen Tagebuchs«[75] einsetzt – »fromme Krankenjournale«[76] sind sie gewiß nicht mehr ausschließlich zu nennen, Christian Fürchtegott Gellerts »Tagebuch aus dem Jahre 1761« oder gar Johann Georg Hamanns »Tagebuch eines Christen« von 1758. In Johann Anton Leisewitz' Tagebüchern etwa erstreckt sich die Gewissenserforschung bereits auf sehr praktisch-weltliche Aspekte: mit ähnlichem Ernst wie demjenigen, mit dem Haller sein Fehlverhalten in religiö-

---

[70] Zu den Anfängen vgl. außer den zitierten Untersuchungen noch Buchholz [1942] sowie Boerner [1969], 37–45 und Aichinger [1977], 804, 811f.

[71] Kurzrock [1955], 13.

[72] Haller [1787/1971] II, 231 (3. Dezember 1737).

[73] Vgl. Rüdiger [1976], 27f.

[74] Wuthenow [1974].

[75] Niggl [1973/1977], 69.

[76] Meyer [1898/1905], 286.

sen Dingen anklagte, Glaubenszweifel und das Nachhängen an sündige Gedanken feststellen und abstellen wollte, wird nun, in hypochondrischer Sorge um körperliche Gesundheit, beispielsweise die Schädlichkeit eigenen allzu zügellosen Walnüsse-Essens bloßgestellt.[77] Weltlich-psychologische Interessen sind es auch, die den Beweggrund der neuen Selbsterfahrung in der nun aufkommenden Reiselust bilden. Johann Caspar Lavaters »Geheimes Tagebuch. Von einem Beobachter seiner selbst« (1771) und Johann Gottfried Herders »Journal meiner Reise im Jahre 1769« bieten so zwei Ansichten der gleichen Sache, des gleichen Objekts: des Subjekts.

Die Gattung des Tagebuchs im 18. Jahrhundert, die vielleicht in Lichtenbergs »Sudelbüchern« ihre abseitigste, das heißt, eigenständigste und originellste Ausprägung fand und sich durch Goethes »Werther« auch als innerliterarische Formmöglichkeit durchsetzte, war im wesentlichen eine Gattung des Privaten, ja Geheimen; das Tagebuch diente als Geburtshelfer, in dessen Schutz sich die auswachsende Subjektivität artikulieren, das heißt, kennenlernen, anschauen und ausdrücken lernen konnte. Das 19. Jahrhundert wird das der öffentlichen Tagebücher, und »das Tagebuch wird zur selbständigen Gattung«.[78] Es erfährt eine Literarisierung – und seine Psychologisierung setzt sich fort – durch den systematischen Einbezug des gedachten Lesers. Von vornherein werden die Journale nun im Bewußtsein der Möglichkeit ihrer späteren Veröffentlichung hin abgefaßt. Erstmals gibt es Schriftsteller, »die *ausschließlich* Tagebuchschreiber sind«,[79] so wie Karl August Varnhagen von Ense oder Hermann Fürst von Pückler-Muskau. Und die Tagebücher der Schriftsteller verraten eine immer größere »Konzentration auf Probleme des dichterischen Schaffens«,[80] abzulesen bei so unterschiedlichen Autoren wie August Graf von Platen oder Franz Grillparzer, Friedrich Hebbel oder Otto Ludwig. Der Blick ins Ausland, spezielle auf die französische Literatur, die »French Intimistes«,[81] auf Autoren wie Stendhal und Amiel, die Brüder Goncourt (und die Schwestern Brontë) – um nicht von Kierkegaard zu sprechen oder von Tolstoi – zeigt, in welchem Maße es dabei gerade die ›problematischen Naturen‹, die in ihrer ›Innerlichkeit verfangenen‹ »Problematiker [. . .]«[82] sind, die sich »im 19. Jahrhundert

---

[77] 2. Oktober 1779: »Ich eße seit einiger Zeit gewaltig viel Wallnüße, das muß abgestellt werden.« 3. Oktober: »Wallnüße wie sonst gefreßen.« 5. Oktober: »Gestern mich gut gehalten, heute aber wieder in Wallnüßen *debauchirt, item* Caffee getrunken.« 6. Oktober: »Heute wieder viel Wallnüße gegessen; das soll nun gewiß unterbleiben.« Leisewitz [1916–20/1976] I, 97–99.
[78] Just [1963/1966], 36.
[79] Ebd.
[80] Ebd.
[81] Boerner [1972], 41.
[82] Just [1963/1966], 35.

des Tagebuches als der ihnen gemäßen Form«[83] bemächtigen. »Nicht mehr das sich selbst emanzipierende Ich wie im achtzehnten Jahrhundert, sondern ein Ich, das sich von allem gelöst hat und nun auf sich selbst zurückgeworfen wird, steht hier im Mittelpunkt.«[84] Und es ist die Literatur selbst, die Form des fiktionalen Gestaltens, die Halt zu geben hat. Pathetische Ichbezogenheit und selbstquälerische Askese, schonungslose Selbstexhibition und zwanghafte Eigenanlyse[85] werden im › Journal intime‹ zu stilisierten Größen, das Private wird Gegenstand einer öffentlichen Veranstaltung, Produkt einer auf ein Publikum hin angelegten literarischen Inszenierung des Ich. Diese Weiterentwicklung des Tagebuchs als eines eigenen literarischen Mediums, einer eigenen Form der Literatur, setzt sich im 20. Jahrhundert fort[86] und hat sehr zur Popularisierung dieser ›Gattung‹, bis in vielfältige eigene Praxis für den Hausgebrauch, beigetragen. Fast hat es den Anschein, als ob, unter dem Gesichtspunkt der ›Authentizität des Persönlichen‹, gerade diese Literaturform der gegenwärtigen Massenkultur, welche die Vereinzelung und zugleich Entindividualisierung ihrer Mitglieder betreibt, der kollektiven Neugier auf der einen und der umfassenden Schamlosigkeit auf der anderen Seite in hohem Maße entspreche.

Zwischen Geheimschrift und literarischer Öffentlichkeit: wie intim ist das › Journal intime‹?

Lange Zeit war es so: Im Tagebuch schrieb jemand bisweilen über, immer aber für sich selbst, und oft war damit eine Gebärde der Abwehr gegenüber der Außenwelt verbunden, mit der das Geschriebene unbefugten fremden Blicken entzogen sein sollte. Die Ausbildung und Entwicklung des Privaten, eines intimen Bereiches im Tagebuch hat nach außen hin geschützt werden müssen, eigene Geständnisse, Selbstkonfessionen mußten vor anderen unkenntlich gehalten werden. Samuel Pepys etwa benutzte für seine Aufzeichnungen eine individuell abgewandelte Kurzschrift, die bei der Wiederentdeckung der Manuskripte ein Jahrhundert nach dem Tode des Autors für manch einen Leser alle Merkmale einer mühsam zu entziffernden Geheimschrift trug.[87] Die astrologisch-astronomischen Symbole in Goethes frühen Aufzeichnungen, welche die Art und Intensität der Attraktion der Personen, für die sie stehen, auf den Tagebuchschreiber verraten, spielen mindestens eine vergleichbare Rolle, wenn etwa die Sonne die Frau von Stein repräsentiert oder Jupiter den Herzog Karl August:

---

[83] Ebd., 33.
[84] Ebd., 35.
[85] Vgl. Boerner [1969], 47–49.
[86] Vgl. ebd., 51–55.
[87] Vgl. Pepys [1970–76] I, xii (Preface) sowie lxxvii (Introduction).

Sorge wegen ♃ allzu kostspieligen Ausschweifungen.
Mit ☉ stille und vergnügt gelebt.[88]

Speziell Abkürzungen sind geeignet, das Verständnis des Aufgeschriebenen auf den Schreiber allein zu begrenzen:

A. d. T. b. i. d. S. wieder v. d. *G.*, u. w. s. a.
v – r – n. d. P. St. w. fort.

bei Eichendorff, unter dem 18. Dezember 1803, heißt etwa so viel wie

An diesem Tage bekam ich den Schlüßel wieder von der *Günthern*, und wir sezten also verstohlen die Privat-Stunden wieder fort.[89]

Ähnliches gilt für Aufzeichnungen in fremden Sprachen, in denen sich beispielsweise der polyglotte August Graf von Platen hervortat, oder die Schreibung einzelner Wörter in fremden Buchstaben, wie bei E. T. A. Hoffmann:

un poco ♀ διε εινζιγε Ναχριχτ, δασς Κtch σχwανγεr – τραφ μιχ wiε ειν Σχλαγ –.[90]

Gewiß sollten Notizen in solcher Form vor Fremden verborgen bleiben, ebenso sicher scheint indes, daß das Anstößige derartiger Mitteilungen durch eben diese Form auch vor Instanzen des eigenen Ichs verdeckt gehalten, ja abgewehrt werden konnte.

Dieser Geheimcharakter, und der Anspruch des Intimen, der dahinter stand, ist mit der wachsenden ›Öffentlichkeit‹ der literarischen Tagebücher immer suspekter geworden, als falscher Schein einer wahren Selbstaussage, den es gleich, am Orte, zu decouvrieren gelte. Viele der modernen Problematisierungen der Gattung ›Tagebuch‹ überhaupt und seiner – tatsächlichen oder vermeintlichen – ›Ehrlichkeit‹, all die Überlegungen zu dem so genannten »Verlust seiner Unschuld«[91] tragen noch an diesem, historisch gewachsenen, Widerspruch, dem man weder einfach-dekretorisch wird beikommen können, wie ein essayistisch sich gebender Literaturkritiker es versucht (»das Tagebuch als Genre ist [. . .] gleichsam eine Lüge: Es tut intim, und ist doch immer fürs Öffentliche geschrieben«),[92] noch im Bonmot allein bewältigt (»Wer gar nichts zu verbergen hat [. . .], der sollte getrost Tagebuch schreiben«).[93] Freilich ist die Situation zumindest des modernen Ta-

---

[88] Goethe [1887–1919] I, 133 (Dezember 1781).
[89] Eichendorff [1908], 56 (die – nicht ganz vollständige – Auflösung durch eine Anmerkung Eichendorffs).
[90] Hoffmann [1924], 417 (4. März 1813) – »Die einzige Nachricht, daß Ktch [›Käthchen‹ – von Heilbronn –, der Deckname für seine Gesangsschülerin Julia Mark, in die er sich hoffnungslos verliebt hatte] schwanger – traf mich wie ein Schlag –.«
[91] Ueding [1981].
[92] Raddatz [1982].
[93] Leonhardt [1984].

gebuchs damit insofern erfaßt, als es lebt, ja sich selbst konstituiert als bewußte Exhibition des Privaten, als eine vorsätzliche, mit Wissen und Willen, absichtlich vollzogene Zur-Schau-Stellung des Persönlichen, bei der das Bewußtsein dessen, was in ihm geschieht, unabdingbar ist, der Blick auf einen gedachten Leser und die Überlegungen um die gewünschte Wirkung des Geschriebenen auf ihn niemals zu suspendieren sind. – »Si plus tard on publie mon journal, je crains qu'il ne donne de moi une idée assez fausse«, sorgt sich, stellvertretend für viele, André Gide.[94] Dazu paßt die merkwürdige Beobachtung, die sich an vielen Tagebüchern auch prominenter Autoren (wie derjenigen von Arthur Schnitzler oder Thomas Mann etwa) machen läßt, daß sie nämlich in den Passagen, in denen sie nichts weiter als aufrichtig zu sein vorhaben, nicht nur mitunter peinlich, sondern leicht auch langweilig wirken. Offenbar ist das Bewußtsein des eigenen Tuns, der Fiktionalisierung, der die eigenen Beobachtungen unterliegen, ein unverzichtbares Ferment für die literarische Form des Tagebuchs, Voraussetzung auch für dessen Lesbarkeit geworden.

Selbstbeobachtung, reflektiert: das schreibende Ich als Leser seiner selbst

Reflexivität ist Merkmal der Gattung ›Tagebuch‹, zunächst einmal in dem – (allzu) häufig betonten – Sinne existentieller Selbstbesinnung des Autors: All das wahrgenommene Außen gibt den Namen, dient als Darstellungsgrund für das Innen; die Exploration, das forschende Durchdenken der Dinge der Welt gilt dem Ziel der Selbstfindung, der Suche nach dem ›verlorenen Ich‹, der Antwort auf die Frage, die als »das eine große Thema aller Tagebuchliteratur« gelten mag: »Ich weiß nicht, wer ich bin.«[95] Die Psychologie des Tagebuchschreibers spricht denn auch von dessen »Vereinsamung«[96] als einer notwendigen Vorbedingung für das Entstehen der diarischen Form. So wie mit dem Brief die reale oder vorgestellte, erschriebene Gemeinschaft mit dem Partner gemeint sei, willige das Tagebuch ein in die (erfahrene, aber auch willentlich gestaltete) Einsamkeit des Schreibenden, als »ein Mittel zur Kommunikation mit sich selbst.«[97] Die Geschichte der beiden Schreibarten macht das deutlich, in gegenläufiger Bewegung: »Parallel mit dem Verschwinden der Briefform geht die Aufwärtsentwicklung des Tagebuchs.«[98] In diesem Sinne ist das Tagebuch auch von seinen Verfassern

---

[94] Gide [1951/1970], 782 (13. Februar 1924) – »Wenn man später einmal mein Tagebuch veröffentlicht, wird es, fürchte ich, eine ziemlich falsche Vorstellung von mir vermitteln.« [1954], 9.

[95] Jurgensen [1979], 16.

[96] Gräser [1955], 99.

[97] Görner [1986], 11.

[98] Gräser [1955], 100.

22

empfunden und thematisiert worden, als Verkörperung und Kompensation eines Mangels zugleich:

> Le 20 avril [1834]. – O mon cahier, tu n'es pas pour moi un amas de papier, quelque chose d'insensible, d'inanimé; non, tu es vivant, tu as une âme, une intelligence, de l'amour, de la sympathie pure et inaltérable. Tu es pour moi ce que je n'ai pas trouvé parmi les hommes [. . .].[99]

Die Gattung ›Tagebuch‹ scheint es ebenso auszudrücken wie nahezulegen: wie der Selbstbezug des Schreibenden zu einem erzwungenen und notwendigen, unvermeidbaren und unverzichtbaren wird, als Symptom und Ausdruck einer Krisensituation zumal. »Ein Mann ohne Tagebuch (er habe es nun in den Kopf oder auf Papier geschrieben) ist, was ein Weib ohne Spiegel.« So der unglückliche Junggeselle Gottfried Keller in einer Tagebucheintragung, bedauernd, daß er bislang kein Tagebuch zu führen begonnen habe.[100] Das Bedürfnis nach Selbstgewißheit und die Erfahrung des Selbstzweifels machen das Tagebuch zum Abbild und Gegenbild des eigenen Lebens, lassen es zu einem Vorgang des Eigendialogs, einem Selbstgespräch werden. »Wie vor einem Spiegel leistet das Ich sich Gesellschaft, – sich nah und sich unbekannt zugleich.«[101]

Die Selbstzuwendung im Tagebuch bedeutet für den Tagebuchschreiber also zunächst einen Wahrnehmungs- und Erkenntniszugewinn ganz praktischer Art: Durch das Aufschreiben ist er dazu angehalten, »die unablässig sich verwirrenden Fäden zu einem Gewebe zu verknüpfen, die wiederkehrenden Grundmuster zu erkennen, Überlegungen, Wahrnehmungen, Träume, das Sprunghafte und Zusammenhanglose in einem vorläufigen Verständnis aufgehen zu lassen.«[102] Der solchermaßen betriebene »Umgang mit uns selbst« sei in der Lage, qua Reflexion der gedankenlosen Praxis aufzuhelfen, biete »Gelegenheit, die alltägliche Gedankenlosigkeit zu durchbrechen, über die geläufigen Situationen nachzudenken, zahllose Selbstverständlichkeiten zu überprüfen, jene Zufälle und Gewohnheiten zu erkennen, die auch einem anderen Leben angehören könnten.«[103] Aber ein spezieller, literarischer Zugewinn ist entscheidender und folgenreicher. Wenn der Blick des Tagebuchschreibers sich zurückwendet von der beobachteten Welt zum beobachtenden Ich, »Reflexionen über Welt, Leben und Bücher, hauptsäch-

---

[99] Guérin [1842/1872], 77. – »O mein Heft, du bist für mich kein Haufen Papier, kein fühlloses, lebloses Ding; nein du lebst, du hast eine Seele, Intelligenz, Liebe, Güte, Mitleid, Geduld, Wohlwollen und reine, beständige Sympathie. Du bist für mich das, was ich unter den Menschen nicht gefunden habe« (Übersetzung von Helly Hohenemser, in Hocke [1963b/1978], 739).

[100] Keller [1947], 33 (8. Juli 1843, eine eigene Notiz aus dem Juli 1838 zitierend).

[101] Baumann [1978], 799.

[102] Ebd., 802.

[103] Ebd.

lich aber über mich selbst« angestellt werden, wie es bei Friedrich Hebbel heißt,[104] so reiht sich damit auch diese Selbst-Beobachtung ein in die Gegenstände der Betrachtung, was eine Steigerung der Reflexivität bedeutet: Selbstbeobachtung, reflektiert, richtet sich nicht mehr nur auf das Ziel (das Was?), sondern auch den Weg (das Wie?). Nicht länger die Erlebnisse allein, die Wahrnehmungsinhalte des Ichs als eine Ansammlung von Fremdem stehen zur Disposition, sondern auch die Wahrnehmungsweise, der Vorgang der Aneignung als etwas Eigenes, als eigene, unverwechselbare Struktur. Das Schreiben als Auseinandersetzung des Ichs mit der Welt wird beschrieben, das Tagebuch thematisiert sich selbst. Und solche Züge der Selbst-Bezüglichkeit teilt das ›moderne‹ Tagebuch mit dem Schreiben, der Literatur seiner Zeit überhaupt, die, ihren eigenen Grundlagen mißtrauend, der Unmöglichkeit ›einfachen‹, unvermittelten Erzählens eingedenk, reflexiv geworden ist und, wie man formulieren mag, nicht mehr und nicht weniger als eine Beschreibung des Beschreibens, das Erzählen des Erzählens (oder seiner Unmöglichkeit) zu liefern beabsichtigt. So ist auch im Tagebuch Reflexion unverzichtbares Merkmal literarischer Selbstaussage. »Wo nur Zahlen und Daten notiert werden, kann es zu keiner fiktionalen Gestaltung des Ich kommen«;[105] in der Ich-Reflexion dagegen produziert und artikuliert sich »das Ich nicht nur als Autor, sondern auch als Leser seiner selbst«,[106] als derjenige, der sich selbst in die Lage versetzt, sein eigenes Ich als fiktionale Gestalt betrachten zu können. In der simultanen »Gegenüberstellung von Ich-Autor und Ich-Leser«[107] nehme jegliche literarische Aussage ihren Ausgang, hier entfalte sich »das Wesen der Literatur schlechthin«,[108] sei ihre Genese anzuschauen – so der bislang weitestgehende Vorschlag in der Diskussion um die Gattung ›Tagebuch‹, die These Jurgensens (die weiter reicht, als seine praktischen literaturgeschichtlichen Ausführungen folgen können). »Literarische Gestaltung erweist sich im Grunde ihres Wesens als dialogisch, als (in diesem spezifischen Sinn) diarisch. Im Tagebuch prallen Ich-Erfindung(en) und Erfindung(en) des Ich aufeinander. Hier beginnt die Suche, die den Charakter aller Literatur kennzeichnet: die Suche nach dem verlorenen Ich. Lesen offenbart sich als ein fiktionales Selbstgespräch.«[109] Das Tagebuch als Keimzelle der Entstehung von Literatur? Als Ort, am Verhalten des diarischen Ichs, das zum Leser seiner selbst wird, die Entstehung und Ausbildung einer literarischen Aussageform, der literarischen Struktur schlechthin zu verfolgen? Max Frisch zum

---

[104] Hebbel [1903] I, 1.
[105] Jurgensen [1979], 11.
[106] Ebd., 32.
[107] Ebd., 9.
[108] Ebd., 7.
[109] Ebd., 8.

Beispiel, in seinem »Tagebuch 1946–1949«, legt es nahe: »Schreiben heißt: sich selber lesen!«[110]

3. Kapitel. Literarität als Problem

> Daily notes from 1933–1951. Without any literary value, but not to be opened by anybody before [25; korrigiert in:] 20 years after my death.
>
> (Thomas Mann)[111]
>
> Ich bin auch der Versuchung nicht erlegen, mein Journal mit einem Kunstkalender zu verwechseln. Je mehr ein Tagebuch ein Kunstwerk sein möchte, umso weniger bleibt es ein Tagebuch. Kunstgriffe wären verbotene Eingriffe.
>
> (Erich Kästner)[112]
>
> Tagebücher? Ein Zeichen der Zeit. So viele Tagebücher werden veröffentlicht. Es ist die bequemste, zuchtloseste Form. Gut. Vielleicht wird man überhaupt nur noch Tagebücher schreiben, da man alles andere unerträglich findet. Übrigens wozu verallgemeinern. Es ist die Analyse selbst; – nicht mehr und nicht weniger. Es ist nicht Kunst.
>
> (Robert Musil)[113]

Was hier, in drei verschiedenen Formulierungen, vorgetragen wird, ist das Mißtrauen der Autoren gegenüber ihrem Tagebuch als einer Kunstform. Die Tagebuchforschung, lange Zeit »einseitig historisch orientiert«,[114] hat immer schon, zumeist unausgesprochen, auf solchen kategorialen Vorbehalten gegenüber einer Gattung minderen literarischen Ranges, niederer Poetizität, zu wenig entfalteter Fiktionalität aufgebaut. Gilt es auch einesteils als »literarische Gattung«[115] oder wird es doch zumindest als »literarische Einzelform«[116] anerkannt, so wird diese Anerkennung andererseits

---

[110] Frisch [1950/1976], 361 (1946, »Café de la Terrasse«).

[111] Vermerk zu vier versiegelten Paketen, enthaltend 34 Tagebuchhefte mit ca. 6.000 Seiten, aufbewahrt im Thomas Mann-Archiv der ETH Zürich und geöffnet am 20. Todestag des Dichters, dem 12. August 1975. Zit. T. Mann [1977], XIIIf.

[112] Kästner [1961], 10.

[113] Musil [1976] I, 11.

[114] Kurzrock [1955], 15.

[115] Meyer [1898/1905], 281.

[116] Buchholz [1942], 2.

sogleich eingeschränkt: es könne »eine dem literarischen Werk gleichkommende Gültigkeit besitzen«, heißt es, »obgleich es doch offenbar nicht Literatur ist.«[117] In einschlägigen Lexikonartikeln[118] kehrt unter dem Stichwort ›Tagebuch‹ diese ebenso selbstverständlich sich gebende wie undefinierte Einschränkung wieder; beides, ›Kunstmäßigkeit‹ und deren Fehlen, wird dem Tagebuch attestiert, notdürftig durch die Andeutung einer literaturgeschichtlichen Entwicklung (zum Übergeschichtlichen hin) vermittelt: »*Tagebuch,* für tägliche Aufzeichnungen aus dem eigenen Leben und Schaffen bestimmte Form der nicht kunstmäßigen Prosa [...]. Das T[agebuch] steigt in neuerer Zeit trotz aller Zeitgebundenheit zu e[iner] bedeutenden lit[erarischen] Form auf.«[119] – Was also: literarisch oder nicht?

Fiktion im Tagebuch

»Das erzählende Ich des Tagebuchschreibers [...] ist in jedem Falle ein *literarisches* Ich«.[120] Das einfachste Tagebuch ist ›Fiktion‹, sein Ich eine fiktive Figur, gleichgültig, ob es ›reale‹ Erlebnisse eines wirklichen Menschen in der tatsächlichen Welt festhält oder von einem erdachten Ereignis in einer ausgedachten, imaginierten Umgebung berichtet.[121] Denn beidesmal ergibt sich literarische Fiktion, sei es de facto oder als bewußt arrangiertes Ereignis, als Formgebung nämlich, Veränderung des (nach-)gestalteten ›Erlebnisses‹ durch die Umgebung, den Kontext, das Medium, in dem es festgehalten wird, die Sprache und die Schriftlichkeit. Solche Reflexivität einer literarischen Gestaltung, die gegenüber dem unmittelbaren Vollzug die Möglichkeit des Sich-selber-Anschauens, des Sich-gegenüber-sich-selbst-Verhaltens bereit hält, bedeutet tatsächlich Poetizität, »Literarisierung des Privaten«,[122] Fiktionalisierung des Lebens. Das Ich als Gegenstand der diarischen Beobachtung wird zum literarischen Ich und die wertende Abstufung zwischen ›mehr‹ und ›weniger‹ literarischen Tagebüchern verliert angesichts der allen gemeinsamen, konstitutiven Rolle der Fiktionalisierung ihre entscheidende, unterscheidende Kraft; »Unterschiede in der literarischen Qualität verschiedener Tagebücher [...] beruhen auf dem Maß bewußter

---

[117] Kurzrock [1955], 15.
[118] Im grundlegenden literaturwissenschaftlichen Nachschlagewerk zur deutschen Literatur, Merker/Stammlers »Reallexikon der deutschen Literaturgeschichte« [1925–31], fehlt übrigens ein entsprechendes Stichwort; in der zweiten Auflage (Merker/Stammler [1925–31/1958–84]) wird der Benutzer, kennzeichnenderweise, auf den Artikel ›Selbstbiographie‹ (Aichinger [1977]) verwiesen.
[119] Wilpert [1955/1964], 700.
[120] Kieser [1975], 25.
[121] Vgl. ebd., 44, 50 u. ö.
[122] Görner [1986], 29.

Ich-Stilisierung«.[123] Diese Stilisierung erfolgt, hinsichtlich der Gattung betrachtet, in bewußter oder unbewußter »Auseinandersetzung mit vorgegebenen Modellen solchen Schreibens,[124] und der Grad der Artifizialität des Tagebuchs wächst mit dem Grad der Formbewußtheit seines Autors, der, als Schriftsteller, wie etwa Kafka, in Auseinandersetzung mit fremden literarischen Mustern, das heißt hier, in Angesicht von Goethes oder Hebbels Tagebüchern dann eben, (und darüber hinaus natürlich stets im Kampf mit den eigenen literarischen Ansprüchen) sein Tagebuch führt. »Das Tagebuch, die scheinbar zwangloseste und formbefreiteste aller sprachlichen Leistungen«,[125] gewinnt seine literarische Qualität in der Handhabung des Mediums, der Form, in der Fähigkeit, dem (fremden) Leser die Erfahrung des Autors, des Sich-selber-Lesens nämlich, zu vermitteln. Anders ausgedrückt: die ›Literarität‹ des Tagebuchs, ihm eigen, ist eine ›in progress‹, besteht darin, daß in ihm der Ursprung poetischen Sich-Verhaltens gegenüber dem eigenen Leben überhaupt anzuschauen ist. So wie der Übergang zwischen dem Tagebuch als literarischer Form und Literatur in Tagebuchform durchaus ein fließender sein kann – Max Frisch wiederum ist aus der gegenwärtigen (Tagebuch-)Literatur dafür ein gutes Beispiel.

Genau das aber, das grundsätzliche Element von Fiktionalität in jedem reflektiert geschriebenen Tagebuch, verfehlt Arno Schmidt in seiner ebenso eigenwilligen wie brillanten Tagebuch-Schelte, wenn er dem »TB« und seinem Schreiber neben innerer Unwahrhaftigkeit inhaltlicher Art – er verkehre mit sich notwendigerweise »im Ton innig=ausführlicher Verlogenheit«,[126] angetrieben von nichts als Eitelkeit, dem »brustschwache[n] Liebäugeln mit ›Dem Druck‹«,[127] der natürlichen, unkritischen Eitelkeit all derjenigen, die sich, zu Unrecht, auch einmal ›gedruckt‹ sehen möchten (»Einzig bei Dem, den vor seinen eigenen Eintragungen, etwa 1 Jahr später, Ekel überkommt: *bei Dem ist durchaus noch Hoffnung!*«)[128] – wenn er dem Verfasser eines Tagebuchs auch, und grundsätzlicher, gestalterische Inferiorität, ja Ohnmacht vorwirft, das ›Kapitulieren vor dem Form=Problem‹:[129] Das Tagebuch, »die bliebte Äußerungsform des lebenslänglichen Dilettanten«,[130]

---

[123] Jurgensen [1979], 8.
[124] Welzig [1982], 66.
[125] Ebd.
[126] Schmidt [1965], 112.
[127] Ebd., 113.
[128] Ebd. – Boerner [1972] zählt die »many diaristic footmen« (45) wie folgt auf: »Travelers and explorers, soldiers in the turbulence of war, politicians and diplomats, psychiatrists, ballerinas and revolutionaries, mountaineers and mad housewives not only record their experiences, impressions and emotions in extensive journals but also put them into print. And most of these utterances find readers« (42)
[129] Schmidt [1965], 116.
[130] Ebd., 112.

sei nichts anderes als das »*Es=sich=leicht=machen eines Autors*«,[131] das »Alibi der Wirrköpfe«, die unfähig seien, aus dem Sammelsurium von Einzelteilchen so etwas wie ein Großes-Ganzes, in dem jedes kleine Einzelne seinen Platz hat, ein Kunstwerk eben, zu gestalten, und die deshalb bei der Aura des ›Authentisch-Spontanen‹, soeben ›aus dem Leben Gegriffenen‹ ihre wohlfeile Zuflucht nähmen.

Das Tagebuch als ›offene Form‹: die Kunstform des Nichtvollendeten

Die meisten der verschiedenen Bestimmungen, die gebraucht werden, um die »Struktur des Tagebuchs«[132] zu erfassen – darunter willkürliche Akzentsetzungen, durch die, in verkleideter Form, Weltanschauliches hervorschaut –, kommen in dem überein, was man, in anderem Zusammenhang, ›offene Form‹ zu nennen sich angewöhnt hat. Sei es die Konzentration auf den Augenblick der jeweiligen Aufzeichnungen[133] – das Tagebuch als Seismograph (Max Frisch): »Man hält die Feder hin, wie eine Nadel in der Erdbebenwarte, und eigentlich sind nicht wir es, die schreiben; sondern wir werden geschrieben«[134] – oder der dialogische Chrakter der Notiz, die Einladung an den ›Leser als Partner‹ (Frisch),[135] das im Tagebuch Vorgebrachte weiterzudenken;[136] sei es die Aufgabe der Orientierung, die Vielfalt der Eindrücke auf den Begriff zu bringen[137] – »Logbuch« (Ernst Jünger) »auf der Fahrt durch Meere, in denen der Sog des Malstroms fühlbar wird und Ungeheuer auftauchen«[138] –, oder, mit all dem Vorigen zusammenhängend, die Betonung des Fragmentarischen,[139] die Progression von Eintragung zu Eintragung (Frisch: »Steine eines Mosaiks«)[140] –: die »eigene literarische Physiognomie«[141] des modernen Tagebuchs, wenn es denn eine solche geben sollte, sei gekennzeichnet durch Offenheit in umfassenden Sinne, durch das Prinzip der Freiheit der Gestaltung. »Es gibt keinen ›Tagebuchstil‹«,[142] und tatsächlich existieren keinerlei Vorbedingungen – außer eben denjenigen, die es sich selbst schafft – für diese Form des Schreibens, von der es so aussieht, als ob sich der Autor in ihr am ehesten unabhängig

---

[131] Ebd., 116.
[132] Kieser [1975], 39.
[133] Boerner [1969], 60.
[134] Frisch [1950/1976], 361 (1946, »Café de la Terrasse«).
[135] Ebd., 446f. (Oktober 1946, »Beim Lesen«).
[136] Boerner [1969], 62f.
[137] Ebd., 63–65 (»Logbuch im Labyrinth«).
[138] Jünger [1979], 13 (Vorwort).
[139] Boerner [1969], 65f.
[140] Frisch [1950/1976], 349 (»An den Leser«).
[141] Boerner [1969], 58.
[142] Gräser [1955], 125.

28

gegenüber sich selbst und anderen verhalten könne, als ob er die »Freiheit der Auswahl«[143] habe, was Inhalte und Formen betrifft. Die »Autonomie der Einzelteile«[144] spiegelt sich in der Vielfalt der (›epischen‹) »Darbietungsformen«, im Wechsel und Miteinander von Bericht und Beschreibung, Bild und Gespräch, Dialog und Reflexion.[145] Die »Sprache des Tagebuchs« gehorche einzig der Notwendigkeit, dasjenige, was sich zu verflüchtigen drohe, rasch zu fixieren;[146] deshalb seien Konzentration und Reduktion, sei die Verknappung, die Abbreviatur, häufig anzutreffendes Merkmal. Doch überwiegt auch hier der Freiraum, der mit dem Spielcharakter der offenen Form gegeben ist. »Die Sprache ist ›formlos‹ im strengen Sinne, der Stil ist ›stillos‹. Mit einem Wort: Sprache und Stil haben den Charakter des Experimentellen.«[147] Sie entspricht damit einer verbreiteten Schaffenserfahrung der Schriftsteller, denen das Wichtige, die Mitte, nurmehr in der unplanmäßigen Annäherung, »von den hereinbrechenden Rändern« her zugänglich erscheint.[148]

Das Punktuelle jeder einzelnen Aufzeichnung fördert den fragmentarischen Zug des Tagebuchs insgesamt, indem dort, wie es bei Robert Musil heißt, nicht allein »Allerhand Fragliches« im Einzelnen, sondern grundsätzlich »Unvollendbares« zusammenkommt[149] – was kennzeichnenderweise häufig zu Bildern exakter Naturwissenschaft, Vorstellungen der Geometrie etwa verleitet, Titeln wie »Tangenten« oder »Strahlungen«, die Autoren wie Heimito von Doderer und Ernst Jünger ihren Aufzeichnungen gaben: »*Nichtvollendung als Form*«[150] erklärt sozusagen – »das Tagebuch ist eine Kunstform des Nichtvollendeten«.[151] Das klingt wie Rabulistik, die aporetische Lösung des Wertungsproblems zwischen Literarischem und Nichtliterarischem (»Das Tagebuch ist ein unvollendetes Kunstwerk«),[152] wie die Verteidigung des Tagebuchs als einer Form der Formlosigkeit, eines Werkes aus und als Werkverweigerung, Werkverhinderung, und hat doch seine Berechtigung, indem es das Prozessuale, Verlaufsbestimmte hervorhebt, das dem Schreiben innerhalb der Gattung ›Tagebuch‹ anhaftet. Die Desintegration der künstlerischen Form als die Form, die im Tagebuch erreicht wird, berechtigt, in diesem Zusammenhang von »*Ich-Improvisationen*«, »gelegent-

---

[143] Jurgensen [1979], 11.
[144] Gräser [1955], 123.
[145] Ebd., 113–118.
[146] Kieser [1975], 35f.
[147] Gräser [1955], 126.
[148] Hohl [1986] I, 94: »Nicht vom Zentrum aus geschieht die Entwicklung, die Ränder brechen herein.«
[149] Musil [1976] I, VIII und 902.
[150] Gräser [1955], 126.
[151] Ebd., 72.
[152] Ebd., 124.

liche[n] Variationen eines Ich«[153] zu sprechen, die sich immer wieder neu aufbauen als Gemisch aus »Zufall und Fügung«[154] – ›Versuchen‹ im grundlegenden Sinne, zum Ich des Autors und zu seinem Werk.

Vom Leben zur Literatur: Tagebuch als Struktur des Werkes

Es ist kein Zufall, daß Merkmale des diarischen Schreibens so häufig zur Kennzeichnung der Literatur neuerer Zeit insgesamt benutzt worden sind. Die dem Tagebuch eigene offene Art des Sehens und Schreibens mit ihrer größeren Aufnahmefähigkeit »gegenüber Gedankensprüngen und Widersprüchen, gegenüber den Zusammenhängen im scheinbar Zusammenhanglosen«,[155] und mit der größeren Bereitschaft, als flexible, nicht von vornherein festgelegte Haltung Selbstverständliches in Frage zu stellen, scheint mehr als andere literarische Randformen geeignet, die adäquate Ausdrucks- und Mitteilungsform für geänderte Erfahrungsweisen veränderter Wirklichkeit abzugeben:

> Wir sehen [. . .] das Genre des Tagebuches im gleichen Maße wachsen, in dem sich das der Fabel [des Romans] vermindert hat. Wir kommen zum Monolog. Bereits der Briefwechsel als die betrachtende Verflechtung der Welt von zwei verschiedenen Punkten aus scheint fast unmöglich geworden zu sein. Das Logbuch, die tägliche Besteckaufnahme, ist ein Zeichen für den einsamen Kurs, für die Vereinzelung, die das Leben gewonnen hat.

So Ernst Jünger, gern zitierter ›Großmeister‹ der diarischen Form, 1946 in seinem Roman »Heliopolis«,[156] und im Vorwort zu seinem Tagebuchband »Strahlungen« von 1949 heißt es womöglich noch deutlicher:

> Die Wahrnehmung, die Mannigfaltigkeit der Töne kann sich in einem Maße steigern, das die Form bedroht und das in unserer Malerei getreulich festgehalten wird. Demgegenüber ist literarisch das Tagebuch das beste Medium.[157]

Die Literaturwissenschaft hat solche Vorstellungen von dem Tagebuchschreiber als der »repräsentativen Figur innerhalb der Literatur der Moderne«[158] mitgestaltet. Ob das Tagebuch tatsächlich »in stärkerem Maße als andere literarische Formen in die Zukunft« hineinweisen kann,[159] wird wohl für eben diese Zukunft abzuwarten sein. Gewiß aber ist in dem Reden vom Tagebuch als der »Literatur des Übergangs«, der Form der »Formkrise«,[160]

---

[153] Jurgensen [1979], 20.
[154] Kieser [1975], 55.
[155] Baumann [1978], 800.
[156] Jünger [1949], 124 (Ortner, im »Symposion«).
[157] Jünger [1979], 13 (Vorwort).
[158] Just [1963/1966], 40.
[159] Ebd. 41.
[160] Gräser [1955], 104.

der Moderne nämlich, als der »literarisch angemessene[n] Form für den
Zustand des Übergangs und der damit verbundenen Unsicherheit«[161] (»eine
typische Übergangs- und Grenzform«),[162] in dem Reden vom Tagebuch als
dem »Zeichen der Zeit«[163] auch viel unbewältigte Zeit selbst, nur halbherzig
betriebene Zeitdiagnose enthalten. (»Der sogenannte unbehauste Mensch,
der von falschen Ideologien in die Irre geführt und von gewaltsamen Ord-
nungssystemen in die Enge betrieben wird, findet im Tagebuch sich selbst,
indem er sich zeitweise verliert, aber dann wiedergewinnt oder zumindest
wiedergewinnen könnte. [...] eine Frucht der Lebens- und Weltangst des
20. Jahrhunderts.«)[164] Aber dieses Freigesetztsein im Punktuellen und Fragmentarischen, wortreich beschworen, das – und dies wäre nachzutragen –
begrenzt bleibt durch den Ernst des Sich-Einlassens auf die Sache, den Zug
zur Gegenständlichkeit, zum dokumentarischen Prinzip, mit dem Ziel,
»standzuhalten« gegenüber der Welt, ihr nicht auszuweichen[165] – dieses Maß
an Freigesetztsein besitzt durchaus einen gewissen Abbildcharakter, beschreibt gewiß etwas Wesentliches von der ›Freiheit‹, in der sich das Kunstwerk und sein Urheber befinden: der Autor, der keinen festen Standpunkt
(mehr) einnehmen kann und will, sich selbst und sein Vorhaben: zu schreiben, problematisiert, der weg will vom Zwang einer wie auch immer motivierten Gesamtkonzeption; und das Werk, das die in traditionellen literarischen Ausdrucksmitteln erstrebte Synopsis des Geschehens auflöst in eine
Unzahl von Teilansichten. So gesehen, wird der Diarist zum Prototypen
desjenigen Schriftstellers, der, »statt an einer illusorisch werdenden Zusammenschau festhalten zu müssen, [...] sich [...] auf die Beschreibung über-
sehbarer Details konzentrieren, unverbindlich Stellung nehmen, ja Gedanken und Beobachtungen gleichsam Sandkorn für Sandkorn durch die Finger laufen lassen« kann.[166] »Das Tagebuch als literarische Form«[167] erlaubt
künstlerische Produktivität ohne die Verpflichtung auf eine zusammenhän-
gende Konstruktion, es gestattet dem Zufälligen, dem Vereinzelten, auch
dem Sinnlosen den Einbruch in ehedem geschlossene erzählerische Welten.
Das Tagebuch also doch ein »Zeichen der Zeit«,[168] Inbegriff der ›anderen‹
Literatur nämlich, als Muster für das Werk, das sich der Verpflichtung auf
Muster jedweder Art, auf Tradition überhaupt verweigert? Immerhin auf-
fällig ist die Beobachtung in umgekehrter Richtung, wie das auto-

---

[161] Rüdiger [1976], 33.
[162] Ebd., 35.
[163] Musil [1976], I, 11.
[164] Hocke [1963a], 48.
[165] Frisch [1950/1976], 539 (1947, »Zur Lyrik«).
[166] Boerner [1969], 65f.
[167] Just [1963/1966].
[168] Musil [1976] I, 11.

biographische Genre insgesamt, die reflexive Gattung, zum Paradigma für die Kunst der Moderne geworden ist. Speziell das Tagebuch ist in jüngerer Zeit im deutschsprachigen Raum häufig als Form von Literatur gewählt worden. Ob bei Frisch (»Stiller«, »Homo faber«) oder bei Grass (»Aus dem Tagebuch einer Schnecke«), bei Uwe Johnson (»Jahrestage«) oder bei Peter Handke (»Chronik der laufenden Ereignisse«), Reiner Kunze (»Die wunderbaren Jahre«) oder Christa Wolf (»Nachdenken über Christa T.«) – »das Ich wird zum Stilmittel«[169] literarischer Selbsterkundung in quasi-diaristischer Art; »Authentisches wird simuliert«, damit Literatur entstehe.[170] Diese »Vorliebe für die Formfiktion des Tagebuchs in der zeitgenössischen deutschen Literatur«[171] bekräftigt den Vorsatz, in der Gattung ›Tagebuch‹ konstitutive Momente des Schreibprozesses selbst aufzusuchen.

---

[169] Jurgensen [1979], 257.
[170] Im übrigen ist diese Beobachtung nicht allein auf die epische Schreibweise beschränkt, Jürgen Becker etwa [1976] begreift seine Lyrik in ähnlicher Funktion.
[171] Jurgensen [1977], 692; [1979], 267.

B. Versuch einer Vermittlung: das Tagebuch als literarische Physiognomie des Autors

Der »Versuch einer Gattungsbestimmung«[172] des literarischen Tagebuchs durch das bloße Zusammentragen und Isolieren einzelner »Stilelemente«[173] muß scheitern, solange nicht die Rückbindung an das Werk des Autors erfolgt, der Versuch unternommen wird, »im Tagebuch den Ursprung literarischer Gestaltung«[174] ausfindig zu machen. Die beiden zu Beginn zitierten Tagebuchaufzeichnungen, unter dem gleichen Datum angefertigt, haben, so wenig Vergleichbares sie sonst auch aufweisen, doch zumindest das eine gemeinsam, daß sie beide, jeweils mit ihren Mitteln, ihre Verfasser, Kafka und Brecht, überraschend weitreichend charakterisieren. Bei aller Privatheit der in ihnen festgehaltenen Ereignisse, auf das sich das öffentliche Interesse neugierig stürzen mag, ihren literarischen Erkenntniswert erhalten die Aufzeichnungen durch den Umstand, daß in ihnen, in einem frühen Stadium der Literarisierung des Lebens, unverwechselbare Schreibmuster ihrer Autoren sich mit fremder, unverbrauchter Deutlichkeit zu erkennen geben. Das Besondere der jeweiligen Schreibweise, das Charakteristische im Schreibprozeß, nach gängiger Sicht aufgehoben in der ›gültigen‹ Gestaltung literarischer Werke, die »Schemata des Individuellen«[175] lassen sich an Zeugnissen, die in geringerem Maße der bewußten gestalterischen Kontrolle unterworfen waren, vielleicht eindeutiger identifizieren. Das Tagebuch als literarischer Fingerabdruck, der vom Autor hinterlassen wurde wie im Vorübergehen, bei der Vorbereitung der literarischen Tat, erlaubt möglicherweise einen ungeahnt-zuverlässigen, neuartig-authentischen Rückschluß auf die literarische Physiognomie des Täters. Durch eine ›Miniatur des Großen-Ganzen‹ wäre am Besonderen das Allgemeine, am Beiläufigen das Grundsätzliche aufzuzeigen, durch eine thematische Begrenzung als Chance größerer Eindringlichkeit und methodischer Nichtfestgelegtheit könnte neues Licht auf allzu vertraute Dinge, oft behandelte Gegenstände fallen. Nicht nur an Eintragungen, die das Schreiben selbst zum Gegenstand haben, sondern auch (und gerade) dort, wo nicht von Literatur die Rede ist

---

[172] Kieser [1975], 63.
[173] Ebd., 17.
[174] Jurgensen [1979], 24.
[175] Welzig [1982].

und auch nicht von vornherein der Anspruch auf ›Literatur‹ mitgedacht zu werden brauchte, müßten die Beobachtungen desjenigen, der ein Suchbild des Schreibers anfertigen möchte, einsetzen. Auf einem solchen Nebenwege wären die Bausteine zu einer literarischen Physiognomie zusammenzutragen und (neu?) zu ordnen. In einem neuen Ansatz, der die Verlegenheiten bisheriger Bestimmungsversuche überwinden könnte, zwischen öffentlichem Anspruch und privater Gültigkeit, Leben und Werk, Biographie und Literatur zu vermitteln wüßte, würden erwachsen: Muster des Schreibens, aus dem Tagebuch.

4. Kapitel. Muster des Schreibens, aus dem Tagebuch

Zum Beispiel: Kafka

Das an Kafka zu prüfen, ist das Vorhaben dieser Arbeit. Warum ausgerechnet an ihm, einem Autor, der sich, wie der eingangs mit ihm zitierte Brecht auf seine Weise ebenfalls, – vorsichtig gesprochen – über mangelnden Zuspruch, zu geringes Maß an (wissenschaftlichem) Interesse nicht zu beklagen braucht? Sein Werk erscheint nach wie vor, bei allen Bemühungen um Aufklärung, rätselhaft und dunkel, indem es zu Deutungen verschiedenster Art ebenso auffordert, wie es deren schlüssige Prüfung verweigert und sich hermetisch zu verschließen droht – eine paradoxe Situation, die, richtig begriffen (»Die Kafka-Literatur wächst ins Unermeßliche, die Exegeten stehen Schlange vor dem Lichtspalt«),[176] Rückschlüsse nicht allein auf die Betrachter,[177] sondern auch auf die Beschaffenheit des Gegenstandes zuläßt, der in diesem Licht sich darbietet (oder nicht darbietet). – Die Figur Brechts dagegen scheint unter dem Zugriff seiner Apologeten, die in bloßer Exegese den Autor mit seiner Theorie erklären, eher zum Inbegriff einer spannungslos-eindeutigen, abgeschlossen-klassischen Position festgeschrieben worden zu sein,[178] wenn nicht schon auch hier die Wende stattgefunden hat und – »Brecht ist tot«[179] – die »Grabgesänge«[180] der des Ewig-Gesellschaftlichen Überdrüssigen, von der ›Methode‹ der Dialektik und ihrer »penetranten Didaktik«[181] Frustrierten mittlerweile den Ton angeben: »Wissen Sie, Brecht, damit können Sie mich am Arsch lecken. Ich kann dem

---

[176] Burger [1983].

[177] Flores [1946], X: »Every man who writes on Kafka somehow immediately becomes an individual«.

[178] Karasek [1978b].

[179] Karasek [1978a].

[180] Knopf [1983], 9.

[181] H. Hartung [1984].

Zeug schon nicht mehr zuhören. Gehen wir weiter.«[182] Ob wieder Anstoß genommen werden soll am »Paradox des politischen Dichters«[183] zwischen »Poesie und Doktrin«[184] oder der »abgebrochene[. . .] Riese«[185] Stützen von links verordnet bekommt, der ›ästhetische Brecht‹ dem ›politischen Brecht‹ hilfreich zur Seite gestellt wird,[186] beidesmal müßte der Autor vor seinen Interpreten in Schutz genommen und seinem Werk die verlorengegangene Widersprüchlichkeit und Prozeßhaftigkeit zurückgegeben werden − »Brecht war kein Brechtianer«.[187]

Auch im Falle Kafkas, wie Brechts, gilt, was für die Forschungslage zum Tagebuch insgesamt hat festgestellt werden müssen: Die Tagebücher sind bisher nur in vergleichsweise geringem Maße zum Gegenstand eigener Untersuchungen geworden, und zumeist wurden sie dann auch behandelt einzig aus dem verkürzenden Interesse an der äußeren − Brecht − oder inneren Biographie, wie im Falle Kafkas, wo die unmittelbare Zusammenschau mit ›wesentlichen‹ Gehalten des Werks die spezifischen Merkmale des Tagebuchs als einer literarischen Ausdrucksform eigener Art allzu leicht überspringt.[188] Es versteht sich also, daß der geschilderte neue Ansatz, das Tagebuch als literarische Physiognomie des Autors zu betrachten, trotz der Fülle der auf Autor und Werk orientierten Forschungsliteratur insgesamt, weitgehend aus den Quellen hat ausgearbeitet werden müssen. So ergibt sich freilich von vornherein die Notwendigkeit (und auch die Möglichkeit), ausgetretene Pfade zu vermeiden, die Chance auch, zu einer Revision zumindest von Teilen der gängigen Ansichten beizutragen, Beobachtungen zu liefern, die einen neuen, durch seitliche Beleuchtung schärfer konturierten Blick auf Person und Werk erleichtern. Besonders reizvoll, weil von hohem Anspruch, erscheint diese Aufgabe angesichts des Ranges eines Schriftstellers, der − vielleicht wiederum zusammen mit Brecht, als seinem Gegenüber − als Repräsentant gelten muß (in viel höherem Maße als andere, die solches anstrebten): indem beide nämlich − bei aller Differenz auch darin schließlich vergleichbar − die beiden großen Richtungen der deutschsprachigen Literatur dieses Jahrhunderts verkörpern, in ihrem Werk beispielhaft (un-

---

[182] Lion Feuchtwanger zu Brecht, berichtet von Hanns Eisler, in: Bunge [1970/1972], 182.
[183] Esslin [1959/1960/1962].
[184] Jens [1957/1978].
[185] M. Schneider [1979].
[186] Knopf [1980], 6.
[187] Reich-Ranicki [1973].
[188] Vgl. neben den bereits erwähnten Darstellungen insbesondere Stimmen zur ersten Ausgabe der Tagebücher von 1937: Kayser [1937], Petersen [1937], E. Weiss [1937], und Besprechungen der Neuausgabe von 1951: Brück [1951], Hennecke [1951], Mühlberger [1951], Boekhoff [1952], sowie die sich anschließenden Hochschulschriften: Giesekus [1954], Gräser [1955], Kurzrock [1955].

geachtet der Werke von Thomas Mann, mehr noch derjenigen Robert Musils) zwei einander entgegengesetzte Arten des literarischen Verhaltens zur Welt Gestalt angenommen haben.

Kafkas Tagebücher erscheinen, so wird es ihre Analyse, die Betrachtung der in ihnen stufenweise erfolgenden Literarisierung des Lebens ergeben, als Abbild einer gleichbleibenden (wenn auch immer stärker konturierten und unnachgiebiger sich ausdrückenden) Schreib- (und Lebens-) Erfahrung: des Fremdwerdens der Dinge beim Versuch der Annäherung, im Schreiben. Mit der Bestimmung äußerer Merkmale, die grundsätzliche Problemstellungen aus der Einleitung aufgreift, wird im Blick auf die Schreibinhalte die Spannung von Außen- und Innenwelt als konstitutiv für die Tagebuchstruktur herausgestellt (I). Daraufhin kann das Tagebuch als Werkstatt des Schriftstellers im engeren Sinne, als (Vor-) Stufe der literarischen Produktion betrachtet werden; an besonderen Fällen gilt es, allgemeine Merkmale der Funktionen aufzuzeigen, die das Schreiben im Tagebuch übernimmt (II), bis das begriffene Beispiel, das (in der Vermittlung von Besonderem und Allgemeinem) konkret nachvollzogene Textgeschehen (»Der kleine Ruinenbewohner«, 17–28: sechs aufeinanderfolgende, einander korrigierende Schreibanläufe zu einer kleinen Erzählung autobiographischen Gehalts), die Zusammenfassung und deutende Anwendung des Zusammengetragenen erlaubt. Die Begründung für die Berechtigung einer detaillierten Formanalyse, die im Vertrauen auf die kognitive Leistung der Form einen weiterreichenden, auch sich auf Inhaltliches erstreckenden Anspruch erhebt, liefern die Erfahrungen und Einsichten aus zurückliegenden Versuchen, die Methodengeschichte des Faches aufzuarbeiten. Sie legitimieren die Notwendigkeit, (nicht nur in diesem Falle) von der verbreiteten Theorielastigkeit und Hypertrophie literaturwissenschaftlicher Begriffsbildung wegzukommen. Aus vereinzelnder Genauigkeit und Stilanalyse, Aufmerksamkeit auf das jeweils Charakteristische literarischer Formensprache, auf das, was sich vielfach auch unterhalb des bewußten Gestaltungswillens stilbildend durchsetzt, soll eine fest umrissene Autor-Figur erstehen, die, fernab von jeglichem Biographismus, gegenwärtig ist zunächst einmal in den verwendeten Wörtern und der Art ihrer Verbindung: das Porträt eines Schriftstellers als eines Schreibenden. Die Muster des Schreibens aus dem Tagebuch lassen sich dann wohl auch mit Gewinn auf die Texte zurückbeziehen, die üblicherweise, von Autor und Publikum, als die ›eigentlichen‹ Werke angesehen werden, für ihre Beurteilung nutzbar machen und hier vielleicht den Weg für neue Interpretationen bereiten. So versteht sich auch diese Arbeit als Beitrag zu der einzigen, immer neu gestellten Aufgabe der Literaturwissenschaft: zu bestimmen, was Literatur sei.

ZWEITER TEIL

Kafka: Tagebücher

Vor Kafka hat er sowohl Angst als auch
keine Angst.   (Martin Walser)[1]

11. II 13 [. . .] Georg hat soviel Buchstaben wie Franz. (491f.)

[Man denkt man beschreibt ihn richtig,
aber es ist nur angenähert und wird vom
Tagebuch korrigiert.] (165)

---

[1] Walser [1985], 91.

38

I. Sehweisen
Die Blicke des Beobachters – Selbstbilder

A. Die Blicke des Beobachters

Kafka hat seine Tagebücher für sich selbst geschrieben. Ihr biographischer Quellenwert wird dadurch eingeschränkt. Nicht alles, was dem Tagebuchschreiber für den Tag wichtig war, ist notiert; manches war ihm zu selbstverständlich, manches zu übermächtig-präsent, manches ihm selbst zu sehr verborgen, als daß ›objektive‹ Sachverhalte in ›objektiver‹ Gewichtung in den Aufzeichnungen wiederkehren könnten. Dennoch ist es erstaunlich, wie viel an ›Wirklichem‹ in den Tagebüchern eines Autors sich zusammenfindet, der sich der Außenwelt nicht vorbehaltlos hat stellen können, den »der Lebensstrom niemals ergriffen hat« (870). Erstaunlich die »Beschränkung auf das Augenblickliche«,[2] der weitgehende Verzicht auf Erwägungen über Vergangenes oder Vorgriffe auf Zukünftiges zugunsten der Rechenschaft über den laufenden Tag, in der die Arbeit im ›Bureau‹ Erwähnung findet und das Schreiben zuhause, der nachmittägliche Schlaf und der Besuch abendlicher Veranstaltungen, die Lektüre von Büchern und der Umgang mit Menschen.

1. Kapitel. Beobachtung auf Halbdistanz

> 22. *(Oktober 1913)* [...] Gestrige Beobachtung. Die für mich passendste Situation: Einem Gespräch zweier Leute zuhören, die eine Angelegenheit besprechen, die sie nahe angeht, während ich an ihr nur einen ganz fernen Anteil habe, der überdies vollständig selbstlos ist. (588)

Die ideale Beobachtungssituation

Dora Diamant berichtet in ihren Erinnerungen an die gemeinsame Lebenszeit mit Kafka von dem Plan – oder besser: Gedankenspiel –, »ein kleines

---

[2] Binder [1979c], 543.

Lokal aufzumachen, worin er selbst Kellner sein wollte. Auf diese Weise hätte man alles beobachten können, ohne selbst gesehen zu werden«.[3] Die ideale Situation, die Kafka wiederholt für sich entworfen hat (»Menschen sehen und sprechen und beobachten einander, ohne einander zu kennen«),[4] ist die der »Halbdistanz«.[5] Der Beobachter, nahe genug am Geschehen, um es aufzunehmen, genügend weit entfernt, um der Verpflichtung zur Teilnahme enthoben zu sein, scheint damit zwei Bedürfnissen gleichzeitig gerecht werden zu können, die sich gegenseitig begrenzen: dem Wunsch nach Distanz, ja Isolation, und dem Verlangen nach Gemeinsamkeit. Nur aus solcher zwiespältigen Haltung dem Leben gegenüber ist das Leben im Werk präsent.

Der Zuschauer des Lebens: zwischen Anziehung und Abstoßung

In dem »Grenzland zwischen Einsamkeit und Gemeinschaft« (871) – man kann dort nicht wirklich leben, »aber man kann beobachten, wie gelebt wird«[6] – halten sich Anziehung und Abstoßung die Waage, gerade so, wie es sich dem Vegetarier Kafka in der Beobachtung des freß- und trinksüchtigen Gegenübers »Professor Grünwald auf der Reise von Riva« zum Miteinander von Faszination und Ekel zuspitzt:

> 15. X 13 [. . .]
> Das Einschlucken der heißen Suppe, das Hineinbeißen und gleichzeitige Ablecken des nicht abgeschälten Salamistumpfes, das schluckweise ernste Trinken des schon warmen Bieres, das Ausbrechen des Schweißes um die Nase herum. Eine Widerlichkeit, die durch gierigstes Anschauen und Beriechen nicht auszukosten ist. (582f.)

Das Gefühl der Nähe in der halben Entferntheit schwankt zwischen Erfüllung (»Glück mit Menschen beisammen zu sein«, 2. Februar 1922, 900) und Mangel (»schlaflos, ohne den geringsten Zusammenhang mit Menschen«, 10. Februar 1922, 903), es bleibt das Grundmuster der selbstversagten Annäherung: »Ich gehe absichtlich durch die Gassen, wo Dirnen sind. Das Vorübergehn an ihnen reizt mich, diese ferne aber immerhin bestehende Möglichkeit mit einer zu gehn.« (594)

---

[3] Hodin [1949], 93.
[4] Brod [1966], 132.
[5] Binder [1979b], 130.
[6] Walser [1962/1975], 221.

Kafka und die Frauen

Kafkas Verhältnis zu Frauen etwa ist nur im Zusammenhang mit der Halbdistanz zu begreifen, wie sie in den Tagebucheintragungen Gestalt annimmt. Die Beziehungen verlaufen in der virtuellen, uneigentlichen Form des Briefes, wie an Felice und Milena, der reale Begegnungen ebenso ausspart wie diesen Mangel überbrücken hilft, oder sie realisieren sich einzig aus der gelockerten Halbdistanz des Reisenden Kafka.[7] Der Beobachter ist in seinen Blicken frei und geschützt zugleich, solange er selbst nur die Möglichkeit einer eigenen aktiven Teilnahme, als Lockung, verspüren kann, nicht aber deren Notwendigkeit fürchten muß. Es ist die Halbdistanz des Junggesellen, wie er in – fast – allen seinen Erzählungen und Romanen als Hauptfigur wiederkehrt:

24 August 1911
Mit Bekannten an einem Kaffeehaustisch im Freien sitzen und eine Frau am Nebentisch ansehn, die gerade gekommen ist, schwer unter großen Brüsten atmet und mit erhitztem, bräunlich glänzendem Gesicht sich setzt. (39)

Die Blicke des Beobachters suchen den Zugang über das – nackte – Gesicht (»Die jüdischen Schauspieler: Frau Tschissik hat Vorsprünge auf den Wangen in der Nähe des Mundes«, 95), und die Annäherung erfolgt sublimiert-schamlos, in einem uneigentlichen, erotischen Akt des Eindringens: »man glaubt unter ihre Augenlider mit dem Blick zu kommen, wenn man zuerst vorsichtig die Wangen entlangschaut und dann sich kleinmachend hineinschlüpft, wobei man die Lider gar nicht erst heben muß, denn sie sind gehoben und lassen eben einen bläulichen Schein durch, der zu dem Versuch lockt.« (97) Im Gegenüber wird etwas gesehen, was diese Art des Anschauens bekräftigt: Verlockung dessen, das abweist. Diese Doppeldeutigkeit macht für den Betrachter die Stärke der Anziehung aus. »Stark« sind die Frauengestalten bei Kafka allesamt, verfügen etwa gar über eine »starke Nase« (74); das »Mädchen im Nebenzimmer« ist »stark angezogen« und ist

---

[7] Kafka lernt Selma Kohn, Hauswirtstochter, im Sommer 1900 während der Sommerferien der Familie in Roztok bei Prag kennen, die Unbekannte im August 1905 im Sanatorium Zuckmantel (Schlesien), die Wiener Studentin Hedwig Weiler im August 1907 bei seinem Onkel Siegfried Löwy, dem Landarzt in Triesch, Margarethe Kirchner, die Tochter des Hausmeisters im Goethehaus, Juli 1912 in Weimar, G. W., die ›Schweizerin‹, im September 1913 während des Sanatoriumsurlaubs in Riva, Julie Wohryzek, Tochter eines tschechisch-jüdischen Schusters aus Prag, Anfang 1919 in einer Pension in Schelesen bei Liboch an der Elbe, Minze Eisner, die junge Teplitzerin, November 1919 ebenfalls dort, Dora Diamant im Juli 1923 während eines Ferienaufenthaltes im Ostseebad Müritz. – Zum biographischen Aspekt der ›Frauen-Frage‹ bei Kafka vgl. auch Binder/Parik [1982], 141f. sowie (in populärer Form) Glatzer [1986/1987]; auf die ästhetischen »Funktionen des Weiblichen« in seinen Texten verlegt sich Stach [1987], 127ff.

41

dem Beobachter, der im Halbschlaf wirkliche und vorgestellte Wahrnehmungen zusammensieht, reale Erfahrungen und »herrschende Mythen des Weiblichen«[8] in eins verschmelzen läßt, in animalischer Kraft überdeutlich gegenwärtig: »Einen Augenblick schien sie mir zu dampfen und das ganze Nebenzimmer mit ihren Dämpfen zu füllen.« (44f.) Das Dumpfige »feuchter von schwülem Brodem erfüllter Luft«[9] – Benjamin spricht von einer »Sumpfwelt«, in der Kafkas Romane entstanden, von »Moorboden«, aus dem seine Frauenfiguren aufgestiegen seien[10] – gibt genau das schwankendungewisse Fundament wieder, auf dem der Zuschauer sich dem Leben gegenüber befindet. Die Geschlechtlichkeit ist der Extremfall, an dem sich das Verhältnis des Tagebuchschreibers Kafka zur Welt offenbart: als Gefahr für die Einheit der Person, die »hilfsbedürftig wird und doch keine Hilfe erwarten kann«,[11] die im Sichverlieren an die als gewalttätig empfundene Begierde, die sie mit der Welt verbindet, das Gefühl hat, sich selbst dabei zu verraten. »Die Angst vor der Verbindung, dem Hinüberfließen« (569), die zu den literarischen »Strafen« führt, im »Urteil« etwa, bei dessen Schlußsatz der Autor, wie er Max Brod gesprächsweise anvertraute, »an eine starke Ejakulation gedacht« hat,[12] produziert den Zustand jener paradoxen Nicht-Lösung, der in allen Frauenbeziehungen Kafkas wiederkehrt: »Ich liebe sie und kann mit ihr nicht sprechen, ich lauere ihr auf, um ihr nicht zu begegnen« (H 252). Sie ist nichts anderes als die real gewordene Halbdistanz gegenüber dem Leben, eine Haltung, gleich weit entfernt von den beiden einzig möglichen Formen der Befriedigung, »durch Literatur oder durch den Beischlaf« (231).

Der Theaterbesucher

Die Situation des Beobachters gegenüber dem Leben hat, auch in dem erotischen Charakter der versagten Annäherung, strukturelle Ähnlichkeit mit der des Zuschauers im Theater. Dem Theaterbesucher Kafka muß seine Beziehung zu dem Geschehen auf der Bühne, diese Doppelung aus Einbezogensein und Dispensiertheit, die Funktion eines Modells für seine Erfahrung der Wirklichkeit erfüllt haben. So sind die zahlreichen Tagebucheintragungen, die Eindrücke von Theaterabenden festhalten, keineswegs verkürzte Aufführungskritiken oder gar Besprechungen von Stücken, Erörterungen dramatischer Literatur – zu der Herstellung von Handlung hat der Autor Kafka kennzeichnenderweise auch kein eigenes praktisches Ver-

---

[8] Stach [1984], 223.
[9] Benjamin [1977b], 1194.
[10] Benjamin [1934/1977a], 438f.
[11] Oellers [1978], 81f.
[12] Brod [1937], 159.

42

hältnis entwickelt –, sie geben nicht einen Überblick über das Ganze aus vorgängiger, reflektierter Innensicht, sondern es ist das Detail, von dem der Betrachter seinen Blick gefangennehmen läßt in der Hoffnung, durch eingehende Beobachtung tiefer einzudringen. Der kühl-heiße Blick, mit dem er dem Aussehen und den Bewegungen der Schauspieler folgt, macht für ihn den Sinn der gespielten Handlung sichtbar. Er entspricht seinem Bedürfnis, aus halber Entfernung sich den Inhalt eines Vorgangs durch die von außen wahrnehmbaren Züge anzueignen, und diese Bereitschaft wird durch die Übung im Theater bestärkt.

Exkurs: Judentum

Die zeitweilige Hinwendung Kafkas zum Theater, wie sie sich in den gehäuften Tagebucheintragungen im Herbst des Jahres 1911 ablesen läßt, führt zur Problematisierung einer Zuschauerrolle auch in anderer Hinsicht. Gedanken über sein Verhältnis zum Judentum werden wesentlich bestimmt durch die literarischen Erfahrungen, die der Theaterbesucher Kafka mit der ostjüdischen (Lemberger) Schauspieltruppe um Jitzchak Löwy macht. Lokkerung der Halbdistanz in Richtung aktiver Teilnahme nach außen, etwa in der Förderung des Schauspielers Löwy, für den er einen Rezitationsabend organisiert (375–379) und dessen Autobiographie er aufzuzeichnen sucht (H 154–159), oder der Liebe zu der Schauspielerin Trau Tschissik (232), in der Forschung dankbar aufgegriffen als Anzeichen für eine frühe, vorgeblich entscheidende »Hinwendung zum Judentum«,[13] verhindert nicht die gegenläufige Tendenz der Separation, in der jiddisches Theater und jüdischer Nationalismus nicht nur Mittel werden zur ideologischen Auseinandersetzung mit dem (assimilatorisch gesonnenen) Vater, sondern auch die Frage nach der Grundlage des eigenen Lebens freilegen. Auch hier fällt Kafkas Interesse für die Beschreibung der Einzelheit auf, der Unwillen gegenüber Verallgemeinerung, Wertung und Urteil, betreffe es die Beschneidung seines Neffen (310f.) oder die Eigenart jüdischer Literatur (312–315). Die »rationalistische Erklärung« einer rituellen Vorschrift (201) hält gleichen Abstand zwischen Teilhabe und Distanz, Anerkennung und Aufkündigung eigener Zugehörigkeit. »Was habe ich mit Juden gemeinsam? Ich habe kaum etwas mit mir gemeinsam und sollte mich ganz still, zufrieden damit daß ich atmen kann in einen Winkel stellen« (622), lautet die Standortbestimmung eines Beobachters, dessen Zusammenhang mit dem, was er sieht, auf eine ganz grundsätzliche Weise fraglich ist.

---

[13] Robertson [1985/1988], 9. Ein differenzierteres Bild all dessen, was »Kafka und das Judentum« miteinander verbindet und voneinander trennt, ergibt sich bei Grözinger u. a. [1987].

2. Kapitel. Die Menschen: Gesichter und Gesten

9 X 11

Sollte ich das 40te Lebensjahr erreichen,
so werde ich wahrscheinlich ein altes
Mädchen mit vorstehenden, etwas von
der Oberlippe entblößten Oberzähnen
heiraten. (69)

Gesichter: Details als Ganzes

Dem Theaterbesucher Kafka teilt sich die Bühnenwirklichkeit über die
»Gesichter und Bewegungen« (350) der Schauspieler mit. Auch die Alltags-
realität setzt sich dem halbdistanzierten Beobachter Kafka aus diesen beiden
Ausdrucksformen zusammen, die er an den Menschen seiner Umgebung mit
immer neuem Interesse wahrnimmt, mit Intensität und Übung festhält. Die
Tagebucheintragungen sind angefüllt von den Bestandteilen des menschlichen Gesichts. Augen, Haare, Mund, Nase, Beschaffenheit der Haut, Bildung der Knochen, die Umrißlinien des Profils[14] – jedes einzelne Merkmal
kann dem Zugriff des Betrachters einen Anhalt bieten.

12. I 11 [...]
Schiller, von Schadow 1804 in Berlin, wo er sehr geehrt worden war, gezeichnet.
Fester als bei dieser Nase kann man ein Gesicht nicht fassen. Die Nasenmittelwand
ist ein wenig herabgezogen infolge der Gewohnheit bei der Arbeit an der Nase zu
zupfen. Ein freundlicher etwas hohlwangiger Mensch, den das rasierte Gesicht
wahrscheinlich greisenhaft gemacht hat. (143f.)

Der unüberbietbar genaue Blick aufs Einzelne, wie er hier als Verfahren
beim anderen erkannt und anerkannt wird, sucht im äußeren Merkmal innere Einheiten auf. Indem das Detail als Ganzes gesehen wird, erhält das
Statische des Anblicks dynamische Züge, erscheint der Ruhezustand als
Ausdruck von Bewegung, löst sich Physiognomie – häufig nicht unwitzig
übrigens – in Gestik auf. Daher die Fähigkeit, einen Gesichtsausdruck spe-
chend werden zu lassen (244f.), der Sinn für merkwürdige Verwandlungen

---

[14] Binder [1979c], 542. – Eine im besten Sinne des Wortes anschauliche Darstellung
der Gesichter in Kafkas Tagebüchern gibt Matt [1983], 20–52, 213–219. Die porträtierenden Passagen in ihrer Einzigartigkeit, wie sie sich mit »geisterhafter Vollkommenheit, wie ein Fremdes, aus dem Kontext lösen« (25), sind ihm Ausgangs-
und Zielpunkt zu einer allgemeinen »Literaturgeschichte des menschlichen Gesichts«. Die Ausweitungs- und Deutungsbemühungen, die er dabei, über die
biographisch-psychologisierende Einfühlung (z. B. anhand eines Felice-Porträts,
47–52) hinaus, in der Absicht einer »Psychoanalyse der Gesichtserfahrung« (128)
unternimmt, sollen hier nicht erörtert werden; darüber, wie sie in einem literatur-
geschichtlichen Entwurf plausibel gemacht werden können, wäre freilich zu streiten.

im Anblick des anderen (Kubin: 41), die enorme Sensibilität dafür, wie Blicke zwischen Gesichtern als nur teilhaft-isolierte Formen der Bewegung gleichwohl das Ganze eines gegenwärtigen Verhältnisses, in einem »quälende[n] Gespräch« etwa (308), ausdrücken können. Zwischen den Gesichtern schließlich erfährt der Betrachter allererst seine ›Entfremdung‹ von der Welt; die eigene Irritation über Nähe und Entferntheit, Ähnlichkeit und Fremdheit des Gegenübers wird durch dessen Blick ebenso hervorgerufen, wie sie darin ihren Ausdruck findet:

> Der Trompetenbläser, den ich für einen lustigen, glücklichen Menschen gehalten hätte [denn er ist beweglich, hat scharfe Einfälle, sein Gesicht ist von blondem Bart niedrig umwachsen und endet in einem Spitzbart, er hat gerötete Wangen, blaue Augen, ist praktisch angezogen], hat mich heute im Gespräch über seine Verdauungsbeschwerden mit einem Blick angesehn, der auffallend mit gleicher Stärke aus beiden Augen kam, die Augen förmlich spannte, mich traf und schief in die Erde gieng. (983)

Im ›Bureau‹

Die über das Visuelle in Halbdistanz gehaltene Form des Umgangs, bei der im Austausch von Blicken zwischen Gesichtern der Wechsel von Anziehung und Abstoßung durch das Gegenüber erfahrbar wird, bestimmt namentlich die Begegnungen, die von der Alltagswirklichkeit des Berufs geprägt sind. Das »Bureau« als Fessel, die für das Schreiben keinen Platz läßt und damit das Leben bedroht (134), bildet den Schauplatz solcher Begegnungen, in denen Kafka den Widerspruch seiner Stellung im Leben austrägt, hin- und hergezogen zwischen Zustimmung zu dem Anblick, der sich ihm bietet, und seiner Ablehnung, zwischen der Verwirklichung der Begegnung, in der Beschreibung, und dem Widerstand, den er in eben der Beschreibung der Verwirklichung entgegensetzt. Einmal findet der Betrachter Gefallen an dem, was er sieht; der »kunstlose[. . .] Übergang von der gespannten Haut der Glatze« seines »Chefs zu den zarten Falten seiner Stirn« läßt seinen Blick nicht los. Das Wahrgenommene fasziniert ihn, indem es sich ihm als unwahrer Zustand mangelnder Echtheit enthüllt:[15] Der Untergebene erkennt – Beispiel für das Subversive komischer Effekte bei Kafka – im Gesichtsdetail seines Vorgesetzten eine »Schwäche der Natur«, das Indiz einer (wie weit reichenden?) Fälschung: »Banknoten« jedenfalls »dürften nicht so gemacht

---

[15] Matt [1983] sieht in dieser Tagebuchstelle allein die »enigmatische [. . .] Tendenz« zur »Verrätselung« (22): Das Gesicht liefere nicht den Schlüssel zur betreffenden Person, die mit seiner Hilfe, als charakteristische Erscheinungsform eines Menschentypus etwa (wie in vergleichbaren Eintragungen der Lichtenbergschen Sudelbücher), einsichtig würde, sondern es behalte als eigengewichtiges Phänomen gegenüber seinem Träger die Oberhand (21), als auf sich selbst verweisendes Zeichen, das sich gegenüber jeder weiteren Übermittlung von Bedeutung sperre.

sein.« (75) Eine Woche später wiederholt sich im Tagebuch das Aufein-
andertreffen der doppelt ungleichen Gegner – die Differenz ihrer Stellung
innerhalb der Hierarchie der Anstalt wird aufgehoben durch das ungleiche
Wissen um die Voraussetzungn des Spiels von Gewährung und Entzug von
Augenkontakt, in dem sie ohne ihren Willen miteinander verbunden sind.
Jetzt ist Widerstand der Antrieb, es gilt für Kafka, in seinem eigenen Blick
den Ausdruck privater Befindlichkeit, intimer Selbstaussage (»leichte Bitter-
keit«) abzuwehren, in dem er unwillkürlich der Ferne seines Gegenübers
innewird:

> 21. ⟨Oktober 1911⟩ [. . .]
> Meinem Chef kann ich, wenn er mit mir Bureauangelegenheiten beräth (heute die
> Kartothek) nicht lange in die Augen schauen, ohne daß in meinen Blick gegen
> allen meinen Willen eine leichte Bitterkeit kommt, die entweder meinen oder sei-
> nen Blick abdrängt. Seinen Blick flüchtiger aber öfter, da er sich des Grundes
> nicht bewußt ist, jedem Anreiz wegzuschauen nachgibt, gleich aber den Blick
> zurückkehren läßt, da er das Ganze nur für eine augenblickliche Ermattung seiner
> Augen hält. Ich wehre mich dagegen stärker, beschleunige daher das zickzackarti-
> ge meines Blickes, schaue noch am liebsten seine Nasen entlang und in die Schat-
> ten zu den Wangen hin, halte das Gesicht in seiner Richtung oft nur mit Hilfe der
> Zähne und der Zunge im geschlossenen Mund, wenn es sein muß, senke ich zwar
> die Augen aber niemals tiefer als bis zu seiner Kravatte, bekomme aber gleich den
> vollsten Blick, wenn er die Augen wegwendet und ich ihm genau und ohne Rück-
> sicht folge. (94f.)

In dem Bedrückenden und Ausweglosen dieses Spiels einander nachlaufen-
der und voreinander fliehender Blicke, in diesem Widerspruch einer Begegnung von Partnern, welche die gleiche Situation ungleich erleben, hat,
durch die Konzentration auf die Erscheinung, auf die Zeichenhaftigkeit der
Abläufe, das angeschaute Gegenüber seine Konturen gänzlich verloren. Hat
sich dadurch aber der »Vorgang der Präzisierung und Erläuterung« einer
Figur durch genauestes Nachzeichnen seiner Gesichtszüge ins Gegenteil
verkehrt?[16] Ist es tatsächlich so, daß »das Detail bei Kafka die Person zuletzt
um die Erscheinung« bringt?[17] Gewiß kann die Literarisierung face-à-face,
wie sie in der nachträglichen Anfertigung eines Porträts im Tagebuch erfolgt, als uneigentliche Ersatzhandlung für den realen Austausch (von Blik-
ken) angesehen werden, mehr noch, als Abwehr und Distanzierung einer
Verbindung, »Verteidigung gegen die begegnende Person und die möglichen Folgen dieser Begegnung«,[18] ja vielleicht als »rituelle[r] Akt der Be-
gegnungsverhinderung«[19] überhaupt. Doch bedeutet die nurliterarische
Realisierung der Begegnung nicht grundsätzlich eine poetische Verzeich-

---

[16] Matt [1983], 23.
[17] Ebd., 213.
[18] Ebd., 32.
[19] Ebd., 38.

nung, ›Verrätselung‹, in der die Kraft von Erkenntnis und Mitteilung aufgehoben wäre. Neuerdings ist man so weit gegangen, mit den Porträtschilderungen Kafkas, die das Ganze in Teile zerlegen und damit die Gesamterscheinung in einer Weise dissoziieren lassen, die an die »Porträts der ersten kubistischen Phase von Braque und Picasso« erinnere,[20] den Durchbruch der literarischen Moderne zu datieren. Festzuhalten bliebe dabei indes, daß in dieser Veränderung der Darstellungsformen eine Wandlung der Wahrnehmung sich auswirkt, die ihrerseits höchst reale Voraussetzungen hat, auf die sie solchermaßen hinweist. Jedenfalls läßt sich in der zuletzt zitierten Passage, besser, als dies lange Explikationen bewerkstelligen könnten, wie mit einem Blick die Alltags- und Berufswirklichkeit des Tagebuchschreibers Kafka anschauen[21] – und das, bei aller Monomanie auswegloser Selbstbezogenheit, die den Betrachter ratlos-verlegen zurückläßt, nicht einmal ohne Komik – so wie die Bürowelt überhaupt häufig genug (und selten genug bemerkt) Gegenstand einer Literarisierung wird, die ihre komischen Effekte aus der satirischen Überzeichnung genau beobachteter Gesichts- und Körperbewegungen gewinnt:

> Konsolidierung. Wir waren fünf Angestellte im Geschäft, der Buchhalter, ein kurzsichtiger schwermütiger Mann, der über dem Hauptbuch ausgebreitet lag wie ein Frosch, still, nur von einem mühseligen Atem schwach gehoben und gesenkt, dann der Kommis, ein kleiner Mann mit breiter Turnerbrust, nur eine Hand brauchte er auf dem Pult aufzustützen und schwang sich hinüber leicht und schön, nur sein Gesicht war dabei ernst und blickte streng ringsum. [. . .] (H 341)

Exkurs: Komik bei Kafka

Über den Kafka, der beim Vortrag seiner Geschichten manchmal vor Lachen nicht mehr weiterlesen konnte, und die Merkmale dieser Geschichten, die einen Leser zum Lachen berechtigen könnten, ist viel gerätselt worden.[22] Die »Stellen von makabrer Komik«[23] in der satirischen Übersteigerung des Bürolebens im »Schloß«-Roman etwa – man denke nur an die

---

[20] Ebd., 41.

[21] »Menschen im Büro« ist eine neuere Anthologie (Schwenger [1984], betitelt, die in 40 Geschichten »von Kafka zu Martin Walser« einen Überblick über die literarische Umsetzung dieses Erfahrungsbereichs moderner deutschsprachiger Autoren zu geben verspricht. Für Kafka ist die kleine Erzählung »Der Nachbar« ausgewählt worden (11f.).

[22] »Die Komik ist das große Tabu der Kafka-Rezeption. Das Gelächter, auf das die vielen Seiten zielen, hat sich die akademische Leserschaft bis heute fast ausnahmslos verboten. Wer beim Kafka-Lesen lacht, vergeht sich wie in einer Kirche. Eine gleichmäßige Niedergeschmettertheit vor, während und nach der Lektüre ist unbedingte Pflicht, mögen die Texte beschaffen sein, wie sie wollen.« Matt [1986].

[23] Kl. Mann [1944/1952], 429 (Elftes Kapitel: Entscheidung 1940–1942. Aus einem Tagebuch).

Säulen von Aktenbündeln im Arbeitszimmer des Referenten Sordini, von denen »beim Vorsteher« die Rede ist (SKA 106) – sind nur die komische Kehrseite und Entsprechung für die ernst-ohnmächtige Lage, in der sich die Hauptfigur K. befindet. Die »komische Güte«, wie Martin Walser treffend die Haltung Kafkas seinen Figuren gegenüber bezeichnet,[24] hat insofern etwas Vergebliches, ist aporetisches Lachen dessen, der um eine Lösung verlegen ist, Anzeichen dafür, daß der Sprechende sich eines nicht zu überwindenden Abstandes bewußt ist, der bestehen bleibt zwischen der besonderen Figur und ihrem ›Partner‹, der für die Ansprüche der Allgemeinheit steht. Sei es, daß der Tagebuchschreiber selbst die Rolle dieser besonderen Figur innehat, die das sie verpflichtende Gegenüber zu betrachten hat – als eine Heiratsvermittlerin [!], einer Schwester halber, ins Haus kommt, kann Kafka nur hilflos sich am faszinierenden Effekt eines Gesichtsdetails festhalten: »Im Gesicht hatte sie, wie ich zuerst nur partienweise sah so tiefe Falten, daß ich an das verständnislose Staunen dachte, mit welchem Tiere solche Menschengesichter anschauen müßten.« (213) Sei es, daß er die Zuschauerrolle einem fremden Leben gegenüber in Umkehrung der Wertung von sich weg auf andere geschoben hat und selbst als Zuschauer des erzählten Zuschauers die Wahrnehmung für sich reproduziert, wenn er ihm erzählte »Geschichten von einer Künstlerpension in München« notiert, »wo Maler und Veterinärärzte wohnten (die Schule der letztern war in der Nähe) und wo es so verlottert zugieng, daß die Fenster des gegenüberliegenden Hauses, von wo man eine gute Aussicht hatte vermietet wurden. Um diese Zuseher zu befriedigen, sprang manchmal ein Pensionär auf das Fensterbrett und löffelte in Affenstellung seinen Suppentopf auf« (41) – immer ist es das in aller Ernsthaftigkeit der Details geschilderte Verhältnis des separierten Betrachters zu der Umgebung, die Position des Beobachters, der seinem Vis-a-vis fremd und unverbunden bleibt, die Quelle des komischen Effekts; »meistens ist es ja ernst, aber es klingt ironisch«, muß sich K. im »Schloß«-Roman (SKA 324) – unironisch – belehren lassen: Kafka behandelt »auch Ironisches ironisch«.[25] »Das eigentlich Komische ist freilich das Minutiöse« (SKA II 424), das konsequente Weiterverfolgen eines Einfalls (»Lächerliche Empfangsdame im Hotel, lachendes Mädchen führt immerfort weiter hinauf ins Zimmer, ernstes, rotwangiges Stubenmädchen«, 952), das Genau-Nehmen des Einzelwortes[26] über das Maß der ursprünglich intendierten Genauigkeit hinaus.[27]

---

[24] Walser [1962/1975], 224.

[25] Urzidil [1965], 14.

[26] Als der Ich-Erzähler mit einem ›storchartigen Vogel‹ einen Pakt schließen will, füllt er den Vertrag aus, indem er den Schnabel des Vogels in Tinte taucht: »Ich, storchartiger Vogel, verpflichte mich [. . .].«« (H 144)

[27] Im 21. Kapitel des »Schloß«-Romans ist die Rede von der Herrenhof-Wirtin, die aus Angst um die Reinlichkeit ihres Hauses die von Sekretären des Schlosses zum

Gesten: Bewegung als Sinn

Nicht nur die mimischen Veränderungen, die im Gesicht abzulesen sind, sondern auch die Bewegungen des Körpers, besonders der Arme und Hände, haben für den Beobachter Ausdruckswert. Der Gestus macht die Figur dem Betrachter einsichtig, den Mann, den er im Alltagsleben kennenlernt (»riesig, turmartige Bewegungen«, 272), und die Schauspielerin, die er auf der Theaterbühne sieht (»sie spricht sehr scharf auch ihre Bewegungen sind so«, 148), ja selbst die antike Statue (etwa der »Venus von Milo« in Paris, 1007), deren ›eingefrorene‹ Bewegung demjenigen, der sie anschaut, ganz bestimmte nachvollziehende Blickrichtungen abverlangt. Die suggestive Kraft einer solchen Sehweise, die Abstand wahren und gleichzeitig in das zu Sehende eindringen will, ist so groß, daß die Figurenkennzeichnung auch dann ›gestisch‹ erscheinen kann, wenn gar keine Gesten im Wortsinne als Anhaltspunkt für eine Fülle von Bestimmungen festgehalten worden sind:

> 13 X 11 [. . .]
> Er erzählt übrigens sehr gut, in seinem Erzählen mischt sich das genaue Ausgebreitetsein der Schriftsätze mit der lebhaften Rede, wie man sie öfters bei so fetten, schwarzen, vorläufig gesunden, mittelgroßen, von fortwährendem Zigarettenrauchen erregten Juden findet. (75, 78)

Mienenspiel und Körperhaltung geben dem Beobachter aus Halbdistanz Auskunft über sein Gegenüber. Im Vertrauen auf die kollektive Aussagekraft der speziellen Wahrnehmung sucht er, sich in ihr »der vollständigen immer wieder aufzufindenden Gemeinsamkeit gesammt- und einzelmenschlicher Entwicklung« zu vergewissern. »Selbst in den verschlossensten Gefühlen des Einzelnen.« (605) Wenn allein die distanziert-fremde Sicht das Nahe-Vertraute zu durchschauen vermag – man denke an Kafka in der Familie, an die er zeitlebens gebunden blieb, »aber deren Treiben er mit kaltem, ja ethnologischem Blick« verfolgte – dann sind Mimik und Gestik für diesen Blick die geeigneten Anhaltspunkte. Kafka sucht »die Zeichen eines Allgemeinen, Gesetzmäßigen gerade in den vertrautesten und intimsten Regungen. Daher seine geschärfte Aufmerksamkeit für den körperlichen Ausdruck: In der Geste, die ja meist unbewußt ist, setzt sich das

---

nächtlichen Verhör in ihr Gasthaus Bestellten draußen im Schnee warten läßt. »Es war ihr unverständlich, wozu es überhaupt Parteienverkehr gab. ›Um vorn die Haustreppe schmutzig zu machen‹, hatte ihr einmal ein Beamter auf ihre Frage, wahrscheinlich im Ärger, gesagt, ihr aber war das sehr einleuchtend gewesen und sie pflegte diesen Ausspruch gern zu citieren.« (SKA 378) Die Wirtin verlangt deshalb die Errichtung eines Wartegebäudes gegenüber; »freilich war es eine empfindliche Strafe für die Wirtin – man lachte ein wenig darüber – daß gerade die Angelegenheit des Wartegebäudes zahlreiche Besprechungen nötig machte und die Gänge des Hauses kaum leer wurden.« (SKA 379)

Unpersönliche am augenscheinlichsten durch.«[28] In der individuellen Bewegung wird objektiver Gehalt wahrgenommen, die Art, wie der Beobachtete in seinem Verhalten die Zustände, innerhalb deren er sich befindet, reproduziert. Wenn Kafka seiner Schwester Valli nachsieht, wie sie ihrem Mann zur Tür der elterlichen Wohnung hinaus folgt, erblickt er darin gleichzeitig »die in diesem Ihm-Folgen liegende Anerkennung der Ehe als Einrichtung, mit der man sich bis in den Grund hinein abgefunden hat« (557)[29] – das eigene Innenleben, einen Monat vor dem ersten Heiratsantrag an Felice, hat freilich diese Sensibilität in der Aufladung des Blicks vorbereitet. Aus solchermaßen durchdringenden Beobachtungen bauen sich auch die Figuren seiner literarischen Werke auf. Auch in den Erzählungen und Romanen wird nie direkt über das Innere der Personen berichtet. Es kann nur in der Veräußerlichung von Gesichts- und Körperbewegung gelesen werden, als Ausdruck, dessen Sinn zur Deutung aufgegeben ist. Die Figuren des »Schloß«-Romans etwa offenbaren sich »mit scheuen Blickkontakten, tappenden Berührungsversuchen«, mit »Gebärden des Hilfesuchens, des Helfens, der stummen oder auch redseligen Solidarität«.[30] Daß der Erzähler mit Sorgfalt Abstraktes konkret ausdrücken, Seelisches in körperlichen Veränderungen hat aufheben wollen, belegen seine Korrekturen in den Manuskripten.[31] So kommt Benjamins Eindruck zustande, daß »Kafka den Vorgängen gewissermaßen den Sinn abzapft, um ihren gestischen Gehalt schärfer heraustreten zu lassen.«[32] Ein Irrtum wäre es, die über die Geste distanziert vermittelten Vorgänge »in ihrer stummfilmhaften Lautlosigkeit und Eckigkeit« als »sinnfremd« ansehen zu wollen.[33] Im Gegenteil, nur in der Veräußerlichung kann ein Innen, nur im Anblick des Details kann das Ganze gesucht und gefunden werden. Nur so ist es auch möglich, »aus Themen noch Situationen zu machen«; »eine unvergleichliche Bildlichkeit, eine oft magische Sinnfälligkeit des Denkens«[34] wird erreicht auf diese Weise, in der Bewegung des optisch ertappten Lebens offen wird für Sinn: »Altstadt: Enge steile Gasse, die ein Mann in blauer Blouse schwer herunterläuft. Über Stiegen.« (949)

---

[28] Stach [1984], 220.
[29] Das Beispiel gibt Stach [1984], 220f.
[30] Baumgart [1985].
[31] Beispiele stellt Binder [1976c], 704 vor, etwa: »(Traurig) langsam nahm er das Tuch von Brunelda ab« (A 355, V 384$_{21}$), oder: »Mit diesem Brief in der Hand war Georg (still) lange, das Gesicht dem Fenster zugekehrt, an seinem Schreibtisch gesessen.« (E 58)
[32] Benjamin [1977b], 1229.
[33] Kurzrock [1955], 196.
[34] Hennecke [1951].

3. Kapitel. Die städtische Welt

> 26. II 12
> Besseres Selbstbewußtsein. Herzschlag
> näher den Wünschen. Das Rauschen des
> Gaslichtes über mir. (380)

Fenster und Türen

Passender Rahmen für die Blicke des Beobachters Kafka auf die Menschen ist der des Fensters. Und dies nicht nur im übertragenen Sinne, wenn er den Freund Oskar Pollak als ›Fenster zur Welt‹ sieht (»Du warst, neben vielem andern, auch etwas wie ein Fenster für mich, durch das ich auf die Gassen sehen konnte«, Br 20) und damit seine eigene Fremdheit in der Gesellschaft sich vergegenwärtigt, die Notwendigkeit einer Vermittlung für jemanden, der aus der Distanz Teilnahme wünscht. »Zerstreutes Hinausschaun« aus dem »Gassenfenster« ist auch ganz konkret häufig geübte Wahrnehmungsweise des in seinem Zimmer gefangenen Betrachters, deren literarische Umsetzung (E 37, 43) sich auf reale Örtlichkeiten und deren Anblick zurückführen läßt. Die ›Rahmenschau‹ bietet dem Schauenden Schutz und Einschränkung zugleich. Nicht mehr das Ganze bietet sich im Ausschnittbild arrangiert dar, wie im 18. Jahrhundert, sondern der Ausschnitt bliebt Bruchstück und unterstreicht damit noch die Distanz dessen, der darin, selbst ruhend, die Bewegungen der Außenwelt verfolgen will:

> 29. *(Oktober)* 11 So. [...]
> Der Anblick von Stiegen ergreift mich heute so. Schon früh und mehrere Male seitdem freute ich mich an dem von meinem Fenster aus sichtbaren dreieckigen Ausschnitt des steinernen Geländers jener Treppe die rechts von der Čechbrücke zum Quaiplateau hinunterführt. (204, 208)

Die Treppe – deren visuellen Reiz in jüngster Zeit gleich mehrere Fotografen, in Prag auf Kafkas Spuren, nachzuempfinden wußten[35] – erscheint aus dem Fenster als ein Ort, an dem sich nicht allein fremde Bewegung vor dem Auge des Betrachters abspielen kann, sondern der auch, wie die von Kafka gern gesehene und beschriebene »Brücke« (B 111f.), einen praktischen Weg der Verbindung zu den anderen anzubieten scheint. Aber das Fenster selbst, das den Blick durchläßt, lenkt und schützt, ist praktische Begrenzung; nicht zufällig ist es geeignet, die Selbstmordgedanken des Tagebuchschreibers auf sich zu ziehen (»gegen das Fenster laufen und durch die zersplitterten Hölzer und Scheiben schwach nach Anwendung aller Kraft die Fensterbrüstung überschreiten«, 319). Und der Balkon erscheint

---

[35] Etwa Gruša [1983] oder Binder/Parik [1982].

nur als gesteigertes Fenster, ein osmotischer Bereich, Zwischenreich des Austausches zwischen Außen und Innen.[36] Die Türen indes, dem Betrachter ähnlich nah wie das Fenster, sollten eine reale Möglichkeit des Auswegs nach draußen öffnen können. Doch machen auch sie, so oft sie in den Aufzeichnungen auftauchen, eher die Schwierigkeiten erkennen, in die Welt zu treten. Denn auch hier wirkt sich die Beziehungsstruktur der halben Distanz aus. Die »halboffene Tür« läßt Einflüsse von außen störend und belastend eindringen, statt eine Perspektive auf außen liegende Möglichkeiten freizugeben; die Halbverbindung erweist sich als Einschränkung, nicht als Ausweg:

14. Januar 1920. [. . .]
Er hat eine eigentümliche Wohnungstür, fällt sie ins Schloß, kann man sie nicht mehr öffnen, sondern muß sie ausheben lassen. Infolgedessen schließt er sie niemals, schiebt vielmehr in die immer halboffene Tür einen Holzbock, damit sie sich nicht schließe. Dadurch ist ihm natürlich alle Wohnungsbehaglichkeit genommen. Seine Nachbarn sind zwar vertrauenswürdig, trotzdem muß er die Wertsachen in einer Handtasche den ganzen Tag mit sich herumtragen und wenn er auf dem Kanapee in seinem Zimmer liegt, ist es eigentlich, als liege er auf dem Korridor, im Sommer weht ihm die dumpfe, im Winter die eiskalte Luft von dort herein. (H 418f.)

Typische Bewegung an der Tür ist das zögernde Warten vor einem – wie auch immer beschaffenen – »Türhüter« (P 255), das angstvolle Eintretenwollen in ein fremdes oder mit Fremdem besetztes Zimmer oder Haus, der literarisch so unendlich oft durchgespielte Moment, in dem das Ich versucht, aus seiner Distanz herauszugelangen und sich der Welt zu stellen (»Ich kam durch einen Nebeneingang, ängstlich, ich wußte nicht, wie es sich verhält, ich war klein und schwach«, H 373).[37] Beziehungslosigkeit zur Welt und der Versuch ihrer Überwindung werden an Fenstern und Türen sichtbar, spiegeln sich in den Schauplätzen und Handlungteilen, in bestimmten, häufig wiederkehrenden Motiven, etwa des Ankommenden, der nicht weiß, wohin, oder des Reisenden, dem sich unterwegs die Räume verwirren, für den sich die Entfernungen verkürzen oder dehnen.[38] Kafkas Tagebuchaufzeichnungen, so wie die Erzählungen und Romane, sind immer auch Geschichten von »der mißlingenden Ankunft oder dem verfehlten Ziel«.[39]

---

[36] Vgl. Zischler [1978].
[37] Vgl. H 255: »Immer streichst du um die Tür herum, tritt kräftig ein. Drin sitzen zwei Männer an roh gezimmertem Tisch und erwarten dich. Sie tauschen ihre Meinungen aus über die Ursachen deines Zögerns.«
[38] Vgl. Binder [1979b], 145.
[39] Beißner [1958], 14.

Die Landschaft der Großstadt

Die Szenerie der Aufzeichnungen Kafkas wird bestimmt durch die Stadt.[40] Laternen an einem grauen Wienterabend mit Regen oder Schnee beleuchten die Spaziergänge, in denen die Erfahrungen des »Großstädter[s] Kafka«[41] mit seiner Stadt, auf dem »Nachhauseweg« im Blick auf die »Vorüberlaufenden« (E 38f.) etwa, ihr literarisches Abbild finden; dabei sind die Wege, die der Icherzähler mit seinem Bekannten zurücklegt im ersten Kapitel der »Beschreibung eines Kampfes« beispielsweise oder Josef K. mit den zwei Herren, die ihn im Schlußkapitel des »Prozeß«-Romans begleiten, exakt in der Topographie Prags zu lokalisieren.[42] Das, was die Blicke des Beobachters festhalten, wirkt am nachdrücklichsten dann, wenn »die städtische Welt« (151) selbst in modernen Formen der Vermittlung auf das Zustandekommen der Beobachtungen eingewirkt hat. Nie wirkt die Landschaft der Großstadt so eindringlich wiedergegeben in ihrer Verdinglichung, in der Separiertheit vom Betrachter, der Auflösung in Einzelnes, wie aus dem Fenster des »Automobil[s]«, bei einem Blick, der demjenigen des Zuschauers im Kino gleichgesetzt wird:[43] »Regen, rasche Fahrt (20 Min.) Kellerwohnungsperspektive, Führer ruft Namen der unsichtbaren Sehenswürdigkeiten aus, die Pneumatiks rauschen auf dem nassen Asphalt wie der Apparat im Kinematographen, das deutlichste: die unverhängten Fenster ›der vier Jahreszeiten‹, die Spiegelung der Lampen im Asphalt wie im Fluß« (944), oder beim Schauen aus dem Abteilfenster der »Elektrischen«:

> 18. XI 11 Gestern in der Fabrik. Mit der Elektrischen zurückgefahren, in einem Winkel mit ausgestreckten Beinen gesessen, Menschen draußen gesehn, angezündete Geschäftslampen, Mauern durchfahrener Viadukte, immer wieder Rücken und Gesichter, aus der Geschäftsstraße der Vorstadt hinausführend eine Landstraße mit nichts Menschlichem als nachhausegehenden Menschen, die schneidenden, in das Dunkel eingebrannten elektrischen Lichter des Bahnhofgeländes, niedrige stark sich verjüngende Kamine eines Gaswerks, ein Plakat über das Gastspiel einer Sängerin de Treville, das sich an den Wänden hintastet bis in eine Gasse in der Nähe der Friedhöfe, von wo es dann wieder mit mir aus der Kälte der Felder in die wohnungsmäßige Wärme der Stadt zurückgekehrt ist. (252)

Die städtische Welt wird erfahren als Reihung von einzelnen Eindrücken, die in sich zusammenhanglos in rasch wechselnder Folge an dem fahrendruhenden Betrachter vorbeiziehen. In der unverbundenen Reihung unzusammenhängender Wahrnehmungen wird das Problem der Wahrnehmung der (modernen) Wirklichkeit literarisch-ästhetisch faßlich, die Aufgabe des isoliert-freigesetzten Beobachters, einen Zusammenhang zwischen disparat

---

[40] Vgl. Guntermann [1988], 74ff.
[41] Binder [1979c], 543.
[42] Zuletzt bei Binder/Parik [1982], 90 und 172.
[43] Vgl. Schings [1983].

erfahrenen Details untereinander herzustellen und einen eigenen Zugang zu ihnen zu finden. Vergleiche als Versuche einer Sinngebung des Wahrgenommenen müssen kapitulieren vor der Singularität der optischen Impression:

14. XII ⟨1911⟩ [...]
Spaziergang mit Löwy unten am Fluß. Der eine Pfeiler des auf der Elisabethbrücke sich erhebenden innen von einer elektr. Lampe beleuchteten Bogens sah als dunkle Masse zwischen seitlich hervorströmendem Licht wie ein Fabrikskamin aus und der über ihm zum Himmel sich ausspannende dunkle Schattenkeil war wie steigender Rauch. Die scharf begrenzten grünen Lichtflächen zur Seite der Brücke. (293f.)

Kafka und das Kino

Für den Beobachter aus Halbdistanz, dem das kulturelle Leben der Großstadt mit seinen vielen Treffpunkten, den Kaffeehäusern und Weinstuben, Variétés und Theatern vertraut ist, fokussiert sich das Interesse an populärer Unterhaltung (Kabarett, Operette, Ballett) folgerichtig auf die verschiedenen Formen der Repräsentation optischer Eindrücke, die modernen Techniken der Reproduktion und Vervielfältigung visueller Wahrnehmung, die Möglichkeiten und Grenzen, die mit dem neuen Medium des Films verbunden sind. Von der Faszination, die das rasch aufblühende Kino auf Kafka ausübt – 1896 werden in Prag erstmals »Lebende Photographien!« gezeigt, 1923 gibt es bereits 60 feste Lichtspielhäuser[44] –, kündet gleich die allererste erhaltene Tagebucheintragung (»Die Zuschauer erstarren, wenn der Zug vorbeifährt«, 9). Den Betrachter fesselt die Möglichkeit, fremde »Bewegung« unmittelbar, in Reinform, nicht – wie im Leben – mit der störenden, in Reflexion, eventuell gar Interaktion verwickelnden Dimension der Sprache versetzt, aus der durch Isolierung geschützten halben Nähe des verdunkelten Zuschauerraums »festhalten« zu können (563). Die schnelle Folge der Bilder markiert aber auch die Grenze, an der sich Kafkas eidetisches Gedächtnis stößt, unabhängig davon, daß wir heute darin die technischen Unzulänglichkeiten des frühen Stummfilms (zeitrafferhaft beschleunigte Bewegungen der Akteure, abrupte Einstellungswechsel der Kamera) wiedererkennen.[45] Das Bedürfnis des Betrachters Kafka, durch Verlangsamung der Bildfolge zu einer neuen, ›teilnehmenden‹ Art der Beobachtung zu gelangen,[46] orientiert sich zurück an der Illusionstechnik des Panoramas, einer Reihung von stehenden Bildern. Vor den stereoskopischen Aufnahmen des Kaiserpanoramas in Friedland zieht er den Vergleich: »Die Bilder lebendiger als im Kinematographen, weil sie dem Blick die Ruhe der

---

[44] Zischler [1983], 34–36.
[45] Vgl. Kobs [1970], 441.
[46] Beispiele gibt Zischler [1983], 43–46.

54

Wirklichkeit lassen. Der Kinematograph gibt dem Angeschauten die Unruhe ihrer Bewegung, die Ruhe des Blickes scheint wichtiger.« (937) Die »Vereinigung von Kinema und Stereoskop«, die er sich bedauernd-vergeblich wünscht, müßte die Vermittlung der Gegensätze leisten, dem Blick auf Bewegung seine Ruhe erhalten. In gewisser Weise ist das Kinoplakat dazu in der Lage, und es verwundert nicht, daß Kafka diese Möglichkeit, fremde Aktionen, zu ruhender Bewegung kondensiert, anzuschauen – dabei, selbst ruhend-bewegt, »aus dem Coupeefenster« (13) blickend – begierig aufgreift, als Ersatz auch für Defizite der eigenen Lebenspraxis: »[. . .] so weiß ich doch meistens fast alle Wochenprogramme aller Kinematographen auswendig. Meine Zerstreutheit, mein Vergnügungsbedürfnis sättigt sich an den Plakaten von meinem gewöhnlichen innerlichsten Unbehagen, von diesem Gefühl des ewig Provisorischen ruhe ich mich vor den Plakaten aus, immer wenn ich von den Sommerfrischen, die ja schließlich doch unbefriedigend ausgegangen waren, in die Stadt zurückkam, hatte ich eine Gier nach den Plakaten und von der Elektrischen, mit der ich nachhause fuhr, las ich im Fluge, bruchstückweise, angestrengt die Plakate ab, an denen wir vorüberfuhren.« (F 335f.)

Der informierte Autor

Den Stadtbewohner Kafka, der, namentlich unter dem Einfluß der Schwester Ottla, durch Wandern, Schwimmen und Rudern, Gartenarbeit und Tischlern vergeblich eine Art »Landmensch« (F 732) zu werden versucht hat, bindet eine bemerkenswerte Neugier an alle technischen Neuerungen, namentlich jene, in denen das Sprechen und Schreiben selbst ihm in vergegenständlichter Form, über technische Hilfen vermittelt, fremd entgegentreten,[47] und ein Hörstück mit dem Titel »Franz Kafka hört noch immer Radio und telefoniert mit schönen Frauen«, anläßlich der 100. Wiederkehr

---

[47] Vgl. auch einschlägige Passagen in F. Kittlers Tudie zu »Grammophon/Film/Typewriter« [1986]. Ihm stellt sich, in Verabsolutierung seines Ansatzes, die Botschaft literarischer Texte in der Form ihrer Vermittlung aufzusuchen, Kafkas Verhältnis zu der Berliner Stenotypistin Felice Bauer als »Medienverbund« (322) dar, ihrer beider »unmögliche Geschlechterbeziehung als Textverarbeitung in Endlosschleife« (323). – Fraglich, ob Kittler, der sich auf seiner poststrukturalistischen Suche nach dem ›anderen‹ an Kafka kaum genug tun kann in Bildern und Begriffen aus einer Zeit »nach dem Ende des Schriftmonopols« (15), damit – über den Reiz vorzeitig-unhistorischer Anverwandlung und Vereinnahmung, gewollt-herausfordernder Anachronismen hinaus – zu Recht einen Erkenntniszugewinn für die »Beschreibung« (3) vergangener Literatur verspricht. In seiner Untersuchung »Aufschreibesysteme 1800/1900« [1985] und den Bemerkungen zu Kafka dort (er praktiziere »Verbundschaltungen«; seine Erzählungen handelten von »Vernetzung und Rauschpegel«, 370f.) tritt dieses Problem noch deutlicher zutage.

seines Geburtstages, findet allein darin bereits, über alle (gewollten) Anachronismen hinweg, seine erste Berechtigung.[48] Ihn fesseln Telephon und Grammophon, Kinematograph und Parlograph, auch Motorrad, Automobil und Aeroplan. Seine Weltzugewandtheit verbleibt also durchaus nicht vergeistigt-selbstbefangen, indem äußere Veränderungen, wenn überhaupt,[49] »gleichsam nur wie durch Zellenfenster«[50] ihn erreichten, in theoretisch-weltanschaulicher, grüblerischer Partizipation, als Interesse an Fragen des Darwinismus,[51] der Psychoanalyse (461) oder der Relativitätstheorie (916), so wenig wie seine Tagebucheintragungen »sich vorwiegend aus existentieller Reflexionen zusammen[setzen]«,[52] denen »der Gedanke selbst [. . .] zur Erscheinung« bereits ausreichte.[53] Kafka hat vielmehr als ein informierter Autor in durchaus praktischem Sinne zu gelten. Die Inspektionsreisen, die zu seinen Berufspflichten bei der Arbeiter-Unfall-Versicherungs-Anstalt gehören, führen dazu, daß er – vielleicht als »der einzige ›bürgerliche‹ Autor seiner Zeit«[54] – Fabriken von innen sieht, die industrielle Welt aus eigener Anschauung – für kurze Zeit sogar: als eigener (Mit-)Unternehmer (»Und morgen gehe ich in die Fabrik«, 715) im Betrieb seines Schwagers – kennenlernt.[55] Reisen sind es auch, die den so an Prag festgebundenen Autor mit halb Europa vertraut machen, an die Ost- und die Nordseeküste, nach Italien, Ungarn und in die Schweiz führen, ihn die großen Städte Dresden und Leipzig, München und Berlin, Wien, Budapest und Paris sehen lassen. Der allgemein ›verständliche‹ Zeichencharakter der Produkte moderner Technik und ihrer Präsentation läßt den Betrachter bei aller Faszination nicht wehrlos werden, vermittelt ihm gar ein – sehr modernes – Gefühl des Vertrauten im Fremden:

> [. . .] der Lärm der Metro [. . .] verstärkt sogar das angenehme ruhige Gefühl der Schnelligkeit. Die Reklame von Dubonnet ist sehr geeignet von traurigen und unbeschäftigten Passagieren gelesen, erwartet und beobachtet zu werden. Ausschaltung der Sprache aus dem Verkehr, da man weder beim Zahlen, noch beim Ein- u. Aussteigen zu reden hat. Die Metro ist wegen ihrer leichten Verständlichkeit für einen erwartungsvollen und schwächlichen Fremden, die beste Gelegen-

---

[48] Podlech [1985].

[49] So Jurgensen [1979], 134: »Anregungen von außen, sei es in der Form von Bekanntschaften, Reisen oder intellektuellen Auseinandersetzungen, dringen nicht bis in das Innere der Kafkaschen Individualexistenz vor.«

[50] Stach [1984], 217.

[51] Vgl. Wagenbach [1958], 60; Bergman [1973], 19.

[52] Jurgensen [1979], 173.

[53] Ebd., 174.

[54] Wagenbach [1983], 95.

[55] Vgl. auch den folgenden Eingang eines Erzählfragments mit autobiographischen Zügen: »»Warum habt ihr noch nicht maschinellen Betrieb eingeführt‹, fragte ich. ›Die Arbeit ist zu fein dafür‹, sagte der Aufseher.« (H 337)

heit, sich den Glauben zu verschaffen, richtig und rasch im ersten Anlauf in das Wesen von Paris eingedrungen zu sein. (1009)

Der unendliche Moment

In der grandiosen Prozeßbeschreibung eines Verkehrsunfalles auf dem »großen Platz« in Paris (1012–1017), eines Zusammenstoßes zwischen Automobil und Tricycle, ist der Beobachter buchstäblich auf der Höhe des Geschehens. Die minutiöse Darstellung des Verhaltens der Beteiligten und der Zuschauer verselbständigt sich zu einem Stück Prosa, das reich ist durch das behutsame Gefühl für die Dramaturgie des Augenblicks, die Entwicklungen und Veränderungen in den Reaktionen der beibachteten Akteure, die Nuancen und Verlagerungen in der Stimmung des Publikums, auch für die komischen Effekte, die aus dem Widerspruch erwachsen zwischen der Kleinheit des Ereignisses und der Größe der ihm beigelegten Bedeutung: Lust des Beobachters an der Beobachtung, die sich – doppelte Ironie – selbst karikiert in der Figur des Polizisten, der das Protokoll aufnimmt und dem dabei seine Aufzeichnungen in Unordnung geraten (1016f.). Allein die ideale Halbdistanz des kenntnisreichen Beobachters, zwischen Teilnahme, Mitgefühl für die Opfer des Moments, und Enthaltsamkeit, Blick für die komisch-satirische Außenansicht des Geschehens, ist in der Lage, die Reichhaltigkeit des Augenblicks zu erfassen. Die Blicke des informierten Autors auf Menschen –

27 VII ⟨1922⟩ [. . .] Rückkehr von Mann und Frau vom Feld. Das Mädchen in der Stalltür des verfallenen Hofes, ist wie im Kampf mit ihren starken Brüsten, unschuldig-aufmerksamer Tierblick. Der Mann mit Brille, der den Karren mit der schweren Futterlast führt, ältlich, ein wenig verwachsen, trotzdem infolge der Anspannung sehr aufrecht, hohe Stiefel, die Frau mit Sichel, nebenan und hintenher (924f.) –

und auf Dinge sind reich an Informationen, die Sätze, die das Erblickte mitteilen, dicht an Mitteilungen: überwach und überscharf, in einer Sprache, überklar in ihren Kommata wie bei Kleist, wird festgehalten – der unendliche Moment:

20. ⟨Oktober 1911⟩ [. . .] Auf einem großen von einer Fabrik vorsichtsweise angekauften vorläufig brachgelassenen, mitten im Ort liegenden, von stark aber nur stellenweise von elektr. Licht beworfenen Fabriksgebäuden umgebenen Feld. Klarer Mond, von Licht erfüllt, daher wolkiger Rauch aus einem Kamin. Zugsignale. Rascheln von Ratten neben dem langen das Feld kreuzendem gegen den Willen der Fabrik von der Bevölkerung eingetretenen Weg. (87, 92f.)

4. Kapitel. Die Blicke des Beobachters

[...] die Blicke des Beobachters [...].
(SKA 156)

Ruhende Beobachtung

Wenn die Blicke des Beobachters »unter der fortwährenden Anziehungskraft des Fensters stehn« (814), die Bewegungen der Außenwelt nur in einzelnen stehenden Bildern einfangen können, der Film der Realität nur als Reihung von Plakat-Ansichten erfahrbar bleibt, so ist das kein Mangel in dem Sinne, daß ein Defizit in der sinnesphysiologischen Ausstattung eine unvermeidbare Erkenntnisgrenze setzte. Im Gegenteil, »Augen und Blicke«[56] sichern die Teilnahme aus der Halbdistanz, die ruhende Betrachtung bewahrt den Betrachter davor, in allzu aufdringlicher Annäherung die Zusammenhänge der Dinge, die es zu erkennen gilt, zu zerstören. Sie schützt ihn vor der Gefahr, durch die »Gewalttätigkeiten« (43) seines Erkenntniszugriffs die Welt »siegreich ein[zu]drücken« (H 74) und so die Wahrheit zu verfehlen. Die »Ruhe des Blickes« (937), so wäre in Kafkas Sinne fortzusetzen, wird der »Ruhe der Wirklichkeit« gerecht, sie gibt dem Angeschauten die Wahrheit seiner Bewegung und läßt den Beschauer an seiner Beschaffenheit teilhaben; »ein ruhiges förmlich landschaftliches Denken tritt ein«, stellt Kafka ja schon früh neidisch-bedauernd für die Reisebeobachtungen Goethes fest, weil sie aus der unaufdringlichen (Nicht-)Bewegung einer Postkutsche gemacht worden seien. (42) In den quietistischen Zügen der Forderung nach ruhender Beobachtung kann sich schließlich die lebensgeschichtliche Erschütterung durch die offenbar gewordene ›Lungenwunde‹ wiederfinden (»21. Oktober [1917]. Im Sonnenschein. Das Stillewerden und Wenigerwerden der Stimmen der Welt«, H 74), die Forderung selbst ist erkenntnistheoretische Maxime, die nur immer unnachgiebigere, paradoxe Formulierungen findet.

> 26. Februar [1918]. [...]
> Es ist nicht notwendig, daß du aus dem Hause gehst. Bleib bei deinem Tisch und horche. Horche nicht einmal, warte nur. Warte nicht einmal, sei völlig still und allein. Anbieten wird sich dir die Welt zur Entlarvung, sie kann nicht anders, verzückt wird sie sich vor dir winden. (H 124)

---

[56] Binder [1976a], 163.

Neue Anblicke

Nur dem ruhenden Blick bieten die Dinge neue Ansichten. Die Beschreibung der Dinge der Außenwelt bei Kafka ist als quasi-photographisch exakt empfunden worden[57] in ihrer unbestechlichen Detailtreue, aber sie bietet – in mehrfacher Hinsicht – mehr und anderes. Der Reiz der Erscheinung wächst, wenn der Blick die Ruhe findet, die wahrgenommene Vielfalt auf die gemeinsamen graphischen Bestandteile zurückzuverfolgen (»der Anblick der scharf getrennten Licht- und Schattenpartien auf dem Gassenpflaster«, 149); »das gestrichelte Paris« (976f.) beispielsweise setzt sich aus einer Vielzahl von Einzel-Zeichnungen zusammen. Wenn sich angesichts der Darstellung der Gesichter in Kafkas Tagebüchern, der ›Zerlegung‹ der Gesamterscheinung in ihre Details, die dann in neuer Ordnung, den gängigen Sehgewohnheiten zuwiderlaufend, wieder zusammengesetzt werden, als Parallele in der zeitgenössischen avantgardistischen Kunst das Prinzip des Kubismus angeboten hat,[58] erscheint hier die Assoziation zum Verfahren der Impressionisten oder Pointillisten gerechtfertigt. Die Umstände der Beobachtung treten mit in die Beobachtung ein, bereichern sie um eine neue, ›ästhetische‹ Dimension und vervollständigen die Wahrheit des Angeschauten. So etwa bei einem Ausblick auf Schweizer Alpengipfel, wenn das Nahebringen des Fernbleibenden mit in den Wahrnehmungsinhalt Eingang findet und in der Abbreviatur den Eindruck des Wahrgenommenen komplettiert:

> Montag 28. August ⟨*1911*⟩. [. . .] Fernrohr. Jungfrau weit, Rotunde des Mönches, schwankende heiße Luft bewegt das Bild. (954)[59]

Das Licht

Schließlich ist es das Licht als Vermittler der visuellen Wahrnehmung, Träger der Blicke des Beobachters, das die Aufmerksamkeit auf sich zieht, als Hauptakteur einer Situation sich selbst in Szene setzen kann, in eine Szene, in der das Ich als Beobachter sich die Ruhe läßt, die erscheinenden Bewegungen außer sich aufzunehmen.

---

[57] Vgl. etwa Gruenter [1950], 285.

[58] Matt [1983], 41.

[59] Die entwirklichende, ästhetisierende Leistung der Verknappung in Kafkas Tagebuchaufzeichnung wird noch deutlicher, hält man Brods Paralleleintragung aus seinen Reisetagebüchern dagegen; sie führt vergleichsweise prosaisch, rationalisierend aus: »Durch ein Fernrohr (ein Auge schließen) sieht man acht Punkte um 50 ct. Wir aber lassen das Fernrohr sich bewegen und sehn so unzählige Punkte. Die Bilder bewegen sich, infolge der heißen Luft. Schwer ist es, das im Fernrohr Gesehne in den unmittelbaren Anblick zu lokalisieren. [. . .] – Jungfrau, Mönch, Titlis, Urirotstock. – Die Ebene – Seen [. . .]«. (BKR 83)

4. *(Oktober 1911)* [. . .]
Gegen Abend im Dunkel in meinem Zimmer auf dem Kanapee.

Es entsteht ein Glanzstück der ruhenden Beobachtung, der sich die Dinge
mit Eigenleben füllen, verändern und fremd werden, im Stimmungsreiz der
gedämpften Atmosphäre des Tagesausklangs, einem Tableau, in dem der
schreibend Beobachtende sich selbst beispielhaft für sein Verhältnis zum
Leben wiederfindet, von der Restwelt durch eine gläserne Scheibe getrennt,
durch die ihr wechselndes Licht einfällt und ihn erreicht, indem die Gegenstände seiner Umgebung ihre Farbe und Form verändern.

Warum braucht man längere Zeit um eine Farbe zu erkennen wird dann aber nach
der entscheidenden Biegung des Verständnisses rasch immer überzeugter von der
Farbe.

Mit der Beobachtungssituation ist ihr Verlauf bestimmt, der Betrachter hat
die wahrnehmbaren Veränderungen, die sich aus der wechselnden Anord-
nung der geschauten Gegenstände ergeben, zu reproduzieren.

Wirkt auf die Glastür von außenher das Licht des Vorzimmers und jenes der
Küche gleichzeitig, so gießt sich grünliches oder besser um den sichern Eindruck
nicht zu entwerten, grünes Licht die Scheiben fast ganz hinab. Wird das Licht im
Vorzimmer abgedreht und bleibt nur das Küchenlicht, so wird die der Küche
nähere Scheibe tiefblau, die andere weißlich blau so weißlich, daß sich die ganze
Zeichnung auf dem Mattglas (stilisierte Mohnköpfe, Ranken, verschiedene Vier-
ecke und Blätter) auflöst. –

Die skrupulöse Gewissenhaftigkeit des Beobachters, der unterm Schreiben
seine Beobachtungen sichern will, korrigiert und damit gültiger und unan-
greifbarer machen möchte, hat eine bemerkenswerte Folge. Als Resultat
angestrengten Hinsehens, detailbesessener Genauigkeit lösen sich die gegen-
ständlichen Konturen auf zu einem Anblick mit neuem, eigenwertigem ästhetischen Reiz.

Die von dem elektrischen Licht auf der Straße und Brücke unten auf die Wände
und die Decke geworfenen Lichter und Schatten sind ungeordnet zum Teil verdorben einander überdeckend und schwer zu überprüfen.

Der Beobachter, in ein optisches Experiment verwickelt, versucht, seine
Wahrnehmungen zu verifizieren, und verliert dabei doch sich selbst ironisch
nicht aus dem Blick.

Es wurde eben bei der Aufstellung der elektrischen Bogenlampen unten und bei
der Einrichtung dieses Zimmers keine hausfrauenmäßige Rücksicht darauf genommen, wie mein Zimmer zu dieser Stunde vom Kanapee aus ohne eigene Zimmer-
beleuchtung aussehn wird. – Der von der unten fahrenden Elektrischen an die
Decke emporgeworfene Glanz fährt weißlich, schleierhaft und mechanisch stok-
kend die eine Wand und Decke, in der Kante gebrochen, entlang. –

Der ruhende Betrachter hat die Bewegung dem Betrachteten überlassen, das sich zu eigenem Leben verselbständigt, unmerklich den Bereich des Gewohnten verläßt und in der Sprache neuartige Beschaffenheit gewinnt.

> Der Globus steht im ersten frischen vollen Widerschein der Straßenbeleuchtung auf dem oben grünlich rein überleuchteten Wäschekasten, hat einen Glanzpunkt auf seiner Rundung und ein Aussehn, als sei ihm der Schein doch zu stark, trotzdem das Licht an seiner Glätte vorüber fährt und ihn eher bräunlich, lederapfelartig zurückläßt. – Das Licht aus dem Vorzimmer bringt einen großflächigen Glanz an der Wand über dem Bett hervor, der in einer geschwungenen Linie vom Kopfende des Bettes aus begrenzt wird, das Bett im Augenblick niederdrückt, die dunklen Bettpfosten verbreitert, die Zimmerdecke über dem Bette hebt. (54–56)

Das Licht hat sich den Blicken des Beobachters als verändernde, fremdmachende Kraft erwiesen, »jene geisterhafte Halbhelligkeit, die an Traumbeleuchtungen erinnert«,[60] hat die Dinge mit neuen ästhetischen Qualitäten ausgestattet, aus der Betrachtung des Lebens im Tagebuch ist Literatur geworden, Wirklichkeit ist auf dem Wege, sich in Kunst zu verwandeln.

---

[60] Kurzrock [1955], 263.

B. Selbstbilder: das gläserne Ich

Der Blick nach außen ist ein Blick von innen. In der Art, in der die Dinge der Außenwelt erscheinen, ist die Verfassung, auch: die Selbstsicht des schauenden Ich gegenwärtig; Kafkas Verhältnis zur Außenwelt erscheint auf den ersten Blick ›realistisch‹, wird aber in einem grundsätzlicheren Bedenken zum Selbstbild. Das Tagebuch hält die Dinge, die ihn umgeben, in überscharfen Beobachtungen fest, gerade dann, wenn der Tagebuchschreiber in besonderem Maße auf sich selbst zurückgeworfen ist. Das gesteigerte Interesse am Zusammenleben fremder Paare etwa im dänischen Ostseebadeort Marielyst antwortet auf die vorausgegangene Erfahrung des Scheiterns der eigenen Verlobung, den »Gerichtshof im Hotel« (658) am 12. Juli 1914 in Berlin; indem das Ich aus den um finite Verbformen reduzierten Sätzen, voll von Namen, ausgesperrt ist (658–663), erscheint das Subjektive im Außen aufgehoben. Das bereitwillige Eingehen auf äußere Einzelheiten einer gegenwärtigen Situation entlastet von der inneren Anspannung, die auf Vorausgegangenes zurückverweist, das Abbild des Außen ist im Wortsinne Ausdruck des Innen.

> 6. VI 14 [...]
> Die Stellung im Geschäft am Abend kurz vor Geschäftsschluß: Die Hände in den Hosentaschen, ein wenig gebückt, aus der Tiefe des Gewölbes durch das weit offene Tor auf den Platz hinausschauen. Matte Bewegungen der Angestellten ringsherum hinter den Pulten. Ein schwaches Zusammenschnüren eines Pakets, ein bewußtloses Abstauben einiger Schachteln, ein Aufeinanderschichten gebrauchten Packpapiers. (528f.)

Der so steht und schaut im elterlichen Geschäft, hat in das Geschaute, die wahrgenommenen eigenen und fremden Bewegungen, all die Rat- und Entschlußlosigkeit, das erzwungene unselbständig-untätige Warten, die ziel- und bewußtlosen Ersatzhandlungen hineingesehen, die seine eigene Verfassung zuvor, wenige Tage nach der Verlobungsfeier bestimmen (bei der er »gebunden« war »wie ein Verbrecher«, 528). Die Beobachtung des Außen ist unwillkürliches Innewerden des Innen, Kafkas »um äußerste Genauigkeit bemühtes Schreiben« ist »ein einziger Akt der Aufmerksamkeit, dem zugleich eine tiefe Selbstvergessenheit eignet«.[61] Versucht der Schreibende,

---

[61] Höck [1968], 7. Vgl. Kafkas Brief an Brod vom 5. Juli 1922 (Br 383).

sich darüber Rechenschaft abzulegen, und stellt er sich die Frage nach dem, was ihn mit dem so aufmerksam Verfolgten zusammenhält, dann gelangt er schließlich – zur Erfahrung des Getrenntseins:

30. ⟨Oktober 1921⟩ [. . .]
Was verbindet Dich mit diesen festabgegrenzten, sprechenden, augenblitzenden Körpern enger als mit irgendeiner Sache, etwa dem Federhalter in Deiner Hand? Etwa daß Du von ihrer Art bist? Aber Du bist nicht von ihrer Art, darum hast Du ja diese Frage aufgeworfen. (871f.).

5. Kapitel. Außen und Innen

> 2. Januar [1918]. [. . .]
> Verkehr mit Menschen verführt zur Selbstbeobachtung. (H 98)

Trennung

Kafkas Tagebücher belegen, in einzelnen Eintragungen und in ihrer Entwicklung, wie der Anteil des Ich am Außen sich verkehrt zum Rückzug auf das Innen. Die Reflexion auf das Verbindende führt zur Erfahrung des Trennenden (»Der Weg zum Mitmenschen ist für mich sehr lang«, H 131), die »Überlegung des Verhältnisses der andern zu mir« (743) ergibt dem Ich in einer Ambivalenz von Selbstunterschätzung und Selbstüberhebung (»So wenig ich sein mag, niemand ist hier, der Verständnis für mich im Ganzen hat«) das Gefühl von Isolation. Die Trennung, die sich in der Kommunikationssituation als Unvereinbarkeit zwischen den ›verbundenen‹ Sprechern realisiert[62] – wie oft erweist sich, daß Kafkas Helden vom Inhalt der Rede ihres Gegenübers im »Mißverständnis« (SKA 52) ausgeschlossen bleiben –, wird als »Mühsal«, ja »Unerträglichkeit des Zusammenlebens mit irgendjemandem« (791f.) körperlich erfahren. Die Vorstellung eines Hohlraumes zwischen dem Subjekt und den Dingen der Welt, »an dessen Begrenzung« das gefühllose Ich zu drängen gar noch verabsäume (297), verschärft sich zum Bild des Kampfes »mit der Zellenwand« (H 393). Dabei kann die innere Mitte des Subjekts nicht unversehrt bleiben, die Trennung von Außen und Innen wendet sich als qualvolle Erfahrung zurück (»Die Welt – F. ist ihr Repräsentant – und mein Ich zerreißen in unlösbarem Widerstreit meinen Körper«, H 132) und zerstört die Einheit des Subjekts:

14. ⟨Januar 1920⟩ Sich kennt er, den andern glaubt er, dieser Widerspruch zersägt ihm alles. (851)

---

[62] Hess-Lüttich [1979].

Der Gegensatz von Welt und Ich bei Kafka hat seine bekannteste Formulierung wohl in der Eintragung gefunden, die den Beginn des Ersten Weltkriegs festhält:

> 2. *(August 1914)* Deutschland hat Rußland den Krieg erklärt. – Nachmittag Schwimmschule (543).[63]

Es wird deutlich, wie der Tagebuchschreiber sich in der Trennung – mit dem Gedankenstrich – noch gegen die Trennung wehrt, wenn er die ungeheuerliche Anforderung der Weltlage als Frage, die aufgegeben ist, zu beantworten versucht mit einem befremdenden Rückzug ins Private. Dabei bietet die private Ansicht der Weltgeschichte alles andere als Zuflucht, der Sommer 1914 muß als Gipfelpunkt des Scheiterns bisheriger Hoffnungen Kafkas verstanden werden – den großen Entschluß nach der Auflösung der Verlobung mit Felice, Prag zu verlassen und als Schriftsteller in Deutschland zu arbeiten (formuliert im Brief an die Eltern vom Juli 1914, O 22–24), macht die Kriegserklärung Österreichs an Serbien einen Tag später zunichte. Die »Schwimmschule« ist reduzierter Ort jener entschlossenen Resignation, mit der er, in Trennung von Außen und Innen, versucht, in dem Arbeitsschub, der nun folgt, das ›andere Leben‹, das Schreiben, für sich zu bewahren, krampfhaft und voller Schuldgefühle. Denn die Widersprüchlichkeit, ja fast »Sinnlosigkeit (zu starkes Wort) der Trennung des Eigenen und Fremden im geistigen Kampf« (H 70) bleibt ihm wohl präsent. – Ähnlichkeit der Anforderung und Differenz in der Bewältigung weist die Eintragung auf, mit der Brecht in seinem »Arbeitsjournal« auf die Nachricht vom Ende des Zweiten Weltkriegs reagiert. Der Zwiespalt von öffentlichem Geschehen und privater Existenz wird ausgesprochen und dadurch (in einem Wort, einem Partizip) vermittelt:

> 8.5.45
> nazideutschland kapituliert bedingungslos. früh sechs uhr im radio hält der präsident eine ansprache. zuhörend betrachte ich die blühenden kalifornischen garten.[64]

Goethes Aufzeichnungen am Tag des Todes seiner Frau etwa sind dagegen bestrebt, das Private im Öffentlichen sich aufheben zu lassen, das Besondere zugunsten des Allgemeinen beiseitezudrängen:

> 6. [Juni 1816. Weimar] Gut geschlafen und viel besser. Nahes Ende meiner Frau. Letzter fürchterlicher Kampf ihrer Natur. Sie verschied gegen Mittag. Leere und Todtenstille in und außer mir. Ankunft und festlicher Einzug der Prinzessin Ida

---

[63] Dieser Widerstand gegen die Erfahrung des Disparaten wird im Laufe der Zeit abnehmen; vgl. H 114, dort heißt es, noch ungleich lakonischer: »11. Februar [1918]. Friede Rußland.«
[64] Brecht [1973] II, 740.

und Bernhards. Hofr. Meyer. Riemer. Abends brillante Illumination der Stadt. Meine Frau um 12 Nachts ins Leichenschauhaus. Ich den ganzen Tag im Bett.[65]

Überlagerung

Kafkas Erfahrung der Außenwelt, bei der Personen und Gegenstände in leuchtender Schärfe beobachtet, in präziser Knappheit beschrieben werden, muß an irgendeinem Punkt von der Innenweltreflexion durchbrochen werden, das Subjekt, den Dingen scheinbar unverbunden, zeigt die größere Kraft, das Außen wird vom Innen überlagert. So überaus scharf und knapp die Redner eines Vortragsabends beschrieben, kritisiert und abgeurteilt werden, das Ich ist immer unbeteiligt-beteiligt mitgedacht (»Ich wie aus Holz, ein in die Mitte des Saales geschobener Kleiderhalter. Und doch Hoffnung«, 731). So brillant Personen und Gegenstände bei einer Fahrt mit der Schwester Elli zum Schwager an die Front sich abzeichnen, die ganze Fülle wird überlagert, ja dominiert durch einen einzigen intermittierenden Hinweis auf eine einzige Regung des Ich, die – notwendigerweise, naturgemäß – endlos lang niedergemacht wird:

> 27. IV 15. [. . .] Hier mache ich eine dumme aber für mich sehr charakteristische, kriecherische, listige, nebenseitige, unpersönliche, teilnahmslose, unwahre, von weit her, aus irgendeiner letzten krankhaften Veranlagung geholte überdies durch die Strindbergaufführung vom Abend vorher beeinflußte Bemerkung [. . .]. (734, 739)

Interferenz

Nur wenn die Außenwelt, vom Innenbild überlagert, gleichwohl auf das Innen zurück einzuwirken vermag, ist einer der wenigen Augenblicke wenn nicht des Austauschs, so der Vermischung positiv erfahrbar, in denen ansatzweise das erfolgt, was immer fehlt, die Rückverstärkung der Welt für das Ich. Momente solcher Interferenz sind selten und werden als des Aufmerkens würdige Augenblicke verbucht:

> 20. II 14 [. . .] Zufälligerweise gieng ich den entgegengesetzten Weg wie sonst nämlich Kettensteg Hradschin Karlsbrücke. Sonst falle ich auf diesem Weg förmlich hin, heute habe ich mich von der entgegengesetzten Seite kommend ein wenig aufgehoben. (633)

---

[65] Goethe [1887–1919] V, 239.

Isolation: das Eigene als Ausschluß des Fremden

Grundsätzlich begreift sich das Ich bei Kafka allein, genauer: als abgetrennt von den anderen. Isolation ist das Hauptthema in seinem Werk, seine Figuren führen allesamt einen einsamen Kampf gegen die Welt, von der sie ausgesperrt sind, wie das Kind vom übermächtigen Vater hat ausgesperrt werden können aus dem Bett im gemeinsamen Schlafzimmer hinaus auf den nächtlichen Balkon, die Pawlatsche (»Brief an den Vater«, H 167) –, das einzelgängerische Tier im »Bau« hat die Isolation schließlich angenommen, die Gregor Samsa in der »Verwandlung« nicht wahrhaben will und gegen die er sich vergeblich zur Wehr setzt. Die Figur des Ich im Tagebuch, die das Eigene als Ausschluß des Fremden bestimmt, sich selbst in Negation zur Umgebung definieren muß (»Ich habe nichts mitzuteilen, niemals, niemandem«, 734), ist gleichwohl in der Verneinung (»Ich verkrieche mich vor Menschen nicht deshalb, weil ich ruhig leben, sondern weil ich ruhig zugrunde gehen will«, 663) an die ausgeschlossene und ausschließende Außenwelt gebunden, das Gefühl der Selbstbefindlichkeit ist quälend schmerzhaft-deutlich von außen begrenzt:

21 *(Oktober 1921)* [. . .]
Alles ist Phantasie, die Familie, das Bureau, die Freunde, die Straße, alles Phantasie, fernere oder nähere, die Frau die nächste, Wahrheit aber ist nur daß Du den Kopf gegen die Wand einer fenster- und türlosen Zelle drückst. (869)

Das Selbstbild selbst hat, in der Art, wie es entsteht, Teil an der Isolation. Der Vergleich mit dem anderen (»Er [der Onkel Rudolf Löwy] war in Einzelheiten eine Karrikatur von mir, im Wesentlichen aber bin ich seine Karrikatur«, 886) hebt noch im Vergleichsmoment das Unterscheidende heraus; der Parallelismus, der Vergleichbares (»in Einzelheiten« – »im Wesentlichen«) einander zugesellt, wird von dem Chiasmus, der in ihm verborgen ist (»Er war« – »bin ich«), widerlegt, die Differenz, das letztlich Inkomparable der eigenen Verfaßtheit behält die Oberhand. Das Selbstbild isoliert sich, indem nicht nur der reale Vergleich versagt, sondern auch das Messen an imaginierten Bezugspunkten nicht mehr ausreicht:

17 *(Oktober 1921)* [. . .]
Ich glaube nicht, daß es Leute gibt, deren innere Lage ähnlich der meinen ist, immerhin kann ich mir solche Menschen vorstellen, aber daß um ihren Kopf so wie um meinen immerfort der heimliche Rabe fliegt, das kann ich mir nicht einmal vorstellen. (865f.)

Der Lärm

So sehr sich das Ich von allem anderen freimachen, unabhängig von seiner Umgebung bestimmen will, es bleibt doch an sie gekettet. Der Lärm, an ungezählten Stellen im Tagebuch erwähnt,[66] ist Inbegriff des unvermeidlichen Fortbestehens all desjenigen, was hat ausgeschlossen werden sollen.[67] Was eigentlich nicht existent sein dürfte, die Masse der Anforderungen der Außenwelt, denen Kafka sich nicht gewachsen fühlt, »das Leben, das mich stört«,[68] macht seine aggressiven Forderungen in »Lärmtrompeten des Nichts« (818) vernehmlich, der geringste Hinweis auf die Gegenwärtigkeit dessen, was nicht zugelassen sein soll, wird zur schwersten Störung, zum größten Hindernis: »Ein wenig Gesang unter mir, ein wenig Türenzuschlagen auf dem Gang und alles ist verloren.« (907) Die »vollständige Ruhe« (704f.) in der Isolation ist der Zustand, in den das Ich als Bedingung der Möglichkeit für das eigene Schreiben (F 412) und damit für eigenes Tun überhaupt einwilligt, »äußerste Koncentration« (F 250) meint restlose »Abgeschiedenheit« (»wie ein Toter«, F 412), das Fehlen jeglichen – störenden – Einflusses von außen: »Ich muß viel allein sein. Was ich geleistet habe, ist nur ein Erfolg des Alleinseins.« (569) »Das Alleinsein hat eine Kraft über mich, die nie versagt.« (139) Aber kann das Eigene wirklich als Ausschluß des Fremden definiert, »kann das Besondere durch eine Abkapselung nach außen bewahrt werden?«[69] Mitunter scheint es so, als ob gerade die Distanzierung, ja Ablehnung der Außenwelt – die erst deren überscharfe Beobachtung und Kennzeichnung ermöglicht – das Ich in die Lage versetzte, den für eine Selbstdarstellung nötigen Platz sich zu verschaffen. Anders ist schwerlich zu erklären, wie derjenige, der sich nicht mitteilen kann, eben dies mitzuteilen in der Lage sein sollte, anders läßt sich die merkwürdige Offenheit der Selbstmitteilung in der Tagebuchnotiz etwa über die Begegnung mit Rudolf Steiner vom 26. März 1911 kaum nachvollziehen. Nach überklar-hellsichtigen[70] Beobachtungen aus dem Vorfeld – die »retorische Wirkung« des über Theosophisches Vortragenden findet sich

---

[66] In den Briefen aus Planá im Sonner 1922 erreicht die Klage über den Lärm ihren Höhepunkt (Br 377, 379, 388, 389, 395, 398).

[67] Diese Beobachtung, selten genug gemacht, erschien dem Verfasser der bekannten Serie »Tratschke fragt: Wer war's?« aus dem »ZEITmagazin« zu Recht so charakteristisch und aussagekräftig, daß er sie in die Reihe der verschlüsselten Hinweise für sein Suchbild zu Kafka aufnahm. [Anonym] Tratschke fragt: Wer war's? [1985]: »Was er [i. e. Kafka] draußen lassen wollte, waren nicht nur die Geräusche. Es war die ganze Welt, vor der er Angst hatte und nach der er sich doch zugleich sehnte.«

[68] Vgl. Hackermüller [1984].

[69] Garaudy [1963/1981], 146.

[70] Vgl. Robert [1952/1953], 23.

glänzend charakterisiert, seine Fähigkeit, eine »devotionelle [. . .] Stimmung« (159) entstehen zu lassen, erscheint als durchaus zwiespältige Gabe, Zeugnisse der Faszination, die von ihm auf seine Anhänger ausgeht, werden gesammelt und kurios-befremdliche on-dits distanziert danebengestellt (30–32) – nach solcher Vorbereitung im Journal kommt es zum »Besuch bei Dr. Steiner«, Kafka dringt mit seiner »vorbereiteten Ansprache vor«. (32f.) Was jetzt auf nahezu zwei Seiten folgt, ist die Wiedergabe einer ungewöhnlichen Selbstdarstellung, der junge Noch-nicht-Autor offenbart dem prominenten Schriftsteller und Lehrer, als seinem ihm unbekannten Ratgeber, »was er sonst allen verbirgt«:[71] die Grundschwierigkeit seines Lebens, den Widerspruch von Beruf und Berufung; er fragt an, ob er in der Theosophie die Vermittlung zwischen Bureau und Literatur sich schaffen könne, gläubig genug, »Herr Doktor Sie das zu fragen, denn ich ahne, daß, wenn Sie mich dessen für fähig halten, ich es auch wirklich auf mich nehmen kann.« (35) Diese große Offenheit ist möglich nur durch noch größere Distanz, in der übergroßen Achtung des anderen versucht sich Selbstachtung zu behaupten; das Eigene, das dem Fremden mitteilbar geworden ist, ist es nur als vorgängiger Ausschluß des Fremden, in der eigenen Distanz selbstinszenierter Unterwürfigkeit zu Beginn der Unterredung:

> In seinem Zimmer suche ich meine Demut, die ich nicht fühlen kann, durch Aufsuchen eines lächerlichen Platzes für meinen Hut zu zeigen; ich lege ihn auf ein kleines Holzgestell zum Stiefelschnüren [. . .] (33)

und in der kühlen Beobachtung, mit der er schildert, welche Aufnahme seine Eröffnungen beim Gegenüber finden:

> Er hörte äußerst aufmerksam zu, ohne mich offenbar im geringsten zu beobachten, ganz meinen Worten hingegeben. Er nickte von Zeit zu Zeit, was er scheinbar für ein Hilfsmittel einer starken Koncentration hält. Am Anfang störte ihn ein stiller Schnupfen, es rann ihm aus der Nase, immerfort arbeitete er mit dem Taschentuch bis tief in die Nase hinein, einen Finger an jedem Nasenloch (35).

Nichts weiter ist festgehalten – Kafka gibt also nicht die Antwort desjenigen, von dem er Hilfe und Zuspruch erhofft hat, weder sein Zureden noch Abraten, sondern lediglich die minutiöse Beschreibung seines Nasebohrens. In solcher Wiedergabe der Szene behauptet sich das Eigene dadurch, daß es sich vom Fremden absetzt, gewissermaßen neben die geschilderten Vorgänge tritt. Das Bittsteller-Ich bleibt befangen in der Situation, »ein anderes Ich aber, gänzlich abgespalten von dem ersten, sitzt hämisch in der Ecke und fängt, [. . .] unvergessbar scharf und präzis, die minderen Manieren des Wundertäters auf immer ein«, wie es der zeitweilige Freund Ernst Weiss nicht ohne Beifall, belustigt, feststellen muß.[72] Damit aber hat der Tage-

---

[71] E. Weiss [1937], 325.
[72] Ebd.

buchschreiber Kafka im Aufschreiben seine eigene Identität gegenüber dem Erlebten wiederhergestellt — Verstellung, angenommene literarische Haltung, mit der er eine ihn belastende Antwort Steiners vor sich hat aussparen wollen, oder kommt sein Ungenügen an der tatsächlichen Nicht-Antwort des um Rat Gefragten auf diese Weise unverstellt zum Ausdruck? Auch der Satiriker Robert Gernhardt, der sich — mit Recht — diese Szene zum Vorwurf genommen hat, läßt die Frage offen:

> Kafka sprach zu Rudolf Steiner:
> »Von euch Jungs versteht mich keiner!«
> Darauf sagte Steiner: »Franz,
> ich versteh dich voll und ganz!«[73]

6. Kapitel. Selbstbilder: scharfe Unschärfe

20. ⟨Oktober 1911⟩ [. . .] Dann gieng ich schon kochend nach Hause, keiner meiner Vorstellungen konnte ich standhalten, ungeordnet, schwanger, zerrauft, geschwollen in der Mitte meiner um mich herum rollenden Möbel, überflogen von meinen Leiden und Sorgen, möglichst viel Raum einnehmend, denn trotz meines Umfanges war ich sehr nervös, zog ich im Vortragssaal ein. Aus der Art, wie ich z. B. saß und sehr wahrhaftig saß, hätte ich als Zuschauer meinen Zustand gleich erkannt. (87f.)

Was den Leser an den Passagen der Tagebücher Kafkas ergreift und mitnimmt, in denen der Schreiber von sich selbst spricht, ist die Präzision, mit der in ihnen die Richtungslosigkeit, ist die Entschiedenheit, mit der die Ziellosigkeit des Ich erfaßt wird. Die Eigencharakterisierungen, die punktuell aus Augenblicklichem erwachsen, sind allesamt gekennzeichnet durch eine eigenartige Unschärfe, die sich als Gesamteindruck einer Reihung von überaus scharfen Einzelblicken ergibt. Wenn der Schreibende »seine Unpünktlichkeit« erwähnt oder »seinen Geiz, seine Gier nach Büchern, seinen Widerwillen gegen Antithesen, seine Eitelkeit beim Vorlesen« oder »vor allem seine [mangelnde] Schreibfähigkeit«,[74] wenn er hypochondrische Zustände an sich beschreibt oder Selbstmordgedanken ausspricht — ihm verschwimmen unter der Anstrengung, klar und deutlich zu erkennen, die

---

[73] Gernhardt/Bernstein [1976], 57 (»Kleine Erlebnisse großer Männer«).
[74] Binder [1979c], 543.

Konturen des Angeschauten; die Züge am eigenen Selbst, die es zu umrei-
ßen gilt, werden zusehends »nebelhaft«:

24 ⟨*Januar 1915*⟩ [. . .]
Die für andere Menschen gewiß unglaublichen Schwierigkeiten, die ich beim Reden habe, haben darin ihren Grund, daß mein Denken oder besser mein Bewußt-
seinsinhalt ganz nebelhaft ist, daß ich darin soweit es nur auf mich ankommt,
ungestört und manchmal selbstzufrieden ruhe, daß aber ein menschliches Gespräch Zuspitzung, Festigung und dauernden Zusammenhang braucht, Dinge, die
es in mir nicht gibt. In Nebelwolken wird niemand mit mir liegen wollen und
selbst wenn er das wollte, so kann ich den Nebel nicht aus der Stirn hervortreiben,
zwischen zwei Menschen zergeht er und ist nichts. (721, 723f.)

Scharfe Unschärfe des Selbstbildes – das ist hier das Bild des unvermeidbaren Nebels, der gleichwohl willentlich nicht zu erzeugen ist, ja am Ende
sich auflöst. Das paradoxe Ergebnis könnte als positive Aufhebung gelten,
wäre es nicht Abbild doppelter, nicht-dialektischer Verneinung: die Isolation potenziert sich, die Vereinzelung, die hat mitgeteilt werden sollen, wird
so groß, daß sie nicht mehr zu vermitteln ist.

Allmacht und Ohnmacht

In der Präzision und der durchdringenden Kraft des Blicks auf die eigene
Befindlichkeit gewinnt das Ich eine Souveränität, die dem wahrgenommenen Inhalt, der eigenen Schwäche, entgegensteht. Allmacht und Ohnmacht
der Selbsterfahrung liegen somit eng nebeneinander. Positive »Beispiele für
die Kräftigung«, die Kafka zuerst und vor allem aus geglücktem Schreiben
(93) und dem Bewußtsein der Fähigkeit dazu (51) erfährt – etwa das Gefühl
der Übereinstimmung mit sich selbst, das sich (selten genug) den widrigen
äußeren Umständen einer Situation zum Trotz behaupten kann, oder die
Erfahrung überraschend-geschickten Verhaltens an einem Detail des praktischen Umgangs mit anderen (94) –, solche Beispiele finden sogleich, am
nächsten Tag, Entsprechung und Widerspruch in der Erinnerung an eine
quälend-unbewältigte Situation (94f.). Die Schaukelbewegung des Ich in
seinen Selbstbildern, zwischen »Aufschwüngen« und »Abstürzen«,[75] den
Gefühlen von Allmacht (»ich schwebe«, 527) und Ohnmacht (»ich falle sinnlos«, 528) hin- und hergestoßen, findet sich, in literarischer Umsetzung,
wieder im Wechsel von Zuversicht und Ratlosigkeit, Handlungsentschlos-
senheit und Lethargie, im Wechsel von Bemühen um Durchblicke und völ-
liger Orientierungslosigkeit, dem die jeweilige Hauptfigur seiner Romane,
sei es nun in »Amerika«, im »Prozeß« oder im »Schloß«, unterworfen ist.

---

[75] Hering [1948], 106f.

70

›Methode‹ der Selbstdarstellung

Das zwischen Allmacht und Ohnmacht balancierende Selbstbild bleibt nicht ohne Einfluß auf den Kontakt mit der Außenwelt. Speziell im Umgang des Schriftstellers Kafka mit denjenigen, die das von ihm Geschriebene veröffentlichen sollten, ist dies am Prinzip der »Selbstverurteilung« als Selbstdarstellung deutlich zu verfolgen. Die verkleinernde Herabsetzung, ja destruierende Kritik der eigenen Texte ist »Wahrheit«, indem sie das prinzipielle Ungenügen des Autors an seiner Produktion offenbart, aber auch »Methode«, insofern das Negativbild selbst entworfen wird mit der Absicht, das so angesprochene Gegenüber widersprechen zu machen und zu einer positiven Reaktion herauszufordern. (Br 375) »Ich werde Ihnen immer viel dankbarer aein für die Rücksendung meiner Manuskripte als für deren Veröffentlichung«, soll Kafka gegenüber Ernst Rowohlt geäußert haben,[76] seinem, wie er glaubte, zukünftigen Verleger im ersten Gespräch am 29. Juni 1912 solchermaßen mit uneigentlicher Selbstwerbung sich empfehlend – ein Verfahren »»pessimistische[r] Argumentation««,[77] das sich in der Folgezeit noch häufig wiederholen sollte. »Vordergründig die Qualität des eigenen Schreibens scharf kritisierend, hoffte Kafka auf den Widerspruch des Verlages und konstruierte sich so auf indirekte Weise das direkte (verbindliche) Lob – das er von seiten der Außenwelt brauchte, um an den Sinn der Veröffentlichung zu glauben.«[78]

Selbstzuwendung als Autoaggression

Die Aggression, die an solchermaßen zwiespältiger Selbstzuwendung immer beteiligt ist, kann auch isoliert für sich zutage treten und wirksam werden, wenn die Selbstbeobachtung, angetrieben von der Verpflichtung auf Rückhaltlosigkeit, sich, im Schreiben, zur Selbstbezichtigung steigert.

> 7. ⟨Februar 1915⟩ Vollständige Stockung. Endlose Quälereien. [. . .] Bei einem
> gewissen Stande der Selbsterkenntnis und bei sonstigen für die Beobachtung günstigen Begleitumständen wird es regelmäßig geschehn müssen, daß man sich abscheulich findet. [. . .] Man wird einsehn, daß man nichts anderes ist als ein Rattenloch elender Hintergedanken. [. . .] selbst die Zweifel der Selbstbeobachtung werden bald so schwach und selbstgefällig werden, wie das Schaukeln eines Schweines in der Jauche. (725f.)

Nichts anderes als Selbstverletzung erfolgt, wenn der Vegetarier Kafka mit quälerischem »Verlangen«, »vor Selchereien« stehend, den Verzehr von ihm »schrecklichen« Speisen, Fleischstücken und Würsten, in der Vorstellung

---

[76] Wolff [1965/1969], 68.
[77] Unseld [1982], 49.
[78] Ebd., 247.

vollzieht. Und die Gewalttätigkeit gegenüber dem eigenen Körper, die in diesen Vorstellungen enthalten ist (»Die langen Schwarten von Rippenfleisch stoße ich ungebissen in den Mund und ziehe sie dann von hinten den Magen und die Därme durchreißend wieder heraus«, 210) bekommt ihren wahren Ausdruck in den Phantasien, in denen der Ersatzcharakter uneigentlichen Handelns mit sich selbst aufgegeben ist (»15. September 1920. Es fängt damit an, daß du in deinem Mund zu seiner Überraschung statt des Essens ein Bündel von soviel Dolchen stopfen wolltest, als er nur faßt«, H 302). Dann kann die Auto-Aggression der Selbstzuwendung in unverstellten Bildern ostensibler Gewaltausübung sich Ausdruck verschaffen:

4 Mai *(1913)* Immerfort die Vorstellung eines breiten Selchermessers das eiligst und mit mechanischer Regelmäßigkeit von der Seite her in mich hineinfährt und ganz dünne Querschnitte losschneidet, die bei der schnellen Arbeit fast eingerollt davonfliegen. (560)

Dabei kontrastiert die Bedrohlichkeit des Selbstbezugs mit der unbeteiligt scheinenden Distanz, mit der über das imaginierte Geschehen am eigenen Körper berichtet wird. Das »Streben nach Leidenschaftslosigkeit und Sachlichkeit des Vorgangs, möglichst nach maschineller Selbsttätigkeit und Regelmäßigkeit«[79] läßt gewiß auch an Reflexe aus der Arbeit in der Arbeiter-Unfall-Versicherungs-Anstalt denken. Unfälle an Maschinen mit rotierenden Messern hatte er, was Fragen der Entschädigung der Opfer betraf, juristisch zu bearbeiten, für ihre Vermeidung arbeitete er eigene Vorschläge aus (»Unfallverhütungsmaßregel bei Holzhobelmaschinen«).[80] Ob in den Kafkaschen Gewaltphantasien (»In der Strafkolonie«) generell »das Vorrücken der Maschinerie in der Produktionssphäre«[81] sich abbildet und damit eine »Analyse gesellschaftlicher Gewalt«[82] vorliegt, erscheint allerdings zumindest für diese (und vergleichbare) Tagebucheintragungen zweifelhaft: In der quasi-distanzierten Sicht auf die Voraussetzungen am eigenen Leibe (»Die ergiebigste Stelle zum Hineinstechen scheint zwischen Hals und Kinn zu sein. Man hebe das Kinn und steche das Messer in die gestrafften Muskeln. Die Stelle ist aber wahrscheinlich nur in der Vorstellung ergiebig«, 754) erhält die Gewalt geradezu etwas Fürsorgliches, die libidinöse Kraft wird sichtbar in einer imaginierten Selbstzerstörung, die, paradox genug und dabei doch plausibel, Merkmale wohltätig-heilenden Handelns aufweist, etwa »wie eine fast schmerzlose Sektion bei lebendem Leibe, wo das Messer ein wenig kühlend, vorsichtig, oft stehenbleibend und zurückkehrend, manchmal ru-

---

[79] Stach [1984], 226.
[80] Dietz [1982], Nr 10. Auszug mit Abbildungen, auf die im Text eingegangen wird, bei Wagenbach [1964], 64–67.
[81] Stach [1984], 227.
[82] Ebd., 226.

hig liegend«, sein Werk verrichtet. (69) Auch die Aggressivität der Selbstzuwendung im Leben findet ihre Vergegenständlichung im Werk, »die Freude an der Vorstellung eines in meinem Herzen gedrehten Messers« (220) ist vom Autor in literarische Handlung umgesetzt worden, als am Ende des »Prozeß«-Romans einer der beiden Herren, die K. abführten, »das Messer ihm tief ins Herz stieß und zweimal dort drehte.« (P 272)

Der Körper als Hindernis

Die Selbstzuwendung des Tagebuchschreibers Kafka ist immer über den Körper vermittelt. »Ich rudere, reite, schwimme, liege in der Sonne. Daher sind die Waden gut, die Schenkel nicht schlecht, der Bauch geht noch an, aber schon die Brust ist sehr schäbig und wenn mir der Kopf im Genick« (17) – solche Sätze, Äußerungen »eines so forcierten Gesundheitsgefühls« (983), können sehr wohl als Entwurf für ein Selbstporträt gelesen werden, denn die Uneigentlichkeit, die in diesem äußerlichen Umgang mit dem eigenen Ich befremden mag, die Unverhältnismäßigkeit, in der Wesentliches durch Vordergründiges eingeschränkt und verdinglicht erscheint, wird aufgehoben dadurch, daß sich der Autor eben dieser Diskrepanz, und auch ihres komischen Effekts, den er folgerichtig in Erzählversuchen erprobt,[83] bewußt ist (»ich wußte nicht recht, ob ich verschlafen war, und beschäftigte mich [. . .] den ganzen Vormittag damit«, 974). Freimütig wird das Ziellose vorgezeigt, mit dem die Aufmerksamkeit auf die eigenen Leibesfunktionen der Selbst-Beschäftigung im Wege steht. (140) Ob es Zufriedenheit ist mit der Verdauung oder Furcht um das Augenlicht, der Zugang zum Ich wird bestimmt wie versperrt durch die Dominanz körperlicher (Dys-)Funktionalität:

22 XI 11 [. . .]
Sicher ist, daß ein Haupthindernis meines Fortschritts mein körperlicher Zustand bildet. Mit einem solchen Körper läßt sich nichts erreichen. Ich werde mich an sein fortwährendes Versagen gewöhnen müssen. [. . .] Mein Körper ist zu lang für seine Schwäche, er hat nicht das geringste Fett zur Erzeugung einer segensreichen Wärme, zur Bewahrung inneren Feuers, kein Fett von dem sich einmal der Geist über seine Tagesnotdurft hinaus ohne Schädigung des Ganzen nähren könnte. Wie soll das schwache Herz, das mich in der letzten Zeit öfters gestochen hat, das Blut über die ganze Länge dieser Beine hin stoßen können. Bis zum Knie wäre genug Arbeit, dann aber wird es nur noch mit Greisenkraft in die kalten Unterschenkel gespült. Nun ist es aber schon wieder oben nötig, man wartet darauf, während es sich unten verzettelt. Durch die Länge des Körpers ist alles auseinandergezogen. Was kann er da leisten, da er doch vielleicht, selbst wenn er zusammengedrängt wäre, zuwenig Kraft hätte für das, was ich erreichen will. (262–264)

---

[83] »»Der große Schwimmer! Der große Schwimmer!‹ riefen die Leute. Ich kam von der Olympiade in Antwerpen [20. April – 12. September 1920], wo ich einen Weltrekord im Schwimmen erkämpft hatte. [. . .]« (H 319–322).

Die Klage über den eigenen Körper als Hindernis für das Fortkommen ist kein Versuch einer dann doch bloß scheinhaft bleibenden Selbstlossprechung. Physisches Ungenügen bis hin zur Krankheit bietet für Kafka die Handhabe, sich selbst zu greifen, bis die Krankheit selbst von ihm Besitz ergreift. Das herbeigefühlte Leiden (zum Beispiel am 4. Oktober 1911: »Ich bin unruhig und giftig. Gestern vor dem Einschlafen hatte ich links oben im Kopf ein flackerndes kühles Flämmchen«, 54, oder am 20. Oktober: »Ich bin wahrscheinlich krank, seit gestern juckt mich der Körper überall. Nachmittag hatte ich ein so heißes, verschiedenfarbiges Gesicht«), ebenso besessen an sich selbst beobachtet wie krampfhaft gegenüber anderen verborgen (91), ist, so lautet seine eigene Diagnose, nichts anders als das Zurückstreben nach einem Zustand vor aller Verantwortlichkeit, der es erlaubte, nach der Art des Kindes, von der Mutter, getröstet zu werden (101f.), und damit den gespaltenen Wunsch, »mit der deutlicheren Genußfähigkeit des Alters kindliche Freuden haben« zu dürfen, erfüllbar werden ließe. Zu der Zwiespältigkeit der physisch vermittelten wie verwehrten Selbstzuwendung paßt übrigens auch die – erklärungsbedürftige – Tatsache, daß Kafka »mit diesem aus einer Rumpelkammer gezogenem Körper« (266) nach einer als tauglich bestandenen Musterung sich auf seine eigene, nämlich merkwürdig entschlossen-zweifelnde Weise: erfolglos, um Einstellung in den Kriegsdienst bemühte. (785, 11. Mai 1916) Das regressive Motiv, das in der Ausrede auf den Körper als Hindernis zur Wirkung kommt, wird vom Autor schließlich als Fehler eingesehen, der Selbstbefund mündet im Aufspüren eines verborgenen Irrtums:

> 17 ⟨Oktober 1921⟩ Dahinter, daß ich nichts Nützliches gelernt habe und mich – was zusammenhängt – auch körperlich verfallen ließ, kann eine Absicht liegen. Ich wollte unabgelenkt bleiben, unabgelenkt durch die Lebensfreude eines nützlichen und gesunden Mannes. Als ob Krankheit und Verzweiflung nicht zumindest ebenso ablenken würden! (865)

In die gleiche Richtung bewegen sich auch die, später oft zitierten, Erklärungsversuche, in denen er den Ausbruch seiner »Lungenwunde« (831) nicht so sehr als lebensgeschichtliche Wende bestaunt – wie einige seiner nachfolgenden Exegeten –, sondern als »Sinnbild« für die Kontinuität und innere Folgerichtigkeit seines bisherigen Lebens begreifen will,[84] bis er von der den Körper verändernden realen Kraft der wirklich gewordenen Krankheit unwiderruflich eingeholt worden ist:

> 12 VI 23 Die schrecklichen letzten Zeiten, unaufzählbar, fast ununterbrochen. [. . .] Spaziergänge, Nächte, Tage, für alles unfähig außer für Schmerzen. (925)

---

[84] Vgl. die Briefe an Ottla vom 29. August 1917 (O 40), Brod (Mitte September 1917, Br 161) und Felice (30. September/1. Oktober 1917, F 756).

Selbstentfremdung, körperlich

Der Körper ist für Kafka Medium und Grenze der Selbstzuwendung, Einsichten über das Ich sind von körperlichen Reaktionen begleitet, ja nehmen in physischen Empfindungen Gestalt an. Die Erkenntnis schlechter Widersprüchlichkeiten in der eigenen Lebensführung (»Ich schreibe anders als ich rede, ich rede anders als ich denke, ich denke ander als ich denken soll«, O 21) und der daraus, aus Unterlassungen, resultierenden selbstverursachten »Übelstände« geht einher mit einer Einbuße an Selbst-Gefühl im Wortsinne, dem Verlust des Gefühls für die eigenen Gliedmaßen (243), dem Sichentfernen einzelner Körperteile (»Wie fern sind mir z. B. die Armmuskeln«, 149) und dem Fremdwerden ihrer Funktionen. Selbstentfremdung, körperlich erfahren, realisiert sich sprachlich am nachdrücklichsten in Bildern gespaltener Tätigkeit: »Derjenige der mit dem Leben nicht lebendig fertig wird, braucht die eine Hand, um die Verzweiflung über sein Schicksal ein wenig abzuwehren − es geschieht sehr unvollkommen − mit der andern Hand aber kann er eintragen, was er unter den Trümmern sieht« (867). Die Nichtidentität mit sich selbst in einander widerstreitenden Handlungen führt zur Doppelung, in Tun und Besinnung, Sein und Bewußtsein, wie in dem »Kampf« der beiden Hände miteinander auf der Tischplatte, dem das Ich als einem fremden Geschehen gebannt zuschaut und gleichwohl nur ein »unehrlicher Schiedsrichter« (H 67−69) sein kann. Die Doppelung erfaßt auch das Bewußtsein selbst. Wenn das Ich sich erträumt, »zum Richter über seine miteinander kämpfenden Gegner erhoben« zu werden, deren einer ihn von der Vergangenheit her bedrängt, der andere ihm den Weg nach vorn versperrt (B 300), dann bedeutet das nichts anderes, als daß es sich wünscht, distanzierter Betrachter sein zu können der Kämpfe im eigenen Selbst, die es selbst erst hervorbringt. Indem sich das Fremde als das Eigene herausstellt, erweist sich, daß das Eigene fremd geworden ist − Selbstentfremdung, in Körpersprache begriffen, wie in jener eindringlichen Momentaufnahme, in der Kafka, drei Wochen nach der Auflösung der ersten Verlobung mit Felice, mit einiger zeitlichen und räumlichen Distanz, der zurückliegenden Wende inne wird und sich die neue-alte Situation vor Augen führt:

3 VIII 14 [. . .] Man steht an der Wand schmerzhaft festgedrückt, senkt furchtsam den Blick, um die Hand zu sehn, die drückt und erkennt mit einem neuen Schmerz der den alten vergessen macht, die eigene verkrümmte Hand, die mit einer Kraft, die sie für gute Arbeit niemals hatte, dich hält. (544)

»Vor dem Einschlafen«

So oft in den Tagebüchern Kafkas das Eintreten in eine Tür oder der Blick
aus dem Fenster geschildert wurde, bildete sich darin immer auch der Versuch ab, der nach dem »Erwachen des Bewußtseins aus der Selbstversun-
kenheit, aus dem Schlaf oder Halbschlaf« immer neu unternommen wird:
mit der Außenwelt in Kontakt zu gelangen. Dabei kommt es, wie gezeigt,
oft zur »überraschenden Begegnung mit dem ganz Anderen, schlechthin
Fremden«,[85] das sich aber schließlich – so die bedrückende Erfahrung, die
sich immer wieder ergibt – allzu oft als das Allzu-Vertraute, Unentrinnbar-
Eigene herausstellt. Ort der Isolation, der (erzwungenen) Konzentration ist
vorzugsweise das Bett, die Ruhe, die es zu bieten verspricht, ist trügerisch,
ja bedrohlich, kann sie doch etwa die Verhaftung im »Prozeß« genausowenig verhindern wie die »Verwandlung« ungeschehen machen. Ja, die Angabe »im Bett« ist in der reduzierten Form der Oktavhefte geradezu das
Kürzel einer »ungünstigen seelischen Verfassung«:[86]

20. Oktober [1917]. Im Bett. (H 72)
22. Oktober. [. . .] Vormittag im Bett. (H 77)
23. Oktober. Früh im Bett. (H 78)
25. Oktober. Traurig, nervös, körperlich unwohl, Angst vor Prag, im Bett.
(H 80)
7. November. (Früh im Bett, nach einem ›verhutzten Abend‹.) (H 82)
10. November. Bett.
12. November. Lange im Bett, Abwehr. (H 83)
8. Dezember. Bett, Verstopfung, Rückenschmerz, gereizter Abend, Katze im
Zimmer, Zerworfenheit. (H 91)[87]

Bett oder Kanapee sind in Kafkas Schreiben der Platz für das Auf-sich-
selbst-Geworfensein im schlechten Sinne, Schlaf und Schlaflosigkeit sind
der problematische Ort einer gedoppelten Selbsterfahrung, in der das Ich
neben sich tritt und sich selbst an einem falschen Platz befindlich wahrnimmt:

2 Oktober ⟨1911⟩ Schlaflose Nacht. Schon die dritte in einer Reihe. Ich schlafe
gut ein, nach einer Stunde aber wache ich auf, als hätte ich den Kopf in ein
falsches Loch gelegt. Ich bin vollständig wach, habe das Gefühl gar nicht oder nur
unter einer dünnen Haut geschlafen zu haben, habe die Arbeit des Einschlafens
von neuem vor mir und fühle mich vom Schlaf zurückgewiesen. Und von jetzt an
bleibt es die ganze Nacht bis gegen 5 so, daß ich zwar schlafe daß aber bald starke
Träume mich gleichzeitig wach halten. Neben mir schlafe ich förmlich, während
ich selbst mit Träumen mich herumschlagen muß. (49f.)

---

[85] Neumann [1982], 102.
[86] Binder [1976a], 83.
[87] Umgekehrt ist die Mitteilung über frühzeitiges Verlassen des Bettes eine durchaus
positiv gefärbte Auskunft: »5. Februar [1918]. Guter Morgen [. . .].« (H 108)
»8. Februar. Bald aufgestanden, Arbeitsmöglichkeit.« (H 112) Vgl. auch H 120,
123.

Der Augenblick, in dem sich die Erfahrung der Entfremdung im körperlichen Selbstgefühl konzentriert, ist der so oft in den Tagebüchern festgehaltene: »Vor dem Einschlafen« (249). Es sieht so aus, als ob das Bewußtsein
auf der Schwelle zwischen Wachheit und Ruhe auf unwirklich-selbstferne
Weise ungeschützt freiliege, »als hätte sich die feste Schädeldecke, die den
schmerzlosen Schädel umfaßt tiefer ins Innere gezogen und einen Teil des
Gehirns draußen gelassen im freien Spiel der Lichter und Muskeln.« (248)
Das solchermaßen wehrlos-verlassen freigesetzte Ich sucht die körperliche
Selbstvergewisserung willentlich herbeizuführen in einem autosuggestiv
hergestellten Gefühl von Schwere:

> 3 Oktober ⟨1911⟩ [. . .] Um möglichst schwer zu sein, was ich für das Einschlafen
> für gut halte, hatte ich die Arme gekreuzt und die Hände auf die Schultern gelegt,
> so daß ich dalag wie ein bepackter Soldat. (52f.)

In dem Maße, in dem das eigene Gewicht am und auf dem Leib spürbar
wird (281), scheinen die Körperteile auf vertraute und vertrauenerweckende
Weise einander nüer zu rücken (309), gewinnt das Ich an Festigkeit und
Gefühl für die eigene Mitte als den Schwerpunkt der Identität (143) – so
lange, bis es sich auch hier herausstellt, daß das gefühlte Eigene irritierend
fremde Züge angenommen hat; das, was dem Ich Indiz war der Übereinstimmung mit sich selbst, die als vertraut empfundene Schwere, ist Anzeichen geworden für die höchst problematische Begegnung mit dem ganz
anderen, dem Fremden schlechthin:

> 16. ⟨November⟩ 11 Heute mittag vor dem Einschlafen – ich schlief aber gar nicht
> ein – lag auf mir der Oberkörper einer Frau aus Wachs. Ihr Gesicht war über dem
> meinen zurückgebogen, ihr linker Unterarm drückte meine Brust. (251)

7. Kapitel. Selbstbeobachtung, reflektiert

> 3 V ⟨1915⟩ [. . .] Die Gegenwart ist ge-
> spenstisch, ich sitze nicht am Tisch, son-
> dern umflattere ihn. (742)

Selbstbild aus fremder Sicht

Der Autor Kafka, der die Beobachtungen seiner selbst ins Tagebuch einträgt, stellt sich damit gewissermaßen neben sich. Wenn das Selbstbild fixiert worden ist, ergibt sich auch die Möglichkeit, es anzuschauen. Vorbild
für solche Reflexion auf das eigene Porträt ist ihm dabei die Art, in der er
die (unterstellten) Blicke der Außenwelt auf ihn verarbeitet, so wie die
Fremdsicht insgesamt ihm Muster für das Selbstbild ist. Die Schwierigkeit,

sich im Umgang mit dem eigenen Ich von dem belastend-prägenden Bild zu
lösen, daß ihm durch seine (Erziehungs-) Erfahrungen von ihm selbst vermittelt wurde, bestimmt etwa seine Notiz vom Gespräch mit der Mutter
»über Kinder und Heirathen« (303f.). Er erscheint dort tief unter die
Fremdsicht gebeugt, die mißverstehend-gutwilligen Vorstellungen über die
wahre Lage ihres Sohnes, die eingangs als »unwahr und kindlich« wohl
angekündigt werden, gleichwohl aber im folgenden das letzte Wort behalten
mit ihrer sicher hoffenden Erwartung künftiger Änderung und Besserung
durch bürgerliches Erwerbs- und Familienleben, das ihn aus der Obsession
von Literatur befreien werde (»Sie hält mich für einen gesunden jungen
Mann, der ein wenig an der Einbildung leidet, krank zu sein. Diese Einbildung wird mit der Zeit von selbst schwinden«). Die Niederschrift in der
Bestimmtheit der futurischen Aussage ist zweiwertig, der ursprüngliche
Antrieb zur Formulierung, der in Auflehnung, Widerspruch oder Protest, in
befremdeter Distanz vielleicht auch gelegen haben mag, wird überlagert
durch die objektive Leistung, die das Aufschreiben gegenüber dem Ich
erfüllt: der Fremdanklage zum Wort zu verhelfen, als Selbstbezichtigung.
Die Charakterisierungen, die er für sich findet, beziehen ihren Stoff aus den
Einschätzungen, die er durch andere erfährt, das Selbstbild wächst zusammen aus fremder Sicht, und sei sie gerade so irrig wie die des Kin-
dermädchens in Radotin aus der Eintragung vom 20. Oktober 1911, die ihn,
den Handlungsreisenden in Sachen seines Vaters, beharrlich »für 15–
16 jährig« hält. (92) Die Fähigkeit zur Einfühlung in die – tatsächlichen
oder vermeintlichen – Blicke der anderen hat zur Folge, daß der Druck der
Selbstbeobachtung zunimmt, die Eigensicht erscheint durch die Fremdsicht
induziert und verstärkt:

> 7. ⟨November 1921⟩ Unentrinnbare Verpflichtung zur Selbstbeobachtung: Werde
> ich von jemandem andern beobachtet, muß ich mich natürlich auch beobachten,
> werde ich von niemandem sonst beobachtet, muß ich mich umso genauer beob-
> achten. (874)

Zwang zur Selbstbeobachtung

Hier macht sich das Ich doppelt, noch in der Verneinung, abhängig vom
Außen, jener Fremdsicht, die ihrerseits nichts anderes ist als die selbstge-
schaffene Projektion eigener Befürchtungen – der Selbstbezug potenziert
sich um ein Vielfaches. Die selbstauferlegte Verpflichtung zur Selbstbeobachtung führt zum Denkzwang, zur dauernden, unaufhörlichen Notwendigkeit, alle Außengeschehnisse zum eigenen Ich in Beziehung setzen zu
müssen, Dinge und Personen der Umgebung aufgrund verborgen-offener
Zweckbestimmtheit für das Ich unmittelbar bedeutungsvoll zu machen. Ein
Beispiel dafür, aus der (stockenden) Arbeit am »Verschollenen«-Roman, der
Geschichte des Karl Roßmann:

Letzthin ging ich durch die Eisengasse, da sagt jemand neben mir: »Was macht Karl?« Ich drehe mich um; ich sehe einen Mann, der ohne sich um mich zu kümmern im Selbstgespräch weitergeht und auch diese Frage im Selbstgespräch gestellt hatte. Nun heißt aber Karl die Hauptperson in meinem unglücklichen Roman und jener harmlose vorübergehende Mann hatte unbewußt die Aufgabe mich auszulachen, denn für eine Aufmunterung kann ich das wohl nicht halten.

Dieser Kurzschluß zwischen Ich und Welt, den Kafka hier in einem tagebuchähnlichen Brief an Felice (F 319) vollzieht, wird vom Tagebuchschreiber selbst wiederum in anderen Fällen ungläubig staunend, dabei fasziniert, in überwacher Bewußtheit, selbstbesessener Reflexivität als das eigene Verfahren wiedererkannt:

2 XI 11 [. . .]
Um zu beweisen, daß alles was ich über sie schreibe und denke, falsch ist, sind die Schauspieler (abgesehen von Herrn und Frau Klug) wieder hiergeblieben, wie mir Löwy, den ich gestern abend getroffen habe, erzählte; wer weiß ob sie nicht aus dem gleichen Grunde heute wieder weggefahren sind, denn Löwy hat sich im Geschäft nicht gemeldet, trotzdem er es versprochen hat. [. . .]
3 XI 11 um zu beweisen, daß beides falsch war, was ich aufgeschrieben hatte, ein Beweis der fast unmöglich scheint, kam Löwy gestern am Abend selbst und unterbrach mich im Schreiben (221f.).

»Die selbstquälerische, schwerfällige, oft lange stockende, im Grunde doch unaufhörliche Wellenbewegung alles Lebens, des fremden und eigenen, quält ihn, weil sie unaufhörlichen Zwang des Denkens mit sich bringt« (B 292f.), den Zwang, sich selbst auf seinen Gedankenwegen unablässig zu verfolgen. Der zweimalige Wechsel der Erwartungen, der doppelte Umschwung in der Deutung der konstatierten Geschehnisse außerhalb zeigt, daß die stete Aufmerksamkeit auf das eigene Ich sowie das unaufhörliche Bewußtsein dieser Aufmerksamkeit, verbunden mit der unendlichen Gewissenhaftigkeit, die sich auf jedes Detail richtet, dem Denken nur vorübergehende Anhaltspunkte bieten können, keine dauerhafteren Gewißheiten verbürgen, im Gegenteil; als Ergebnis exzessiven Bedürfnisses nach Sicherheit, übermäßiger Bemühung um richtunggebende Fülle bleiben zurück Unsicherheit und Selbstverlust:

19 Juni 1916
Alles vergessen. Fenster öffnen. Das Zimmer leeren. Der Wind durchbläst es. Man sieht nur die Leere, man sucht in allen Ecken und findet sich nicht. (788)

Das gespaltene Ich

Wie ist dem paradoxen Sachverhalt beizukommen, daß der Tagebuchschreiber, sich selbst beobachtend, »Haß gegenüber aktiver Selbstbeobachtung« (608) feststellen muß? Die strikte Ablehnung von kausal erklärenden und schlußfolgernden »Seelendeutungen, wie: Gestern war ich so undzwar deshalb, heute bin ich so und deshalb« mag gedeutet werden können als eine weitere Stufe befremdlicher Selbstentfremdung, indem das Ich, auf Selbsterkundung versessen, sich die Reflexion erst vorgeschrieben, dann aber verboten hätte; konkreter greifbar jedenfalls artikuliert sich darin der Versuch, jene Art von Selbstbefragung abzuwehren, die sich zu einer starren distanzierten Beobachter-Haltung gewohnheitsmäßig verfestigt – kritischer Vorbehalt auch gegenüber jeglicher wissenschaftlich-begrifflichen Systematisierung, als deren Ertrag er allerhöchstens selbstgenügsame Folgenlosigkeit argwöhnt (»Psychologie ist Lesen einer Spiegelschrift, also mühevoll, und was das immer stimmende Resultat betrifft, ergebnisreich, aber wirklich geschehn ist nichts«, H 122).[88] Die Selbsterfahrung über die Eigenbeobachtung hat, so lautet die implizite Selbstaufforderung in der zitierten Tagebuchstelle, vielmehr nicht distanzierend-erklärend, sondern unplanmäßig, organisch-beiläufig zu erfolgen, eingebunden in den unmittelbaren Lebensvollzug. Damit soll der Gefahr der Selbstzersplitterung ausgewichen werden, die in der skrupulösen Gewissenhaftigkeit liegt, mit der das Ich die Auseinandersetzung mit sich betreibt, in jener Ausführlichkeit, die zur Unkenntlichkeit führt. Muß im Tagebuch eine Fehlleistung etwa festgehalten werden (»Ich habe heute drei Frechheiten gemacht«, 15), so ist es mit dem puren Bericht nicht getan, auch nicht in der schrittweise sich steigernden Bloßlegung des Peinlichen, ja Schuldhaften, die sich dem räsonierenden Ich ergibt (»Von Seite eines jeden Menschen [...], wie erst von meiner Seite [...] und das ärgste [...]; das schlimmste aber war [...]«, 15f.). Unabweisbar drängt die Reflexion weiter voran, als ruheloses fortschreitendes Nach-Denken, sich unablässig korrigierendes, aufhebendes Selbstgespräch, immer schneller folgen die Positionen aufeinander, immer kurzschrittiger wird das, was der Schreibende vor der nächsten Berichtigung noch gelten lassen kann und will:

> Jetzt sage ich mir allerdings: [...].
> Das bedeutet aber nichts. [...]
> [...] aber was versäumst du überdies in deinem Kreis.
> Auf diese Ansprache antworte ich nur: [...]
> [...] aber wo zum Teufel ist dieser Kreis?
> [...] jetzt aber schwebt er mir nur so herum, ja schwebt nicht einmal. (16)

Von Bericht zu Bewertung, von Beobachtung zu Reflexion getrieben, wiederholt das Ich in seinem Innern den Widerspruch von Innenwelt und Außenwelt, in dem es sich befindet; an der zeitlichen Inkongruenz von Erleben und Erlebtem läßt sich die Gefahr der Selbstspaltung ablesen:

---

[88] Vgl. auch H 51, 107, 153.

16 I ⟨*1922*⟩ [. . .] Die Uhren stimmen nicht überein, die innere jagt in einer teufli-
schen oder dämonischen oder jedenfalls unmenschlichen Art, die äußere geht stok-
kend ihren gewöhnlichen Gang. Was kann anderes geschehen, als daß sich die
zwei verschiedenen Welten trennen und sie trennen sich oder reißen zumindest an
einander in einer fürchterlichen Art. Die Wildheit des inneren Ganges mag verschiedene Gründe haben, der sichtbarste ist die Selbstbeobachtung, die keine Vorstellung zur Ruhe kommen läßt, jede emporjagt um dann selbst wieder als Vorstellung von neuer Selbstbeobachtung weiter gejagt zu werden. (877)

In unheilvoller Verdoppelung erscheint die Selbstbeobachtung als Symptom
und Mittel der Diagnose zugleich, ein Zwiespalt, der die Kreisbewegung
aus Wiederholung und Veränderung, Fortführung und Korrektur der
Selbstdeutung immer neu in Gang hält. »Dieses Jagen nimmt die Richtung
aus der Menschheit« (877), das Ich, nachdenkend über sein Verhältnis zur
Welt, bewegt sich damit aus der Welt heraus, und macht dies wiederum zum
Gegenstand neuer Überlegungen. »Wie wäre es wenn man an sich selbst
erstickte? Wenn durch drängende Selbstbeobachtung die Öffnung durch die
man sich in die Welt ergießt, zu klein oder ganz geschlossen würde? Weit
bin ich zu Zeiten davon nicht. Ein rücklaufender Fluß.« (910) Die Erfahrung der Gespaltenheit ist die Quelle für das Ungenügen am eigenen Ich,
das sich unausgesetzt verlängert und schließlich bis zu der Befürchtung
leitet, daß mit eben der Reflexion über das Ungenügen die Voraussetzung
dieser Reflexion in Gefahr geraten könne, daß mit dem Weltverlust auch
Selbstzerstörung droht.

Die Träume

In solchem Sinne läßt sich sagen, Franz Kafka sei, als »Subjekt und Objekt
seines Schreibens«, »der Dichter der Selbstreflexion«.[89] Er ist als »Zeichner
der das Ich bedrängenden und auflösenden Innenwelt«, ja sogar als der
»Dante des Zeitalters Freuds«, als der »Dichter der Freudschen Mythenwelt«[90] bezeichnet worden. Tatsächlich räumt das Tagebuch als Form reflexiven Schreibens, als selbstzugewandte Art, über den Austausch zwischen
Welt und Ich im Ich Rechenschaft zu führen, dem Traum als Mittel der
Selbsterfahrung und Selbstdeutung einen beträchtlichen Platz ein. Die Träume sind die stellvertretenden Auseinandersetzungen, die das Ich mit der
Welt führt, Konfliktbearbeitungen, deren Uneigentlichkeit abzulesen ist an
der, wie Benjamin einmal nebenbei notiert, »Anstrengung des Träumenden,
der seinen kleinen Finger bewegen will und der wirklich, wenn ihm dies
gelänge, erwachen würde.«[91] Kafkas Träume pendeln zwischen Hoffnung

---

[89] Demmer [1973], 95.
[90] Sokel [1964], 19.
[91] Benjamin [1977b], 1259.

und Furcht, virtueller Befriedigung und Versagung der eigenen Wünsche, sie stehen in Zusammenhang mit den willentlich herbeigeführten Zuständen ›vor dem Einschlafen‹ und haben Teil an der Aporie des (wachen) Schreibens, der Verlegenheit zwischen Streben nach Gewißheit und dabei wachsender Verunsicherung: »*unverbrüchlicher*« und »*zerrissener Traum*« stehen unmittelbar nebeneinander (H 146). Bestürzend die Eindringlichkeit und innere Folgerichtigkeit der Selbstaufnahme, in der er zu einem Bild für die eigene gefährdete Existenz findet (die »Tiefe, in die ich lotrecht versinke, durch einen Schacht, der genau den Durchmesser meines Körpers aber eine endlose Tiefe hat«, 528), bestürzend die Intensität der visuellen und haptischen Sensationen, als drei Träume hintereinander, immer ausführlicher und detailreicher, memoriert werden (205–207) und all ihre Unwirklichkeiten höchst realitätsgetreue Schilderung finden, einem Gebilde wie dem »windhundartigen Esel« etwa mit ›wachem‹ Blick bis in die Feinheiten seiner Bewegungen nachgegangen wird. Die Realistik der Träume Kafkas, ihre eigenartige Dichte und Logik, »ihr ungezwungener, uns jederzeit ganz einleuchtender transparenter Ablauf, unser Gefühl und Wissen um die tiefe Richtigkeit dieser ablaufenden Dinge, und das Gefühl, daß diese Dinge uns sehr viel angehen«,[92] »die bis zum Unheimlichen gehende instinktive Sicherheit«, mit der in ihnen »eine feste Bilderwelt bis ins Detail hinein durchwandert und erfahren wird«[93] – all das läßt die traumschildernden Passagen in den Tagebüchern als Muster für die ›gemischte‹ Wirklichkeitsauffassung des Autors überhaupt erscheinen und leitet zu der Vorstellung, »daß Kafka seine Werke mindestens im Keime ›träumte‹«.[94] Die Verbindung von Realem und Irrealem, die in den Träumen, den »wunderlichen Schattenspiele[n] des Lebens«,[95] mühelos gelingt, indem gewohnte Beziehungen aufgehoben,

---

[92] Döblin [1927/1963], 286.

[93] Kurzrock [1955], 264.

[94] Haas (M 277, Nachwort).

[95] T. Mann [1941/1949/1965], 402. Insgesamt erscheint die Belobigung, die Kafkas Werk ob seiner traumhaften Züge durch Thomas Mann zuteil wird, in der Tat »merkwürdig genug«, T. Mann [1979], 42: wortreich, aber in ihrem heiter-versöhnlichen Ton wenig einleuchtend, eher kennzeichnend für den Selbstbezug des jovial Urteilenden denn aufschlußreich über die Beschaffenheit desjenigen, das – in Wahrheit desinteressiert – beurteilt wird. Nahezu jedes Wort klingt falsch, wenn etwa der »Schloß«-Roman sich zugute halten lassen muß, als Fortschreibung (»Transponierung und Überhöhung«) der Künstler-Problematik aus der Erzählung »Tonio Kröger« gelten zu dürfen, damit er dem Aller-Wertesten der Weltliteratur zugerechnet werden kann: »Er [Kafka] war ein Träumer, und seine Dichtungen sind oft ganz und gar im Charakter des Traumes konzipiert und gestaltet; sie ahmen die alogische und beklommene Narretei der Träume, dieser wunderlichen Schattenspiele des Lebens, zum Lachen genau nach. [...] Bedenkt man aber, daß das Lachen, das Tränen-Lachen aus höheren Gründen, das Beste ist, was wir haben, was uns bleibt, so wird man mit mir geneigt sein, Kafkas liebevolle Fixierungen zum Liebenswertesten zu rechnen, was die Weltliteratur hervorgebracht

vertraute Maßstäbe außer Kraft gesetzt werden, das Ineinanderübergehen von Vertrautem und Fremdem, gewährt eine neue Qualität der Wahrnehmung,[96] eröffnet Möglichkeiten literarischen Erkennens, poetischer Gestaltung, von denen die Erzählungen und Romane, Darstellungen des »traumhaften innern Lebens« (546), als verlängerte Teile des Tagebuchs partizipieren. Der »Traum-Schrecken (irgendwo, wo man nicht hingehört, sich aufzuführen, als ob man zuhause sei)« (M 224)[97] kann als Chiffre angesehen werden für den Zustand nicht nur des Ichs im Tagebuch, sondern auch der Figuren im Werk, die allesamt die Erfahrung gemeinsam haben, daß naheliegend Scheinendes sich entfernt und deshalb das Sich-Bewegen in einer fremd gewordenen Welt immer neue Bemühungen um Orientierung notwendig macht. »Der Traum«, so soll Kafka gesagt haben, und diese Worte jedenfalls scheinen von seinem Gesprächspartner Gustav Janouch – anders als manche anderen, nur scheinbar authentischen Verlautbarungen des Dichters – zumindest adäquat nachempfunden zu sein, »der Traum enthüllt die Wirklichkeit, hinter der die Vorstellung zurückbleibt. Das ist das Schreckliche des Lebens – das Erschütternde der Kunst.« (J 55f.)

Selbstzuwendung als literarische Methode: die Namen

In verschiedenen literarischen Formen ist die Ansprache an das eigene Ich in den Tagebucheintragungen realisiert, nicht allein im Traum, in allen kehrt die Zweiteilung wieder, welche die Gespaltenheit des Ich reflektiert. Häufig wechselt die Sprecherrolle; so wird etwa aus dem, was sich zunächst wie ein Selbstgespräch anhört (»Wie ich heute aus dem Bett steigen wollte [. . .]«), in bruchlosem Übergang die Anrede an den Bureauvorsteher, der nunmehr in einem fiktiven Brief um Entschuldigung für das Fernbleiben am fraglichen Tag gebeten wird, nach einer Klage über die (»daß Sie es nicht ausdenken können«) qualvolle Erfahrung des »Doppelleben[s]« zwischen Arbeit und Literatur, Leben und Kunst. Am Ende dieser Entschuldigung, in neuerlicher Wendung der Rollenprosa, liest sich die vorweggenommene Reaktion des uneigentlich Angesprochenen (»wenn ich Sie nicht so liebte wie ein Sohn«) wiederum als Fortführung des Selbstgesprächs, Gestaltung der

---

hat.« (T. Mann [1941/1949/1965], 402, 408) Man wird zumindest ergänzen müssen, daß diese Texte nicht allein zum Lesenswertesten der Weltliteratur gehören, sondern zugleich »als Literatur im herkömmlichen Sinne kaum zu begreifen sind.«
[96] Freud [1900/1972] spricht von einer »Verdichtung«, die im Traum mit dem Erlebnismaterial vorgenommen werde um größerer psychischer Intensitäten willen (487). Jurgensen [1979], 142 nimmt den Ausdruck ›Verdichtung‹ bereitwillig auf und weist dem Tagebuch Kafkas die Funktion einer »*Vermittlung zwischen Traum und Dichtung*« zu (144).
[97] Vgl. Kurz [1980].

Selbstzweifel mit anderen Mitteln: »Im übrigen bin ich morgen schon wieder sicher beisammen und komme ins Bureau wo ich als erstes hören werde, daß Sie mich aus Ihrer Abteilung weghabenwollen.« (29) An anderer Stelle realisiert (und dramatisiert) die literarische Form des Dialogs das im Brief imaginierte (Selbst-) Gespräch, in der Wechselrede sind die Rollen von Rat Suchendem (»A«) und Gebendem (»B«) ebenso verteilt, wie sie sich überkreuzen; der letztere ist das andere Ich, der »Doppelgänger« des ersten, indem es so aussieht, als gebe er »nur mit der Stimme« einen Ratschlag, verlange »mit dem Herzen« jedoch selbst danach. (818–822) Da sich die Auseinandersetzung des Ich mit sich selbst stellvertretend als kleines Rededrama auf vorgestelltem Schauspeilboden abspielt, ist es sinngemäß mit einer theatermäßigen Szenenanweisung versehen, folgerichtig bricht es auch gerade dort ab, wo die beiden, im Ich verbundenen, Gegenfiguren sich anschicken, die Tür zu einer zusätzlichen Figur (»C«) zu öffnen, in das Zimmer einzutreten, in dem der »Herr« des einen der beiden sich befindet, eine Autorität, von der ungewiß ist, ob sie den anderen wird aufnehmen wollen. Sei es also, daß die Auseinandersetzung des Ich mit sich selbst intern ausgetragen wird, im Selbstgespräch oder in einem fiktiven Brief, sei es, daß sie ausgelagert, in einem imaginierten Dialog, stattfindet, sei es schließlich, daß – potenzierte Reflexivität – der vorgestellte Dialog in einem Selbstgespräch rekapituliert wird (H 110–112) – durch die »*rollendialogische Selbstbefragung*«[98] gibt sich das Ich als fiktive Figur zu erkennen. »Wer bin ich denn?‹ fuhr ich mich an« (589) – das Ich, das erst zu bestimmen ist in der Antwort auf die Frage, ist existent, indem es sich die Aufgabe des Selbstbestimmung stellt; beides hergestellt zu haben ist die Leistung der Literarisierung durch die Form der Selbstansprache, die das Ich fiktionalisiert und in der Verdoppelung von fragender und befragter Gestalt anschauen läßt.

Die Selbstzuwendung Kafkas in seinem Tagebuch ist immer auch literarische Methode, Muster für das Verhalten des Autors gegenüber den Figuren seines Werks. Deren Namen sprechen für sich und für ihn: mit seinem Initial (wie im »Prozeß« und im »Schloß«)[99] oder seinem Vornamen,[100] mit der gleichen Zahl an Buchstaben (»Georg hat soviel Buchstaben wie Franz«, ebenso Josef, Ernst, Oskar)[101] oder den gleichen Vokalen (Samsa, Halka)[102] am gleichen oder ähnlichen Ort innerhalb des Wortes (Rense, Bendemann, Messner, Blenkelt, Raban, Harras, Pallas).[103] Und auch

---

[98] Jurgensen [1979], 148.
[99] Ebenso TKA 666 (»Ein Traum«), H 133, 278, 281, 385.
[100] TKA 156 (»Die städtische Welt«).
[101] TKA 492; »Der Prozeß«, TKA 571, TKA 514, vgl. »Josefine, die Sängerin«; TKA 493; TKA 151 (»Die städtische Welt«).
[102] »Die Verwandlung«; TKA 779.
[103] TKA 502; »Das Urteil«; TKA 599; TKA 462; »Hochzeitsvorbereitungen auf dem Lande«; B 131 (»Der Nachbar«); E 179 (»Ein Brudermord«). Einige Hinweise bei Kurzrock [1955], 284.

der ›Ich-Erzähler‹, der als Beobachter seiner selbst auftritt, als Berichter-statter der Geschichte des eigenen Ich fungiert – und sei es »für eine Aka-demie« (E 184–196) –, tut dies aus dem reflexiven Geist des Tagebuchs, das sein Autor führt, aber auch die ihm entgegengestellten Figuren, die all die Ansprüche der Außenwelt verkörpern, tun das, indem sie subjektive Pro-jektionen spiegeln. »Seine Gegner waren nicht die voll umrissenen Personen seiner Erfahrung. Seine Gegner rekrutierten sich aus ihm selbst und aus Kräften jener wirklichen Umwelt-Personen, Kräften, die durch sein Schuld-gefühl auf den Plan gerufen und erst durch sein Schuldgefühl zu Gegen-kräften gemacht wurden, die überhaupt nur solange imstande waren, Geg-nerrollen zu spielen, als es ihn, Kafka oder K., gab.«[104] Kafka oder K.? Der Wechsel in der Erzählhaltung von der Ich- zur Er-Form ereignet sich in den journalartigen Aufzeichnungen (»Er. Aufzeichnungen aus dem Jahre 1920«, B 291–300) ebenso wie im literarischen Werk, etwa im »Schloß«-Roman, der zunächst aus der Perspektive des Ich geschrieben ist, bis die Geschehnisse, die es sich zuschreibt, eine Distanzierung ratsam erscheinen lassen. Aber es handelt sich dabei nicht um ein Abrücken vom reflexiven Prinzip des Schreibens, das Selbstzuwendung literarisch umsetzt; im Gegenteil: In der Distanzierung auf die Dritte Person kann die eigene Subjektivität überleben auch in Zusammenhängen, die der Selbstkontrolle zu manifest-entlarvend, zu unzulässig-suspekt erscheinen: Als dem Ich in den Bierpfützen unter dem Ausschankpult die geschlechtliche Vereinigung mit Frieda bevorsteht (SKA 68), ist – wie sich im Apparatband der Kritischen Ausgabe nunmehr detailliert verfolgen läßt – der Wechsel der Erzählerperspektive dringend geboten, von da ab übernimmt, rückwirkend, »K.« die Verantwortung, nimmt er den Platz ein, den das Ich in den Geschehnissen bis dahin inne-hatte. Das Initial, gleichsam »halblaut, scheu und flüchtig« gemurmelt,[105] ermöglicht beides: Abrücken von einem Ort der Zurechenbarkeit und gleichzeitig Wahrung des Anspruches darauf. Der Autor sucht und verleug-net sich selbst, mit vergleichbaren literarischen Mitteln, in seinem Tagebuch und in seinem Werk; »die Chiffre K., mit der die Hauptfigur seines Buches ›Das Schloß‹ gezeichnet ist, sagt denn auch gerade so viel, wie man auf

---

[104] Walser [1962/1975], 223. Hier, angesichts des Selbstgemachten der Gegenbilder im Schreiben, der Reflexivität im vollen Sinne, ist an eine Parallele, besser noch: an eine düstere Fall-Linie zu denken, die von »Novalis, einem seiner Brüder im Lei-de« (Hering [1948], 106), zu ihm führt. »Jedes Wort ist ein Wort der Beschwörung. Welcher Geist ruft – ein solcher erscheint«, heißt es dort (Novalis [1960–75] II, 523, Logologische Fragmente Nr 6). In der letzten der erhaltenen Tagebuchein-tragungen Kafkas liest sich seine Version folgendermaßen: »Jedes Wort, gewendet in der Hand der Geister – dieser Schwung der Hand ist ihre charakteristische Bewegung – wird zum Spieß, gekehrt gegen den Sprecher.« (TKA 926)
[105] Benjamin [1977b], 1196.

einem Taschentuch oder dem Innern eines Hutrandes finden kann, ohne daß man darum den Verschwundenen zu rekognoszieren wüßte. Allenfalls könnte man von diesem Kafka eine Legende bilden: Er habe sein Leben darüber nachgegrübelt, wie er aussähe, ohne je davon zu erfahren, daß es Spiegel gibt.«[106]

Selbstporträt, gespiegelt

Tatsächlich spiegelt sich das Ich im Tagebuch – »Kafka bleibt auch in seiner Selbstdarstellung sein eigener Zuschauer«[107] –, ja es wird sogar ein Selbstporträt vor dem Spiegel entworfen – und, mit der Schlußwendung, die den Blick wieder von vorn beginnen läßt, reflektiert, »ein nach außen abgedichtetes Paradoxon«,[108] das alle bisher zusammengestellten Merkmale der Selbstzuwendung in sich vereint, Aufmerksamkeit für das sprechende Detail, überscharfe Bewußtheit des Blicks, der weiterdrängt zu Überlegungen, die um Gewißheit des Selbstbilds sich bemühen, dabei die Nachdrücklichkeit des literarischen Ausdrucks bestärken und am Ende doch nur neue, größere Unsicherheit zurücklassen:

12. ⟨Dezember 1911⟩ [. . .]
Im Spiegel sah ich mich vorhin genau an und kam mir im Gesicht – allerdings nur bei Abendbeleuchtung und der Lichtquelle hinter mir, sodaß eigentlich nur der Flaum an den Rändern der Ohren beleuchtet war – auch bei genauerer Untersuchung besser vor, als ich nach eigener Kenntnis bin. Ein klares übersichtlich gebildetes, fast schön begrenztes Gesicht. Das Schwarz der Haare, der Brauen und der Augenhöhlen dringt wie Leben aus der übrigen ab wartenden Masse. Der Blick ist gar nicht verwüstet, davon ist keine Spur, er ist aber auch nicht kindlich, eher unglaublicherweise energisch, aber vielleicht war er nur beobachtend, da ich mich eben beobachtete und mir Angst machen wollte. (611f.)

8. Kapitel. Das gläserne Ich: Erkenntnis als Selbstaufhebung

21. VI ⟨1913⟩ [. . .]
Die ungeheuere Welt, die ich im Kopfe habe. (562)

»Vorstellung, daß [. . .]« ist eine der Lieblingswendungen in Kafkas Tagebüchern, eine aporetische Vokabel, die Mitte haltend zwischen aktueller Notiz und allgemeiner Maxime, vereinzelndem Ichbezug desjenigen, der

---

[106] Benjamin [1931/1977a], 677.
[107] Jurgensen [1979], 158.
[108] Matt [1983], 46.

sich etwas vorstellt, und ausgreifender Allgemeingültigkeit dessen, was vorgestellt wird. Diese Wendung kennzeichnet exakt die imaginäre Verfügungsgewalt des Kopfes über die Welt, des Ichs über die Wirklichkeit, das Vermögen, in phantasiegebundener Vorausschau weiterzusehen und -zudenken, eine Fähigkeit, die entsetzliche, über das Ich herrschende Bilder entstehen läßt und dabei doch ihm als Mittel der Erkenntnis dienen soll. Es war schon davon die Rede, daß Kafkas Verhältnis zur Außenwelt auf den ersten Blick ›realistisch‹ scheint, Tagebuch und literarisches Werk aber in einem grundsätzlicheren Sinne Bedenken formulieren; die wirkliche Realität ist ›unrealistisch‹, nur im Durchgang durch das Subjekt zu greifen und darzustellen. »Es gibt etwas, das Proust mit Kafka gemeinsam ist, und wer weiß, ob dies etwas sich irgendwo sonst findet. Es handelt sich um ihren Gebrauch des ›Ich‹. Wenn Proust in seiner recherche du temps perdu, Kafka in seinen Tagebüchern Ich sagt, so ist das bei beiden ein gleich transparentes, ein gläsernes. Seine Kammern haben keine Lokalfarbe; jeder Leser kann sie heute bewohnen und morgen ausziehen. Ausschau von ihnen halten und sich in ihnen auskennen ohne im mindesten an ihnen hängen zu müssen. In diesen Schriftstellern nimmt das Subjekt die Schutzfärbung des Planeten an, der in den kommenden Katastrophen ergrauen wird.«[109] Was hier von Benjamin 1934 in prophetischen Worten aus der Sicht des Lesers, rezeptionsästhetisch, bestimmt wird, ist der literarische Erkenntniswert, der in der Kategorie der Subjektivität, dem Wort ›Ich‹ niedergelegt ist, gegen jedes naive Erkenntnisstreben und blinde Sprachvertrauen, jedes unvermittelte Begreifen-Wollen der Dinge der Außenwelt, das Kafka selbst (»Was ich berühre, zerfällt«, H 134) im Bilde doppelter, verbotener Unzulänglichkeit kritisch entlarvt (»Er läuft den Tatsachen nach wie ein Anfänger im Schlittschuhlaufen, der überdies irgendwo übt, wo es verboten ist«, H 96). Durchlässige Subjektivität des ›gläsernen Ichs‹ in Kafkas Tagebüchern meint, daß Selbsterkenntnis zwar Grund und Ziel der Wahrnehmung der äußeren Wirklichkeit ist, Erkenntnis der Wirklichkeit jedoch gleichzeitig Selbstaufhebung verlangt. Im Durchgang durch das Subjekt, den die Erkenntnisbewegung in ihrer aporetischen Struktur als Vermittlung der Gegensätze, als angestrebte Realisierung des Unmöglichen erforderlich macht, wird das erkennende Ich ausgeschaltet und aufgefordert zugleich. Einerseits ist es notwendig, in einer ersten Stufe der Negation, die Position, von der aus erkannt werden soll, zu eliminieren:

14. Januar [1918]. [. . .]
Es gibt nur zweierlei: Wahrheit und Lüge. Wahrheit ist unteilbar, kann sich also selbst nicht erkennen; wer sie erkennen will, muß Lüge sein. (H 98f.)

---

[109] Benjamin [1977b], 1221. Vgl. auch Girard [170], 29.

Die Verneinung des Ich im Erkenntnisvorgang wird aber, und dies ist die zweite, bestimmte Negation, begrenzt, der Ausschluß des Subjekts ist definiert darin, zu seiner Wahrheit vorzudringen, das eigentliche Selbst entstehen zu lassen:

> 23. Oktober [1917]. Früh im Bett. [...]
> Erkenne dich selbst, bedeutet nicht: Beobachte dich. Beobachte dich ist das Wort der Schlange. Es bedeutet: Mache dich zum Herrn deiner Handlungen. Nun bist du es aber schon, bist Herr deiner Handlungen. Das Wort bedeutet also: Verkenne dich! Zerstöre dich! also etwas Böses – und nur wenn man sich sehr tief hinabbeugt, hört man auch sein Gutes, welches lautet: »Um dich zu dem zu machen, der du bist.« (H 78, 80)

Es ist also keineswegs so, wie es dem Idealismus der Literaturwissenschaft der Jahrhundertmitte schien, im schlechten subjektivistischen Bild des lebensfernen und menschenfremden Kafka einseitig verkürzt dargestellt wurde: daß die Welt allein als Hindernis auf dem Wege der Erkenntnis des ›reinen‹-schuldhaften Ich anzusehen wäre, das Subjekt in gewollter »Gegnerschaft zur Welt« (B 184), »gewillkürte[r] Vereinzelung«[110] verharren müßte.[111] Wohl ist das Ich als Ziel der gedachte archimedische Punkt der Erkenntnis, es darf bei ihm aber die Bewegung nicht ihr Ende haben (»Er hat den archimedischen Punkt gefunden, hat ihn aber gegen sich ausgenützt, offenbar hat er ihn nur unter dieser Bedingung finden dürfen«, H 418). Es gilt eben – Unsicherheit als Erkenntnisgrund –, diesen Punkt zu zerstören, genauer: ihn von der Zufälligkeit subjektiver Bewegungen zu befreien, die Unzuverlässigkeiten, die sich aus der wechselnden Befindlichkeit des Ich ergeben, auszuschalten, um von ihm aus, das heißt von einer erneuerten Position, einer gefestigten Verbindlichkeit, gehobenen Sicherheit, zur Wahrheit der Welt gelangen zu können. In diesem Sinne – und nur in diesem Sinne – ist es statthaft, angesichts des Kafkaschen Werks von einem Subjekt zu sprechen, das sich selbst auflöst. Ein anschauliches Beispiel für das Oszillieren eines Bildes, hervorgerufen durch die Unruhen, die das jeweils beobachtende Subjekt mit sich bringt, bietet Olga im »Schloß«-Roman, als sie K. über das Aussehen Klamms, des unerreichbaren Kanzlei-Vorstehers, aufzuklären sucht (indem sie das wiedergibt, was sie durch Barnabas weiß):

> [...] es hat sich aus dem Augenschein, aus Gerüchten und auch manchen fälschenden Nebenabsichten ein Bild Klamms ausgebildet, das wohl in den Grundzügen stimmt. Aber nur in den Grundzügen. Sonst ist es veränderlich und vielleicht nicht einmal so veränderlich wie Klamms wirkliches Aussehn. Er soll ganz anders aussehn, wenn er ins Dorf kommt und anders wenn er es verläßt, anders ehe er Bier getrunken hat, anders nachher, anders im Wachen, anders im Schlafen,

---

[110] Vietta [1930], 568.
[111] Gräser [1955], 66 und 68f.

anders allein, anders im Gespräch und, was hienach verständlich ist, fast grund-
verschieden oben im Schloß. Und es sind schon selbst innerhalb des Dorfes ziemlich große Unterschiede, die berichtet werden, Unterschiede der Größe, der Haltung, der Dicke, des Bartes, nur hinsichtlich des Kleides sind die Berichte glücklicherweise einheitlich, er trägt immer das gleiche Kleid, ein schwarzes Jackett-
kleid mit langen Schößen. Nun gehn natürlich alle diese Unterschiede auf keine
Zauberei zurück, sondern sind sehr begreiflich, entstehen durch die augenblickliche Stimmung, den Grad der Aufregung, die unzähligen Abstufungen der Hoffnung und Verzweiflung, in welcher sich der Zuschauer, der überdies meist nur
augenblicksweise Klamm sehen darf, befindet [. . .]. (SKA 277f.)

Die ›Wahrheit des Ruhenden‹, der Zustand, in dem »sich das Wesen einer
Sache erfüllt,«[112] wird erreichbar allein durch die Blicke des in sich ruhenden
Beobachters, desjenigen, der reflektiert, das heißt, von sich, den wechseln-
den Unsicherheitsfaktoren seiner Subjektivität, zu abstrahieren vermag.
Noch einmal der Brückenschlag vom Tagebuch zum literarischen Werk, die
Verlängerung des reflexiven Schreibens in die poetische Gestaltung: Wenn
Kunst das Wahre zur Erscheinung bringen will, hat auch sie sich unter das
Gebot der Selbstaufhebung der Subjektivität zu stellen. »Unsere Kunst ist
ein von der Wahrheit Geblendet-Sein: das Licht auf dem zurückweichenden
Fratzengesicht ist wahr, sonst nichts.« (H 94) Auch für die Erkenntnisfä-
higkeit durch Literatur, die ›Einsinnigkeit‹[113] des Erzählens bei Kafka, bei
dem »alle geschilderten Vorgänge nur in der Vermittlung durch ein subjek-
tives Bewußtsein erscheinen«,[114] aus der Perspektive nur einer Gestalt gesehen werden, gilt »Dreierlei: Sich als etwas Fremdes ansehn, den Anblick
vergessen, den Blick behalten. Oder nur zweierlei, denn das Dritte schließt
das Zweite ein.« (H 90) Das monoperspektivische Erzählen darf keinesfalls
so verstanden werden, als gebe der Autor damit der Überzeugung Ausdruck, »daß es nur eine Wahrheit gibt, nur *die* Wahrheit:«[115] Nein, reflektierte Selbstzuwendung als Prinzip der Gestaltung verlangt das ›gläserne Ich‹,
jene durchlässige Subjektivität, die der »Schattenhaftigkeit des Erzählers«[116] entspricht, und die allein der Paradoxie gewachsen ist, die besteht
zwischen Erkenntnis als Ziel und dem Nicht-erkennen-Können als dem
notwendigen Weg dorthin (H 88):

Ich kenne den Inhalt nicht,
ich habe den Schlüssel nicht,
ich glaube Gerüchten nicht,
alles verständlich,
denn ich bin es selbst.

---

[112] Kobs [1970], 444.
[113] Beißner [1952], 28.
[114] Kobs [1970], 33.
[115] Beißner [1963], 17.
[116] Weimar [1985], 959.

II. Die Tagebücher des Schriftstellers

In Kafkas Tagebüchern gibt es das, »was es in Kafkas kleiner Prosa und in seinen drei Romanen nirgends gibt: Reflexion.«[1] Nicht zuletzt dieser Umstand mag dafür verantwortlich sein, daß die Aufnahme der Tagebücher durch die Kafka-Philologie so ausschließlich in jener idealistisch-spirituellen Sphäre stattgefunden hat, wie sie für die Rezeption des Werks insgesamt lange kennzeichnend gewesen ist: zumeist in souveräner Mißachtung nahezu jeglichen ›irdischen Restes‹ des Autors, einer Propheten- und Erlösergestalt zugleich, wie es sein Biograph Wagenbach einmal formulierte, in Mißachtung derjenigen Realien also, welche die Grundlage des diaristischen Prinzips bilden. Von vornherein abgeneigt, das Tagebuch als biographisches Dokument zu schätzen, haben seine Leser es vom Leben des Autors im gewöhnlichen Verstande abtrennen,[2] es als Schauplatz rein geistiger Exerzitien und Prüfungen ansehen wollen.[3] Die religiöse Problematik,[4] die in all seinen Aussagen zur Person des Schreibers und dessen herausragender Eigenschaft oder Befindlichkeit: der Einsamkeit[5] sich bekunde, dieses Beharren auf einem theologischen Kern all seiner Aussagen[6] hat die Tagebücher zuerst lesbar gemacht: als Ausdruck und Entsprechung für die gedanklichen Bedürfnisse der Zeit, in der sie erstmalig einem größeren Leserkreis bekannt wurden, der Zeit nach dem Zweiten Weltkrieg in einer für alle endgültig sichtbar aus den Fugen geratenen Welt, in der es sich – geistig – neu: an alten Werten zu orientieren galt. Solche weltanschaulich motivierten Lese-Impulse haben in der Folgezeit lange die eigentlich literarischen Fragen überlagert. Was aber unterscheidet denn die Tagebücher des Schriftstellers von denjenigen eines Beamten bei der »Arbeiter-Unfall-Versicherungs-Anstalt«? Und was haben sie miteinander gemein?

---

[1] Beißner [1963], 7.
[2] Morand [1971], 109: »il [Kafka] a réussi à se maintenir dans la zone interdite qui sépare la vie de l'art«.
[3] Girard [1946], 30 (»exercices spirituels«).
[4] Höck [1968], 6.
[5] Gräser [1955], 64–66.
[6] Klossowski [1945], 11.

A. Spiegelungen

1. Kapitel. Lebenslauf im Tagebuch: Abwandlungen des Immergleichen

> 23. XII 11 Sa.
> [...] Im Tagebuch findet man Beweise
> dafür, daß man selbst in Zuständen, die
> heute unerträglich scheinen, gelebt, her-
> umgeschaut und Beobachtungen aufge-
> schrieben hat, daß also diese Rechte sich
> bewegt hat wie heute [...]. (304, 307f.)

Der Regelkreis Leben/Schreiben

Nach gängiger Meinung erleben wir den Tagebuchschreiber in seinem Journal als den »Märtyrer seiner Stimmungen«.[7] Das Tagebuch biete die andere,
die Schattenseite, die komplementäre Ansicht zu dem positiven Vollzug des
Lebens. So auch bei Kafka; in seinen Tagebucheintragungen dominiere »der
Ausdruck der Klage, der Depression, der Negativität. Kafka führt Tagebuch, sieht man von den Reise-Journalen ab, in Zeiten der inneren Erstar-
rung, er notiert das Versagen und die Zusammenbrüche, während die Auf-
schwünge sich in wahrhaft inspirierter Produktivität bezeugen und nur selten im Tagebuch verzeichnet werden.«[8] Gegenüber solcher Darstellung wären Vorbehalte angebracht (so sind die »Mitteilungen über die eigene Produktion«, die sich in den Tagebüchern finden, keineswegs als »spärlich«[9]
anzusehen), tatsächlich aber hat Kafkas Tagebuch Teil an der Einbindung all
seiner literarischen Produkte in die Problematik seines Lebens – und spiegelt diese in besonderer Weise. Am auffälligsten ist die »Koppelung zwischen Tagebuch und Kafkas sich in Felice verdichtender Lebensproblema-
tik«:[10] Zu Zeiten endgültiger oder endgültig scheinender Trennung von der
Verlobten erreichen die Aufzeichnungen, als lebenspraktisches Instrument,
Mittel zur Selbstdeutung, ein Maximum an Häufigkeit und Intensität, in
Zeiten exzessiven Briefverkehrs dagegen ihren Tiefstand. Darin eingelagert
sind die Regularitäten literarischer Produktion, »Kafkas schubweise sich

---

[7] Hering [1948], 106.
[8] R. Hartung [1952], 370.
[9] Ebd.
[10] Binder [1976a], 111.

einstellende[n] ›inspirierten Schreiben[s]‹«.[11] Kafkas Leben und Schreiben, so die These Unselds,[12] vollzog sich in einem ›Regelkreis‹ wechselseitiger Bedingtheiten, dergestalt, daß sein »Schreiben und seine Unfähigkeit zu schreiben sich in überraschender Gesetzmäßigkeit abwechselten.«[13] Literatur und Leben sind die beiden Bezugspunkte, die einander ausschließen wie bedingen. Wenn Kafkas Produktivitätsphasen »des jeweils fünf (Winter-) Monate andauernden ›inspirierten Schreibflusses‹« (so etwa zwischen September 1912 und Januar 1913 oder von August bis Dezember 1914) in der Intensität angespannter Isolierung nachlassen – die Arbeit an einer kürzeren Erzählung (November 1912: »Die Verwandlung«; Oktober 1914: »In der Strafkolonie«), verbunden mit dem Plan zu einem Novellenzyklus (1913: »Die Söhne«; 1915: »Strafen«), signalisiert in aller Regel dabei das Scheitern der Arbeit an einem großen Romanvorhaben (1912: »Der Verschollene«; 1914: »Der Prozeß«) –, immer dann werden mit der schlechten Regelmäßigkeit eines ›circulus vitiosus‹ die Selbstzweifel am Sinn des eigenen Schreibens wiederbelebt.[14] Eine Ersatzorientierung wird erforderlich, die Kafka von der Literatur abzieht ins Leben; es ist dies sein »›alternativer‹ Lebenswunsch: Heirat und Gründung einer Familie. Seine Sehnsucht nach bürgerlicher Verantwortung wurde reaktiviert und in der Folge zum Integrationspunkt aller Hoffnungen«.[15] Wird diese Ersatzorientierung ihrerseits brüchig, kommt es zur Beziehungskrise, ja zur Entlobung oder Trennung (wie im Sommer 1914 und 1917), so setzt in der Regel ein neuer Schub von Schreibbedürfnis und -fähigkeit ein. Und so fort. Die Tagebücher nun, die zunehmende Frequenz und Ausführlichkeit der Eintragungen in ihnen, sind Indikator für das Ende einer vorausgegangenen Produktivitätsphase, während umgekehrt auffällige Lücken in ihnen das Einsetzen eines neuerlichen Produktionsschubes verraten, etwa zwischen November 1916 und April 1917, der Zeit, in der die Erzählungen des »Landarzt«-Bandes entstehen, oder im Winter 1917/1918, der Zeit der ›Aphorismen‹. Keineswegs freilich lassen sich Tagebuchaktivitäten und literarische Produktivität strikt von einander getrennt, ja als einander ausschließend betrachten; es wird noch gezeigt werden, in welchem Maße das eine, die Literatur, auf das andere, das Tagebuch, als seine Voraussetzung angewiesen ist, bildet dieses doch ein wesentliches Mittel für den Autor, sich, durch Autostimulation gewissermaßen, zum Schreiben hinzuführen. Und gewisse Entwicklungen, welche die Tagebücher in ihrem Gehalt und in ihrer Gestalt durchmachen, teilen auch etwas mit nicht nur über den Gang des Lebens, das in ihnen festge-

---

[11] Unseld [1982], 246.
[12] Vgl. Guntermann [1983], 309–311.
[13] Unseld [1982], 246.
[14] Ebd., 85.
[15] Ebd., 246.

halten wird, sondern auch über den des Schreibens, das ihm, dem Leben, antwortet und von ihm, dem Tagebuch, seinen Ausgang nimmt.

›Entwicklung‹ der Tagebücher: Einschränkung

Es ist der Versuch unternommen worden, verschiedene »Phasen autobiographischer Niederschriften«[16] bei Kafka voneinander zu unterscheiden. Und in der Tat, verfolgt man »Entfaltung und Modifikation«[17] der in ihnen niedergelegten Aussagen über das eigene Leben, so fällt eine gewisse Verknappung, Reduktion ins Auge. Ein »einheitliches Gepräge« der Eintragungen reiche von deren Beginn 1909/1910 bis zum Herbst des Jahres 1917, das Verfahren reihend-sammelnder Ausführlichkeit zumal (Binder nennt unter anderem »Aufzählungen, Attributhäufungen in der Substantivklammer, vielgliedrige Umstandsbestimmungen«),[18] ein Verfahren, so recht dazu angetan, »den Quartheften den Eindruck unmittelbarer Frische und Anschaulichkeit« zu verleihen[19] – und interpretierbar, wie es Unseld tut, als Ausdruck eines letztlich ungebrochenen Bemühens beim Tagebuchschreiber, Anschluß an Gemeinschaft, das heißt Ehe (›Leben‹), und Anerkennung als Autor (›Literatur‹) zu erlangen. Diese stilistische Grundhaltung werde in der Folge aufgegeben und abgelöst durch einen stetig zunehmenden Zug zur »Reduktion und Verallgemeinerung«.[20] Dort, wo projektive Entfaltung, Ausbreitung der Gegenwart im Blick auf zukünftige Möglichkeiten geübt worden sei, erfolge nun der verknappende, sich bescheidende Rückblick, der die Gegenwart vorrangig unter dem Aspekt all des nicht gelungenen Zurückliegenden erscheinen lasse, in der Art eines fortwährenden negativen Fazits. Komplizierte Zusammenhänge würden in zunehmendem Maße nurmehr durch lakonische Verweise repräsentiert, welche die vormaligen, quälend ausführlichen Selbstauslegungen dem Tagebuchschreiber ersparten; unauflöslich-ausweglose Sachverhalte und Zustände, ihm ohnehin unabweislich präsent (»ich brauche mir solche Dinge nicht mehr umständlich bewußt zu machen, wie früher einmal, ich bin in dieser Hinsicht nicht so vergeßlich wie früher, ich bin ein lebendig gewordenes Gedächtnis,« 863), würden nicht länger ausführlich zu explizieren versucht, sondern nur noch in abgekürzter Form andeutungsweise notiert – »3.) Der Anruf« (873) –, in Kürzeln für das Wieder-Eintreten einer bestimmten Verfassung, die variiere einzig in ihrem »Intensitätsgrad« oder ähnlichen »Modifikationen«[21]

---

[16] Binder [1976a], 98.
[17] Ebd., 76.
[18] Binder [1979c], 541.
[19] Ebd.
[20] Binder [1976a], 98.
[21] Binder [1979c], 547.

(»17 I ⟨1922⟩ kaum anders«, 878). Stets drücke sie sich in Bildern der Gefahr aus (»Jagd, Kampf, Geister«)[22] und der Angst (»24 ⟨März 1922⟩ Wie es
lauert! Auf dem Weg zum Arzt z. B., so häufig dort«, 913), in Bildern, die –
weniger auf Durchführung als auf Ergebnis von Erfahrungen und gedanklichen Prozessen fixiert – sich für den Leser mehr und mehr zu kaum noch
nachvollziehbaren, nahezu »unauflösbaren Chiffren«[23] verdunkelten. Dieser
Umschwung, der nicht allein eines retrospektiven, sondern auch einen passivischen Zug aufweise, das Sichfinden ins Unvermeidliche hervortreten
lasse (»Symptome nimm hin, klage nicht über Symptome, steige in das
Leiden hinab«, 888), ist als Reflex auf den Ausbruch der Lungenkrankheit
im Spätsommer des Jahres 1917 und die lebensgeschichtliche Wende, die
damit für Kafka notwendig verbunden gewesen sei, plausibel erklärt: Beide
Lebensziele, die Ehe mit Felice und die Anerkennung als Autor, seien dadurch, auf jeweils andere Weise und mit unterschiedlicher Notwendigkeit,
in unerreichbare Ferne gerückt, und von daher sei es nichts anderes als
natürlich, wenn auch das Tagebuch, das dieses Leben festhalte, zum Dokument des Rückzugs werden müsse, der Resignation, der Rücknahme des
Kampfes um einen Platz in der Welt. Das Tagebuch habe tatsächlich »sich
verkriechen« müssen wie sein Autor, der mit dieser Aussicht das letzte,
dreizehnte Quartheft, einleitete (863), lange bevor die Krankheit mit ihren
physischen Belastungen seinen täglichen Eintragungen erst (»12 VI 23 [. . .]
für alles unfähig außer für Schmerzen«, 925) und dann auch seinem Leben
ein Ende setzte. Das Tagebuch also der Ort eines so freiwilligen wie erzwungenen Rückzugs, fortwährenden Kürzer-Werdens, unaufhörlicher Verkleinerung, und die Leser Augenzeugen eines Kampfes, um Leben und Tod
schließlich, der verloren geht?

Sichtbarster Ausdruck der »Einschränkung« – dies der Begriff, den Kafka selbst liefert (H 100), für das – selbstproduzierte – »Stillewerden und
Wenigerwerden der Stimmen der Welt« (H 74):

> Alles ist Phantasie, die Familie, das Bureau, die Freunde, die Straße, alles Phanta-
> sie, fernere oder nähere, die Frau die nächste, Wahrheit aber ist nur daß Du den
> Kopf gegen die Wand einer fenster- und türlosen Zelle drückst (869)

– Ausdruck dieser »Einschränkung« seiner Aufzeichnungen ist der Wechsel
im Format des Textträgers. Wie wenn ein »Zusammenhang« bestehe »von
Klein*form* und Klein*format*«,[24] geht Kafka von Quart- zu Oktavheften über.
Und dieser Übergang – Kafka trägt zeitweilig unter dem gleichen Datum in
das eine und in das andere Heft ein[25] – weist, wenn man beide Seiten

---

[22] Binder [1976a], 94.
[23] Ebd.
[24] Pasley [1980], 12.
[25] So am 21. Oktober, 6. November, 10. November 1917.

miteinander vergleicht, selbst die Merkmale eines Zurücknehmens auf. Findet sich im Quartheft gewissermaßen alles, in durchmischter, gleichsam ›unreiner‹ Form, so wird ins Oktavheft nur das Wichtigste daraus übernommen: »belanglose Impressionen [. . .] oder zu sehr gegen sich selbst gerichtete Aussagen [. . .] strich er [. . .] vor sich selber aus oder ersetzte es [. . .] durch allgemeine Formulierungen, die Distanzierung erlaubten, Selbstanklagen neutralisierten und das Bestehende nur korrekt und leidenschaftslos zu fassen suchen.«[26]

Die Tagebücher insgesamt nehmen einen Verlauf, vergleichbar demjenigen, wie er als Tendenz, die jedem Einzelsatz Kafkas innewohne, beschrieben worden ist: Seine »Neigung zu Reinheit, Strenge und Allgemeinheit«,[27] der Zug zur Konzentration und Reduktion, als Prinzip des Erzählens in Kafkas Werk überhaupt,[28] kehrt wieder als ›Entwicklung‹ innerhalb der Rede- und Schreibhaltung der autobiographischen Aufzeichnungen, als Form der Entpersönlichung zumal, bei der die Formen der Ersten Person des Personalpronomens (»ich«) mehr und mehr ausgespart und von denen der Dritten (»er«) abgelöst werden und das weiter distanzierende »man« schließlich zu passivischen Konstruktionen überleitet, in denen das noch unpersönlichere »es« nurmehr als grammatikalisches Subjekt fungiert.[29] Wo auch immer man nach weiteren Anhaltspunkten für ›Entwicklung‹ in Kafkas Tagebüchern Ausschau hält, ob in graphologischem Interesse angesichts der Handschrift (die gemeinhin als »steil gestellt, fast ein wenig kindlich« wirkend bekannt ist, »scheinbar unbeherrscht und im Gesamtbild doch von klarer Struktur«,[30] späterhin jedoch immer kleiner und unruhiger wird),[31] ob in bezug auf den vorherrschenden Typus der Wahrnehmung (bis zum Jahre 1917 sei die optische Dimension für Kafkas Bildersprache dominierend gewesen, danach erfahre die zuvor weniger bedeutsame akustische, insbesondere die für ihn »undurchdringliche [. . .]« [410] Dimension des Musikalischen eine auffällige Aufwertung),[32] oder aber im Blick auf das

---

[26] Binder [1976a], 81. Ähnliches mag für das Verhältnis der »Er«-Aphorismen zu den Tagebuchaufzeichnungen vom Januar 1920 gelten.

[27] Henel [1979], 234.

[28] Ramm [1971].

[29] Vgl. Thieberger [1979], 186. Noch Görner spricht – wenig passend, weil in abgehoben-textfernem Nachvollzug – von einem ›Ausfasern‹ der Kafkaschen Tagebuch-Notizen in den letzten beiden Lebensjahren (Görner [1986], 46).

[30] Spiel [1983].

[31] Frantisek Kafka [1969], 78 kommt freilich anhand der Untersuchung von sieben Unterschriftsproben zu folgendem – wohl allzusehr am Werk selbst abgelesenen – Urteil: »Von der Kompliziertheit zur klassischen Einfachheit, aber auch zur schriftstellerischen Ausdrucksfähigkeit entwickelt sich die Form von Kafkas Buchstaben F im Vornamen.«

[32] Gräser [1955], 76f.

96

schriftstellerische Selbstverständnis überhaupt (»Diesen Namen wird man vergessen müssen«, hatte Kafka ja bereits 1907 verlangt, von seinem eigenen sprechend [Br 36], wie als ganz frühe Vorwegnahme jenes resigniert-geläuterten Sich-Verfügens in eine Existenz im Abseits des Nur-Schriftstellers nach der krankheitshalber erfolgten Pensionierung 1922, in ein Schreiben nur für sich im Verborgenen, nicht länger motiviert vom Anspruch einer Wirkung nach außen,[33] wie es sich in den ›Testamenten‹ dann als Einverständnis mit der Tatsache eigener Folgenlosigkeit bekräftigt) – wo auch immer man glaubt, Veränderungen in den Tagebüchern ausfindig gemacht zu haben, stets ist beim Sprechen von ›Entwicklung‹ bei Kafka die Möglichkeit einer schon früh angelegten grundsätzlichen Gleichzeitigkeit beider Zustände, des ›Ausgangs‹- und des ›Ziel‹-Stadiums, mitzubedenken. Wenn die große Form der kleinen entgegengestellt wird, rigoros subjektive perspektivische Betrachtung[34] in den frühen Romanen und Erzählungen, als Projektion aus dem Blickwinkel eines besonderen Bewußtseins, durch die entindividualisierte, modellhafte Parabelform[35] späterer Texte abgelöst worden sein soll, in denen völlige Verbildlichung zu einer in sich verschlossenen, uneinsehbaren Seinsweise der Sprache geführt habe, dann ist allein hierin noch kein durchgreifender Wandlungsprozeß von einer Schreibweise zur anderen nachgewiesen. Eher wird damit überhaupt erst die gesamte Spannweite umrissen von quasi-›realistischen‹ Zügen einerseits und einer abstrakt-allegorischen Form andererseits,[36] zwei Polen, zwischen denen sich Kafkas Schreiben immer neu zu vollziehen hatte:

9. II 15 [...] Wenn sich die beiden Elemente – am ausgeprägtesten im »Heizer« und »Strafkolonie« – nicht vereinigen, bin ich am Ende. Ist aber für diese Vereinigung Aussicht vorhanden? (726)

Veränderungen als Offenlegung einer gleichbleibenden Struktur

Der ›Entwicklung‹, die sich, auf verschiedenen Ebenen, in Kafkas Tagebüchern verfolgen läßt, wird man wahrscheinlich nur gerecht, wenn man sie als Äußerungen einer tieferliegenden, gleichbleibenden Verfaßtheit begreift, einer Struktur, die sich, nach Maßgabe innerer und äußerer Bedingungen, in denen sich der Tagebuchschreiber befindet, in unterschiedlicher Akzentsetzung realisiert hat. So wie als vorherrschende Erfahrung des Lebens die ermüdende Abwandlung des Immergleichen gelten muß, bildet sich auch die literarische Auseinandersetzung mit dieser Erfahrung im Tagebuch (und

---

[33] Vgl. Unseld [1982], 203.
[34] Sokel [1964], 11.
[35] Hillmann [1964], 166f.
[36] Henel [1979], 229.

darüber hinaus) in wechselnden Formen eines und desselben Musters ab. ›Entwicklung‹ bedeutet bei Kafka ein immer deutlicheres, rückhaltloseres Offenbarwerden der gleichen Strukturen. Immer schon bewegt sich das Tagebuch zwischen sehr direkten und – literarisch, philosophisch – höchst vermittelten Selbstaussagen,[37] die Lakonismen – die es auch bereits vor der ›Lebenswende‹ im Tagebuch zu registrieren gibt[38] – sind nicht einzig und allein als Reaktion, als Kürzel entmutigend-gleichförmiger Gegebenheiten zu begreifen; sie erfüllen dem Schreiber schon immer auch die Aufgabe der Konzentration, des Zusammennehmens, das notwendig ist angesichts jenes Zustandes hilflosen und wehrlosen Ausgeliefertseins, in dem er sich der Welt gegenüber befindet:

> 19 ⟨November 1913⟩ [. . .] Jede Bemerkung eines andern, jeder zufällige Anblick wälzt alles in mir, selbst Vergessenes, ganz und gar Unbedeutendes, auf eine andere Seite. (594)

Besonders die Eintragungen zu Beginn und Ende eines neu begonnenen oder gerade abgeschlossenen Quartheftes machen, indem sie die Schreibsituation thematisieren und Vergleiche in dieser Hinsicht anstellen, die prinzipielle Gleichartigkeit in der Verfassung ihres Urhebers augenfällig. Entwicklung erfolgt innerhalb einer gleichbleibenden Struktur, eines Erfahrungsmusters, das sich freilich mit der Zeit immer deutlicher konturiert (als Fremdgewordensein in der Welt), und das darin dem Tagebuch seinen Rang und seine bestimmte Aufgabe zuweist, die viele ›klassische‹ Funktionen des ›modernen‹ Tagebuches überhaupt in sich vereint:[39] die Einsamkeit des Tagebuchschreibers etwa, eines deutsch sprechenden, in der tschechischen Hauptstadt des Königreichs Böhmen lebenden Juden, der Junggeselle ist und bleiben wird, und die Unbedingtheit des Kunstwillens, der auf solche Erfahrungen des Ausgeschlossenseins antwortet und das Tagebuch als Halt benutzt gegenüber der Welt, die doch seinem Schreiben immer aufgegeben bleibt. In solcher Funktionalität liegt Konstanz, »die drückende Monotonie der Tagebücher Kafka's [. . .] – das Fehlen jeder ›Entwicklung‹, die ständige Wiederkehr des Selben«[40] macht deutlich, »in wie engen Bahnen sich sein Denken in Tagebüchern und Briefen zu den verschiedensten Zeiten und gegenüber den verschiedensten Menschen bewegte«;[41] Kafka hat »nie die Art seines Schreibens geändert, wohl aber seine Einstellung dazu.«[42] »Quer durch das Material der Aufzeichnungen lassen sich Linien Kafka-

---

[37] Binder [1976a], 98.
[38] Etwa TKA 617f., 622, 788, 791f.
[39] Vgl. Gräser [1955], 99–102, 105f.
[40] Kurzrock [1955], 249.
[41] Demmer [1973], 116.
[42] Ebd., 96.

scher Selbsterhellung ziehen«,[43] er ist »zu keiner Zeit mit Vielem in die
Breite, wohl aber mit Wenigem in die Tiefe gegangen.«[44] Das Tagebuch
bringt diese Einheitlichkeit, wenn auch nicht unbedingt der Person des
Autors und seiner Eigenschaften,[45] so doch seiner »Denkmethode« jedenfalls, die »kaum durchbrochene Einförmigkeit der Grundstruktur, die [. . .]
in ihrer Unbeirrbarkeit etwas Monumentales gewinnt«,[46] zum Ausdruck,
indem es diese, auf seiner Ebene, noch einmal reproduziert: ist es doch
nichts anderes als »der gleich einem ewigen Faden das ganze Gewebe der
Tage und Nächte, der Erlebnisse und Handlungen durchziehende Prozeß
der Selbstbeobachtung« – »ein commentarius perpetuus, der für Kafka wie
eine Angelschnur war, die er in die Tiefe warf, um sich selbst daran zu
finden.«[47] Dies legitimiert die Absicht, in Kafkas Tagebüchern die Essenz,
den Inbegriff des literarischen Verfahrens seiner Werke überhaupt aufzusuchen. »Die Tagebücher durchziehen alles, sie sind das Rhizom selbst«, heißt
es – hier passend – geheimschriftartig, im Vokabular der postmodernen
französischen Theoretiker, bei Deleuze und Guattari, sie sind »nicht *ein*
Element (im Sinne von Werkkomponente), sondern *das* Element (als Mi-
lieu), in dem Kafka lebt wie der Fisch im Wasser. Denn dieses Element
kommuniziert mit der ganzen Außenwelt und reguliert distributiv das Verlangen der Briefe, das Verlangen der Erzählungen und das Verlangen der
Romane.«[48] Kafka selbst gibt dieser Vorstellung Recht, wenn er einmal, zu
einem späten Zeitpunkt seines Lebens bereits, in einem Brief an Milena
bekennt: »ich kann doch immer nur der gleiche sein und das gleiche erleben.« (M 226) Sein Tagebuch ist in diesem Sinne als die tiefste und wahrste
Konstante eines auf oszillierende Weise ruhenden Werk-Vorwurfs zu begreifen, als Ort, an dem diese Erfahrung sich – immer wieder neu und
anders – ausspricht und bewahrheitet. Oder, um ein anderes Journal aus
einer anderen literarischen Tradition dieses Jahrhunderts als Zitatzeugen zu
bemühen: »Im Tagebuch«, und nur dort, »stimme ich mit mir überein.«[49]

---

[43] Hering [1948], 103.
[44] Ebd., 107.
[45] »Kafka zählt zu den Geiste[r?]n, die werden, was sie immer schon sind; nicht zu
jene[n] Naturen im Aufbruch, die stets nur sind, was sie werden.« Baumann
[1984], 167.
[46] Petersen [1937], 385.
[47] Brück [1951], 22.
[48] Deleuze/Guattari [1975/1976], 129f.
[49] Nin [1968], 230 (Juni 1933) – »In the journal I am at ease.« [1966], 224.

2. Kapitel. Tage im Tagebuch: Tagesläufe

> [. . .] und dann natürlich Tagebücher,
> ewig und einen Tag Tagebucheintragun-
> gen.
>
> (Eckhard Henscheid)[50]

Zeitstruktur und Datierung

Die meisten Leser werden sie, angesichts der Tagebücher Kafkas, wohl so nachempfinden: die innere Notwendigkeit seiner Eintragungen (»Unverantwortlich, ohne Notizen zu reisen, selbst zu leben«, 970), die Rücksichtslosigkeit, mit der sich ihr Autor der Aufgabe der Erinnerung unterwirft, die Ausschließlichkeit, mit der das schreibende Ich einzig in der Sprache, die Vergangenes festhält, seine Gegenwärtigkeit herstellt: »ich bin ein lebendig gewordenes Gedächtnis« (863). Wenn es im Tagebuch an einer Stelle heißt:

> 23. VII 14. Der Gerichtshof im Hotel. Die Fahrt in der Droschke. Das Gesicht
> F.'s. Sie fährt mit den Händen in die Haare, wischt die Nase mit der Hand, gähnt.
> Rafft sich plötzlich auf und sagt gut Durchdachtes, lange Bewahrtes, Feindseliges
> [. . .] (658),

dann sind damit zwei verschiedene Zeitpunkte fisiert, zwei Gegenwartsebenen zugleich präsent, die des Schreibens (»23. VII«) an einem Donnerstag im dänischen Ostseebad Marielyst, drei Tage, bevor er wieder in Richtung Prag zurückkehrt, und die des Beschriebenen (»Der Gerichtshof im Hotel«), jene quälend-schmerzhaften Szenerie der Entlobung von Felice Bauer im Hotel »Askanischer Hof« in Berlin, die er knapp zwei Wochen zuvor, am Sonntag dem 12. Juli, über sich ergehen lassen mußte. Und wenn er vier Tage später im Tagebuch fortsetzt:

> 27 VII ⟨1914⟩ Nächsten Tag zu den Eltern nicht mehr gegangen (660),

dann setzt er auch mit dieser Differenz fort zwischen Erzählzeit gewissermaßen, Montag dem 27. Juli, unter dem diese Zeile notiert ist, und dem Montag des 13. Juli, an dem dies Notierte stattfand. Indem der Inhalt der Erinnerung als beschriebene Gegenwärtigkeit mit der Schreibgegenwart in Konkurrenz tritt, kommt es zu mitunter diffizilen Überschneidungen, Mehrfachbesetzungen der diaristischen Zeitdimension; Datierung (des Schreibens) und Datierbarkeit (des Beschriebenen) als Inbegriffe des Tagebuchprinzips weisen auseinander. So, auf engstem Raum, in einer Eintragung wie dieser:

---

[50] Henscheid [1982], 271.

24. März [1912]. Sonntag, gestern. »Die Sternenbraut« von Christian von Ehrenfels (T 273).

In der Brodschen Transkription mit ihrer glättenden, alle Sprünge einebnenden Tendenz hat sich das bis zur Unkenntlichkeit aufeinanderzubewegt, was in der Handschrift und der ihr folgenden Ausgabe (412):

24. III ⟨1912⟩ So. gestern. »Die Sternenbraut« [. . .]

als deutlich voneinander getrennt erkennbar ist: »gestern« bezieht sich auf das Ereignis (der Uraufführung im Prager ›Neuen deutschen Theater‹ am 23. März 1912),[51] nicht auf das Datum. Freilich ist die Bereitschaft, beim Innewerden der zurückliegenden Ereignisse aus der Schreibgegenwart in die Gegenwärtigkeit dessen, was beschrieben wird, hinüberzugelangen, ein möglicher Erklärungsgrund für die – wahrhaft erklärungsbedürftige – Tatsache, daß dem Versicherungsbeamten Kafka, zu dessen dienstlichen Obliegenheiten doch sicherlich mehr als einmal täglich das Notieren des Tages-Datums gehört haben dürfte, in seinem Tagebuch so häufig offensichtliche Datierungsfehler unterlaufen; zwei (oder drei?) Tage zuvor noch war ihm selbst ein solcher aufgefallen:

22 III ⟨1912⟩ [i. e. Freitag] (ich habe die letzten Tage falsche Daten geschrieben) (411).

Zwei Wochen später ist er ihm verborgen geblieben, wie sich aus der Angabe des Wochentags leicht ausrechnen läßt:

8. [recte: 6.] April [1912]. Karsamstag.

So heißt es in der von Max Brod herausgegebenen Version (T 275); die Kritische Ausgabe korrigiert:

⟨6.⟩ IV 12 Charsamstag. (415)

Und wenige Monate später irrt Kafka sich erneut – in der Brodschen Ausgabe übernommen:

Montag, 6. [müßte lauten: 8.] Juli [1912]. Ein wenig angefangen. Bin ein wenig verschlafen [sic] (T 280);

dabei illustrieren mehrmalige Korrekturen aufs schönste die Unsicherheit des Schreibenden.[52] Auch die Angabe

---

[51] Nach einer schriftlichen Mitteilung von Hans-Gerd Koch, dem Redaktor der Kritischen Kafka-Edition (Wuppertal), dem ich für diese und andere Hinweise herzlich danke; vgl. seine Erläuterung im Kommentarband TKA III, 115.

[52] Zunächst hat Kafka notiert: »9. Juli«. Später hat er »Montag« und »1912« eingefügt, »9.« zu »7.« überschrieben, »7.« schließlich gestrichen und »6« eingefügt. In der kritischen Ausgabe (TKA 425) korrigiert: »Montag ⟨8.⟩ Juli 1912 Ein wenig angefangen. Bin ein wenig verschlafen.« Vgl. auch Apparatband TKA II, 279.

12 XII 13 Gestern lange nicht eingeschlafen (612)

ist offenbar, nach der vorangehenden Eintragung

12. ⟨Dezember 1913⟩ Und früh bin ich verhältnismäßig ganz frisch aufgestanden (611),

irrig datiert[53] – vielleicht eine unbewußte Fehlleistung, entstanden wie aus dem Bedürfnis, den zurückliegenden Tag mit all seiner Fehlerhaftigkeit noch nicht in seinem Datum zu ›entlasten‹. Kafkas Eintragungen im Tagebuch überschreiten also die zeitlich festgelegten Grenzen, was das Mitgeteilte betrifft und das Mitteilen, als Stationen eines unaufhörlichen inneren Selbstgesprächs gewissermaßen, für das der Wechsel des Datums keinen Einschnitt bedeuten muß –

[. . .] Zugegeben [. . .], daß ihn selbst die Aufführung überrascht 29. ⟨Oktober⟩ 11 So.
so hat er doch [. . .] (204)

– so wie es ihm auch möglich ist, jederzeit an dem einmal Abgebrochenen wieder anzuknüpfen, zuvor Notiertes unter einem neuen Datum unmittelbar weiterzuführen. So die Eintragung des 30. Dezember 1911 (»Mein Nachahmungstrieb hat nichts Schauspielerisches [. . .]«, 329f.), die über die Datumgsgrenze hinweg eine direkte Fortsetzung findet (»Gerade weil [. . .]«, 331), deren letzter Satz wiederum zwei Tage später – so, als sei nichts dazwischen gelegen: nicht nur ohne Bruch, sondern ausdrücklich schlußfolgernd – wieder aufgenommen wird: »2 I ⟨1912⟩ Infolgedessen [. . .]« (334). Das Tagebuch erweist sich als ein Text, der, gegen die wechselnden Eindrücke der Tageswirklichkeiten, eine Kontinuität eigener Art verlangt und sie umgekehrt auch herzustellen in der Lage ist.

Augenblicke im Kontinuum

Kafkas Aufzeichnungen lehnen sich auf gegen das »tötliche Gefühl des gleichförmigen Vergehens der Tage« (970). Doch der Versuch, Besonderes festzuhalten, wird überwältigt von der Macht des Allgemeinen, der Augenblick unterliegt dem Zusammenhang, das punktuelle Fazit der Niederschrift

---

[53] Die früherliegende Datierung steht im Manuskript unten auf einer recto-Seite, stammt wohl vom Morgen des 12. Die fragliche, folgende Datumsangabe steht auf der nächsten recto-Seite im oberen Drittel. Möglich ist, daß es sich um eine Wiederholung des Datums handelt (dagegen spricht aber, daß er das schon früher am Abend des 12. hätte tun können, nämlich bei der Eintragung »Im Spiegel sah ich mich vorhin genau an [. . .]«). Oder aber es handelt sich um ein nachträglich in den durch Absatzeinzug freigebliebenen Raum eingefügtes Datum, wobei er versehentlich den 12. statt des 13. gesetzt hat. (Koch)

von Separatem resümiert nur ein quälend-ununterbrochenes, sinnloses Kontinuum der Leere:

> Ein endloser trüber Sonntagnachmittag, ganze Jahre aufzehrend, ein aus Jahren bestehender Nachmittag. Abwechselnd verzweifelt in den leeren Gassen und beruhigt auf dem Kanapee. Manchmal Erstaunen über die fast unaufhörlich vorbeiziehenden farblosen, sinnlosen Wolken. »Du bist aufgehoben für einen großen Montag!« – »Wohl gesprochen, aber der Sonntag endet nie.« (873)

Bilanz des Versäumten

Solche – wahrscheinlich unter einem Mittwoch übrigens notierten – Zeilen führen Buch, wo es nichts zu addieren gibt, die ungeheure Zeitdehnung als Maßstab inneren Erlebens hat die Möglichkeiten für äußere Geschehnisse zur Bedeutungslosigkeit zusammenschrumpfen lassen. Kafkas Tagesläufe im Tagebuch sind die Bilanzierung von Nicht-Geleistetem, die Aufzählung von Versäumtem. Ziel- und richtungslose äußere Aktivitäten münden in eine unergiebige, erlittene Ruhestellung, in der halbe Tage vollständig aufgehen und wenn auch nicht ihre Erfüllung, so doch ihren Begriff finden: »13. ⟨März 1915⟩ Ein Abend: Um 6 Uhr auf das Kanapee gelegt. [...] 14. ⟨März 1915⟩ Ein Vormittag: bis $^1/_2$ 12 im Bett. [...]« (731f.)

Der typische Tageslauf

Der typische Tageslauf – Kafka »könnte 1000 Eintragungen gleichen Inhalts aus den letzten 3–4 Jahren« sich »vorstellen«, schreibt er am 25. Dezember 1915 (775) – er kennt beides, Bewegung und Stillstand, das Aktuelle und das Immergleiche, Aktion und Reflexion, und in allem zusammen formuliert sich die Empfindung einer grundsätzlichen Vergeblichkeit, die auch vor sich selbst, der eigenen Wahrnehmung und deren Niederschrift, nicht Halt macht:

> 21 XI 15 Vollständige Nutzlosigkeit. Sonntag. In der Nacht besondere Schlaflosigkeit. Bis $^1/_4$ 12 im Bett beim Sonnenschein. Spaziergang. Mittagessen. Zeitunggelesen, in alten Katalogen geblättert. Spaziergang Hybernergasse, Stadtpark, Wenzelsplatz, Ferdinandstraße, dann gegen Podol zu. Mühselig auf 2 Stunden ausgedehnt. Hie und da starke, einmal geradezu brennende Kopfschmerzen gefühlt. Genachtmahlt. Jetzt zuhause. Wer kann das von oben vom Anfang bis zum Ende mit offenen Augen überblicken? (774f.)

3. Kapitel. Der Tagebuchschreiber im Tagebuch: Bestandsaufnahme als Ausblick

> [Vor dem 18./19. Mai 1910]
> Aber jeden Tag soll zumindest eine Zeile
> gegen mich gerichtet werden, wie man
> die Fernrohre jetzt gegen den Kometen
> richtet. (14)

Bestandsaufnahme

Was anders kann das Tagebuch dem Tagebuchschreiber leisten, als den Tag »vom Anfang bis zum Ende mit offenen Augen überblicken« zu helfen? Der Leser folgt nur dem vom Autor vorgeschriebenen Weg, versucht er, ihn »dort aufzusuchen, wo er das Inventar seines Selbst gemacht hat: im Tagebuch.«[54] Die Standhaftigkeit, den eigenen Anblick auszuhalten, übt sich in der Praxis des täglichen Notierens. Ein Selbstbildnis soll entstehen in systematisch geplanter, umfassender Bestandsaufnahme all dessen, was das Ich an und um sich vorfindet, aus verschiedenen Stufen sich aufbauend, die voneinander geschieden sind hinsichtlich der Zuverlässigkeit der auf ihnen getroffenen Aussagen: »Ich werde versuchen, allmählich alles Zweifellose an mir zusammenzustellen, später das Glaubwürdige, dann das Mögliche u. s. w.« (243). Ausgangspunkt für die Herstellung eines unbezweifelbaren Selbstgefühls in kleinen (Schreib-) Schritten sind konkrete Fragen der Lebensführung, etwa das bedrückende Problem, wie die Zeiten des Tages – und der Nacht – richtig einzuteilen seien zwischen Arbeit im ›Bureau‹, Schlafen und Schreiben (716f.). Auch die Beziehungen zu anderen werden hier mit gesammelten Beobachtungen zum Vorwurf. Als etwa die gemeinsame Arbeit mit Brod an einem Romanversuch (»Richard und Samuel«) eingehendes Nachdenken über den Freund und Mitautor geraten sein läßt, hegt Kafka die »Absicht ein eigenes Heft« über sein »Verhältnis zu Max anzulegen« (358). Namentlich der Problemfall seiner Beziehungen zum anderen überhaupt, das Verhältnis zu Felice, wird im Tagebuch in vielfältiger Weise bearbeitet. Die Bestandsaufnahme des Gegenwärtigen hat zunächst einmal die Aufgabe, all die Gesichtspunkte zu sammeln, die zu bedenken notwendig sein könnte bei der Entscheidung, die ihm die momentane Situation abzuverlangen droht (»Zusammenstellung alles dessen, was für und gegen meine Heirat spricht: [. . .]«, 568). Dabei ist in der Reihenfolge der Niederschrift die Perspektive bereits vorgezeichnet, sieben durchnumerierte Argumente kommen zusammen, das erste allein spricht pro – und wird

---

[54] Hering [1948], 100.

(»[. . .] Vielleicht, füge ich natürlich hinzu«) umgehend in seine Schranken verwiesen. Der Versuch, durch Zusammenschau des Vorfindlichen im Tagebuch Selbsterkenntnis zu gewinnen, die als Handlungsorientierung dienen kann (»Ich werde hier F. nicht vergessen, daher nicht heiraten Ist das ganz bestimmt?« 503), vollzieht sich auf einer nächsten, dringlicheren Stufe der reflexiven Bemühungen in Form eines Wechselspiels von Frage und Antwort (503–509). Dem Wortlaut nach ergibt sich eine Bekräftigung für den Entschluß, das »Beamtenleben« (504) aufzugeben und nach Berlin wegzugehen (vgl. O 22–24), doch der Keim des Zweifels liegt schon in der gespaltenen Aussicht, die er sich für die fremde Stadt verordnet; Journalismus soll der Beruf werden, in dem er seine »schriftstellerischen Fähigkeiten am besten und unmittelbarsten ausnützen« (508) zu können glaubt, und das verbindet er mit der merkwürdig gemischten Gewißheit, dadurch, daß er mit Felice am gleichen Ort zusammensein werde, sie aus seinem »Blut hinauszubekommen« (509). Sichtbar ist zwar das Bestreben, von schlechter Selbstbefangenheit in eigener Rede über sich freizukommen zu positiver Selbstkritik, die sich bemüht, auf die Sehweise der realen Gegenspielerin einzugehen und ihr gerecht zu werden (»Das sollte man eigentlich niemals sagen dürfen. Schien von F. aus gesehn Dein früheres Verhalten nicht auch aussichtslos zu sein«, 506), und die daraus die Kraft zu unverstellter, rückhaltlos insistierender, mehrmaliger Selbstanfrage schöpft (»Was willst du also tun?« 507). Doch die Gewißheit ausgreifender Einsichten in die Voraussetzungen eigenen Tuns wird schmerzhaft-resignativ zurückgeworfen auf den allerengsten Raum, zurückgestoßen auf allzu handgreifliche Grenzen und Beschränktheiten des Subjekts, die einer möglichen Entfaltung unverrückbar im Wege stehen: »Bist du gesund? Nein, Herz, Schlaf, Verdauung (509)

Vollends deutlich wird die Zukünftiges verschließende, Ausblicke geradezu versperrende Kraft einer solchen umfassenden Aufnahme der Gegenwart, wenn in Form einer tabellarischen Gegenüberstellung die beiden derzeit denkbaren Möglichkeiten, in ihren Folgen und Auswirkungen, explizit einander gegenübergestellt werden (H 238). »Rein bleiben« als der Zustand des Jetzt steht gegen »Verheiratetsein« als Alternative und kann durch diese Wahlmöglichkeit gar nicht erst erschüttert werden, die Aussageform (»Ich bleibe rein«) bleibt standhaft gegenüber der Frage (»Rein?«), und die Aussicht auf die vorgestellte Alternative (»Ehemann«) ist keine Aussicht, sie ist von vornherein gezeichnet durch das Mal inneren Widerspruchs, äußerlich abzulesen am Changieren zwischen der Ansprache an sich selbst in der zweiten Person (»Du bleibst außerhalb des Zusammenhangs, wirst ein Narr, fliegst in alle Windrichtungen, kommst aber nicht weiter,«) und der Selbstaussage in der ersten Person, die sich bruchlos-sprunghaft anschließt (»ich ziehe aus dem Blutkreislauf des menschlichen Lebens alle Kraft, die mir überhaupt zugänglich ist«). Eine Woche später ist die adhortative Ansprache im Tagebuch durchgängig geworden, als »Schlußansicht nach zwei schauerlichen Tagen und Nächten« ergibt sich ein langes, eindringliches Einreden des Ich auf das Du, in dem die Bestandsaufnahme des Gegenwärtigen, aus dem Rückblick gespeist: im Bewußtsein, eine Postkarte an Felice nicht abgeschickt zu haben, zum negativen Ausblick in die Zukunft wird, Gewissenserforschung in negative Handlungsanweisungen, verneinende Imperative sich verlängert (»Das heißt also, schone Dich nicht«, 802). Dabei geht Kafka nicht so weit, sich schlechtes, voluntaristisches Überfliegen der Gegenwart in eine willkürlich herbeigewünschte Zukünftigkeit zu gestatten, sondern es gelingt ihm, sich rückhaltlos der Gegenwart zu stellen und daraus allein eine prospektive Bewegung erwachsen zu lassen: »fange doch an zu sehn, wer Du bist, statt zu rechnen, was Du werden sollst.« (803) Und doch ist auch damit die innere Brüchigkeit solch perspektivischer Momentaufnahmen nicht überwunden, gleich der folgende Satz fällt diesem Vorhaben unmittelbar ins Wort, Inbegriff einer wahnwitzig-vergeblichen Aussicht, die Reales, Gegenwärtiges im schlechten Sinne überspringt – »Die nächste Aufgabe ist unbedingt: Soldat werden.«

Grenzen der Vollständigkeit

Die Absicht, auch: der Optimismus, mit stellvertretendem Austausch von Argumenten, in Tabellen und imaginierten Wechselreden, durch systematisch geordnete Bestandsaufnahme des Bestehenden sich Einblick in die eigene Lage zu verschaffen und damit Ausblicke daraus zu organisieren, das unentwirrbar Ausweglose gleichzeitig bestehender, miteinander unverträglicher Möglichkeiten durch Auflösen in ein Nacheinander aufeinanderfolgender Gesichtspunkte, gegeneinander bewertbarer Argumente für sich selbst einsehbar zu machen, wird von innen heraus, im Gang des Aufschreibens, zersetzt; das Augenblicks-Fazit als Versuch, sich in die Möglichkeit einer Aussicht zu versetzen, erscheint von vornherein fragwürdig. Kafka selbst stößt bald an für ihn fühlbare Grenzen dieses Prinzips. Der Schreibprozeß als Prozeß der »Selbsterkenntnis« muß, dessen vergewissert sich der Schreibende stets aufs neue, bestimmt sein von dem Streben nach »größter Vollständigkeit« und »gänzlicher Wahrhaftigkeit« (143). Diese maximale Forderung entspringt einem maximalen, unendlich großen Bedürfnis nach Verläßlichkeit der Selbstaussage, die, noch vor jeglichem literarischen Anspruch, die Kongruenz von Schreibendem und seiner Entäußerung im Geschriebenen erfahrbar machen möge:

8 Dec. ⟨1911⟩ [...]
Ich habe jetzt und hatte schon Nachmittag ein großes Verlangen, meinen ganz bangen Zustand ganz aus mir herauszuschreiben und ebenso wie er aus der Tiefe

kommt in die Tiefe des Papiers hinein oder es so niederzuschreiben daß ich das Geschriebene vollständig in mich einbeziehen könnte. Das ist kein künstlerisches Verlangen.« (281, 286)

Doch muß er die Erfahrung machen, daß das eigentlich Angestrebte sich mit dem Einsetzen des Schreibens längst schon jeglichem Zugriff entzogen hat: »Das Entscheidende habe ich bisher nicht eingeschrieben, ich fließe noch in zwei Armen. Die wartende Arbeit ist ungeheuerlich.« (843) Unter der Bemühung um restlose Vollständigkeit der Bestandsaufnahme, der, wie er annimmt, unausweichlichen Vorbedingungen dafür, Perspektiven gebende Einblicke in die eigene Lage zu gewinnen, wächst das Bewußtsein für die unvermeidlichen Grenzen der angestrebten Vollständigkeit, der Realisierbarkeit seines Vorsatzes; es frißt sich als nagender Zweifel in den Vorsatz hinein, paralysiert die vorhandene Bereitschaft und Antriebskraft. Die gewaltige Anstrengung, sich selbst in den Blick zu nehmen, wird aufgehoben in der noch gewaltigeren Anstrengung, die Fragwürdigkeiten des eigenen Vorhabens freizulegen, in auf die Spitze getriebener Gründlichkeit des Selbstbildes alle die ihm vorangehenden Anstrengungen und Schritte aufzulösen und damit der eigenen Position die Grundlage zu entziehen. Das Ungenügen am Ertrag eigenen Tuns im Bewußtsein notwendiger Unvollständigkeit, unvermeidlicher Unwahrhaftigkeit wendet sich gegen das Tun selbst zurück, die Erfahrung objektiver Schranken wird durch die subjektive Entscheidung zur Beschränkung beantwortet, Ungenügen durch Verweigerung reproduziert. Das Vertrauen gegenüber der sinngebenden Aufgabe des Aufschreibens verkehrt sich in Mißtrauen und skeptische Vorbehalte, die dem Ich Anlaß dazu geben, von dem Sichfestlegen im Schreiben zurückzustehen; sein prätendierter umfassender Wert wird als Wertlosigkeit verdächtigt:

12. I 11 Ich habe vieles in diesen Tagen über mich nicht aufgeschrieben, [. . .] auch aus Angst, meine Selbsterkenntnis zu verraten. Diese Angst ist berechtigt, denn endgiltig durch Aufschreiben fixiert, dürfte eine Selbsterkenntnis nur dann werden, wenn dies in größter Vollständigkeit bis in alle nebensächlichen Konsequenzen hinein sowie mit gänzlicher Wahrhaftigkeit geschehen könnte. Denn geschieht dies nicht – und ich bin dessen jedenfalls nicht fähig –, dann ersetzt das Aufgeschriebene nach eigener Absicht und mit der Übermacht des Fixierten das bloß allgemein Gefühlte nur in der Weise, daß das richtige Gefühl schwindet, während die Wertlosigkeit des Notierten zu spät erkannt wird. (143)

Ausblick

Das Tagebuch ist gedacht als Ort der umfassenden Selbst-Aufnahme, der skrupulös-vollständigen Bestandserfassung, in der, wie in einem Spiegel, der eigene Zustand, die Situation des Ich für sich selbst und im Bezug auf andere sich möglichst unverfälscht zu erkennen geben soll – ein Mittel indirekter Selbstbeeinflussung, vermittelter Selbsthilfe. Kafka erhofft, die Darlegung der bestehenden Unsicherheit möge etwas an verlorengegangener, fehlender Festigkeit zurückgeben, das Festhalten von Augenblicklichem werde Anknüpfungspunkte bieten für die Sicherung von Kommendem, ein Fazit der Gegenwart könne wirken als indirekter Selbstappell, als immanenter Ausblick in die Zukunft. Der Versuch, in einem statuarischen Selbstbild dynamische Momente, Entwicklungstendenzen aufzuspüren, Kräfte mit prognostischem Aussagewert ausfindig zu machen, läßt dadurch – auf den ersten Blick: – paradoxe Aussichten entstehen. So kann die Wahrnehmung eigener Hoffnungslosigkeit als Hoffnung verbucht werden (»Einige neue Erkenntnisse über das Unglückswesen, das ich bin, sind mir tröstend aufgegangen«, 142), die Tendenz einer Aussage ihrer handgreiflichen Tendenz zuwiderlaufen:

7 ⟨Oktober 1915⟩ [...]
Unlösbare Frage: Bin ich gebrochen? Bin ich im Niedergang? Fast alle Anzeichen sprechen dafür (Kälte, Stumpfheit, Nervenzustand, Zerstreutheit, Unfähigkeit im Amt, Kopfschmerzen, Schlaflosigkeit) fast nur die Hoffnung spricht dagegen. (768f.)

So kommt es, daß selbst ein Gegenwarts-›Befund‹ wie derjenige der zum Ausbruch gekommenen Tuberkulose sinnträchtig für eigenes Handeln in der Zukunft gemacht werden kann – zu »Anfang« des zwölften Quartheftes, des neuen Lebens in Zürau bei der Schwester Ottla, nach der (später von anderen so genannten) lebensgeschichtlichen Wende des Blutsturzes, heißt es:

15 Sept. 17 Du hast soweit diese Möglichkeit überhaupt besteht, die Möglichkeit einen Anfang zu machen. Verschwende sie nicht. [...] Ist die Lungenwunde nur ein Sinnbild, wie du behauptest, Sinnbild der Wunde, deren Entzündung Felice [!] und deren Tiefe Rechtfertigung heißt, ist dies so, dann sind auch die ärztlichen Ratschläge (Licht Luft Sonne Ruhe) Sinnbild. Fasse dieses Sinnbild an. (831)

Stärkung erfolgt durch das Aussprechen der eigenen Schwäche, beweist sich im Ausschreiben des fremden Namens. Es ist das Niederschreiben selbst, das diese prognostische, die Zukunft aufschlüsselnde Kraft besitzt und in der Lage ist, das Ich in das vorübergehende, einer momentanen Euphorie nicht unähnliche Gefühl zu versetzen, alles vom Anfang bis zum Ende übersehen zu können; auf literarische Arbeit an Erzählungen ist gemünzt, was auch auf die Tagebuchnotiz selbst, die eben diese Empfindung festhält, anwendbar wäre:

27. XI ⟨1913⟩ [...] fühle ich mich hilflos und außenstehend. Die Festigkeit aber, die das geringste Schreiben mir verursacht, ist zweifellos und wunderbar. Der Blick, mit dem ich gestern auf dem Spaziergang alles überblickte! (601f.)

4. Kapitel. Das Tagebuch im Tagebuch: Hilfsmittel zur Herstellung des Ich

> 19 ⟨*November 1913*⟩
> Mich ergreift das Lesen des Tagebuchs.
> (594)

Das Ticken des Sekundenzeigers

Vom Tagebuch im Tagebuch selbst lesen zu können, ist Kennzeichen der reflexiven Gattung. Möglich ist dies zunächst einmal in all jenen Momenten, in denen die Schreibgegenwart unmittelbar in das Geschriebene einfließt, gleichsam »das in der Niederschrift erstarrte Ticken des Sekundenzeigers«[55] vernehmbar wird, etwa wenn unterm Schreibfluß mitternächtlich-unvermittelt das neue Datum mitten im Satz sich einschiebt – »[. . .] 29. ⟨*Oktober*⟩ 11 So. [. . .]«, (204)[56] – oder die genaue Uhrzeit festgehalten wird:

> 27 Juni 1919 neues Tagebuch, eigentlich nur weil ich im alten gelesen habe. Einige Gründe und Absichten, jetzt, $^3/_4$ 12 nicht mehr festzustellen. (845)

Eröffnungen

Gerade wenn der Schreiber ein neues Tagebuchheft mit Aufzeichnungen zu füllen beginnt, ist mit diesem Einsetzen oft eine Schwelle markiert, deren Überschreiten Bemerkungen über die Rolle des Tagebuchs selbst und des Schreibens in ihm provoziert.

> 25 XII ⟨*1915*⟩ Eröffnung des Tagebuches zu dem besondern Zweck, mir Schlaf zu ermöglichen. Sehe aber gerade die zufällige letzte Eintragung und könnte 1000 Eintragungen gleichen Inhalts aus den letzten 3–4 Jahren mir vorstellen. Ich verbrauche mich sinnlos, wäre glückselig schreiben zu dürfen, schreibe nicht. (775)

So beginnt etwa das elfte Quartheft, das siebte setzt ein:

> 2 Mai 1913
> Es ist sehr notwendig geworden wieder eine Tagebuch zu führen. Mein unsicherer Kopf, Felice der Verfall im Bureau, die körperliche Unmöglichkeit zu schreiben und das innere Bedürfnis danach. (557)

Die Notwendigkeit, ein neues Heft zu beginnen, ergibt sich dem Tagebuchschreiber Kafka immer wieder aus der »schreckliche[n] Unsicherheit« seiner »innern Existenz« (559). Immer wieder – das machen solche programmati-

---

[55] Boerner [1969], 60.
[56] Vgl. auch TKA 137, 330f., 373.

schen Eröffnungen deutlich – ist der Vorsatz, das Tagebuch neu in Angriff zu nehmen, gleichbedeutend mit der Suche nach Halt, dem Wunsch nach Veränderung, der Absicht, im Schreiben auf sich selbst einzuwirken. Und es widerspricht nicht dem Vorhaben, aus der Betrachtung von Schwäche sich Stärke herzustellen, wenn das Tagebuch auch über das Scheitern dieses Vorhabens Rechenschaft ablegt; im Beschließen des mit dem Gedanken an Felice begonnenen siebten Heftes schreibt Kafka – dazwischen liegen der erste Heiratsantrag, die inoffizielle Verlobung, deren Auflösung, das Aussetzen des Briefwechsels und ein erneuter Antrag, der nur mangelhafte Resonanz findet und jetzt zu dem Entschluß führt, nochmals nach Berlin zu fahren, worauf neuerliches Werben einsetzen wird, das in der offiziellen Verlobungsfeier sein Ende findet – Kafka schreibt am 15. Februar 1914:

> Das Heft fängt mit Felice an, die mir am 2. V 13 den Kopf unsicher machte, ich kann mit diesem Anfang das Heft auch schließen, wenn ich statt unsicher ein schlimmeres Wort nehme. (638)

Spiegelungen

Die Spiegelung des eigenen Ich in der Lektüre der eigenen Tagebuchaufzeichnungen kann als Gefahr der Selbsterinnerung empfunden werden, als schädliche Verstrickung in die eigene Vergangenheit, als irriger Abweg, unproduktive, verderbliche Beschäftigung mit sich selbst (»Alte Tagebücher wieder gelesen, statt diese Dinge von mir abzuhalten. Ich lebe so unvernünftig wie nur möglich«, 430). So wie dem Beobachter des Lebens mitunter der Blick versperrt ist, Personen und Gegenstände, die sich störend vor das Wahrgenommene schieben, die Sicht der Hauptfigur, aus deren Perspektive erzählt wird, behindern, so steht sich das Tagebuch-Ich selbst im Weg: das Schreiben wird problematisch, wird selbst zum Thema des Schreibens. Doch die Verarbeitung dieser Erfahrung hilft, zur Einsicht in die innere ›Ökonomie‹ der eigenen Existenz beizutragen: »Das Tagebuch ein wenig durchgeblättert. Eine Art Ahnung der Organisation eines solchen Lebens bekommen«. (681) Die staunende Verwunderung über eigene Verfassungen in der Vergangenheit verwandelt sich zur Hilfe für das Hier und Jetzt, wird zu einem Halt, der deshalb nicht auf Selbsttäuschung beruht, weil es sich nicht um ein nur scheinhaftes Spiegelbild handelt; denn dieser Spiegel hält die Veränderungen des Ich getreulich fest und macht sie beim Wiederlesen verfügbar:

> 23. XII 11 Sa. [. . .]
> Ein Vorteil des Tagebuchführens besteht darin, daß man sich mit beruhigender Klarheit der Wandlungen bewußt wird, denen man unaufhörlich unterliegt [. . .].
> (304, 307)

Die Herstellung des ›Ich‹

Aufgabe des Tagebuchs ist es, im Zustand der Unsicherheit einen Halt zu verschaffen, der nicht auf Selbsttäuschung beruht, dem Schreiber auf eine Weise Stärkung zu vermitteln, daß das Gefühl der Schwäche dabei nicht verloren geht. Selbstaussprache im Schreiben meint Selbstbefreiung. Im Ausblick vom Tatsächlichen auf das Mögliche stellt sich das Ich als Zukünftiges schreibend selbst her – ein Entwurf, der auf das Gegenwartsgefühl zurückstrahlt:

> 16 ⟨Dezember 1910⟩ Ich werde das Tagebuch nicht mehr verlassen. Hier muß ich mich festhalten, denn nur hier kann ich es.
> Gerne möchte ich das Glücksgefühl erklären, das ich von Zeit zu Zeit wie eben jetzt in mir habe. Es ist wirklich etwas moussierendes, das mich mit leichtem angenehmen Zucken ganz und gar erfüllt und das mir Fähigkeiten einredet von deren Nichtvorhandensein ich mich jeden Augenblick auch jetzt mit aller Sicherheit [sic!] überzeugen kann. (131)

Die Gewißheit liegt in der eigenen Ungewißheit, die Hoffnung entspringt aus der Sicherheit, daß das Erhoffte nicht eintreten wird. In solchen, oft zitierten, Formulierungen wird die Ansprache an das eigene Ich durch die folgende Absage an jegliche Aussichten dieser Ansprache nicht entkräftet:

> 26. ⟨Dezember 1914⟩ [...] – Neue Tageseinteilung von jetzt ab! Noch besser die Zeit ausnützen! Klage ich hier, um hier Erhörung zu finden? Aus diesem Heft wird sie nicht kommen, sie wird kommen, wenn ich im Bett bin, und wird mich auf den Rücken legen, so daß ich schön und leicht und bläulich-weiß liege, eine andere Erlösung wird nicht kommen. (712f.)

Im Gegenteil: Auch hier erscheint das Tagebuch, im Tagebuch, dem Wortlaut der Eintragung zum Trotz, als Ort einer paradoxen (Er-)Lösung, die eigene Situation, so wenig Boden für Handlungen sie bietet, ist Grund für fragliche Imperative:

> 25. II 12 Das Tagebuch von heute an festhalten! Regelmäßig schreiben! Sich nicht aufgeben! Wenn auch keine Erlösung kommt, so will ich doch jeden Augenblick ihrer würdig sein. (376)

Die Herstellung des Ich vollzieht sich im Schreiben, in dem jegliche feste Gestalt sich auflöst, jegliche festumrissene Figur verlorengeht:

> 19 ⟨November 1913⟩
> Mich ergreift das Lesen des Tagebuchs. Ist der Grund dessen, daß ich in der Gegenwart jetzt nicht die geringste Sicherheit mehr habe. Alles erscheint mir als Konstruktion. Jede Bemerkung eines andern, jeder zufällige Anblick wälzt alles in mir, selbst Vergessenes, ganz und gar Unbedeutendes, auf eine andere Seite.

Dem wehrlosen Ausgeliefertsein an die Einflüsse der Außenwelt antwortet sprachliches Zusammenziehen, als Schutzstellung, aus der heraus die literarische Gestaltung des Selbstvorwurfs, die Bewältigung des eigenen An-

blickes möglich wird; die Entfaltung des überkommenen Bildes vom ver-
lorenen Schaf, das in der Verdoppelung (»oder«) sich steigert, macht den
Schreiber zum literarischen Subjekt, zu einem ›Ich‹, setzt ihn endlich in die
Lage, die Kraftlosigkeit zur Klage über die eigene Lage zu – beklagen:

> Ich bin unsicherer als ich jemals war, nur die Gewalt des Lebens fühle ich. Und
> sinnlos leer bin ich. Ich bin wirklich wie ein verlorenes Schaf in der Nacht und im
> Gebirge oder wie ein Schaf, das diesem Schaf nachläuft. So verloren zu sein und
> nicht die Kraft haben, es zu beklagen. (594)

So klagt er. Aus dem verhinderten Lebensbezug gewinnt die Literatur ihre
Gestalt, aus Weltverlust erwächst ein Zugewinn an poetischer Kraft;[57] Sprache übersteigt Wirklichkeit und schafft sie, verändert, neu.

---

[57] Blanchot hat einmal verwundert festgestellt, [1949], 27: »Le mystère est le suivant:
je suis malheureux, je m'assieds à ma table et j'écris: ›Je suis malheureux.‹ Com-
ment est-ce possible? On voit pourquoi cette possibilité est étrange et, jusqu'à un
certain point, scandaleuse. Mon état de malheur signifie épuisement de mes forces;
l'expression de mon malheur, surcroît de forces. Du côté de la douleur, il y a
impossibilité de tout, vivre, être, penser; du côté de l'écriture, possibilité de tout,
mots harmonieux, développements justes, images heureuses. De plus, en expri-
mant ma douleur, j'affirme ce qui est négation et pourtant, en l'affirmant, je ne la
transforme pas.« – »Das Geheimnis ist folgendes: ich bin unglücklich, ich setze
mich an meinen Tisch und schreibe: ›Ich bin unglücklich.‹ Wie ist das möglich?
Offensichtlich hat diese Möglichkeit etwas Befremdliches und, in einem gewissen
Sinne, sogar Skandalöses. Mein Unglücklichsein bedeutet Erschöpfung meiner
Kräfte; der Ausdruck meines Unglücks dagegen einen Zuwachs an Kraft. In bezug auf das Leiden ist alles unmöglich: Leben, Sein, Denken; in bezug auf das
Schreiben ist alles möglich: harmonische Wörter, richtiges Fortschreiten der Ge-
danken, glücklich gewählte Bilder. Mehr noch: indem ich meinen Schmerz zum
Ausdruck bringe, bejahe ich das, was Verneinung ist, und verwandle es dennoch
nicht dadurch.« (Übersetzung vom Verf., GG)

B. Das Schreiben als Thema des Schreibens

Am letzten Tag des Jahres 1914 zieht Kafka im Tagebuch folgendes Fazit:

> Geschrieben an Unfertigem: Der Proceß, Erinnerungen an die Kaldabahn, Der Dorfschullehrer, Der Unterstaatsanwalt und kleinere Anfänge. An fertigem nur: In der Strafkolonie und ein Kapitel des Verschollenen, beides während des 14 tägigen Urlaubs. Ich weiß nicht, warum ich diese Übersicht mache, es entspricht mir gar nicht. (715)

Die ihm unüblich erscheinende Form der Rückschau ist so unüblich nicht, neu ist, daß sie sich auf seine literarischen Arbeiten erstreckt. Auch hier hat die Bestandsaufnahme des Geleisteten (und Nichtgeleisteten) die Aufgabe, die gegenwärtige Basis für zukünftige Bemühungen zu sichern. In welchem Maße die Buchführung gerade über seine schriftstellerischen Leistungen eine Schlüsselstellung für sein Selbstbild besitzt, ja als Inbegriff der Aussagen über die eigene Befindlichkeit gelesen werden kann, wird aus ungezählten Eintragungen des Tagebuchs ersichtlich, so wie umgekehrt »die Ausschließlichkeit der eigenen Existenz in seinem Schreiben [...] in seinem ganzen Tagebuch zu finden« ist,[58] und die Forschung hat diesen Stellen auch die gebührende Aufmerksamkeit geschenkt. Wenn es in einer neueren Veröffentlichung heißt, »die Lebensgeschichte Franz Kafkas ist untrennbar verbunden mit der Geschichte seiner Veröffentlichungen«,[59] dann ist damit nicht nur ein Detail von verlagsgeschichtlichem Interesse angesprochen. Das Leben Kafkas insgesamt läßt sich, im Einklang mit seinen Selbstzeugnissen, auffassen als ein einziger Kampf um das Schreiben, ein Schreiben, das den eigenen Zielsetzungen zu entsprechen vermag. Das Schriftstellertum ist die ideale Existenz Kafkas, die Literatur ist ihm die ideale Form des Lebens, Medium des Überlebens in der Isolierung, Enthaltsamkeit und Abstraktion vom praktischen Lebensvollzug – die Schreibschübe, die Unseld zu erkennen glaubt, häufen sich signifikant in den isolierenden Wintermonaten (vgl. F 408); räumliche Separierung schaffen die eigens für die Zeiten des Schreibens benutzten eigenen Wohnungen.[60] Und die Gewißheit dieser Zielprojektion wächst mit dem schrittweise offenbar werdenden Scheitern

---

[58] Kurzrock [1955], 283.
[59] Unseld [1982], 246.
[60] Ebd., 110, 115, 141–143.

all seiner lebenspraktischen Bemühungen um Bindung (in der Ehe) und
Loslösung (von der Familie).

5. Kapitel. Robert und Samuel, Max und Franz: die widersprüchliche Einheit von Literatur und Leben

> [ca. Ende September 1911].
> [. . .] eine Gewohnheit der vier Freunde
> Robert Samuel, Max und Franz [. . .].
> (162)

Die Literatur als Inhalt des Lebens

In Kafkas Tagebuchaufzeichungen ist das wirkliche Leben, das es anzufangen gilt, das des Schreibens:

> 3. I 12 [. . .]
> In mir kann ganz gut eine Koncentration auf das Schreiben hin erkannt werden.
> Als es in meinem Organismus klargeworden war, daß das Schreiben die ergiebig-
> ste Richtung meines Wesens sei, drängte sich alles hin und ließ alle Fähigkeiten
> leer stehn, die sich auf die Freuden des Geschlechtes, des Essens, des Trinkens, die
> philosophischen Nachdenkens der Musik zuallererst, richteten. Ich magerte nach
> allen diesen Richtungen ab. Das war notwendig, weil meine Kräfte in ihrer Ge-
> samtheit so gering waren, daß sie nur gesammelt dem Zweck des Schreibens
> halbwegs dienen konnten. (339, 341)

Die Literatur – das machen diese nach dem Modell körperlicher Ökonomie
formulierten Sätze deutlich – ist Inhalt des Lebens, aber nicht in einem
banalen, spannungslosen Sinne, sondern auf eine sehr vermittelte Weise. Die
Ausrichtung auf Literatur ist für Kafka der lebensbildende Zusammenhang,
doch gleichzeitig erwächst dieser Zusammenhang aus der Verneinung der
vorfindlichen Formen des Lebens, beruht er auf Entfernung von der Wirklichkeit, bedeuten die Bemühungen um das Habhaftwerden der Welt im
Schreiben nichts anderes als »Fluchtversuche« (H 219), ja die Ausrichtung
auf das ›eigentliche‹ Leben in der Literatur, die Vorherrschaft dieses »innern
Lebens hat alles andere ins Nebensächliche gerückt und es ist in einer
schrecklichen Weise verkümmert und hört nicht auf zu verkümmern. Nichts
anderes kann« ihn, Kafka, »jemals zufrieden stellen.« (546) Dabei empfindet
er das Schreiben als »große Hilfe« (677) zur Bewältigung des Lebens, aber
eben in dem Sinne, daß es Zuflucht vor dem Leben gewährt – oder verweigert – demjenigen, der sich zu ihr flüchtet: »20 *〈Januar 1915〉* Ende des
Schreibens. Wann wird es mich wieder aufnehmen?« (721) In diesem Sinne
ist Literatur mehr als Kompensation des Lebens, es übersteigt die Maßstäbe

114

des Lebens, so, wie im sprachlichen Ausdruck realer Schwäche diese sich objektiviert, und – wie gesehen – in der literarischen Bewältigung poetische Stärke sich bildet, der Ausdruck eines Mangels an Kraft Kräfte entstehen läßt. Kafka selbst ist das Verhältnis von äußerer Wirklichkeit, realer Vorgabe der Aussage (›Leben‹), und seiner realisierten Möglichkeit, der poetischen Reichweite (›Literatur‹) immer staunenswert gewesen:

> 19. *(September 1917)*. [...]
> Mir immer unbegreiflich, daß es jedem fast, der schreiben kann, möglich ist, im Schmerz den Schmerz zu objektivieren, so daß ich z. B. im Unglück, vielleicht noch mit dem brennenden Unglückskopf mich setzen und jemandem schriftlich mitteilen kann: Ich bin unglücklich. Ja, ich kann noch darüber hinausgehen und in verschiedenen Schnörkeln je nach Begabung, die mit dem Unglück nichts zu tun zu haben scheint, darüber einfach oder antithetisch oder mit ganzen Orchestern von Associationen phantasieren. (832, 834)

Leistung wie Mittel der literarischen Umsetzung, poetischen Durchdringung ist ein sprachlicher Mehrwert, ein »Überschuß der Kräfte«, der »in einem Augenblick« entsteht, »in dem der Schmerz doch sichtbar alle« seine »Kräfte bis zum Boden« seines »Wesens, den er aufkratzt, verbraucht hat. Was für ein Überschuß ist es also?« (834)

Leben als Stoff für die Literatur? Reisetagebuch und Erlebnisroman

Die Literatur ist Inhalt des Lebens, was aber ist Inhalt der Literatur? Der Schriftsteller Kafka, der permanent, in einer Reihe von Augenblicken, der Wirklichkeit im Schreiben sich zu entziehen sucht, durch Literatur vom Leben sich erlöst fühlt, der von sich sagen kann, »ich habe kein literarisches Interesse, sondern bestehe aus Literatur, ich bin nichts anderes und kann nichts anderes sein« (F 444) – und sich damit, auf seine Weise, der Braut für eine gemeinsames Leben vorstellt und anempfiehlt –, dieser Schriftsteller führt darum doch – und dessen vergewissert er sich täglich in seinem Tagebuch – ein wirkliches Leben. Wie kann etwas aus diesem, seinem Leben in die Literatur zurückkehren, die doch vom Leben zu entlasten hat? Kafkas Tagebücher tragen diese Frage aus, sie bieten Anschauung zu einem konkreten Fall, dem Konflikt um ein mit dem Freund Max Brod geplantes gemeinsames literarisches Projekt, das aus gemeinsamem Erlebnis erwachsen sollte, der Urlaubsreise im Sommer 1911 nach Oberitalien und Paris.

> Abfahrt 26. VIII 11 Mittag
> die schlechte Idee: Gleichzeitige Beschreibung der Reise und der innerlichen Stellungnahme zu einander die Reise betreffend. Ihre Unmöglichkeit durch einen vorüberfahrenden Wagen mit Bäuerinnen erwiesen. Die heroische Bäuerin (delphische Sibylle). Einer lachenden schläft im Schooß eine, die aufwachend winkt. Durch die Beschreibung von Maxens Gruß wäre falsche Feindschaft in die Beschreibung gekommen. (943)

Kafka sieht sogleich, zu Beginn der Unternehmung schon, und formuliert es in der ersten Eintragung in sein Reisetagebuch, daß der Plan von vornherein zum Scheitern verurteilt ist. Die Darstellungsabsicht in der Vermittlung der »parallelen Reisetagebücher zweier Freunde verschiedenartigen Charakters« (BKR 193) ist eine doppelte. Einerseits soll die Dynamik in der Entwicklung des Verhältnisses der Freunde zueinander zwischen »Anziehung und Abstoßung« deutlich werden, andererseits ist geplant, die von ihnen gemeinsam bereisten Orte in »widerspruchsvolle[r] Doppelbeleuchtung« näher zu schildern – »Eine kleine Reise durch mitteleuropäische Gegenden« wird später der Untertitel des Gesamtprojekts lauten (BKR 193). Dieses Vorhaben läuft auf eine, wie er es sieht, unzulässige Vermischung der beiden Bereiche Literatur und Leben hinaus. Eigene Teilnahme – und sei es auch nur stellvertretend in der Distanz zu der des Freundes und Begleiters – läuft dem Prinzip der Distanzierung durch Literatur zuwider, bedeutet ein unzulässiges Eingreifen in das zu schildernde Geschehen: Leben erscheint als Zerstörung der Möglichkeit von Literatur; »Max zerstört wahrscheinlich die Möglichkeit einer spätern Beschreibung, indem er« – einfach etwas tut, auf eine bestimmte Weise dem Erlebten gegenüber (hier: dem Mädchen, das in Pilsen ins Abteil zusteigt) praktisch sich verhält. (943f.) Solches Verwikkeltsein verlangt die ungebrochene Aufnahme des beteiligt-schreibenden Ich als Gegenstand in das Beschriebene. Es steht damit jener Beobachtungshaltung der Halbdistanz entgegen, die dem Beobachter von seinem Beteiligtsein im Schreiben Dispens gewährt und ihn zu literarischem Gestalten frei werden läßt – mit all den Möglichkeiten selbstironischen Spielens mit den eigenen Erwartungen: etwa die eigene Neugier (»Anfrage im Fenster: Wie wird Zürich die erste große schweizerische Stadt aus den Einzelhäusern gebildet sein?« 946) selbstbelustigt zu konterkarieren (mit dem Hinweis auf »die schon wachen Rinder in der schlafenden Schweiz« und dem Vorsatz, »die Schweiz während der ersten Morgenstunden sich selbst überlassen« zu wollen, 945). Gerade diese Freiheit, die Möglichkeit, sich im Schreiben neben das erlebte Leben stellen zu können, vermißt Kafka, als er zusammen mit Brod das Projekt trotz erheblicher Bedenken in Angriff nimmt, zunächst wohl, nach einer »Art Vorfassung der Erzählung«[61] im Tagebuch unmittelbar nach der Rückkehr von der Reise Ende September 1911 (»Es war schon eine Gewohnheit der vier Freunde Robert Samuel, Max und Franz geworden jeden Sommer oder Herbst ihre kleinen Ferien zu einer gemeinsamen Reise zu verwenden. [. . .]«, 162–167), als Vervollständigung der Reisetagebücher (»Gestern bei Max am Pariser Tagebuch geschrieben«, 12. Oktober 1911, 74; »Reise August/September 1911«, 941–1017),[62] dann,

---

[61] Binder [1975/1982a], 91.

[62] Brods ›Paralleltagebücher‹ (»Reise Lugano – Mailand – Paris«), lange unveröffentlicht geblieben, in BKR 73–142; einzelne Mitteilungen daraus zuvor bei Brod [1959], 60–64, auch bei Binder [1975/1982a], 98–106.

nach eigenen Bemühungen um eine »Skizze zur Einleitung« (14. November 1911, 250; »Entwurf zu ›Richard und Samuel‹«, H 429–432), im Versuch gemeinsamen Ausformulierens (»Mit Max R. u. S. vormittag u. nachmittag bis 5«, 26. November 1911, 271). Dabei verschärft sich, wie in den Tagebucheintragungen zu verfolgen ist, seine allgemeine Skepsis gegenüber dem Vorhaben (»daß ich Max auf dem Nachhauseweg erklärte aus Robert u. Samuel könne nichts werden«, 30. Oktober 1911, 211) zu massiven, konkreten Widerständen, »ist doch jeder Satz, den er [Brod] für Richard und Samuel schreibt, mit einer widerwilligen Koncession von meiner Seite verbunden, die ich schmerzlich bis in meine Tiefe fühle.« (19. November 1911, 258) Dem (»gegenseitigen«, 340) Widerwillen entsprechend und zum Trotz geht die Arbeit – getrennt – weiter, Kafka »beendet« das erste Kapitel am 8. Dezember »selbst« und kann dabei sogar im Rückblick »die anfängliche Beschreibung des Schlafes im Koupé als gelungen ansehe[n]« (281), durchaus im Gegensatz zu Brod, dem »die letzten von mir geschriebenen Partien nicht gefallen« (282). Brod aber ist es, der die Veröffentlichung des fertiggestellten Teils betreibt, der unter dem Titel »Die erste lange Eisenbahnfahrt (Prag-Zürich)« (BKR 194–206) im Mai 1912 erscheint.[63] Hier lautet die Entsprechung zur oben zitierten Passage folgendermaßen:

[Max Brod und Franz Kafka]
[Richard und Samuel]
[Erstes Kapitel]

Die erste lange Eisenbahnfahrt (Prag-Zürich)

Samuel: Abfahrt 26. VIII. 1911, Mittag 1 Uhr 2 Min.
Richard: Beim Anblick Samuels, der in seinen bekannten winzigen Taschenkalender etwas Kurzes einträgt, habe ich wieder die alte, schöne Idee, jeder von uns solle ein Tagebuch über diese Reise führen. Ich sage es ihm. Er lehnt zuerst ab, dann stimmt er zu, er begründet beides, ich verstehe es beidemal nur oberflächlich, aber das macht nichts, wenn wir nur Tagebücher führen werden. – Jetzt lacht er schon wieder über mein Notizbuch, welches allerdings, in Glanzleinen schwarz eingebunden, neu, sehr groß, quadratisch, eher einem Schulheft ähnelt. Ich sehe voraus, daß es schwer und jedenfalls lästig sein wird, dieses Heft während der ganzen Reise in der Tasche zu tragen. Übrigens kann ich mir auch in Zürich mit ihm zugleich ein praktisches kaufen. Er hat auch eine Füllfeder. Ich werde mir sie hie und da ausborgen.
Samuel: In einer Station unserem Fenster gegenüber ein Waggon mit Bäuerinnen. Im Schoße einer, die lacht, schläft eine. Aufwachend winkt sie uns, unanständig in ihrem Halbschlaf: »Komm«. Als verspotte sie uns, weil wir nicht hinüberkönnen. Im Nebenkoupee eine dunkle, heroische, ganz unbeweglich. Den Kopf tief zurückgelehnt schaut sie entlang der Scheibe hinaus. Delphische Sibylle.
Richard: Aber was mir nicht gefällt, ist sein anknüpferischer, fälschlich Vertrautheit vorgebender, fast liebedienerischer Gruß an die Bäuerinnen. Nun setzt sich

---

[63] Dietz [1982], Nr 15.

gar der Zug in Bewegung und Samuel bleibt mit seinem zu groß angefangenen Lächeln und Mützeschwenken allein. – Übertreibe ich nicht? – Samuel liest mir seine erste Bemerkung vor, sie macht auf mich einen großen Eindruck. Ich hätte auf die Bäuerinnen mehr Acht geben sollen. (BKR 194)

Was aus der ersten Eintragung im Reisetagebuch ist in der Prosa des ersten Romankapitels aufgehoben? Was aus dem Leben hat sich in Literatur verändert? Das aus dem einzelnen Anschauungsmaterial gemeinschaftlich literarisch Ausgearbeitete verteilt sich auf zwei Figuren, die jeweils aus ihrem Blickwinkel berichten. Samuel hält die genaue Abfahrtszeit des Zuges fest, Richard bringt die Idee der gemeinsam-konstrastiven Beschreibung der Reise zur Sprache, Samuel beobachtet und beschreibt anläßlich eines Zughaltes die Bäuerinnen im Wagen gegenüber, Richard ist es, der die Art und Weise, in der der Reisegefährte sie grüßt, kritisch ausstellt. Die »vier Freunde Robert, Samuel, Max und Franz«, von denen in Kafkas erster Erzählskizze im Tagebuch die Rede war (162), sind also nur noch zwei. Wo sind die beiden anderen geblieben? In der Frage, ob und wie die beiden literarischen Figuren – die als »Robert – Samuel –« unter dem 8. September 1911 in Kafkas Reisetagebuch zum ersten Mal auftauchen (974) – mit den beiden Autoren in Verbindung zu bringen sind, spitzt sich das Problem der widerspruchsvollen Einheit von Literatur und Leben zu. Who is who in »Richard und Samuel«? Hartmut Binder versucht in seinem Kafka-Kommentar, möglichst viele der Bilder und Motive, mit denen die beiden Figuren sich mitteilen, einem der beiden Autoren und seinem im Reisetagebuch (oder anderswo) niedergelegten Erlebnisstoff zuzuordnen und sie so zu identifizieren.[64] So erfahren wir, daß die exakte Formulierung der Abfahrtszeit des Zuges ihre Vorlage in Brods Paralleltagebuch hat (*Abfahrt Samstag 1 Uhr 2 Min. 26. August*«, BKR 73), das wiederum der literarische Richard deshalb als »bekannten winzigen Taschenkalender« (BKR 194) ansprechen kann, weil es sich tatsächlich um »einen kleinen Abreißblock« mit »ungefähr d[er] Größe 10 x 15« gehandelt habe.[65] Richard also Kafka, Samuel Brod? Dagegen spricht nun aber die Füllfeder, die Richard neidisch-beruhigt als Samuels Besitz rekognosziert; in Wirklichkeit ist es Kafka, der »nur Federhalter als Schreibgerät« benützte.[66]

Wer also ist wer? Brod selbst hat der gängigen Meinung die Richtung gewiesen mit seiner späteren Auskunft, daß »für Richard vorzugsweise die Eigenheiten und Reisenotizen Kafkas, für Samuel die meinen (manchmal aber auch umgekehrt)« verwendet worden seien.[67] Gleichwohl hat er in seinem 1928 erschienenen Roman »Zauberreich der Liebe« für das Porträt

---

[64] Binder [1975/1982a], 96–106.
[65] Ebd., 99.
[66] Ebd.
[67] Brod [1937], 94.

des verstorbenen Freundes die Figur des ›Samuel Garta‹ gewählt. Es gilt als gewiß, daß der »grundsätzliche[n] Anlage der Persönlichkeit« nach Richard mit Kafka, Samuel mit Brod in Beziehung zu setzen, für »einzelne Züge« nur die umgekehrte Identifikationsmöglichkeit gegeben sei.[68] Die beiden Verfasser haben seinerzeit dem ersten Abdruck eine »Vorbemerkung« zum ersten Kapitel von »Richard und Samuel« (BKR 193) vorangestellt, in der sie kurz in den Inhalt einführen und die beiden Figuren im Allgemeinen ihres Verhältnisses zueinander charakterisieren. Auch hier geben sich die Autoren durch die literarische Verkleidung ihrer literarischen Figuren hindurch zu erkennen, wenn Samuel als »weltläufiger junger Mann«, »Sekretär eines Kunstvereines« angekündigt wird und von Richards, des »Bankbeamte[n]«, Getriebensein »von rätselhaften Gefühlen, noch mehr von seiner Schwäche« die Rede ist. Unverstellter, reichhaltiger, damit auch – aus der Innensicht – differenzierter ist die »Persönlichkeitsanalyse der beiden Titelfiguren«,[69] die Kafka in seinem skizzenhaften »Entwurf zu ›Richard und Samuel‹« (H 429–432) für sich allein vorher vorgenommen hatte. Die problematische Entwicklung der Freundschaftsbeziehung als Fremdwerden des einen Partners vom anderen wird hier deutlicher; Richard (Kafka) ist von Samuel (Brod) im Verlauf der Reise schuldhaft-schuldlos weggerückt. In diesem Zeugnis auf halbem Wege zwischen dem Tagebuch, das Erlebnisse als Material festhält, und dem Roman, der diese Erlebnisse literarisch (um)gestaltet, hat aber auch die Spannung zwischen Leben und Literatur, die doppelte Zurechenbarkeit der Figuren zu den Autoren, ihren bestimmteren Ort. In Hinsicht auf das Große, Allgemeine, Grundsätzliche in der Beziehung der beiden Persönlichkeiten zueinander erscheint auch dieser Entwurf Kafkas eindeutig-›realistisch‹: Richard ist der langsamere, der unsicher-sicher gegenüber Samuels abstrakt-unkonturierter Hingabe an den Freund still und souverän, in distanzierter Bewußtheit den Schwerpunkt der Beziehung innehat, und entspricht damit durchaus Kafkas Selbsteinschätzung seiner Rolle im Verhältnis zu Brod. Im Bezug auf Kleines, Konkretes, Sinnlich-Anschauliches sind die Züge jedoch gespalten. In zwei aufeinanderfolgenden Sätzen bewegt sich Kafka zwischen Abbildung des Tatsächlichen (»Samuel kann nur Französisch, Richard Französisch und Italienisch [. . .]. Auch kann Samuel Französisch sehr gut, Richard seine beiden Sprachen nicht vollkommen«, H 432f.) und dessen literarischer Transformation, Substitution und Umlenkung: »[Richard] hat großes Bedürfnis nach Musik und nach Frauen.« (H 432) In der ersten Vorfassung war es – realistischerweise – noch Samuel, dem Affinität zu »Weibergeschichten« zugeschrieben wurde (163). Binder[70] stellt diese Vertauschbarkeit in der Möglichkeit des

[68] Binder [1975/1982a], 94.
[69] Ebd., 92.
[70] Ebd., 94–96.

Zuordnens fest und belegt sie selbst durch eine Reihe von Beispielen, ohne sie aber weiter als mit einzelnen biographischen Vermutungen zu deuten und zu interpretieren. Doch die internen Übertragungen, Richard mit Zügen Brods auszustatten – dazu gehört neben seiner Neigung zu Musik und Frauen etwa auch die Fähigkeit, in der Eisenbahn zu schlafen (eine Passage, die Kafka selbst als kongenial-gelungen nachgezeichnet empfunden hat, 281) – diese Übertragungen erweisen sich als die eigentlich poetische Dimension, sie gehören zum Prozeß der Literarisierung selbst: Das literarische Spiel, das in der Doppelung der Autorschaft liegt, zieht die Zwiegesichtigkeit des Textes nach sich, bedingt, daß die beiden Perspektiven, die zusammenkommen sollen, sich überlagern, im Austausch einander vermitteln. Die abstrakte Vorgabe wird poetisch realisiert in der Abweichung von ihr, das theoretische Abbildversprechen in der praktischen Ausarbeitung unterlaufen, dem Widerspiegelungsgebot in der Eigendynamik, dem Sog des poetischen Prozesses, in einer gegenläufigen Bewegung des literarischen Textes selbst zuwidergehandelt. Wirklichkeit kehrt im Schreiben – verändert – wieder, nicht im Sinne bloßer Reproduktion, die Tatsächliches nur verkleidet wiederholte, indem etwa Kafkas »Einsamkeit in einer unwiderstehlichen Dialektik aus der Zusammenarbeit [mit Brod] hervor«stiege, ja daß »die Unmöglichkeit der Freundschaft, im literarischen Sinn, [. . .] durch die Unmöglichkeit dieses Romans sozusagen bewiesen«[71] würde. Die Literatur behält gegenüber dem Leben Recht, aller Vergeblichkeit der Bemühungen um eine Fortsetzung des Romans zum Trotz (»die eine Seite von R. u. S., die wir unter gegenseitigen Widerständen zustandebrachten, ist nur ein Beweis von Maxens Energie, sonst aber schlecht«, 3. Januar 1912, 340), und auch gegen die spätere Einschätzung Kafkas selbst in einem Brief an Brod Mitte Juli 1916 (»Es waren wunderbare Zeiten, warum muß es gute Literatur gewesen sein?« Br 141). Nein, die Beschreibung von Leben in Literatur schließt den Kreis, indem in der Literatur das auf einer höheren Ebene aufgehoben erscheint, was als Ausgangspunkt im Leben die Möglichkeit dieser Literatur bedroht und in Frage gestellt hatte:

> Die Reise schließt damit, daß die beiden Freunde ihre Fähigkeiten zu einem neuen eigenartigen Kunstunternehmen vereinigen. (BKR 193)

Die »Totschlägerreihe Tat-Beobachtung«: Möglichkeit und Unmöglichkeit der Beschreibungsliteratur

Die widersprüchliche Einheit, wie sie sich in solcher Übertragung von Leben in Literatur herstellt, ist weit entfernt von dem, was in herkömmlicher Beschreibungsliteratur angestrebt wird. Nicht das äußerliche Gebot der

---

[71] Rolleston [1979], 406.

Analyse, des Sichtunterwerfens unter die ›Wirklichkeit‹ in einer wie immer gearteten Widerspiegelung ist gemeint, die sich von Kafkas Position aus als unzulässige Gewalttätigkeit in, ja Vergewaltigung von Literatur im Namen (der Wiedergabe) des Lebens darstellt. Kafka sucht nach einem anderen, weniger festgelegten und die Personen und Gegenstände des Schreibens weniger festlegenden Weg. Ihm erscheint als

> Merkwürdiger, geheimnisvoller, vielleicht gefährlicher, vielleicht erlösender Trost des Schreibens: das Hinausspringen aus der Totschlägerreihe Tat – Beobachtung, Tat – Beobachtung, indem eine höhere Art der Beobachtung geschaffen wird, eine höhere, keine schärfere, und je höher sie ist, je unerreichbarer von der »Reihe« aus, desto unabhängiger wird sie, desto mehr eigenen Gesetzen der Bewegung folgend, desto unberechenbarer, freudiger, steigender ihr Weg. (892)

Überstiegen wird auf diesem Wege eine Beschreibungsliteratur, die ihre Gegenstände – und handele es sich dabei auch um die eigene Reflexion – im Benennen fixiert, ihre Ereignisse damit tötet, das Erlebnis nicht am Leben läßt, in der unendlichen Totschlägerreihe von Tat und Beobachtung und weiterer Tat und nochmaliger Beobachtung[72] die immergleichen Resultate produziert, eine Form des Schreibens, die auf einer starren Trennung von Subjekt und Objekt beruht und deshalb einen unaufhörlichen Wechsel einander ablösender, aufeinander lauernder Anstrengungen von Beobachtung und Selbstbeobachtung, Tun und Reflexion erzwingt. Der »steigende [. . .] Weg« ist der zu einer »höhere[n] Art« der Beschreibung, »in der die Spaltung zwischen schreibendem Subjekt und beschriebenem Objekt aufgehoben ist.«[73] Ihr allein bleibt die Selbstbewegung der Gegenstände zugänglich, der Fluß der Dinge erhalten, indem sie auch dem Subjekt Raum für Veränderungen offen hält, das Ich dadurch der quälend-»unentrinnbare[n] Verpflichtung zur Selbstbeobachtung« (874) enthebt, daß es ihm Platz einräumt zu einem selbstvergessen-»staunende[n], nichteingreifenwollende[n] Beobachten eines Vorgangs, der unmittelbar in ihm abrollt«, zu einem »Hinblicken auf eben erst entstehende Dinge, nämlich auf eine traumähnliche, halbbewußt sich entfaltende Bilder- und Redefolge«,[74] die eigenen Gesetzen unterliegt. Allein so wird Kafkas Wunsch verständlich, den er unter der Erfahrung der gemeinsamen Bemühungen mit Brod um das Romanprojekt in seinem Tagebuch festhält: »in das Freie der eigentlichen Beschreibung zu kommen, die einen den Fuß vom Erlebnis löst« (87), im Beschreiben gegenüber dem Beschriebenen jene Souveränität und ›Freiheit‹ zu erlangen, in der erst das, was als eigenes Erlebnis beschrieben werden soll, sein eigenes Haupt erhaben, sich zu voller Größe aufrichten kann.

---

[72] Nicht: »Totschlägerreihe, Tat-Beobachtung«, wie es lange hieß – ein Lesefehler Brods (T 563f.), den Pasley auf dem Kafka-Kongreß in Bari im März 1983 korrigierte (Pasley [1987]).

[73] Greiner [1983].

[74] Pasley [1987], 384f.

6. Kapitel. Goethes entsetzliches Wesen oder: die Literatur der anderen und die eigene

> 8 II 12 Goethe: Meine Lust am Hervorbringen war grenzenlos. (374)

Die Literatur der anderen: erkennende Kritik (Werfel, Hofmannsthal)

Kafkas Tagebücher berichten über die Lektüre der ihm wichtigen Bücher, nennen die Namen der für ihn bedeutsamen literarischen Autoren. Die insgesamt knapp 250 Bände seiner erst neuerdings wieder aufgefundenen Privatbibliothek umfassen, neben Darstellungen zum Zionismus und zur Geschichte des Judentums, aus dem Bereich der Dichtung hauptsächlich Titel der deutschen Klassik sowie seiner großen ausländischen Vorbilder: Flaubert, Kierkegaard, Strindberg, Dostojewski.[75] Das mag Vermutungen darüber nahelegen, wie groß eigentlich oder »wie gering sein Interesse an der expressionistischen Dichtung seiner Generationsgenossen« überhaupt gewesen ist.[76] Unzweifelhaft erscheint jedoch, daß er die berühmteren zeitgenössischen Kollegen in ihren Werken durchweg zur Kenntnis genommen und neidlos-unbestechlich beurteilt hat, mit der Bereitschaft, sich von der Lektüre gefangennehmen zu lassen, aber auch der Fähigkeit, das eigene Leseerlebnis zu treffender Kritik zu verlängern. Anerkennung und Kritik liegen nahe nebeneinander; nicht schon die Differenz des eigenen Standpunktes zum fremden ist Grundlage für eine Stellungnahme, reicht für Kritik aus, Kafka vermag es, sich auf das zu Kritisierende einzulassen und es bis auf seine Voraussetzungen, auch beim eigenen Leseerlebnis, weiterzuverfolgen; erst damit lassen sich die vorgegebenen Leistungen richtig einschätzen, ja eigentlich erst erkennen. So kommt etwa das einleuchtend anschauliche, bei aller Zurückhaltung bestimmte Urteil zu Werfel zustande, in dem die körperliche Dimension der eigenen Erfahrung nicht ausgespart bleibt:

> 23. XII 11 Sa. [...]
> Durch Werfels Gedichte hatte ich den ganzen gestrigen Vormittag den Kopf wie von Dampf erfüllt. Einen Augenblick fürchtete ich die Begeisterung werde mich ohne Aufenthalt bis in den Unsinn mitfortreißen. (304, 308)

Die persönliche Anziehung durch den jüngeren, erfolgreichen Autor, die sich zeitlebens erhalten hat in freundschaftlich-kollegialen Kontakten zueinander, ja die Faszination, die sich namentlich an der persönlichen Aus-

---

[75] Vgl. das »Verzeichnis der Handbibliothek Kafkas« bei Wagenbach [1958], 251–263, sowie Born [1990].
[76] Wiegand [1984].

strahlung seiner Vortragsweise entzündet (»Ein Ungeheuer! Aber ich sah
ihm in die Augen und hielt seinen Blick den ganzen Abend«, 433), steht der
skeptischen Distanz in literarischen Dingen, die sich schließlich zu »Mißfal-
len« und »Entsetzen« (Br 424) verstärkt, nicht entgegen. Auch Hugo von
Hofmannsthal wird eine gespaltene Stellungnahme zuteil. Von ihm hatte
Kafka bei einer der ersten Begegnungen mit Brod die Zeile »Der Geruch
feuchter Steine in einem Hausflur« zitiert[77] als besonders gelungenes Beispiel dafür, der Welt der unscheinbar-wertvollen Gegenstände, der »Magie
der Dinge«[78] unaufdringlich und selbstlos poetisch gerecht zu werden; hier
ergänzt das desillusioniert erkennende, scharfe und kurze Urteil aus eigener
Anschauung später kritisch: »Hoffmannstal liest mit falschem Klang in der
Stimme« (379) – ein Urteil, von dessen Gültigkeit wir uns, dank erhaltener
Tondokumente, heute noch überzeugen können.[79] Für die Rückhaltlosigkeit
der Selbstaussprache und Fremdbeurteilung auf dem Bereich der Literatur
zeugt, mit welchem Zugriff der Autor Kafka das, was ihn von dem anderen
Autor trennt, mit dem, was ihn mit ihm verbindet, zusammenbringt; Nähe
und Ferne pointieren sich gegenseitig: »Auf Balzacs Spazierstockgriff: Ich
breche alle Hindernisse. Auf meinem: Mich brechen alle Hindernisse. Gemeinsam ist das ›alle‹.« (H 281)

Wahlverwandtschaften (Dostojewski, Kierkegaard, Strindberg)

»Kafka war ein eifriger Leser von Tagebüchern und Memoiren«,[80] ja »bei
einigen Autoren (wie Hebbel, Grillparzer) liebte« er, wie Brod berichtet,
»mehr die Tagebücher als das Werk«[81] und kannte sie auch weit genauer.[82]
Die Erfahrung fremden Lebens im literarischen Selbstzeugnis hat eine unmittelbare körperliche Dimension, sie verdichtet sich zu der Vorstellung,
bestimmte Dichter als seine »eigentlichen Blutsverwandten« ansehen zu dürfen (F 460: »Grillparzer, Dostojewski, Kleist und Flaubert«). Die Bindung
sieht er nicht so sehr in Gemeinsamkeiten des Schreibens als in der Ähnlichkeit der Lebensprobleme, die Autorennamen in seinem Tagebuch erscheinen
eher als Siglen einer existentiellen denn einer literarischen Bezugnahme,
»Flaubert und Grillparzer« (569), Kleist (264) und Hebbel (121) sind Gestalten, die, mit ihrem Schicksal als »Beispiel«, ihm den »Vergleich« (803)

---

[77] Vgl. Brod [1937], 59. Zur Korrektur des Zitats (Hofmannsthal [1904/1951], 96)
sowie möglichen Verwechslungen Brods in der Datierung s. Binder [1979b], 313.
[78] Binder [1979b], 313.
[79] Vgl. seine Rezitation von »Manche freilich« (1895/96), [Anonym] Stimmen der
Dichter [1977], Platte 1, A-Seite (Aufnahme: 23. April 1907).
[80] Hering [1948], 101.
[81] Brod [1937], 67.
[82] Ebd., 138.

mit der eigenen Lage abverlangen. Wenn eine Stelle bei Dostojewski ihn an seine eigene Erzählung »Unglücklichsein« »erinnert« (614), dann fühlt er sich dem russischen Dichter in seiner Erfahrung von Schuld und Sühne im Unglück des Junggesellen-Verhältnisses zu Felice verbunden; Kierkegaard »bestätigt« ihn mit seinen Tagebüchern »wie ein Freund« (578) in allen Schuldgefühlen und Rechtfertigungsversuchen, die aus einer unglücklichen Verlobung erwachsen, und die Lektüre Strindbergs liefert ihm Bestätigung für seine Befürchtung, Ehe und Beruf ›Literatur‹ müßten sich als miteinander unvereinbar herausstellen:

> 4 V *(1915)* Besserer Zustand weil ich Strindberg (Entzweit) gelesen habe. Ich lese ihn nicht um ihn zu lesen sondern um an seiner Brust zu liegen. Er hält mich wie ein Kind auf seinem linken Arm. Ich sitze dort wie ein Mensch auf einer Statue. Bin zehnmal in Gefahr abzugleiten, beim elften Versuch sitze ich aber fest, habe Sicherheit und große Übersicht. (742)

Dieses »Wohlbehagen« (733) bei der Lektüre entsteht als Ergebnis einer Projektion des Eigenen in das Fremde, die sich über die anfänglichen Widerstände gegenüber einer Vergleichbarkeit, der Möglichkeit der Übertragung hinwegsetzt (am Vortag hatte es noch geheißen: »Nichts nichts. Verstehe das Leben in ›Entzweit‹ von Strindberg nicht; was er schön nennt widert mich in Beziehung zu mir gesetzt, an«, 742) und die das Hinausspringen aus der eigenen lebensgeschichtlichen Lage einverständig geschehen läßt, ja willentlich herbeiführt und einübt. Projektion als Autosuggestion, Selbstbeeinflussung in der rollenmäßigen Ausrichtung auf das andere, dem quasi planmäßig hergestellten Aufgehen im Gegenüber – dies geschieht, die Tagebücher protokollieren es häufig genug, als Substitution des Fremden mittels der eigenen Stimme, in der Form des Vorlesens. In der Rolle des Vorlesenden erfährt Kafka fremde Literatur als eigene Hilfe, die ganzheitlich ansetzt und eine Stärkung der Gemütslage, Kräftigung der seelischen Verfassung hervorzurufen imstande ist (»Flaubert zufrieden vorgelesen«, 409), die einhergeht mit einer körperlichen Sensation, mit sinnlichem Genuß: »Die Novellen von Wilhelm Schäfer lese ich besonders beim lauten Vorlesen mit dem ebenso aufmerksamen Genuß, wie wenn ich mir einen Bindfaden über die Zunge führen würde.« (214)

Das Vorlesen: geborgte Identität

Das Vorlesen schenkt Kafka das Gefühl der Identität mit einem erborgten Ich. Das Tagebuch hält die Verwunderung über die solchermaßen gewonnene Erfahrung eigener Ganzheitlichkeit fest:

> 3 XII 11 [. . .]
> Wie ich letzthin meinen Schwestern die Selbstbiographie Mörikes vorlas, schon

gut anfieng aber noch besser fortsetzte und schließlich, die Fingerspitzen auf einander gelegt, mit meiner ruhig bleibenden Stimme innere Hindernisse bezwang,
einen immer mehr sich ausbreitenden Ausblick meiner Stimme verschaffte und
schließlich das ganze Zimmer rings um mich nichts anderes aufnehmen durfte als
meine Stimme.

Mit dem geliehenen Ausdruck füllt er den Raum zu den anderen, auf diese
Weise ist ihm wachsende Selbstgewißheit körperlich spürbar, Fremdes verhilft ihm zu eigener Präsenz und Wirkmächtigkeit –

Bis dann meine aus dem Geschäft zurückkehrenden Eltern läuteten. (279, 280f.)

Kafka hat sich über die Zulässigkeit und die Grenzen der Einfühlung in das
Vorgetragene auf das genaueste Rechenschaft abgelegt und auch die eigene
Identifikation mit dem Fremden selbst distanziert zu betrachten versucht.
Er bezieht dabei zusätzlich das Publikum in seine Kritik mit ein; Zuhörer
wie seine Schwestern, denen »die Sonderung zwischen mir und dem Ge-
lesenen« (346) nicht gelingt, begünstigen die Selbsttäuschung der falschen
Identifikation, befördern aber gleichzeitig die Fähigkeit, die fremde Vorgabe kongenial zu realisieren, den Text mit einer adäquaten, ihn – Kafka –
selbst zufriedenstellenden Präzision und damit Authentizität umzusetzen,
während das Vortragen vor Literaturkundigen wie »Brod oder Baum oder
andern« (345), die zwischen Autor und Rezitierendem jederzeit zu trennen
wissen, ihm die Selbsttäuschung, das Sicheinschleichen in den Text unmöglich macht, durch die verwehrte enge Beziehung, die unentschiedene, bloß
reagierende Haltung zwischen Annäherungswunsch und Distanzgebot (»ich
umfliege das Vorzulesende mit der Stimme, versuche, weil man es will, hie
und da einzudringen, beabsichtige es aber nicht ernstlich, weil man es von
mir gar nicht erwartet«, 346), an Überzeugungskraft, Eindringlichkeit und
Richtigkeit Schaden nimmt. Unterschwellig wird auch hier der Wunsch
wirksam, mit dem Text eins zu werden, bleibt die Zielprojektion der »erwünschten Verwechslung« durch die Zuhörer bestehen, »wie ich überhaupt,
wenn ich einmal zu lesen angefangen habe, danach strebe, endlos vorzulesen
in der unbewußten Sehnsucht daß im Verlauf des langen Lesens, zumindest
in mir das eitle falsche Gefühl der Einheit mit dem Vorgelesenen sich erzeugen wird« (346). Kafka legt diesen halbverborgenen Wunsch für sich
unbarmherzig frei; es

beherrscht mich [. . .] die Sucht, mich an die guten Arbeiten, die ich vorlese, so
sehr heranzudrängen, daß ich mit ihnen nicht durch mein Verdienst, sondern nur
in der durch das Vorgelesene aufgeregten und für das Unwesentliche getrübten
Aufmerksamkeit meiner zuhörenden Schwestern in eins verfließe und deshalb
auch unter der vertuschenden Wirkung der Eitelkeit als Ursache an allem Einfluß
teilnehme, welchen das Werk selbst geübt hat.

Je mehr er sich die untersagte Identifizierung dennoch gestattet, desto größer ist das Ausmaß der Realisierung dessen, was im Text angelegt ist:

> Deshalb lese ich auch vor meinen Schwestern tatsächlich bewundernswert, erfülle manche Betonungen mit einer meinem Gefühl nach äußersten Genauigkeit [...].
> (345)

Lesen als Probe auf das Schreiben (Kleist, Kafka)

Und hier schließt sich der Kreis, das Vorlesen als Akt der Lebenspraxis macht, mit der Probe auf die Ausstrahlungsfähigkeit, auch die Prüfung des literarischen Wertes dessen, was vorgelesen wird, möglich. Das Vorlesen ist der Prüfstein für das Geschriebene. Oskar Walzel berichtet 1916 von folgender Erfahrung: »Feinfühlige, denen ich Franz Kafkas ›Heizer‹ vorlas, bestätigten mir, was mir beim Vorlesen noch stärker auffiel als beim stillen Lesen: die kleine Erzählung hat etwas Kleistisches.«[83] Erst die Mündlichkeit verhilft den Texten Kafkas dazu, ihre volle suggestive, Vorstellungen produzierende Kraft zu entfalten – so unterschiedliche namhafte Autoren der Zeit wie Kurt Tucholsky und Thomas Mann haben ihren ersten sinnlichen Eindruck des Kafkaschen Werks aus Lesungen, namentlich des Rezitators Ludwig Hardt, erfahren.[84] Das laute Lesen läßt in den langen Satzperioden, der inneren Spannung der Kommata, die den »unterirdischen Strom dieser Prosa«[85] akzentuieren, sinnlich erfahren, wie der Eindruck von Körperlichkeit, Mimik und Gestik der beschriebenen Figuren durch die Sprache evoziert wird, wiewohl sie in ihr im Wortsinne ausgespart bleiben. Kafka »sieht die Gebärde vor sich, die das gesprochene Wort unterstützen will, und ebenso die Gebärde, die halb oder ganz unbewußt die Rede begleitet und das verrät, was das Wort verschweigt.«[86] Der spezifische Reichtum seines – wenn man ihn so nennen darf – aus der Distanz beobachtenden Realismus, der aus den überdeutlichen Wahrnehmungen am Rande des Gesichtsfeldes zustandekommt, aus der »Neigung« und Fähigkeit, »all das Viele, schier Nebensächliche abzuzeichnen, das man im Augenblick der Erregung beihin mit kaum glaublicher Schärfe erblickt«,[87] wird durch die Vergegenwärtigung im lauten Lesen erst ganz erschlossen. Kafka hat aus Kleists Prosa selbst öffentlich vorgetragen, in einer Rezitation, die er als »ganz und gar mißlungen« sich im Tagebuch vorhält, als »wild und schlecht und unvorsichtig und unverständlich« (510) – entsprechend höhere, überstrenge Maß-

---

[83] Walzel [1916/1979], 143.
[84] Vgl. Born [1979], 129–139 (»Ludwig Hardts Vortragsabende«) sowie Born [1983], 453–459 (»Das Echo auf Lesungen«).
[85] Tucholsky [1921/1975], 91.
[86] Walzel [1916/1979], 145.
[87] Ebd.

stäbe anlegend, wohl weil er im Vortragen aus dem Werk eines Autors, in dem er »die Wurzel der modernen deutschen Sprachkunst« (J 220) angelegt sieht, nicht allein sein »tiefes Verhältnis zum Erzähler Kleist«[88] bekundet, sondern sich darüber hinaus auch seinem eigenen Stilideal gegenüber praktisch verhält: »Kleist bläst in mich wie in eine alte Schweinsblase.« (Br 87) Im übrigen konnte er sich ihm auch im Hinblick auf das Leben verbunden fühlen, sah er sich doch ähnlich wie dieser »als ein ganz nichtsnutziges Glied der menschlichen Gesellschaft, das keiner Theilnahme mehr werth sei«,[89] von der eigenen Familie behandelt (vgl. 264).

Überhaupt las Kafka »höllisch gerne vor« (F 155). Er hat – als eindrucksvoller Rezitator seiner selbst[90] – die eigene Literatur beim Vortrag auf ihre Wirkfähigkeit geprüft und diese Lesungen als Probe auf die Qualität seiner Texte betrachtet. Das Lesen als Prüfstein des Schreibens gewährt eine unmittelbar sinnlich erfahrbare Dimension von Kontrolle und Rückmeldung, Bestätigung oder Kritik, indem nämlich die Voraussetzungen für die Selbstbeurteilung nach außen verlagert und dadurch gewissermaßen ›objektiviert‹ werden, Kafka also die Wirkung bei der Instanz eines Gegenübers benutzt, um den eigenen Blick auf sich ›realistisch‹ zu machen, mit fremder Anschauung aufzufüllen. So kommt die ungeheure Simplizität und Klarheit seines Sprechens über die eigene Literatur zustande, die bestechende Anschaulichkeit seiner Formulierungen, deren Gehalt gleichwohl kaum auszuschöpfen ist:

24. Mai 13 [. . .]
Übermut weil ich den Heizer für so gut hielt. Abends las ich ihn den Eltern vor, einen besseren Kritiker als mich während des Vorlesens vor dem höchst widerwillig zuhörenden Vater, gibt es nicht. Viele flache Stellen vor offenbar unzugänglichen Tiefen. (561)

Überlebensgroß Goethe: zwischen Attraktion und Repulsion

Die literarische Vaterfigur Kafkas ist Goethe. Er, der nach Brod in den Tagebüchern am häufigsten erwähnte Autor, »sagt fast alles, was uns Menschen betrifft« (J 39), er birgt, überlebensgroß, als Universalfall, stellvertretend alle Funktionen in sich, die ein Schriftsteller für ihn, Kafka, haben kann. Auch Goethes Werk, sein Epos »Herrmann und Dorothea« etwa,[91]

---

[88] Dietz [1982], 35.
[89] Heinrich von Kleist an Marie von Kleist (10. November 1811), von Kafka in seiner Ausgabe [1910], 355 angestrichen; vgl. die Mitteilung bei Brod [1937], 47.
[90] Vgl. Born [1979], 105–123.
[91] Vgl. die Erinnerung Dora Diamants, in Hodin [1949], 94: »Oft las er mir auch aus Goethes ›Hermann und Dorothea‹ vor, wovon ihn unter anderem die Liebe zum alltäglichen Leben besonders anzog.«

verträgt die Mündlichkeit als körperlich-sinnliche Probe auf die Kraft des Textes – »ich lese Sätze Goethes, als liefe ich mit ganzem Körper die Betonungen ab.« (376) Auch Goethe ist für Kafka darum doch ein Gegenstand anerkennender Kritik, mehr noch: ein distanziert zu erlebendes Faszinosum, in dessen Werk die Gleichzeitigkeit von Abstraktion und künstlerischer Konkretion besticht; man lese das – für sich ungemein anschaulich formulierte – Urteil über die »Iphigenie«, das überklar den bei allem Reichtum kargen Idealismus dieses nach Goethes eigenem späteren Empfinden »ganz verteufelt human[en]«[92] Stückes aufspießt:

> 16 Nov. *(1910)* 12 Uhr Ich lese Iphigenie auf Tauris. Darin ist wirklich, von einzelnen offen fehlerhaften Stellen abgesehen die ausgetrocknete deutsche Sprache im Munde eines reinen Knaben förmlich anzustaunen. Jedes Wort wird von dem Vers vor dem Lesenden im Augenblick des Lesens auf die Höhe getragen, wo es in einem vielleicht magern aber durchdringenden Lichte steht. (126f.)

Gleichzeitig ist Goethe für Kafka ein Autor, der ihm als Berater dient, dessen Werk als orientierende Hilfe in Anspruch genommen wird, als literarisches Selbstzeugnis, das, mit der eigenen Lebenssituation verglichen, Bestätigung vermittelt oder Korrektur abverlangt.[93] Der Seitenblick des Tagebuch führenden Kafka auf Goethes Tagebücher, der gleich zweimal, in annähernd gleichlautenden Formulierungen, auftaucht (999, 42), wendet die Aufzeichnungen aus dem Leben des anderen zum Vorwurf an das eigene, benutzt sie als warnendes negatives Spiegelbild[94] und »Zuchtrute«[95] in einem:

> 29. IX 11 Goethes Tagebücher: Ein Mensch, der kein Tagebuch hat, ist einem Tagebuch gegenüber in einer falschen Position. Wenn er z. B. in Goethes Tagebüchern liest »11.1.1797 den ganzen Tag zuhause mit verschiedenen Anordnungen beschäftigt« so scheint es ihm, er selbst hätte noch niemals an einem Tag so wenig gemacht. (42)[96]

Die Besetzung durch die überlebensgroße Figur Goethes hält den Tagebuchschreiber Kafka negativ und auch positiv (»Ich glaube diese Woche ganz und gar von Goethe beeinflußt gewesen zu sein«, 358) gefangen und nimmt ihrerseits Besitz von der Reflexion des Tagebuchs. Dabei wahrt Kafka – jetzt nicht auf Strindbergs linkem Arm, sondern, nochmals mit Martin Walser zu sprechen, »in Goethes Hand«[97] – bei allem Bedürfnis nach Ein-

---

[92] Goethe an Schiller (19. Januar 1802), Schiller/Goethe [1984], 387.
[93] Vgl. auch die – in der deutschsprachigen Ausgabe der Tagebücher von Brod (T 268f.) nicht enthaltenen – Auszüge aus Goethes »Gesprächen« von Biedermann (TKA 400–406), die Kafkas fasziniertes Interesse an Einzelheiten der Goetheschen Lebens- und Arbeitsweise unterstreichen (zuerst in D I, 250–253).
[94] Vgl. Kaschnitz [1965], 33.
[95] Ebd., 21.
[96] Goethe [1887–1919] II, 53.
[97] Walser [1982].

fühlung, Schutz und Aufnahme doch respektvolle Distanz zu dem fremden Leben und seinem Zeugnis, in einem Bild, das selbst von faszinierend-souveräner Eindringlichkeit ist (und darum wohl auch am folgenden Tag vom Autor widerrufen wird):

19 ⟨*Dezember 1910*⟩. [...]
Ein wenig Goethes Tagebücher gelesen. Die Ferne hält dieses Leben schon beruhigt fest, diese Tagebücher legen Feuer dran. Die Klarheit aller Vorgänge macht sie geheimnisvoll, so wie ein Parkgitter dem Auge Ruhe gibt, bei Betrachtung weiter Rasenflächen und uns doch in unebenbürtigen Respekt setzt. (135)

Die »zerstreute, nirgends anwendbare Aufregung« (367), die folgenlose und damit schädliche Exzitation der Beschäftigung mit Goethe wird von Kafka nicht allein als sein individuelles Verhängnis diagnostiziert (»Der mich ganz durchgehende Eifer mit dem ich über Goethe lese [...] und der mich von jedem Schreiben abhält«, 368f.), sondern mit dem Allgemeinen der literarischen Situation in Beziehung gebracht; »Goethe hält durch die Macht seiner Werke die Entwicklung der deutschen Sprache wahrscheinlich zurück.« (318) Fremde Produktivität erschüttert die eigene:

8. II 12 Goethe: Meine Lust am Hervorbringen war grenzenlos. (374)

Dabei enthüllt erst die Fortsetzung des Goethezitats die ganze Tragweite dessen, was Kafka, der zitiert, von Goethe, der zitiert wird, trennt: »Meine Lust am Hervorbringen war gränzenlos; gegen mein Hervorgebrachtes verhielt ich mich gleichgültig«, heißt es über die Zeit ungehemmten, bedenkenlosen literarischen Schaffens der Sturm-und-Drang-Periode, wie sie sich aus dem reflektierenden Rückblick im 12. Buch des Dritten Teils von »Dichtung und Wahrheit«[98] darbietet. Mit anderen Worten, Kafka konnte darin lesen, die Prozeßhaftigkeit literarischer Produktion ist ausschlaggebend, poetische Potenz und unmittelbare Schaffensfähigkeit haben die Oberhand gegenüber elendem Nachbessern im Bemühen um ein – niemals – fertiges Resultat. Welch ein Kontrast zu seiner Selbsterfahrung: Er ist immergleich in die Probleme der eigenen Produktion vergraben, die Möglichkeit, unter der historischen Tiefendimension ›Entwicklung‹, aus verschiedenen Perspektiven, wechselnder Entfernung sein Werk selbst umspannen zu können, ist ihm gänzlich verschlossen, seine Tage werden zerrieben von der kein Ende findenden Anstrengung, die selbstproduzierte Verhaltung der schöpferischen Kräfte aufzulösen, sein unaufhörlicher Kampf mit den Schreibschwierigkeiten wird in der Reflexion, die im Räsonieren über den erhofften Schreibfluß diesen doch nicht herzustellen vermag, nicht aufgehoben, nur verdoppelt. Was bedeutet es, wenn er diese Selbstbekundung über den Stürmer und Dränger, um die sich Goethe in seiner Selbst-

[98] Goethe [1890], 116.

biographie erleichtert, beschwerend in sein Tagebuch aufnimmt? Es ist sicher nicht allein »bittere Ironie«.[99] Eine Ambivalenz aus Attraktion und Repulsion spricht sich darin aus, Einverleibung des fremden Lebenszeugnisses in die eigenen Aufzeichnungen bei gleichzeitiger Distanzierung des Anspruchs, der in ihm enthalten ist – Kafkas Produktion ist auf eine so grundsätzliche Weise von derjenigen Goethes verschieden, daß ihm dessen Selbsterfahrung und die geläuterte Souveränität des klassischen Ausgleichs zwischen Leben und Werk auf eine unglaubliche Weise fremd und gleichzeitig anziehend vorgekommen sein muß. Fremdheit und geheime Anziehung, Attraktion und Repulsion bestimmen Kafkas Verhältnis zu Goethe. Die Vollkommenheit, die er in ihm erblickt, ist ihm Grund für Bewunderung und Ablehnung, ja Abscheu zugleich:

> Goethes schöne Silhouette in ganzer Gestalt. Nebeneindruck des Widerlichen beim Anblick dieses vollkommenen menschlichen Körpers (372),

der ihm den Weg versperrt als ein steriles Hemmnis, eine unproduktiv machende Schranke, und dabei doch anregende, positive Irritation bleibt in seiner Unvergleichbarkeit, die aus dem Zusammenwirken für sich genommen gewöhnlicher Merkmale (»Die aufrechte Haltung, die hängenden Arme, der schmale Hals, die Kniebeugung«, 373) sich herstellt. In Goethe – natürlich nicht in Schiller, dem er sich in einem moralisch-existentiellen Sinne viel zu nichtssagend-nah fühlt (»ich glaube, daß sich an mir etwas vollzieht, das jener Schillerschen Umbildung des Affekts in Charakter sehr nahesteht«, 281)[100] – in Goethe also tritt ihm, nicht nur auf Literarisches bezogen, das ganz andere entgegen, das ihn gleichwohl auf beunruhigende Weise an ihn selbst denken und im anderen mit sich selbst beschäftigen läßt: »Plan eines Aufsatzes ›Goethes entsetzliches Wesen‹.« (367) Wo, wenn nicht auf das Über-Ich Goethe, sollte Kafka seine Selbsteinschätzung in all ihrer Widersprüchlichkeit übertragen, wo anders als bei dieser wirklich im Wortsinne ›übergroßen‹, doppelt besetzten Figur wären die Mechanismen seines Umgangs mit sich geeigneter zu entwickeln und deutlicher abzulesen. Attraktion und Repulsion gegenüber dem fremden, übermächtig empfundenen Autor sind das Spiegelbild des – zwischen Anziehung und Abstoßung, Bestärkung und Verleugnung – gespaltenen Verhältnisses zum eigenen Ich.

---

[99] Jurgensen [1979], 168.

[100] Vgl. Schiller [1780/1962], 69 (»Versuch über den Zusammenhang der thierischen Natur des Menschen mit seiner geistigen«). Am 15. Juli 1912, im Sanatorium Jungborn, notiert Kafka (TKA 1047): »Ich lese [Kühnemann:] ›Schiller‹. Unweit liegt ein nackter alter Herr im Gras, einen Regenschirm über dem Kopf ausgespannt, mir den Hintern zugekehrt und prallt einige Male laut in der Richtung gegen meine Hütte hin.«

130

Das Fremde als Erschütterung des Eigenen

Auch für den Bereich der Literatur gilt, und so funktioniert das Tagebuch, daß das Fremde seinen Sinn und seine Erklärung als Erschütterung des Eigenen findet, indem es zur Erschließung bisher unzugänglicher Bereiche im eigenen Ich verhilft. »Manches Buch wirkt wie ein Schlüssel zu fremden Sälen des eigenen Schlosses« (Br 20), wobei dieses Aufschließen auf jene gewaltsame Aufstörung und Irritation nicht verzichten darf, die so nahe an der Befreiung liegt, zu der sie zu führen verspricht – die Reihung sich unaufhörlich steigernder, korrigierender und verstärkender Bilder von Gewalttätigkeit gegen sich selbst durch Literatur in einem anderen frühen Brief an Oskar Pollak findet schließlich darin ihren rechten Ausdruck, ihren Höhepunkt und ihre Berechtigung (Br 27f.)

> Ich glaube, man sollte überhaupt nur solche Bücher lesen, die einen beißen und stechen. Wenn das Buch, das wir lesen, uns nicht mit einem Faustschlag auf den Schädel weckt, wozu lesen wir dann das Buch? [...] Wir brauchen [...] die Bücher, die auf uns wirken wie ein Unglück, das uns sehr schmerzt, wie der Tod eines, den wir lieber hatten als uns, wie wenn wir in Wälder verstoßen würden, von allen Menschen weg, wie ein Selbstmord, ein Buch muß die Axt sein für das gefrorene Meer in uns. Das glaube ich.

7. Kapitel. Das Ungenügen am eigenen Schreiben: Kafka als Kritiker seiner selbst

> 15 XII 10 [...] Meine Zweifel stehn um jedes Wort im Kreis herum [...]. (130)

Das relative Urteil

»Einen besseren Kritiker als mich während des Vorlesens vor dem höchst widerwillig zuhörenden Vater gibt es nicht«, hatte Kafka im Tagebuch konstatiert (561), beruhigt ob der Gewißheit, durch das In-Beziehung-Treten mit äußeren Instanzen (negative) Hilfestellung zu erfahren bei der Aufgabe, die eigenen Texte zu bewerten. Das relative Urteil erwächst aus Relationen, die der Urteilende herstellt, resultiert aus dem Vergleich, etwa, wie hier, zwischen Kafkas eigenem Maßstab und dem des anderen, seines Vaters, oder, einen Schritt weiter aufs Ich zurückgenommen, zwischen dem eigenen Produkt und einem fremden, das er als Muster sich anlasten zu müssen glaubt – »›Der Heizer‹ glatte Dickensnachahmung, noch mehr der geplante Roman [›Schloß‹])« (841)[101] –, oder aber, nurmehr noch im Innern sich

---

[101] Über die Berechtigung dieser literarischen Selbstanalyse, die, vor allem hinsichtlich der Distanz zu Dickens, in der zitierten Tagebucheintragung noch weiter

abspielend, zwischen Soll und Haben, der eigenen Leistung und dem eigenen Leistungsspruch:

25. ⟨*September 1917*⟩ [...]
Zeitweilige Befriedigung kann ich von Arbeiten wie »Landarzt« noch haben, vorausgesetzt, daß mir etwas derartiges noch gelingt (sehr unwahrscheinlich) Glück aber nur, falls ich die Welt ins Reine, Wahre, Unveränderliche heben kann. (837f.)

Das absolute Urteil

Skeptisch resignierende Bestandsaufnahme des Geleisteten auf der einen, weit ausgreifend Zielvorstellungen für das Unerreichte auf der anderen Seite – in diesem zusammengesetzten Fazit wird deutlich, Kafka unterliegt auch hier der Ambivalenz von Reue und Vorsatz, Schuld und Sühne, indem er das Schreiben einmal als ein »übrigens äußerst wollüstiges Geschäft« eingesteht (F 117), es andererseits »als Form des Gebetes« bestimmt (H 348). Sein Urteil gegenüber seinen eigenen literarischen Produktionen ist – wie sein Verhältnis gegenüber dem Leben – gespalten. Dort schon lagen Allmacht und Ohnmacht nahe beieinander; wenn die Selbstaussage aber im Sprechen über das eigene Schreiben kulminiert, verlängert sich die Ambivalenz von Selbstüberhebung und Selbstverurteilung in den Bereich der Literatur hinein. Wie die Person im Leben dem Bezug zu den anderen nicht standhält, zieht sich das absolute Urteil über Literatur aus jeglichem Vergleich zurück. Doch was Kafka in der Preisgabe vergleichender Bezugnahme zu Fremden gewaltsam sich verschafft, das Gefühl unbezweifelbarer Sicherheit (»Die besondere Art meiner Inspiration [...] ist die, daß ich alles kann [...]. Wenn ich wahllos einen Satz hinschreibe, z. B. Er schaute aus dem Fenster so ist er schon vollkommen«, 30), ein unbändiges Maß an Selbstgewißheit, grenzenloses Vertrauen in seine »dichterischen Fähigkeiten« (»Ich [...] kann aus mir heben was ich nur will«, 53), das erweist sich in all seiner Unbedingtheit als falscher, notwendiger Schein. Der sich unmittelbar an die letztzitierte Passage anschließende Vergleich literarischer mit sexueller Potenz ist gerade dazu angetan, das selbstgewisse Gefühl eigener Schöpferkräfte zu dementieren: nur negativ, in Form erzwungener Verhaltung wirksam, drohen diese Kräfte sich in ihrer Potentialität aufzuheben – nichts anderes als »Ergießungen, die nicht entlassen werden, sondern im Rückstoß sich selbst vernichten müssen.« (53) Die eigene Ausstattung mit schöpferischen Fähigkeiten ist dem Zweck dieser Ausstattung hinderlich, die Schaffenskraft steht dem Schaffensakt selbstzerstörerisch im Weg: »Ich habe einen starken Hammer, aber ich kann ihn nicht benützen, denn sein Schaft glüht.« (H 348) Das

---

ausgeführt wird, soll hier nicht befunden werden; Materialien hierzu bei Jahn [1965], 138–143.

übergroße Maß an Selbstzutrauen dokumentiert nur ein ebenso grenzenloses Maß an Selbstzweifel und Selbstmißachtung, die es vor sich zu verdekken gilt.

Kritik des Schreibens als Kritik des Lebens

Die Wurzeln dieses totalen Ungenügens an der eigenen Kraft zur Hervorbringung führen – so wird von Kafka in der Reflexion des Tagebuchs die »Selbsterhellung rückwärts gewendet«[102] – weit in die Frühzeit des eigenen Lebens zurück. Eine Eintragung vom 19. Januar 1911 verhilft einer Episode aus seiner Jugendzeit zur Erinnerung, in welcher der junge Franz K., zu Besuch bei den Großeltern, bei ersten Schreibversuchen ertappt wird, an einem Roman über zwei ungleiche Brüder in Europa und Amerika, in dem wir heute Motive des $1^1/_2$ Jahre später erst begonnenen »Verschollenen«-Projekts vorgebildet sehen. »Das gewöhnliche Zeug«, verkündet der Onkel nach Einsicht in das Papier den übrigen um den Tisch versammelten Familienmitgliedern – eine traumatische Erfahrung des Bloßgestellt- und Ausgestoßenseins, in der sich das Gefühl, die eigenen Bestrebungen nicht mitteilen zu können, schmerzlich zusammenzieht, wenn ihm bewußt wird, wie er die Kränkung wehr- und machtlos hingenommen hat, indem er reagierte in einer Weise (»Ich [...] beugte mich wie früher über mein also unbrauchbares Blatt«), die weniger Auflehnung bekundet als die ohnmächtige Einwilligung in das fremde Urteil: »das Urteil des Onkels wiederholte sich in mir mit schon fast wirklicher Bedeutung« (147). Indem Kafka sich klar macht, daß sein Ungenügen am eigenen Produzieren nur das nachvollzieht, was fremde Verurteilungen lange vor ihm vorgeschrieben hatten, wird die Kritik der Gegenwart für die der Vergangenheit durchlässig, gewinnt die Kritik des Schreibens als die des Lebens eine tiefere Dimension. Die eigene Geschichte, die des Lebens und des Schreibens, ist verdächtig (»Einige alte Papiere durchgelesen. Es gehört alle Kraft dazu das auszuhalten«, 398), die Begegnung mit ihr kann nur in der Verneinung, der Selbst aufhebung ihre Ruhe finden: »Heute viele alte widerliche Papier verbrannt.« (400)

Das ›Testament‹

»Alles, was sich in meinem Nachlaß [...] findet, restlos und ungelesen zu verbrennen«, war die Bitte, die Kafka seinem Freund Brod gegenüber schriftlich niederlegte (P 316). Hat er über sein Leben hinaus sein Geschriebenes vernichtet sehen wollen? »Er war offenbar nicht gewillt, vor der

---

[102] Hering [1948], 104.

Nachwelt die Verantwortung für ein Werk zu tragen um dessen Größe er doch wußte«.[103] Doch auch die über das eigene Leben hinaus verlängerte Selbstkritik ist gespalten, die Verleugnung des eigenen Lebenswerks erfolgt in einer Weise, die eine Aufhebung der Folgen dieser Verleugnung wiederum in Kauf nimmt, ja ihre Möglihckeit einrechnet – hatte doch der von ihm ausersehene Vollstrecker eines solchen ›Testaments‹ ihm bereits zu Lebzeiten angekündigt, er werde seine Bitte nicht erfüllen (P 318).[104] Die uneindeutige Stellung Kafkas zu seiner Wirkung ist die gleiche wie die zu seinem Werk, seine Haltung gegenüber seiner Literatur trägt die gleichen Merkmale wie sie selbst: auf umfassende Absicherung, Ausschluß alles Zweifelhaften bedacht und dabei grundsätzlich uneindeutig. Bei aller Klarheit des Schreibens hat er immer »alle erdenklichen Vorkehrungen gegen die Auslegung seiner Texte getroffen. [. . .] Die Vorschrift, mit der er die Vernichtung seiner Hinterlassenschaft anbefahl, ist den näheren Umständen nach ebenso schwer ergründlich, wie die Antworten des Türhüters vor dem Gesetz.«[105]

Bilder der Kritik

Die Kritik, die Kafka an der eigenen Literatur übt, ist selbst eine literarisch wirksame Kraft, das Ungenügen am eigenen Schreiben läßt immer neue Bilder entstehen, in denen es sich aussprechen kann. Alle möglichen Aspekte der Vergeblichkeit: der unaufhebbaren Einsamkeit dessen, der sich mitzuteilen sucht (»Dieses ganze Schreiben ist nichts als die Fahne des Robinson auf dem höchsten Punkt der Insel«, Br 392), der totalen Selbsttäuschung, die auch im nachträglichen Durchschauen nicht rückgängig gemacht werden kann, geschweige denn hätte vermieden werden können (»Er glaubte eine Statue gemacht zu haben, aber er hatte nur immerfort in die gleiche Kerbe geschlagen aus Verbohrtheit, aber noch mehr aus Hilflosigkeit«, H 349), schließlich des Sichentfernens dessen, was im Schreiben ergriffen werden soll, all das kommt im Bild der fallenden Bewegung zusammen, in die er – und damit potenziert sich die Vorstellung – einzuwilligen hat, um das, was sich ihm zu entziehen sucht, dennoch zu erreichen: »Es ist notwendig förmlich unterzutauchen und schneller zu sinken als das vor einem versinkende.« (725) Mit beispielloser Eindringlichkeit nimmt bei ihm, in immer neuen Bildern, die Erfahrung eines Schriftstellers Gestalt an, der wie kaum ein zweiter vor ihm erlebt hat, wie die Sprache als gewohntes

---

[103] Benjamin [1966b] II, 758 (an Scholem, 12. Juni 1938).
[104] Zum Verhältnis der beiden, von Brod wohl in die falsche Reihenfolge zueinander gebrachten, ›Testamente‹ vgl. Spann [1955]; Richter [1962], 5, 34f., 299f.; Pasley/Wagenbach [1965/1966], 73; Politzer [1962/1965], 420f., 425f.; Demmer [1973], 100–104 (mit begründeter Kritik an Politzer); Binder [1976a], 546f.
[105] Benjamin [1934/1977a], 422.

Mittel zu versagen droht, die Schreibgeräte ihren üblichen Dienst verweigern, wie, in der Unaufhörlichkeit der Bemühungen, ein Ziel zu erreichen, dessen Unerreichbarkeit im falschen Abschluß – »Die Arbeit schließt sich, wie sich eine ungeheilte Wunde schließen kann« (919) – sich stets aufs neue erweist, die Wörter in ihrer Setzung gefährdet sind: »jedes Wort, ehe es sich von mir niederschreiben läßt, schaut sich zuerst nach allen Seiten um« (Br 85). »Die falschen Sätze umlauern meine Feder, schlingen sich um ihre Spitze und werden [. . .] mitgeschleift.« (F 305) Alle Bilder der Kritik, zu denen er findet, künden von der einen, körperlichen Erfahrung, dem Fremdwerden der Sprache in einem Schreiben, das im Kampf mit widerspenstigen Wörtern und sperrigen Sätzen keine Selbstverständlichkeit mehr kennt: »die Sätze zerbrechen mir förmlich« (Br 85), »meine Zweifel stehn um jedes Wort im Kreis herum« (130).

Das Eigenleben der Sprache

Die Selbstkritik des Schriftstellers Kafka ist aporetisch, »Unproduktivität und ihre produktive Beschwörung«[106] sind wechselseitig miteinander verbunden. Beim Schreiben über die Schwierigkeiten des Schreibens, das selbst diesen Schwierigkeiten unterliegt, beim vergeblichen Versuch, in der Reflexion über die Hindernisse der Produktion diese in Gang zu bringen, tritt ihm die Sprache, Mittel und gleichzeitig Ziel seiner Arbeit, als eigene Kraft, selbständiger Gegenspieler unbotmäßig mit eigenem Treiben entgegen, in dem sich die Versäumnisse und Fehlgriffe des Autors spiegeln, der wiederum, zu einer Antwort gezwungen, immer neue Vergleich bemüht, um sein Versagen vor sich ganz zu erfassen:

15 XII 10 [. . .]
Kein Wort fast das ich schreibe paßt zum andern, ich höre wie sich die Konsonanten blechern an einander reiben und die Vokale singen dazu wie Ausstellungsneger. Meine Zweifel stehn um jedes Wort im Kreis herum, ich sehe sie früher als das Wort,

– die erste Richtigstellung –

aber was denn! ich sehe das Wort überhaupt nicht, das erfinde ich. Das wäre ja noch das größte Unglück nicht,

– es folgt die zweite Richtigstellung –

nur müßte ich dann Worte erfinden können, welche imstande sind, den Leichengeruch in einer Richtung zu blasen, daß er mir und dem Leser nicht gleich ins Gesicht kommt. Wenn ich mich zum Schreibtisch setze ist mir nicht wohler als einem der mitten im Verkehr des place de l'Opéra fällt und beide Beine bricht. Alle Wagen streben trotz ihres Lärmens schweigend von allen Seiten nach allen Seiten,

---

[106] Kurzrock [1955], 284.

– die dritte Korrektur –

> aber bessere Ordnung als die Schutzleute macht der Schmerz jenes Mannes, der ihm die Augen schließt und den Platz und die Gassen verödet, ohne daß die Wagen umkehren müßten. Das viele Leben schmerzt ihn, denn er ist ja ein Verkehrshindernis,

– das vierte ›aber‹ –

> aber die Leere ist nicht weniger arg, denn sie macht seinen eigentlichen Schmerz los. (130f.)

Viermal ist eine steigernd zurechtrückende Korrektur der Bilder notwendig, reicht die Sprache nicht aus im Versuch auszudrücken, daß sie nicht ausreiche. Die Selbstkritik des Autors Kafka überholt sich unaufhörlich selbst, sie stellt das Falsche der eigenen Arbeiten richtig und berichtigt dann die Falschheiten dieser Richtigstellungen, und mit jeder Korrektur wächst wiederum der Anspruch und es schrumpft der Raum für das, was endlich als Kritik des Ungültigen Gültigkeit beanspruchen könnte. Aufs äußerste zugespitzt wird die Situation Kafkas als eines Kritikers seiner selbst, wird ihm ein eigener Text in der Wiedergabe durch einen anderen weggerückt und gleichzeitig in neuer Unmittelbarkeit präsentiert. Gegenüber dem, was in der Auseinandersetzung mit ihm selbst am Schreibtisch sich abspielt, wächst die Dimension des Ungenügens hier noch einmal um eine Größenordnung:

> 5. XI 11 [. . .]
> Die Bitterkeit, die ich gestern abend fühlte als Max bei Baum meine kleine Automobilgeschichte vorlas. Ich war gegen alle abgeschlossen und gegen die Geschichte hielt ich förmlich das Kinn an die Brust gedrückt. Die ungeordneten Sätze dieser Geschichte mit Lücken daß man beide Hände dazwischen stecken könnte; ein Satz klingt hoch, ein Satz klingt tief wie es kommt; ein Satz reibt sich am andern wie die Zunge an einem hohlen oder falschen Zahn; ein Satz kommt mit einem so rohen Anfang anmarschiert, daß die ganze Geschichte in ein verdrießliches Staunen geräth; eine verschlafene Nachahmung von Max (Vorwürfe gedämpft – – angefeuert) schaukelt hinein, manchmal sieht es aus wie ein Tanzkurs in seiner ersten Viertelstunde. (225, 226f.)

Die sinnliche Qualität der Bilder, in denen die Kritik an der eigenen Erzählung sich ausspricht, verrät Kafkas ungeheure sprachliche Sensibilität, die sinnliche Konkretion in seinem Verhältnis zur Sprache. Zum Schmerzen intensiv empfunden, körperlich ausgetragen wird, wie die Geschichte sich beim Vorlesen durch den anderen in einzelne sprachliche Bestandteile verselbständigt, die sich als Widerpart des Autors zu erkennen geben, wie der Text sich von seinem Urheber entfernt und bis dahin verborgene, fremde Züge annimmt, sich in seiner ganzen Mangelhaftigkeit enthüllt. Das Ungenügen am eigenen Schreiben verdichtet sich zur Erfahrung der Sprache als einer Macht, die den Text zu einem grandiosen Eigenleben gegenüber seinem Verfasser gelangen läßt. Die Selbstkritik des Autors Kafka findet

ihre literarische Gestalt im Fremdwerden des eigenen Produkts, ihre Überzeugungskraft wächst mit der Größe der Entfernung, in die das eigene
Erzeugnis gerät, bis hin zur Potenzierung ihrer selbst im Erklärungsversuch
für das Zustandekommen des Kritisierten, der selbst wieder in Frage gestellt wird, dem Skrupel mithin, ob die beschriebenen Skrupel ausreichen:

> Ich erkläre es [i. e. die aufgezählten Unstimmigkeiten in seiner von Brod vorge-
> tragenen Erzählung] mir damit, daß ich zu wenig Zeit und Ruhe habe um die
> Möglichkeiten meines Talentes in ihrer Gänze aus mir zu heben. [. . .] – Dabei
> kann ich noch froh sein, wenn diese Erklärung richtig ist. (227)

Seine »kleine Automobilgeschichte« übrigens, in der Kafka »immer nur
abreißende Anfänge« erkennt und »ein größeres Ganzes« vermißt (226f.), ist
offenbar mit jener Schilderung eines Verkehrsunfalls aus dem Pariser Reisetagebuch unter dem 11. September 1911 (1012–1017) in Zusammenhang
zu bringen[107] – einem fulminanten Stück Prosa, das dabei doch in Kafkas
Kritik auf den Punkt genau getroffen wird. Allein die ersten Zeilen reichen
schon aus, um Kafkas Vorbehalte, »ein Satz reibt sich am andern wie die
Zunge an einem hohlen oder falschen Zahn«, bestätigt zu finden auf eine
Weise, die den negativen Scharfblick und die positive bildschöpferische
Kraft des Kritikers seiner selbst gleichermaßen unterstreicht:

> Montag 11. Sept. ⟨1911⟩ Auf dem Asphaltpflaster sind die Automobile leichter zu
> dirigieren aber auch schwerer einzuhalten. Besonders wenn ein einzelner Privat-
> mann am Steuer sitzt, der die Größe der Straßen, den schönen Tag, sein leichtes
> Automobil, seine Chauffeurkenntnisse für eine kleine Geschäftsfahrt ausnützt und
> dabei an Kreuzungsstellen sich mit dem Wagen so winden soll, wie die Fußgänger
> auf dem Trottoir. Darum fährt ein solches Automobil knapp vor der Einfahrt in
> eine kleine Gasse noch auf dem großen Platz in ein Tricykle hinein, hält aber
> elegant, tut ihm nicht viel, tritt ihm förmlich nur auf den Fuß, aber während ein
> Fußgänger mit einem solchen Fußtritt desto rascher weiter eilt, bleibt das Tricykle
> stehen und hat das Vorderrad verkrümmt. [. . .] (1012)

Der Anschluß des dritten Satzes an den ersten (»Darum«) wird tatsächlich
durch den dazwischenliegenden, störenden zweiten behindert, dem seinerseits die Verbindung mit der Umgebung fehlt; die Skizze des Unfallher-
gangs im dritten Satz selbst ist durch den Einschub einer auf Späteres ver-
weisenden Auskunft (»[. . .] hält aber elegant«) unterbrochen. Es bietet sich
keine in sich folgerichtig ablaufende, handlungskonforme Darstellung dar,
sondern Kafka hält nur »drei parallele und für sich stehende Ansätze der
Geschichte«, jede »gleichsam voraussetzungslos«,[108] parat. Darin aber, daß,
wie Kafka selbst kritisch ausstellt, »jedes Stückchen der Geschichte heimat-
los herum« läuft und den Betrachter jedesmal »in die entgegengesetzte Rich-

---

[107] Bei Heller/Beug (Kafka [1969b], 119) heißt es in einer Fußnote über die fragliche
»Automobilgeschichte«: »Offenbar nicht erhalten«.
[108] Binder [1976c], 715.

tung« treibt (227), selbst ein literarisches Signum sehen zu können, das die Erfahrung der Kontinuität des Diskontinuierlichen, der Durchgängigkeit des Sinnlosen adäquat zum Ausdruck brächte, dies unterscheidet den heutigen Kafka-Leser von Kafka, den Interpreten vom Interpretierten. Die Kritik des Autors an seinem eigenen Werk findet dort ihre Grenzen, wo es ihm so unerreichbar und fremd geworden ist, daß er in all seinem Ungenügen an ihm nicht mehr erkennt, was allein in ihm verborgen ist und sich so weit für ihn entfernt hat: das eigene Ich und seine Welt.

8. Kapitel. Sprache als körperliche Erfahrung

> 20 VIII 11 [. . .] Erster und letzter Buchstabe sind Anfang und Ende meines fischartigen Gefühls. (37f.)

Die Körperlichkeit der Sprache

Von den Sorgen des Autors Kafka um die Publizierbarkeit seiner Arbeiten die geringste nicht war die um die äußere Gestalt, in der sie erscheinen würden: Papier, Schriftgröße, Satzbild, Einband, Verhältnis von Illustration und Text – nichts davon war ihm unwichtig, für alles hatte er bestimmte Vorstellungen, die er bei aller Zurückhaltung und ängstlicher Scheu davor, sich in Wünschen gegenüber anderen festzulegen, doch in der Sache überraschend bestimmt vertrat im Briefwechsel gegenüber Verlagen und Verlegern. Die Sorgfalt, was die Ausstattung seiner Bücher betrifft, ist nicht allein mit Rücksichten auf den Leser zu erklären, damit, daß er die äußere Erscheinung als »eine interpretierende Macht, [. . .] ein Medium« dienstbar machen wollte, um »bestimmten in seiner Dichtung angelegten Werten erst zur Erscheinung und Wirksamkeit« zu verhelfen.[109] Wenn Kafka ganz konkrete Vorstellungen äußert, für die »Betrachtung« zum Beispiel »um die größte Schrift, die [. . .] möglich ist«, bittet und sich das Buch »als einen dunklen Pappband« wünscht »mit getöntem Papier« (Br 103f.), oder detaillierte Kritik übt, das Seitenbild der »Verwandlung« etwa zunächst als zu »dunkel und gedrängt« empfindet oder den »Heizer« als »nicht schön gebunden« bemängelt (Br 135), dann kommt damit nur sein eigenes Verhältnis zu seinen Arbeiten zum Vorschein, wird das Bild wirksam, das er von seinen Texten deutlich vor Augen hat. Sie haben für ihn ein quasi körperliches Eigendasein, dem er in allen Eigenschaften und Besonderheiten, auch, was die Umstände der Veröffentlichung betrifft, so weit wie möglich gerecht

---

[109] Dietz [1982], 17.

werden will. Deshalb nur ist für ihn die Aussicht auf eine Publikation unter den von ihm gewünschten Bedingungen eine nahezu unwiderstehliche Verlockung (»kitzelt mich so, daß es mich fast wehrlos macht«, Br 159), deswegen erlebt er die Kongruenz zwischen seinen Vorstellungen und der Realisierung als Glück (»Die Satzprobe, die Sie so freundlich waren, mir zu schicken, ist allerdings wunderschön«, Br 110). Kafka erfährt Sprache überhaupt immer auf eine sinnlich-anschauliche Weise, mit gegenständlich-körperlichen Konnotationen, zumal wenn es sich, wie auf Reisen, um eine fremde handelt: Das Französische erscheint ihm »kurzatmig mit seinen rasch aufeinanderfolgenden Ventilen« (247f.), »Schweizerisch. Mit Blei ausgegossenes Deutsch.« (950) Die Beobachtungsbereitschaft und die Sensibilität für sprachliche Dinge, die Bildfreudigkeit im Sprechen über sie sind sicher gefördert durch das Gefühl der Fremdheit in der Sprache,[110] die Erfahrungen des Lebens in Prag, in dem die Doppelheit des Deutschen und Tschechischen mitsamt vielfältigen sozialsprachlichen Abstufungen und rollenmäßig bestimmten Variationsmöglichkeiten[111] Aufmerksamkeit für Differenzen abnötigt. Namentlich die Briefe an Milena Jesenská, die er als künftige Übersetzerin seiner Erzählungen ins Tschechische kennengelernt hatte, sind voll von Bemerkungen, in denen er die Sprache auf quasi körperliche Eigenschaften und Bewegungen abhorcht:

> Jste žid – ? [Sind Sie Jude?] Sehn Sie nicht, wie im »Jste« die Faust zurückgezogen wird, um Muskelkraft anzusammeln? Und dann im »žid« den freudigen, unfehlbaren, vorwärts fliegenden Stoß? Solche Nebenwirkungen hat für das deutsche Ohr die tschechische Sprache öfters. [...] nechápu [Verstehe ich nicht]. Ein fremdartiges Wort im Tschechischen, und gar in Ihrer Sprache, es ist so streng, teilnahmslos, kaltäugig, sparsam und vor allem nußknackerhaft, dreimal krachen im Wort die Kiefer aufeinander oder richtiger: die erste Silbe macht einen Versuch, die Nuß zu fassen, es geht nicht, dann reißt die zweite Silbe den Mund ganz groß auf, nun paßt schon die Nuß hinein und die dritte Silbe endlich knackt, hören Sie die Zähne? (M 48f.)

Präzis und knapp in der Formulierung, dabei doch überaus reichhaltig im Nachgehen und Ausgestalten möglicher Assoziationen läßt die Phantasie des Ohrenzeugen eine Szene mit eigenem Leben entstehen, einen Auftritt der Sprache, in der sie die in ihr liegenden, gemeinhin verborgenen Kräfte und Antriebe offenbart, in der sich aber auch der Sprecher (und Hörer) unwillkürlich in seinen inneren Regungen auf ungeahnte Weise zu erkennen gibt. Die Aggressivität der Frage (›Sind Sie Jude?‹) in dem einen und die Gewalttätigkeit einer sich verschließenden Antwort (›Verstehe ich nicht‹) im

---

[110] Vgl. H 328: »Auf der Freitreppe der Kirche treiben sich die Kinder herum wie auf einem Spielplatz und rufen einander unanständige Redensarten zu, die sie natürlich nicht verstehen können und an denen sie nur saugen, wie Säuglinge am Lutscher.«
[111] Stölzl [1979], 83–85.

anderen Falle bilden keine objektive Auskunft über das Gegenüber allein. Tendenziell ununterscheidbar sind darin Eindruck des Außen und Ausdruck des Innern miteinander verschmolzen, die Kennzeichnung des Gehörten ist nicht weniger Interpretation durch den Zuhörenden, dessen eigene Aufnahmeformen und Verstehensmuster einfließen, die Fraglichkeit eigener Identität etwa, der gegenüber eine solche gezielte Frage als Drohung daherkommt, und die Beziehungsunsicherheit im Verhältnis zur Umwelt, die eine verneinende Auskunft gleich als Ablehnung der eigenen Person auffassen läßt.

Sprache und Sprecher

Sehr oft hält Kafka im Tagebuch Gesprächssituationen fest, er zitiert eigene oder fremde Formulierungen in der ursprünglichen Gestalt der wörtlichen Rede, ohne ein verbum dicendi, und nimmt sie damit in ihrer jeweiligen Besonderheit, stellvertretend für die Präsenz des Sprechers, ernst. Er ist überaus hellhörig für Nuancen, die in der Sprechweise und Wortwahl derjenigen, die zu ihm reden, mitschwingen, das »Auslassen des Schlußpunktes« zum Beispiel in den Sätzen der »teosophische[n] Vorträge des Dr. Rudolf Steiner Berlin« (159) charakterisiert Sprechhaltung und damit auch inhaltliche Implikationen, die ideologische Suggestivität des Vortragenden auf das genaueste (»dann weht der nicht mehr gehaltene Satz unmittelbar mit ganzem Atem den Zuhörer an«, 159), und in der beiläufig erscheinenden Bemerkung, die er als Fazit des ersten Treffens mit Felice nach der Entlobung, in Bodenbach am 14. Januar 1915, im Tagebuch folgen läßt – es war um genauere Pläne für eine gemeinsame Zukunft gegangen –: »ich kann nichts richtigstellen, als sie von der ›persönlichen Note‹ (es läßt sich nicht anders als knarrend aussprechen) der erwünschten Wohnungseinrichtung spricht« (722), kennzeichnet er die Verlobte, zu der er nicht kommen kann, schlagend, deutlicher vielleicht, als er sich selbst bei allem Bemühen um realistische Bestandsaufnahme (»sie will stumpf gegen alle stummen Bitten das Mittelmaß, die behagliche Wohnung, Interesse für die Fabrik, reichliches Essen, Schlaf von 11 Uhr abends an«, 722) wahrhaben mag. Doch ist in der Charakterisierung des Gegenüber in seiner Sprache auch immer eine Kennzeichnung seiner selbst eingeschlossen. Am deutlichsten wird das am Umgang mit den Namen. Im Namenszug der anderen wird sich Kafka seiner Beziehung zu ihnen inne – »Frau Tschissik (ich schreibe den Namen so gerne auf)«, heißt es zu Beginn einer Reihe von Eintragungen über diese ihn faszinierende Schauspielerin (96) –, am Schriftbild trägt er sein Verhältnis zu dem Träger des Namens in Annäherung und Zurückweichen zugleich aus (»Viel an – was für eine Verlegenheit vor dem Aufschreiben von Namen – Felice Bauer gedacht«, 430), selbst die Zuwendung zum eigenen Ich schließlich, die Auseinandersetzung mit der eigenen Situation, ist – auf einer weiteren Stufe der Reduktion, in halbverhüllter Bezugnahme auf das eigene Initial – durch das Schriftbild vermittelt:

> 27. V 14 Mutter und Schwester in Berlin. Ich werde mit dem Vater abends allein sein. Ich glaube er fürchtet sich heraufzukommen. Soll ich mit ihm Karten spielen? (Ich finde die K häßlich, sie widern mich fast an und ich schreibe sie doch, sie müssen für mich sehr charakteristisch sein) (517)

– charakteristisch (nicht) zuletzt in dem Sinne, daß jenes ›K‹ der Kehlkopf-Verschlußlaut ist: das passende Initial, ja Pseudonym für einen Schriftsteller, der an Kehlkopftuberkulose sterben sollte und der bereits weit vor Ausbruch seiner Krankheit – »Wie wäre es wenn man an sich selbst erstickte?« (910) – Angst vor deren Ende verspürte. In seinem Nachnamen umpreßt dieses ›Ka‹ gar doppelt das ›F‹ des Vornamens.[112]

Die Präsenz des Ich in Wörtern und Buchstaben

Es verwundert nicht, daß Kafka im Tagebuch als distanzierter Beobachter des Lebens, nur in der Sprache lebend, aus ihr sekundäre Botschaften entnimmt. Auf der Ebene der Sprache laufen für ihn Linien zusammen, die ihn an unterschiedliche Herkunftsorte binden, ihn in verschiedenerlei Bezügen festhalten. Nicht nur die Differenz zwischen Deutschem und Tschechischem, Literatur und Leben, auch die problematische (Nicht-)Zugehörigkeit zum Judentum ist ihm sprachlich vermittelt, in den Wörtern gegenwärtig:

> 24. *(Oktober 1911)* [. . .] Gestern fiel mir ein, daß ich die Mutter nur deshalb nicht immer so geliebt habe, wie sie es verdiente und wie ich es könnte, weil mich die deutsche Sprache daran gehindert hat. Die jüdische Mutter ist keine »Mutter«, die Mutterbezeichnung macht sie ein wenig komisch (nicht sich selbst, weil wir in Deutschland sind) wir geben einer jüdischen Frau den Namen deutsche Mutter, vergessen aber den Widerspruch, der desto schwerer sich ins Gefühl einsenkt, »Mutter« ist für den Juden besonders deutsch, es enthält unbewußt neben dem christlichen Glanz auch christliche Kälte, die mit Mutter benannte jüdische Frau wird daher nicht nur komisch sondern auch fremd. Mama wäre ein besserer Name, wenn man nur hinter ihm nicht »Mutter« sich vorstellte. Ich glaube, daß nur noch Erinnerungen an das Ghetto die jüdische Familie erhalten, denn auch das Wort Vater meint bei weitem den jüdischen Vater nicht. (101f.)

---

[112] Vgl. Zischler [1978].

Entfremdung von der eigenen Herkunft und damit die Problematik des Prinzips von ›Gedächtnis‹ und ›Erinnerung‹ überhaupt werden zuallererst in und an der Sprache erfahren, Mutter und Vater rücken mit dem Wort, das er ihnen gibt, von ihm fort. Beim Wort genommen wird die Sprache selbst. Und hat sie, wird sie ernst genommen, keine Mitteilung anzubieten, stellt sich der komische Effekt sogleich ein (»›Ja wenn man jung ist ‑‹, sagte der Herr und meinte nichts Besonders damit, sondern wollte damit nur ausdrücken, wie es regne«, H 36). Sprache als Material von quasi körperlicher Qualität wird auch und gerade in Alltagsausdrücken, üblicherweise gedankenlos verwendeten sprichwörtlich festen Redensarten auf verlorengegangene Qualitäten sinnlicher Anschauung zurückgeführt, auf körperliche Kräfte abgehorcht. Kafka gewinnt dabei, indem er der Sprache auf den Grund geht, die Vorstellung mit Anschauung auffüllt und verstärkt, in der Verneinung neue Vergleiche und ein tieferes Verständnis für sich selbst und seine Lage:

> Die unmittelbare Nähe des Erwerbslebens benimmt mir trotzdem ich innerlich so unbeteiligt bin, als es nur möglich ist, jeden Überblick so als wäre ich in einem Hohlweg, in dem ich überdies noch den Kopf senke. (718)

Der körperliche Zugang zum Schreiben

In den Bildern, die Kafka für den Zugang zum eigenen Schreiben findet, potenziert sich der Sprachbezug, auch hier nicht im Sinne abstrakter Reflexivität, sondern angefüllt mit sinnlicher Konkretion.[113] Nicht nur spiegelt sich der Ernst des existentiellen Verhältnisses zur Sprache als dem Werkstoff des eigenen Schreibens in körperlichen Vorstellungen voll von ungeheurer Schärfe und blutigem Ernst, in denen er die Gefahr der Selbstzerstörung, auf die er sich in seiner schriftstellerischen Arbeit einläßt, nicht ausspart:

> 10 Uhr 15. November 1910 Ich werde mich nicht müde werden lassen. Ich werde in meine Novelle [i. e. vermutlich »Unglücklichsein«] hineinspringen und wenn es mir das Gesicht zerschneiden sollte. (126)

Auch Erfolg und Mißerfolg des Schreibens werden als (nicht vollbrachte) körperliche Leistungen erfahren –

> 27 〈Dezember 1910〉 Meine Kraft reicht zu keinem Satz mehr aus. Ja, wenn es sich um Worte handeln würde, wenn es genügte ein Wort hinzusetzen und man sich wegwenden könnte im ruhigen Bewußtsein, dieses Wort ganz mit sich erfüllt zu haben (140) –,

---

[113] Kafka spricht unter anderem vom Sich-Ausbreiten (TKA 37), Sich-Gespenster-Machen (TKA 399), Sich-Treffen (TKA 432), Sich-auf-den-Fersen-Sein (Br 86); weitere Hinweise bei Demmer [1973], 94f.

gerade so wie umgekehrt die Körperlichkeit der Bilder, von denen seine Texte durchzogen sind, für ihn einen Hauptgrund des Ungenügens bilden, »die Metaphern [. . .] eines in dem Vielen [sind], was« ihn »am Schreiben verzweifeln läßt.« (875) Die Intensität der physischen Erfahrung der Sprache, etwa der eines einfachen Umlautes, an dem er körperlich Anstoß nimmt – »Wenn er mich immer frägt« das ä losgelöst vom Satz – flog dahin wie ein Ball auf der Wiese« (9) – macht sie fähig, nicht nur Medium, sondern auch Ausdruck der Eigenerfahrung zu werden. Das Selbstbild des Autors Kafka ist in jeder Zeile, die er schreibt, gegenwärtig, das Lebensgefühl wird eingesponnen in Wörter, das Ich geht in der Sprache auf:

> 20 VIII 11 [. . .] Ich lebe nur hie und da in einem kleinen Wort, in dessen Umlaut [. . .] ich z. B. auf einen Augenblick meinen unnützen Kopf verliere. Erster und letzter Buchstabe sind Anfang und Ende meines fischartigen Gefühls. (37f.)

Die Intensität der unterkühlten, unterschwelligen Präsenz des Schriftstellers Kafka in seinen Texten, seine Absicht, bei aller Konkretion des Gegenstandsbezugs jedes einzelne »Wort ganz mit sich erfüllt zu haben« (140), ist es, das die suggestive, gewissermaßen unterirdisch wirkende Kraft seiner Prosa ausmacht. Die Körperlichkeit seiner Spracherfahrung findet eine Entsprechung in dem Erlebnis des Lesers, etwa in dem Martin Bubers: »Kafkas ›Schloß‹ war für mich ein Gegenstand nicht des Lesens, sondern wirklichen Geschehens. Es ist eine Körperhaftigkeit des Geheimnisses darin, die die Überlebenden in ihrem eigensten Leben angeht«;[114] und Peter Handke notiert in einem seiner Tagebücher: »Kafka lesen: man muß sich seine Sätze nicht merken (man kann seine Sätze sofort vergessen, das ist das Schöne an ihnen, sie bleiben doch da, auch wenn man sie vergißt).«[115]

9. Kapitel. Schreiben über das Schreiben: die sich selbst inszenierende Literatur

> [. . .] beim Schreibtisch, das ist mein Platz, den Kopf in meinen Händen, das ist meine Haltung. (H 233)

Die Reflexivität der Tagebücher des Schriftstellers Kafka, die Präsenz des Autors in seinen Aufzeichnungen, ist nirgends so groß wie in den Momentaufnahmen beschriebener Schreibgegenwart, die Kafka vor seinem Schreibtisch, ins Tagebuch eintragend, zeigen. Und hier ist es sicher am wenigsten Zufall, wenn Reflexion über die Bedingungen des eigenen Tuns

---

[114] Buber [1973], 277 (an Brod, 22. Januar 1927).
[115] Handke [1977], 89 (29. März 1976).

Teil dieses Tuns wird, wenn das Schreiben über das Schreiben selbst literarische Züge annimmt.

> 24 ⟨*Dezember 1910*⟩ Jetzt habe ich meinen Schreibtisch genauer angeschaut und eingesehn, daß auf ihm nichts Gutes gemacht werden kann. Es liegt hier so vieles herum und bildet eine Unordnung ohne Gleichmäßigkeit und ohne jede Verträglichkeit der ungeordneten Dinge, die sonst jede Unordnung erträglich macht.

Aus einer Notiz, die »als Fingerübung und Federprobe«[116] beginnt, entwickelt sich eine Szene mit schrittweise zunehmendem Aussagewert eigener Art (137–139). Das Räsonieren über die Hemmnisse, die einem erfolgreichen Schreiben im Wege stehen, hält sich nicht bei der äußerlichen Feststellung der Unordnung, die auf dem Schreibtisch herrscht, auf. Die realen Verhältnisse dort werden literarisiert, in ein Spiel der Vorstellungen mit einbezogen, für die der Ort des Schreibens nurmehr als ›szenische‹ Kulisse dient.

> Sei auf dem grünen Tuch eine Unordnung wie sie will, das durfte auch im Parterre der alten Teater sein. Daß aber aus den Stehplätzen [Fortsetzung am nächsten Tag] 25 ⟨*Dezember 1910*⟩ aus dem offenen Fach unter dem Tischaufsatz hervor Broschüren, alte Zeitungen, Kataloge Ansichtskarten, Briefe, alle zum Teil zerrissen, zum Teil geöffnet in Form einer Freitreppe hervorkommen, dieser unwürdige Zustand verdirbt alles.

Der Schreibtisch wird zum literarischen Ort. Die gewohnten, allzu vertrauten, bisher übersehenen Dinge der nächsten Umgebung werden fremd und bieten einen neuen, ungeahnten Anblick. Das gegenständliche Material verselbständigt sich, wird Mit- und Gegenspieler auf einem imaginierten, selbstinszenierten Theater im Kopf. Aus fesselnder Ausgestaltung mit wahrgenommenem Detail erwächst eine Fülle von innerlich Angeschautem, von dem aber jedesmal – und darin liegt der literarische Charakter der Fortführung – das Interesse abgezogen wird, das immer nur Anlaß ist für die Verlängerung des in sich versunkenen Spiels, in dem die personale Einheit des Schreibenden in verschiedene Zuschauergruppen dissoziiert, die von ihren Sitzreihen aus Zeuge seiner Bemühungen auf der Bühne des Schreibtisches werden:

---

[116] Beißner [1963], 30. – Beißner stellt diese Passage (TKA 137–139; T 32–34) an das Ende eines den Tagebüchern gewidmeten, mehrfach gehaltenen Vortrags; im Mittelpunkt seiner Überlegungen steht, titelgebend, das bekannte Zitat aus den »Fragmenten« (»Wir graben den Schacht von Babel«, H 387), bei dessen Wiedergabe ihm, in überaus bezeichnender Weise, eine Fehlleistung unterläuft: »Wir bauen den Schacht von Babel«, heißt es bei ihm ([1963], 34) – gleichsam also ob der Wille zur Wiedereinsetzung einer Heilszuversicht, die unbedingte Absicht einer Rückbesinnung auf »das Positive« (36) in Kafkas Werk eine solche Verschreibung erforderlich gemacht hätten. – Nur der Vollständigkeit halber sei erwähnt, daß auch der Untertitel eine Unstimmigkeit aufweist; auf dem Buchumschlag heißt es »Zu Kafkas Tagebüchern«, im Innentitel »Aus Kafkas Tagebüchern«.

Einzelne verhältnismäßig riesige Dinge des Parterres treten in möglichster Aktivität auf, als wäre es im Teater erlaubt, daß im Zuschauerraum der Kaufmann seine Geschäftsbücher ordnet, der Zimmermann hämmert, der Officier den Säbel schwenkt, der Geistliche dem Herzen zuredet, der Gelehrte dem Verstand, der Politiker dem Bürgersinn, daß die Liebenden sich nicht zurückhalten u. s. w.

Der Schreibtisch als Theater – dieser faszinierende Moment des Fremdgewordenseins der Umgebung hat nicht nur seine reale Vorlage in Kafkas Schreibtisch, einem Möbel, das tatsächlich mit Seitenfächern und Regalaufsätzen ausgestattet war,[117] die als Schauplatz dieses imaginierten Theaters haben dienen können; es hat auch seine Verlängerung in der Literatur, wird – in weiterentwickelter Form – nach »Amerika« transportiert: ›der amerikanische Schreibtisch‹, den Karl Roßmann bei seinem Onkel bestaunt (»Der Verschollene«, II. Kapitel: Der Onkel), ist auf hundert Fächer angewachsen, die durch seinen Regulator an der Seite, das Drehen an der Kurbel in ihrer Stellung und Aufteilung »nach Belieben und Bedarf« zu verändern sind: »Dünne Seitenwändchen senkten sich langsam und bildeten den Boden neu sich erhebender oder die Decke neu aufsteigender Fächer; schon nach einer Umdrehung hatte der Aufsatz ein ganz anderes Aussehen und alles gieng je nachdem man die Kurbel drehte langsam oder unsinnig rasch vor sich.« (V 57) Die Imagination szenarischer Vielfalt aus Teilen, die Eigenleben gewinnen, ist hier durch maschinenmäßige Vorrichtungen suspendiert und gesteigert zugleich, wobei die Art der Wahrnehmung des Schreibtisches im Roman durch Roßmann exakt der Tendenz der Literarisierung im Tagebuch entspricht. Auch hier ist es das Theatermäßige, sind es die sich verselbständigenden Einzelheiten, die den Blick vom Ganzen abziehen und den Betrachter sich in traumhaft selbstvergessenen Assoziationen (»Krippenspiele«), Reminiszenzen an weit zurückliegende Kindheitserlebnisse verlieren lassen, ihn von der Ganzheit des realen Dings, seiner Funktionsweise und seinem Gebrauchswert immer weiter entfernen[118] – und dabei noch ein bezeichnendes Licht auf seine derzeitige Situation werfen: aufgenommen im Hause des Onkels, unwirklich fern von der Gegenwart des ›Amerika‹, das er nur als Zuschauer, von oben herab, aus der Perspektive des Balkons wahrnimmt, überfordert von der Aufgabe, sich zurechtzufinden, uneins mit dem Antrieb zu eigenem Handeln. Auch in der zitierten Tagebuchpassage kommt, in grandioser Verselbständigung eines Einfalls, der zu immer neuen Vorstellungseinheiten fortschreitet, mit »traumhaften Übergänge[n] in andere und wieder andere Bildbereiche«,[119] an denen tatsächlich die »magische traumklare Transparenz des Stils«[120] bewunderungswürdig ist, die Wahrheit der Selbstaussage zum Vorschein:

---

[117] Siehe die Fotos bei Gruša [1983], 63 und Binder/Parik [1982], 150.
[118] Vgl. Kobs [1970], 184f.
[119] Beißner [1963], 30.
[120] Ebd., 32.

Nur auf meinem Schreibtisch steht der Rasierspiegel aufrecht, wie man ihn zum Rasieren braucht, die Kleiderbürste liegt mit ihrer Borstenfläche auf dem Tuch, das Portemonnaie liegt offen für den Fall daß ich zahlen will, aus dem Schlüsselbund ragt ein Schlüssel fertig zur Arbeit vor und die Kravatte schlingt sich noch teilweise um den ausgezogenen Kragen.

Der Inhalt des eigenen Schreibtisches bevölkert sich mit Figuren, in denen die Ambivalenz aus des Autors Selbstdarstellung und Selbstverleugnung, Bejahung und Ablehnung der an diesem Orte vollbrachten schriftstellerischen Arbeit körperliche Gestalt annimmt:

Das nächst höhere, durch die kleinen geschlossenen Seitenschubladen schon eingeengte offene Fach des Aufsatzes ist nichts als eine Rumpelkammer, so als würde der niedrige Balkon des Zuschauerraumes, im Grunde die sichtbarste Stelle des Teaters für die gemeinsten Leute reserviert für alte Lebemänner, bei denen der Schmutz allmählich von innen nach außen kommt, rohe Kerle, welche die Füße über das Balkongeländer herunterhängen lassen, Familien mit soviel Kindern, daß man nur kurz hinschaut, ohne sie zählen zu können richten hier den Schmutz armer Kinderstuben ein (es rinnt ja schon im Parterre) im dunklen Hintergrund sitzen unheilbare Kranke, man sieht sie glücklicherweise nur wenn man hineinleuchtet u. s. w.

Bevor der Text, fortgesetzt um eine weitere Reihe aufgereihten, lebendig toten Inventars, zu einem neuerlichen Sprung auf die Ebene des selbstinszenierten Spiels der verwandelten Objekte ansetzen kann, bricht er ab.

In diesem Fach liegen alte Papiere die ich längst weggeworfen hätte wenn ich einen Papierkorb hätte Bleistifte mit abgebrochenen Spitzen, eine leere Zündholzschachtel, ein Briefbeschwerer aus Karlsbad, ein Lineal mit einer Kante, deren Holprigkeit für eine Landstraße zu arg wäre, viele Kragenknöpfe, stumpfe Rasiermessereinlagen (für die ist kein Platz auf der Welt), Krawattenzwicker und noch ein schwerer eiserner Briefbeschwerer. In dem Fach darüber –

Der vorangegangene Schreibversuch wird zurückgenommen, und doch endet er mit einem Bekenntnis zum eigenen vergeblichen Tun, dem Beharren auf der Unmöglichkeit:

Elend, elend und doch gut gemeint. Es ist ja Mitternacht, aber das ist, da ich sehr gut ausgeschlafen bin, nur insoferne Entschuldigung, als ich bei Tag überhaupt nichts geschrieben hätte.

Für die Gegenwart des Schreibens über die sich selbst in Szene setzende Literatur soll ein Platz gegen alle Gefährdungen gesichert werden, der Rechtfertigungsversuch für die eben entstandene Seite Prosa nimmt das literarische Spiel, das sie ermöglichte, zurück und setzt die vertrauten Dimensionen des Arbeitens am nächtlichen Schreibtisch wieder ein. Es bleibt ein geschrumpfter Raum am Rande der Idylle, und doch steht ein, bei aller Reduktion, noch einmal gesteigertes Selbstbild am Ende. Die Literarisierung des Lebens ist vollzogen, »die totale *Umkehr der Beobachtung* ist eingetreten: künstlerische Beobachtung verschmilzt ›Innen‹ und ›Außen‹ zu einer gestalteten Einheit, die strukturiert ist vom Entwurf des Werkes, und die von diesem Entwurf her verständlich wird«[121] – das Schreiben über das Schreiben hat zum Ausgangspunkt, dem Ich, zurückgefunden:

> Die angezündete Glühlampe, die stille Wohnung, das Dunkel draußen, die letzten Augenblicke des Wachseins sie geben mir das Recht zu schreiben und sei es auch das Elendste. Und dieses Recht benutze ich eilig. Das bin ich also. (137–139)

---

[121] Kurzrock [1955], 218.

C. Das Tagebuch als Werkstatt

Eine feste Trennung zwischen Tagebuch und literarischem Werk ist im Falle Kafkas, anders als bei anderen, vergleichbaren Autoren – man denke nur an Thomas Mann, auch an Brecht, sogar an Musil – nicht zu ziehen. Nirgends sonst als bei ihm – und das macht den Rang seiner Tagebücher, damit auch das Erkenntnisinteresse ihrer Untersuchung aus – verschwimmen in dem Maße die Grenzen zwischen privaten, ›journalartigen‹ Aufzeichnungen im herkömmlichen Sinne, Reflexionen über das eigene Schaffen und Vorarbeiten für das literarische Werk, gesammeltem Beobachtungsmaterial, Formulierungsversuchen, Erzählentwürfen bis hin zum fertigen literarischen Produkt, das in mehr oder weniger abgeänderter Form vom Autor zum Druck freigegeben wird. Kafkas Tagebuch ist Werkstatt in diesem umfassenden Sinne. So wie sich umgekehrt womöglich sagen ließe: »Das ›Werk‹, vom Tagebuch aus gesehen: [...] ist ein großes Tagebuch. Daß es heute ›neben‹ dem offiziellen Tagebuch steht – aus dem es ja Stück für Stück unmittelbar hervorwächst und in dessen Zusammenhang es gehört – beruht auf den editorischen Entscheidungen Max Brod's«.[122] Die bisherigen von ihm besorgten Ausgaben haben jedenfalls die Erkenntnis dieser besonderen Stellung des Tagebuchs eher erschwert.

---

[122] Ebd., 287.

10. Kapitel. Bausteine des Erzählens

> 21. VI 14 [...] Ich kam einmal im Sommer gegen Abend in ein Dorf in dem ich noch nie gewesen war. (643)
>
> Es war spät abends als K. ankam. (SKA 7)

Der editorische Vorbehalt: die Texte des Autors und die Ausgaben des Herausgebers

Die Tagebücher Kafkas sind in der Form, in der sie dem Leser in deutscher Sprache bis zum Erscheinen der ›Kritischen Ausgabe‹ vorlagen, alles andere als vollständig gewesen. Die erste Ausgabe von 1937 als letzter Band der »Gesammelten Schriften«[123] war von vornherein als Auswahl angelegt, die nur die Eintragungen aus den ersten Jahren vollständig, die der späteren Jahre lediglich in kurzen Proben darzubieten beabsichtigte. Aber auch in der neuen Ausgabe von 1951, im Nachwort als »die nach Tunlichkeit vollständige Herausgabe des ganzen Nachlasses« (T 722) annonciert, hat der Herausgeber Brod zum Teil ganz erhebliche Kürzungen vorgenommen. Er selbst versteht sich dazu, das, was ihm »bedeutungslos, weil allzu fragmentarisch« erschienen sei, ausgeschieden zu haben, desgleichen manches von dem, »was sich mit kleinen Varianten wiederholt«, sowie »allzu Intimes« und »allzu verletzende Kritik« in Rücksicht auf bestimmte (lebende) Personen, sofern diese nicht bei Namensnennung durch bloßes Initial unkenntlich gemacht werden konnten. (T 722) Doch offensichtlich streicht er noch mehr. Nicht nur werden etliche Exzerpte, die Kafka aus Werken literaturgeschichtlichen oder historischen Interesses angefertigt hat, ausgelassen (etwa T 243f., T 268f., T 481), so daß merkwürdigerweise die englische Übersetzung von 1948/1949 für lange Zeit vollständiger war als jeder originalsprachliche Text,[124] sondern auch ganze Erzählungen wurden, soweit sie von Kafka selbst veröffentlicht worden sind, grundsätzlich von Brod aus dem Zusammenhang der Niederschrift separiert und an anderer Stelle der Werkausgabe abgedruckt, so »Unglücklichsein« (T 17), »Das Urteil« (T 293) und »Der Heizer« (T 295). Dem Editor, orientiert an der klassischen Vorstellung, das Tagebuch habe in erster Linie ›Tagebuchartiges‹ eben, privat »auf die Ereignisse des Tages Bezügliches« (T 714) zu enthalten, schienen also Kürzungen nach zwei Richtungen hin angebracht; allzu wenig diari-

---

[123] Kafka [1935–37] VI. Zuvor waren nur vereinzelte Passagen der Öffentlichkeit bekannt gemacht worden; Übersicht bei Binder [1979c], 548f., 554, und Caputo-Mayr/Herz [1982], 69–72, 80.

[124] Vgl. D I, 224–227, 250–253; D II, 132–138 u. ö.

stische Passagen sollten übergangen, als für sich selbst aussagefähig angesehene literarische Arbeiten konnten anderenorts herausgestellt werden.

Eine solche Bearbeitung des Komplexes vielschichtiger ›literarischer Selbstzeugnisse‹ zielte auf eine innere Stimmigkeit des ›Tagebuchgemäßen‹ in der Mitte zwischen purer Materialsammlung und fertiger Literatur; sie verfehlte damit freilich das Tagebuch Kafkas als literarische Werkstatt im Wortsinne, als einen Ort, an dem Vorarbeiten erfolgen, Exzerpte und Materialsammlungen angelegt sind, Erprobung von Formulierung stattfindet, schließlich Versuche zu Erzählungen unternommen werden, bis daß, in ihm, auch Werk-Stücke fertiggestellt werden, so weit sich davon angesichts des fragmentarischen Charakters auch der ›fertigen‹ Texte Kafkas überhaupt sprechen läßt. Dabei hat der Herausgeber Brod doch selbst einräumen müssen, immer noch höchst Verschiedenartiges hier beisammengelassen zu haben: »dichterische Einfälle [. . .], Anfänge von Erzählungen oder Betrachtungen, die ihm [Kafka] durch den Kopf gehen«, stünden »gegen die unfreundliche Welt, den verhaßten, anstrengenden, ja ihn erschöpfenden Brotberuf«, »Eingebungen seiner Phantasie« und »Träume« gegen »das, was er in der Welt des Tages erlebt«. Weil all dies »stilistisch eine Einheit« (T 726) bilde, so lautete seine Rechtfertigung: »Beide Elemente, das des Faktischen und das der ersten Vorstadien zum gestalteten Werk (Vorstadien, die in Glücksfällen zum Werk selbst hinüberleiten), sind in den dreizehn Quartheften auf einzigartige Weise ineinander verzahnt.« (T 727) Doch gerade diese Einheit erscheint, was die Stilebene betrifft, einerseits höchst fraglich, weil sehr weit gespannt, umfaßt sie doch die Extreme des »blassen, letztlich unverständlichen Stichworts« auf der einen und des »korrekt ausgeformten, vollständigen Satzes« auf der anderen Seite – eine Spannung zwischen »Entwurfscharakter und Anschaulichkeit«,[125] die sich bis auf einzelne Merkmale erstreckt, die man als typisch für den Tagebuchstil Kafkas hat herausstellen wollen (Beobachtungssätze, in denen das finite Verb des Wahrnehmens ausgespart ist, etwa).[126] Andererseits aber ist kaum einzusehen, weshalb diese dreizehn Quarthefte mit Eintragungen aus dem Zeitraum zwischen Frühjahr 1909[127] und dem Sommer des Jahres 1923[128] so grundsätzlich anders

---

[125] Binder [1976a], 100f.

[126] Ebd., 99.

[127] Ebd., 36, 41–43, 48; die Anfänge (nicht erhalten gebliebener) tagebuchartiger Notizen (»aus einem alten Notizbuch: [. . .]«, TKA 252, unterm 16. November 1911) liegen bereits viel früher, vor 1903 (Br 22). Brods Angabe im Titel »1910–1923« war auch insofern nicht korrekt, wenngleich die datierten Aufzeichnungen mit dem November 1910 einsetzen.

[128] Kafka hat, wenn sich Dora Diamant richtig erinnert, auch in der Berliner Zeit zwischen September 1923 und März 1924 Tagebücher geführt, die aber, zusammen mit den damals entstandenen Werken – soweit sie nicht von ihr selbst auf sein Geheiß vernichtet worden waren – und mit seinen Briefen an sie, wohl von der Gestapo beschlagnahmt worden sind und seither als verschollen gelten müssen. Hodin [1949], 95.

haben behandelt werden müssen als die acht – von Kafka nicht bezifferten – ›blauen Oktavhefte‹, von denen Brod sagt, sie enthielten »fast nur dichterische Einfälle, Fragmente, Aphorismen (ohne Hinweis auf die tägliche Umgebung) [...] – ein tagebuchartiger Hinweis, ein Datum findet sich in ihnen nur ganz ausnahmsweise.« (T 726f.) Dennoch erscheinen sie ebenfalls durchweg chronologisch geordnet und nicht nur deshalb in vielem dem, was unter dem Titel »Tagebücher« veröffentlicht wurde, vergleichbar, als dessen »zeitwilige Ablösung oder Ergänzung«[129] für einen bestimmten Lebensabschnitt (Winter 1916/1917 bis Ende Februar 1918)[130] – das Unterscheidungsmerkmal der Schrift (in den Quartheften ist sie anfänglich »groß und kalligraphisch schwungvoll« und wird später »allmählich klein und spitzig«,[131] wohingegen die Oktavhefte »großenteils Schmierschriften«[132] bieten: dort findet Brod ›journalartige‹ Eintragungen im engeren Sinne, »das persönliche Leben, de[n] praktische[n] Tagesablauf« betreffend, »mit kleinerer Schrift geschrieben, wie um ihre Unwichtigkeit auszudrücken«)[133] ist eines nur und von begrenzter Geltung –, die Oktavhefte sind bekanntlich, im Zuge der »Gesammelten Werke«, in anderem Zusammenhang abgedruckt worden, und zwar noch einmal aufgeteilt auf zwei verschiedene Nachlaßbände, unterschieden nach dem Grad der in ihnen erreichten »*künstlerischen Geschlossenheit und Vollendung*« einerseits, welche die Stücke des ersten Nachlaßbandes auszeichne (»Beschreibung eines Kampfes. Novellen. Skizzen. Aphorismen. Aus dem Nachlaß«), und der »*weltanschaulichen und biographischen Relevanz*« andererseits, wie sie für die zumeist unfertigen Entwürfe im zweiten Band »Hochzeitsvorbereitungen auf dem Lande und andere Prosa aus dem Nachlaß« kennzeichnend sei.[134] In der ersten Gesamtausgabe hatte Brod die Oktavhefte noch, soweit überhaupt berücksichtigt, im Band »Tagebücher und Briefe« belassen, eine Auswahl trägt den Titel »Meditationen«, eine andere ist mit »Tagebuchnotizen aus anderen Heften« überschrieben.[135] Die sogenannten »Aphorismen« Kafkas hinwiederum, seine von Brod (mit einer »falsche[n] Tendenz ins Positive«)[136] so genannten »Betrachtungen über Sünde, Leid, Hoffnung und den wahren Weg«, sind, einem mutmaßlichen Vorhaben des Autors folgend, aus einem Zettelkonvolut zusammengestellt und – neben dem Zusammenhang der Oktavhefte – noch einmal separat abgedruckt worden (H 39–54), wiewohl sie gewiß (auch)

[129] Giesekus [1954], 169.
[130] Pasley/Wagenbach [1965/1966].
[131] Brod (T 726, Nachwort).
[132] Dietz [156], 5.
[133] Brod (H 442, Anmerkungen).
[134] Brod (B 344, Nachwort zur ersten Ausgabe).
[135] Kafka [1935–37] VI, 218–239; 157–168.
[136] Zimmermann [1985], 223.

unter ›Tagebücher‹ gehören (»als deren Gipfelpunkt« sie gar verstanden wurden),[137] sind doch viele von ihnen (in zwei Oktavheften, G und H), unmittelbar auf eine Datumsangabe folgend erstmals niedergeschrieben worden; zudem weisen etliche einen unmittelbaren Bezug auf die konkrete Befindlichkeit des ›Tagebuchschreibers‹ Kafka auf, der freilich – ›anders‹ als in ›anderen‹ Tagebuchaufzeichnungen – auf eine besondere Weise, in ›aphoristisch‹ anmutender Kürze, literarisiert worden ist: es sind »Lebenszeugnisse im engeren Sinn; sie folgen nur anderen formalen Kriterien.«[138] Sinngemäß das Gleich gilt für die »Er« überschriebenen »Aufzeichnungen aus dem Jahre 1920« (B 291–300), von Brod in dieser Form zusammengestellt und in der Handschrift tatsächlich auch »zumeist unmittelbar aufeinanderfolgend«,[139] sowie für die – wiederum anderenorts abgedruckten – »Paralipomena« hierzu (H 418–421). Hier ist die Schreibweise in der dritten Person, die auch in den wenigen Eintragungen aus dem gleichen Jahr in das zwölfte Quartheft wiederkehrt (847–862), vor kurzem noch, zu Unrecht wohl, als Anzeichen der »*Desintegration der Tagebuchform*« bei Kafka gedeutet worden, die einhergehe mit dem Höhepunkt seiner »existentiellen Krise«: indem das Ich »sich zu einem kalenderhaften Er« objektiviert habe, werde das Tagebuch »wieder zum unreflektierten Kalender«.[140] Dabei führen die ›Er‹-Aufzeichnungen nur jene ins Grundsätzliche gehende – und deshalb in Bruchstücke zerfallende – Selbstanalyse fort, wie sie auch etwa – mit wiederum ganz anderen Mitteln – dem »Brief an den Vater« ein tagebuchartiges Gepräge gibt. Schließlich die »Fragmente aus Heften und losen Blättern« (H 224–417), als Parallelnotizen der Arbeit an den Erzählungen wohl oft zu denken – auch sie passen zumindest stilistisch wiederum zu vielen Seiten der ›eigentlichen‹ Tagebücher,[141] während die drei frühen »Reisetagebücher« (»Friedland-Reichenberg«, »Lugano-Paris-Erlenbach«, »Weimar-Jungborn«) Brod dem Band »Tagebücher« zugeschlagen hat, als eine eigene Abteilung freilich (T 589–682). Der Herausgeber Brod sah sie als »pragmatische [. . .] Aufzeichnungen des Tatsächlichen«, »ohne sichtbare Ansatzpunkte für spätere Arbeiten – so wie eben ein Tourist Aufzeichnungen macht« (wenn sie ihm auch andererseits wieder »auf geheimnisvolle Art von allem Hergebrachten abweichend und symbolhaft« erschienen);[142] nach neuerer Ansicht sind sie eher ganz »bewußt als Vorübung zum realistischen Erzählen konzipiert und niedergeschrieben« worden.[143] Dafür spricht, daß sich Verbin-

---

[137] Giesekus [1954], 170.
[138] Binder [1976a], 85.
[139] Brod (B 352, Nachwort zur ersten Ausgabe).
[140] Jurgensen [1979], 197.
[141] Beißner [1963], 7.
[142] Brod (T 727, Nachwort).
[143] Pasley [1985], 10.

dungslinien ziehen lassen zwischen der Formulierung »flüchtige[r] Ein-
zelimpressionen, Nebensächlichkeiten, Zufallsereignisse und subjektiv empfundene[r] Ausschnitte«[144] des Reisejournals (zum Beispiel, wie bereits erwähnt, anläßlich der »Reise [Lugano-Paris-Erlenbach] August/Septem-
ber 1911«, 941) und ersten daraus ausgeführten Erzählversuchen im Tagebuch (»Es war schon eine Gewohnheit der Freunde Robert Samuel, Max
und Franz geworden [. . .]«, 162), die in Richtung auf ein ›fertiges Werk‹ hin
weiterführen, das mit Brod gemeinsam in Angriff genommene Romanprojekt, dessen Ergebnis (»Erstes Kapitel des Buches ›Richard und Samuel‹«)
an einem dritten Ort, dem Band »Erzählungen«, und zwar in dessen Anhang, sich wiederfindet, als »Die erste lange Eisenbahnfahrt (Prag-Zürich)«
(E 296–312).

Die Neuedition der Tagebücher Kafkas im Rahmen der »Kritischen Ausgabe« läßt den literarischen Ort all dieser Aufzeichnungen deutlicher werden, wenn die Erzählungen und Romanteile und ihre Vorstufen im Ent-
stehungszusammenhang erscheinen, als vorläufiger Endpunkt einer Reihung von Schritten einsehbar werden, die vollständig zu dokumentieren
bisher versäumt wurde.[145] Die Nähe des Tagebuchs zum Werk, sein Arbeits-
und Werkstattcharakter, tritt sehr viel deutlicher hervor, als es bisher durch
die Brodschen Absichten möglich war, die einerseits darauf hinausliefen, wo
möglich ›literarische‹ Passagen aus dem Tagebuch herauszulesen und der
ihnen gemäßen Gestalt zuzuführen (mit allen editorischen Konsequenzen,
was Text auswahl und -anordnung betrifft sowie Veränderungen in Richtung Normalisierung und Poetisierung),[146] und die andererseits die vermeintlich »falsche Perspektive« korrigieren wollten, aus welcher der Autor
notwendigerweise durch seine Tagebücher erscheinen müsse, solange diese
sich als Sammlung von nur »negativen Eindrücken«[147] darböten: auf der
»Helligkeitsskala in den *persönlichen* Äußerungen Kafkas«[148] nähmen die
Quarthefte, sehr im Gegensatz zu den Gesprächen und dem täglichen Umgang mit ihm, den niedersten Rang ein, so seine – angreifbare – Sehweise,
die im gutwillig-wohlmeinenden Bestreben, das Bild des Freundes für die
Augen der Nachwelt lichter, das heißt ›echter-positiver‹ zu gestalten, auch
vor rührend verkehrten Bildern nicht haltmacht (»Meist [. . .] gleichen Ta-

---

[144] Binder [1979c], 543.
[145] Vgl. bereits Raabe in Kafka [1970], 389f. (Nachwort).
[146] Faksimilierte Wiedergaben aus der Handschrift der Tagebücher (u. a. durch Brod
    selbst) haben solche Veränderungen frühzeitig für jedermann sogleich erkennbar,
    anschaulich und nachvollziehbar werden lassen, zum Beispiel T 8 (für TKA 12);
    T 588 (für TKA 14f.); D I, 8 (für TKA 9f.); D I, 214 (für TKA 347f.); Kafka [26],
    5 (für TKA 132f.).
[147] Brod (T 723, Nachwort).
[148] Ebd., T 724.

gebücher einer lückenhaften Barometerkurve, die nur die ›Tief‹, die Stunden stärksten Druckes, nicht die ›Hoch‹ registrieren würde«).[149] Stets ging er von seinen eigenen Vorentscheidungen aus, was editorische Konsequenzen zur Folge hat, die wiederum interpretatorische Folgerungen und Folgen nach sich gezogen haben. Ungeachtet der Anerkennung, ja Hochachtung, die dem uneigennützigen, lebenslangen Dienst Brods an Kafka, einem Schriftsteller-Kollegen doch immerhin, gebührt, bleibt kritisch zu beachten, in welchem Maße sein Kafka-Bild, ergeben und allzu vertraulich zugleich,[150] auf die durch ihn und sein Verdienst nur bewahrten und überlieferten Werke Einfluß genommen hat. Editionsbedingte und -bezogene Vorbehalte solcher Art betreffen auch die vorliegende Untersuchung[151] und die Auswahl der in ihr zu berücksichtigenden Texte; hier sind, im Sinne des eben Dargelegten, weite Grenzen gezogen worden, ohne daß damit die Konzentration auf den Kern der Tagebücher, die Quarthefte, hätte aufgegeben werden müssen. Ein noch jüngst geäußerter Vorschlag,[152] aus ihnen weitere ›gelungene‹ Prosastücke herauszulösen und durch Abdruck im Zusammenhang, zusammen mit den anderen »Erzählungen« auch äußerlicheditorisch als eigenwertige Texte anzuerkennen (zum Beispiel die »Erinnerung an die Kaldabahn«, 549–553, 684–694), fordert da, aus der Unklarheit der Grenze zwischen Werk und Werkvorstufe, nur die Konsequenz in einer Richtung. Wünschenswert bleibt, daß Szenen mit ›literarischem‹ Wert zweimal ediert werden, für sich – wo möglich, im Zusammenhang ihrer (beabsichtigten) Veröffentlichung (»Drucke zu Lebzeiten«) – und am Ort ihrer Entstehung, in den Quart- und Oktavheften, zusammen mit all den anderen heterogenen Aufzeichnungen (»Schriften aus dem Nachlaß«), die in ihrer Gesamtheit erst Kafkas ›Tagebücher‹ ausmachen und den literarischen Schaffensprozeß umgrenzen, dessen nach außen sichtbaren Endpunkt die abgeschlossene Erzählung, das fertige Werk darstellt.

---

[149] Ebd., T 723.

[150] Benjamin schreibt an Gerhard Scholem am 12. Juni 1938 über Brods Kafka-Biographie: »Es [Brods Buch »Franz Kafka. Eine Biographie«] überschreitet das Maß sowohl in der Art, in welcher er Kafka huldigt, als in der Vertrautheit, mit der dieser von ihm behandelt wird. Beides hat wohl in dem Roman sein Vorspiel, dem seine Freundschaft zu Kafka als Vorwurf diente [Brod (1928)]. Ihm Zitate entnommen zu haben, stellt unter den Mißgriffen dieser Lebensbeschreibung keineswegs den geringsten dar.« [1966b] II, 759.

[151] Ich danke Herrn Professor Jürgen Born, Wuppertal, für die Erlaubnis zur Einsicht in Handschrift und Druckvorlage bereits vor dem Erscheinen des Textes der Tagebücher innerhalb der Kritischen Kafka-Ausgabe, sowie Herrn Hans-Gerd Koch, dem Redaktor der Ausgabe, für mancherlei Auskunft, Hinweise und Ratschläge.

[152] Matt [1983], 56f.

Sammlung von Material

Dem Schriftsteller Kafka dienen seine Tagebücher zunächst einmal, unmittelbar betrachtet, als Sammelstelle für die Blicke des Beobachters und die Selbstbilder, für Eindrücke des Außen und Ausdrücke des Innern, als Reservoir für Material, das dann, in veränderter Form, Eingang in das literarische Werk finden kann. Hierfür nur ein kleines Beispiel. Im Tagebuch hält Kafka unter dem 17. Dezember 1911 die Beobachtung fest, wie Vögel, zwei Kakadus, auf dem Christmarkt Horoskope aus Brieflosen ziehen (294f.).[153] Elf Jahre später, im 16. Kapitel des »Schloß«-Romans, kommt K. im Gespräch mit Olga beim Versuch, in einem Vergleich sich des Wertes bestimmter, in seinem Besitz befindlicher Briefe zu vergewissern, auf diese »alte, längst vorbereitete«[154] Beobachtung zurück: »Mögen es auch alte wertlose Briefe sein, die wahllos aus einem Haufen genau so wertloser Briefe hervorgezogen wurden, wahllos und mit nicht mehr Verstand, als die Kanarienvögel auf den Jahrmärkten aufwenden, um das Lebenslos eines Beliebigen aus einem Haufen herauszupicken [...].« (SKA 290) Und noch ein anderes Beispiel: Die Schauspielerin »Fr. Tschissik«, so hält es Kafka im Tagebuch unter dem 7. November 1911 fest, »hat gern zwei Finger am rechten Mundwinkel«. (235) Wiederum im »Schloß«-Roman ist es der Sekretär Bürgel, der fortwährend mit zwei Fingern an seiner Unterlippe spielt (SKA 419).[155]

Erprobung von Formulierungen

Wie die Transformation der im Tagebuch festgehaltenen Wirklichkeit in Erzählungen und Romane erfolgt, darin beantwortet sich die Frage nach der Eigenart der Literatur Kafkas überhaupt, und diese Frage zu klären unternimmt eigentlich – mit jeweils eigenen Mitteln – jedes Sprechen über sein Werk. Zunächst einmal fällt auf, daß die Literarisierung über den instrumentellen Blick auf die Sprache als Material erfolgt. Das Tagebuch erfüllt eine wichtige Funktion dabei, die Sprache in einzelnen Wendungen auf ihre Literaturfähigkeit hin zu prüfen. Es ist Versuchsfeld zur Erprobung von Formulierungen, hat Werkstattcharakter darin, die Suche nach sprachlicher Entsprechung für neue, noch nicht vorgeformte Wahrnehmungen zu organisieren – »Detailnotizen«, die wie »Fingerübungen« anmuten:[156] »Meine Ohrmuschel fühlte sich frisch rauh kühl saftig an wie ein Blatt.« (12)

---

[153] Vgl. Binder [1976a], 120f.
[154] So lautet passenderweise die Entstehungsvariante für die erste Attributivbestimmung im folgenden Zitat, SKA II, 368.
[155] Vgl. Binder [1976a], 103.
[156] Brück [1951], 23.

Dem Aussageziel, die gehabte Empfindung adäquat sprachlich zu realisieren, nähert sich der Schreibende durch Reihung von prädikativen Bestimmungen, deren jede die jeweils vorhergehende begrenzt, korrigiert und genauer bestimmt, bis der Vergleich die Summe zieht. Reihung und Vergleich sind die sprachlichen Formen, die der Erprobung von Formulierungen von sich aus entgegenkommen. Dabei wirkt immer wieder überraschend, wie einfach-neu, wie eindringlich in der Beschränkung die Formulierung ist, die dann schließlich am Ende stehen bleibt, wie mit sparsamster Ökonomie der Mittel gewohnte Wörter wiedereingesetzt werden in ihrer ursprünglichen Frische, ihrer sinnlich-anschaulichen Unmittelbarkeit und »das Abgeblätterte, das den Dingen sonst anhaftet, einen neuen Glanz erhalten hat«[157] – etwa wenn sinnfällig wird, wie die Qualität der Außenerfahrung im Erfahrenden, verwandelt, reproduziert wird und sich wiederholt, indem zwei Wahrnehmungsweisen, Gesichtssinn und Gefühl, zusammengeschrieben werden: »Kitzelnder Anblick der Eidechsenbewegung an einer Mauer«. (959) Oder wenn die Beobachtersituation des Betrachters aus Halbdistanz, diese Mischung aus Separiertheit und überwacher Teilhabe, sich sprachlich umsetzt, indem die auditive Wahrnehmung durch ein visuelles Bild hilfsweise substituiert, ein akustischer Eindruck mit Hilfe eines sekundären, abgeleiteten visuellen zur Kenntlichkeit verändert und ausgeformt wird:

25. III 12 Der den Teppich kehrenden Besen im Nebenzimmer hört sich wie eine ruckweise bewegte Schleppe an (413).

In der Sprache ist alles, jede Grenzüberschreitung möglich, das macht die eine Seite, das Gefühl der Omnipotenz, in Kafkas Selbsterfahrung als Schriftsteller aus. In konsequenter Befolgung dieser Erfahrung entstehen jene eigenartig surreal anmutenden Erzählanfänge in den Oktavheften, die auf die Bilder schaffende, Vorstellungen evozierende Kraft der einzelnen, einmal gefundenen Formulierung vertrauend (»Der blasse Mond ging auf, wir ritten durch den Wald«, H 128) mit einfachsten Mitteln Szenarien von großer Eindringlichkeit, unerhörter neuer Bildlichkeit entstehen lassen wollen, in denen die vertrauten Anblicke der Stadtlandschaft ungewohnten Ansichten einer eigenartig frei aufgefaßten, geschichtslosen Natur gewichen sind: »Es blendete uns die Mondnacht. Vögel schrien von Baum zum Baum. In den Feldern sauste es. Wir krochen durch den Staub, ein Schlangenpaar.« (H 116) Die atmosphärische Dichte, die durch Abtasten des Bildes, durch prüfende Reihung der Wörter, aus denen es sich schließlich zusammensetzen soll, entsteht (»Öde Felder, öde Fläche, hinter Nebeln das bleiche Grün des Mondes«, H 161), mag ihren Ausgang von ›realer‹ Wahrnehmung genommen haben (»Abend am Fluß. Ein Kahn im Wasser. In Wolken un-

---

[157] Ebd.

tergehende Sonne«, H 137), sie wird im Schreibprozeß Merkmal, auch: Prüfstein für die Literarität dessen, was unterm Schreiben entsteht. Und das ist in der Regel keine nur objektive, menschenleere Bestandsaufnahme.

> In hartem Schlag strahlte das Licht herab, zerriß das nach allen Seiten sich flüchtende Gewebe, brannte unbarmherzig durch das übrigbleibende leere großmaschige Netz. Unten, wie ein ertapptes Tier, zuckte die Erde und stand still. Einer im Bann des andern blickten sie einander an. Und der dritte, scheuend die Bewegung, wich zur Seite. (H 282)

Vielmehr sind im kosmischen Geschehen die Regungen des empfindenden und schreibenden Subjekts mitgestaltet:

> Wie der Wald im Mondschein atmet, bald zieht er sich zusammen, ist klein, gedrängt, die Bäume ragen hoch, bald breitet er sich auseinander, gleitet alle Abhänge hinab, ist niedriges Buschholz, ist noch weniger, ist dunstiger, ferner Schein. (H 374)

Die Außenwelt ist (rhythmische) Funktion des (atmenden) Ich, ja ihre Darstellung erhält ihren eigentlichen Wert darin, das Ich selbst in eine ungeahnte, befremdlich-neue Situation zu versetzen und ihm damit zu neuem sprachlichen Ausdruck für die Einordnung der eigenen Lage, zu neuer Selbsterkenntnis, im literarischen Bild, zu verhelfen:

> Ich war der Figur gegenüber wehrlos, ruhig saß sie beim Tisch und blickte auf die Tischplatte. Ich ging im Kreis um sie herum und fühlte mich von ihr gewürgt. Und so setzte es sich fort bis zu den Bewegungen der Gestirne und darüber hinaus. Alles fühlt den Griff am Hals. (H 329)

Surreale Erzähleinsätze lassen fremde, bedrückend-schöne Bilder entstehen, gedichtartige Momentaufnahmen weisen für Kafka erstaunlich (epigonale?) ›lyrische‹ Töne auf (»Träumend hing die Blume am hohen Stengel. Abenddämmerung umzog sie«, H 273) und verleihen auch ›journalartigen‹ Eintragungen (»Nichts hält mich/Türen und Fenster auf/Terrassen weit und leer«, (H 133) ein literarisch geformtes Aussehen:

> 21. September 1920.
> Aufgehoben die Reste.
> Die glücklich gelösten Glieder
> unter dem Balkon im Mondschein.
> Im Hintergrund ein wenig Laubwerk,
> schwärzlich wie Haare. (H 303)

Solche Gestaltungsansätze, mit denen sich die Forschung bisher merkwürdigerweise so gut wie gar nicht beschäftigt hat, haben zu gelten als Schreibversuche nicht allein im Sinne von ›Fingerübungen‹, sondern als Erprobung von Formulierungen beim Versuch, mit ihrer Hilfe eine bestimmte Atmosphäre und Stimmung wachsen zu lassen. Anders als in den veröffentlichten Erzählungen, bei denen die fertige Erzählstruktur die einzelnen Bilder funktionalisiert und gewissermaßen mit kaltem Licht überstrahlt, bieten sich hier losgelassene Inventionen noch vor der nachträglich richtenden Kontrolle dar, wird ein Einblick in die Unmittelbarkeit des Schreibens möglich. Erprobung von Formulierung ist dabei durchaus im Wortsinne zu verstehen: Kafka probt, am eigenen Leseerlebnis, die Tragweite seiner literarischen Invention, prüft, ob er selbst Herr wird der von ihm literarisch inszenierten Situation, ob die Spannkraft des von der Formulierung evozierten Bildes ausreicht, um, in der Sprache, die vom Sprechenden verlangte Veränderung eintreten zu lassen – der Schreibende hält Zwiesprache mit dem von ihm Geschriebenen:

> Süße Schlange, warum bleibst du so fern, komm näher, noch näher, genug, nicht weiter, dort bleib. Ach für dich gibt es keine Grenzen. Wie soll ich zur Herrschaft über dich kommen, wenn du keine Grenzen anerkennst. Es wird schwere Arbeit sein. Ich beginne damit, daß ich dich bitte, dich zusammenzuringeln. Zusammenringeln sagte ich und du streckst dich. Verstehst du mich denn nicht? Ich rede doch sehr verständlich: Zusammenringeln! Nein, du faßt es nicht. Ich zeige es dir also hier mit dem Stab. Zuerst mußt du einen großen Kreis beschreiben, dann im Innern eng an ihn anschließend einen zweiten und so fort. Hältst du dann schließlich noch das Köpfchen hoch, so senk es langsam nach der Melodie der Flöte, die ich später blasen werde, und verstumme ich, so sei auch du still geworden, mit dem Kopf im innersten Kreis. (H 140)

Rundet sich das Bild in der Sprache, dann findet die Szene ihre Erfüllung, anderenfalls bricht der Schreibfluß ab, die das Bild erhaltende Kraft der Formulierung hat nicht ausgereicht – so erklärt sich der fragmentarische Charakter der meisten Erzähleinsätze –, und ein neuer Erzählanfang ist notwendig. Das Schreiben im Tagebuch hält sich selbst in Gang.

Entwürfe für Erzählungen

Das Schreiben in Gang zu bringen ist die Aufgabe der zahlreichen Erzählentwürfe. Das Tagebuch bietet komplette erste Fassungen von kleineren Prosastücken (etwa »Das Unglück des Junggesellen«, 249f., »Der plötzliche Spaziergang«, 347f., »Entschlüsse«, 371f.), Vorstudien zu Erzähleingängen (»Der Jäger Gracchus«, 810f.; »Verlockung im Dorf«, zum »Schloß«-Roman, 643–657), Fragmente (zur »Strafkolonie« 822–827). Dabei lassen sich die Beziehungen zwischen Vorstufe und fertigem Resultat, an dem gemessen der Entwurf erst als Entwurf erkennbar wird, unter mehr als einem Aspekt betrachten. Einfacher Fassungsvergleich kann Identität zutage fördern. So wird eine Erzählskizze, die Kafkas Lebens-, das heißt: Schreibsituation in der Wohnung der Familie als einen Kampf gegen den Lärm beschreibt (225f.), nahezu unverändert veröffentlicht (»Großer Lärm«);[158] lediglich der

---

[158] Dietz [1982], 37f. (Nr 16).

meine Frau unsern Jüngsten, ich streichelte ihr sanftes erhitztes Gesicht und machte ihr Mitteilung von meinen Absichten. Sie lächelte zustimmend zu mir auf.« (H 275) Hierher gehört auch jener immer wieder staunenswerte »Brief an den Vater«, zwischen Selbstzeugnis und Literatur, dessen Stil von so großer innerer Spannung und Kraft geprägt ist, einzig um die »Schwäche« (H 176) literarisch bewältigen zu können; in dem der Schreiber seine ganze Stärke aufbraucht darin, dem Empfänger, der – und das Tagebuch notiert auch das – immerfort nur »von den Leiden erzählt, die er in seiner Jugend auszustehen hatte« (323), die von ihm erlittenen Niederlagen, Demütigungen und Kränkungen seinerseits endlich einmal auseinanderzusetzen. Und doch setzt die Literatur mit ihren Formkräften, ihrer strukturellen Wahrheit diesen Versuchen, mit ihrer Hilfe, in ihr das Leben zu übersteigen, selbst eine Korrektur entgegen. »Die städtische Welt« (151–158) liest sich mit dem Streitgespräch zwischen Sohn und Vater wie eine Vorstufe zum »Urteil«; »Oskar M. ein älterer Student« (151), der die verbale Auseinandersetzung mit dem Vater führt, holt schließlich »Franz« zur Hilfe, bittet ihn um »fachmännischen Rat« (156f.). Aus dem Wortlaut seiner Einlassungen im Dialog gewinnt der Leser den Eindruck ebenbürtiger Souveränität gegenüber der aggressiven Vaterfigur, aber dieser Eindruck wird relativiert, nimmt man – wie die ›Regieanweisungen‹ für den Dialog es beabsichtigen – die Gestik wahr, die seine Reden begleitet: Er setzt den Fuß ins Zimmer, merkt erst beim Reden, wie er gelaufen war, geht vorsichtig dem Tisch zu, schluckt an seinem Atem, dreht den Kopf, »als halte man ihn am Halse« (154), zuckt im Genick – und widerlegt damit die Bestimmtheit und Selbstsicherheit, mit der er seine Absichten vorzutragen sucht und offenbart, wie es in Wahrheit um sein Verhältnis zum Vater steht. Im »Urteil« ist der Sohn schon nicht einmal mehr im Wortlaut des Dialogs stark, sondern nur noch in Gedanken Herr der Situation, bis hin zur realen Selbstaufgabe. Literarisierte Wunscherfüllung findet in ihrem Ausdruck ihre Grenzen, Literatur als Kompensation des Lebens wird in der Literatur selbst korrigiert, zur Wahrheit des Lebens zurückgebogen, erweist sich, gegen den Schreibantrieb, als ein bei aller Veränderung und Transformation doch getreues und aussagestarkes Abbild der realen Verhältnisse. Die Wahrheit des Lebens mit dem Vater liegt freilich auch in den vorliterarischen Tagebucheintragungen verborgen, in denen die Ambivalenz der gehemmten Aggression greifbar wird, wenn der Angriff, mit dem Kafka für die Selbstwehr verbale Vorsorge trifft (»Um es nicht zu vergessen, für den Fall, daß mich mein Vater wieder einmal einen schlechten Sohn nennen sollte, schreibe ich mir auf [. . .]«, und es folgt eine Aufzählung von Schuldvorwürfen, die er dem Vater entgegenzusetzen hat) – wenn dieser Angriff unterm Schreiben zurückgenommen wird und der »Haß« sich steigert zugleich, weil das Vorhaben unter der Hand sich verflüchtigt hat, die innere Selbstzensur als übermächtige Instanz die Schreibabsicht korrigiert und das Tagebuch-Ich am Ende dieser Eintragung »an das eigentlich Böse im gestrigen Benehmen des Vaters« sich gar nicht mehr »erinnern kann.« (214f.) Schreiben, dem Leben entgegengerichtet, bleibt doch an seinen Vorwurf im Wortsinne gebunden. In den Entwürfen für Erzählungen im Tagebuch versucht Kafka nichts anderes als die Herstellung einer Gegenwirklichkeit, macht er die Probe darauf, die Bewegung der Literarisierung des Lebens, seiner Veränderung, stellvertretenden Bewältigung durchzuhalten. Das Tagebuch ist Schauplatz dieser Versuche und bietet gleichzeitig die Gelegenheit, über Gelingen oder Mißlingen dieser Versuche sich Rechenschaft abzulegen. Es hält die Mitte zwischen Aktion und Reflexion, Praxis und Theorie, literarischem Tun und Besinnung.

11. Kapitel. Werkkommentar und Selbstdeutung

> 23 ⟨September 1912⟩ [...] Nur so kann
> geschrieben werden [...]. (460f.)

»Das Urteil«: der Autor als Interpret seiner selbst

Für kein anderes literarisches Werk Kafkas läßt sich besser verfolgen, wie Tun und Besinnung auf engstem Raum im Tagebuch vereint sind, Niederschrift und In-Augenschein-Nehmen des Geschriebenen, als für die Erzählung »Das Urteil«. Das Tagebuch ist Ort der Geburt des Werks und zugleich der Ort, den ersten Blick darauf – zurück – zu werfen.

23 ⟨September 1912⟩ Diese Geschichte »das Urteil« habe ich in der Nacht vom 22 zum 23 von 10 Uhr abends bis 6 Uhr früh in einem Zug geschrieben. Die vom Sitzen steif gewordenen Beine konnte ich kaum unter dem Schreibtisch hervorziehn. Die fürchterliche Anstrengung und Freude, wie sich die Geschichte vor mir entwickelte wie ich in einem Gewässer vorwärtskam. Mehrmals in dieser Nacht trug ich mein Gewicht auf dem Rücken. Wie alles gesagt werden kann, wie für alle, für die fremdesten Einfälle ein großes Feuer bereitet ist, in dem sie vergehn und auferstehn. Wie es vor dem Fenster blau wurde. Ein Wagen fuhr. Zwei Männer über die Brücke giengen. Um 2 Uhr schaute ich zum letztenmal auf die Uhr. Wie das Dienstmädchen zum ersten Mal durchs Vorzimmer gieng, schrieb ich den letzten Satz nieder. Auslöschen der Lampe und Tageshelle. Die leichten Herzschmerzen. Die in der Mitte der Nacht vergehende Müdigkeit. Das zitternde Eintreten ins Zimmer der Schwestern. Vorlesung. Vorher das Sichstrecken vor dem Dienstmädchen und Sagen: »Ich habe bis jetzt geschrieben«. Das Aussehn des unberührten Bettes, als sei es jetzt hereingetragen worden. Die bestätigte Überzeugung, daß ich mich mit meinem Romanschreiben in schändlichen Niederungen des Schreibens befinde. Nur so kann geschrieben werden, nur in einem solchen Zusammenhang, mit solcher vollständigen Öffnung des Leibes und der Seele. Vormittag im Bett. Die immer klaren Augen. Viele während des Schreibens mit-

geführte Gefühle: z. B. die Freude daß ich etwas Schönes für Maxens Arkadia haben werde, Gedanken an Freud natürlich, an einer Stelle an Arnold Beer, an einer andern an Wassermann, an einer (zerschmettern) an Werfels Riesin, natürlich auch an meine »Die städtische Welt« (460f.).

Das Auslaufen und Sichmitteilen der Schreibspannung, die Erinnerung an losgelöste Wahrnehmungen, wieder vergegenwärtigte isolierte Anblicke der begriffslos zugehörigen Außenwelt, die sich in Sätzen ohne Verb in immer rascherer, atemlos-erschöpfter Folge aneinanderreihen, die noch vorläufigen, ungeklärten Einsprengsel der Bewußtmachung gehabter Gefühle und gegenwärtiger Empfindungen – all das zusammen ergibt einen fast bewußtseinssimultanen, nur um weniges zeitversetzten Kommentar zur Entstehung, der die Außergewöhnlichkeit dieser Erfahrung selbstgewiß-kohärenten Schreibflusses, der »Freude, wie sich die Geschichte vor mir entwickelte«, von dem aus die Forschung den Beginn der ›eigentlichen‹ schriftstellerischen Existenz Kafkas, seinen dichterischen Durchbruch datiert, sogleich an Ort und Stelle festhalten und bestimmen möchte. In welchem Maße diese Erfahrung tatsächlich für den Autor selbst den Charakter des Außergewöhnlichen besessen hat, läßt sich, wie in Spiegelung der Tagebucheintragung, aus einem anderen Selbstzeugnis vom Morgen des gleichen Tages erschließen. In einer Mitteilung Kafkas auf der Rückseite seiner Visitenkarte an seinen »Chef im Bureau« (F 337), den Oberinspektor Eugen Pfohl, entschuldigt er sein Fehlen im Dienst mit folgenden Worten:[159]

Sehr geehrter Herr Oberinspektor!

Ich habe heute früh einen kleinen Ohnmachtsanfall gehabt und habe etwas Fieber. Ich bleibe daher zuhause. Es ist aber bestimmt ohne Bedeutung und ich komme bestimmt heute noch, wenn auch vielleicht erst nach 12 ins Bureau

[Vorderseite der Visitenkarte]

Ihr ergebener [gedruckt] Dr Franz Kafka

[Handschriftlicher Vermerk von fremder Hand:]

Hat den Dienst am heutigen Tag wieder angetreten.

19 24./IX. 12.
[Unterschrift]

Das unerhörte Ereignis ist als »Ohnmachtsanfall« versteckt und doch gut zu erkennen, seine Bedeutsamkeit für den Autor korrespondiert mit ihrer geflissentlichen Verleugnung (»bestimmt ohne Bedeutung«) durch den Beamten – eine Art von Mimikry, bei der Kafka in der radikalen Trennung der zwei Welten die eigene Identität nicht preisgibt.

---

[159] In der Personalakte Kafkas abgeheftet, zitiert nach der Faksimile-Wiedergabe bei Wagenbach [1983], 131f.

Kommentar zur Entstehung

Kafkas Gefühl als Schriftsteller datiert von der Entstehungsnacht des »Urteils«, weil hier Literatur und Leben in eine für ihn bisher ungeahnte Nähe zueinander gelangt waren. Literarisch durchgespielt wird in dieser Erzählung die reale Situation des Autors, zur Sprache kommen die Heiratspläne des ›Sohnes‹, die dieser ohne vorherige Klärung des Verhältnisses zu seinem ›Vater‹ gefaßt hat, dem gegenüber die beabsichtigte Verbindung als Loslösung, Treuebruch, ja Verrat sich darstellen muß. Die Schlußwendung der Erzählung bringt eine fiktionale Lösung des wirklichen Problems, die Selbstbehauptung des Autors gelingt durch stellvertretende Selbstvernichtung seines zur Verwandlung verurteilten Helden. Diese Verschränkung in der Gegenüberstellung von Literatur und Leben wird dem Autor ein halbes Jahr nach der Entstehung, anläßlich der Korrektur der Erzählung, schrittweise mit immer größerem Erstaunen an immer kleineren Einzelheiten bewußt. Wieder ist das Tagebuch der Ort, im ungeschützten, quasi simultanen Aufschreiben aller augenblicklichen, über ein halbes Jahr gesammelten oder gespeicherten Empfindungen, Einfälle und Gedanken der verborgenen Wahrheit des eigenen Lebens in der Literatur auf den Grund zu gehen, die ruhenden Bewußtseinsinhalte restlos zu heben. Die Reflexion im Tagebuch ist Verlängerung der Produktion, Entäußerung der (»Schmutz und Schleim«) schlecht-privaten Begrenztheiten des Kunstwerks, Vertilgung all dessen an ihm, was nicht Literatur ist:

> 11. II 13 Anläßlich der Korrektur des »Urteils« schreibe ich alle Beziehungen auf, die mir in der Geschichte klar geworden sind, soweit ich sie gegenwärtig habe. Es ist dies notwendig, denn die Geschichte ist wie eine regelrechte Geburt mit Schmutz und Schleim bedeckt aus mir herausgekommen und nur ich habe die Hand, die bis zum Körper dringen kann und Lust dazu hat:

Er beginnt damit, sich die Figurenkonstellation zu vergegenwärtigen, und kommt dabei bald über eine bloße Rekapitulation des Beziehungsgefüges hinaus:

Assoziation, Erklärungsversuch, Selbstdeutung

> Der Freund ist die Verbindung zwischen Vater und Sohn, er ist ihre größte Gemeinsamkeit. Allein bei seinem Fenster sitzend wühlt Georg in diesem Gemeinsamen mit Wollust, glaubt den Vater in sich zu haben und hält alles bis auf eine flüchtige traurige Nachdenklichkeit für friedlich. Die Entwicklung der Geschichte zeigt nun, wie aus dem Gemeinsamen, dem Freund, der Vater hervorsteigt und sich als Gegensatz Georg gegenüber aufstellt, verstärkt durch andere kleinere Gemeinsamkeiten nämlich durch die Liebe, Anhänglichkeit der Mutter durch die treue Erinnerung an sie und durch die Kundschaft, die ja der Vater doch ursprünglich für das Geschäft erworben hat. Georg hat nichts; die Braut, die in der Geschichte nur durch die Beziehung zum Freund, also zum Gemeinsamen,

lebt, und die, da eben noch nicht Hochzeit war, in den Blutkreis, der sich um Vater und Sohn zieht, nicht eintreten kann, wird vom Vater leicht vertrieben. Das Gemeinsame ist alles um den Vater aufgetürmt, Georg fühlt es nur als Fremdes, Selbständiggewordenes, von ihm niemals genug Beschütztes, russischen Revolutionen Ausgesetztes, und nur weil er selbst nichts mehr hat, als den Blick auf den Vater, wirkt das Urteil, das ihm den Vater gänzlich verschließt so stark auf ihn.

Der Nachvollzug der Handlung steht am Ende der Einfühlung aus der Perspektive des ›Sohnes‹, Kafka nähert sich der unterirdischen Spannung des verborgen-offenen Selbstbezuges vorsichtig, fast überbehutsam und doch mit manisch besessener Ausschließlichkeit auf dem Wege von Assoziationen, die – kennzeichnenderweise – von ihm selbst wegweisen und auf die Materialhaftigkeit der Sprache hinzielen, am Buchstabenbild einzelner Wörter anknüpfen, von der Klanggestalt ihren Ausgang nehmen:

> Georg hat soviel Buchstaben wie Franz. In Bendemann ist »mann« nur eine für alle noch unbekannten Möglichkeiten der Geschichte vorgenommene Verstärkung von »Bende«. Bende aber hat ebensoviele Buchstaben wie Kafka und der Vokal e wiederholt sich an den gleichen Stellen wie der Vokal a in Kafka.

Die lautbezogenen Konnotationen stellen ein Netz von Beziehungen her, das die literarische Konstellation an das Leben zurückbindet und schließlich beide Pole der Selbsterfahrung wiedererkennen läßt, nicht nur das eigene Ich, sondern auch sein Gegenüber:

> Frieda hat ebensoviel Buchstaben wie Felice und den gleichen Anfangsbuchstaben, Brandenfeld hat den gleichen Anfangsbuchstaben wie Bauer und durch das Wort »Feld« auch in der Bedeutung eine gewisse Beziehung. Vielleicht ist sogar der Gedanke an Berlin nicht ohne Einfluß gewesen und die Erinnerung an die Mark Brandenburg hat vielleicht eingewirkt. (491f.)

Diese Assoziationen zur geheimen Verbindung der Namen wiederholt er einige Monate später in einem Brief an die zukünftige Braut, diejenige, deren Name dem eigenen in der Erzählung verschlüsselt gegenübersteht. Doch so, wie das Gedächtnis beiseitetritt, wenn es um das Leben geht – »Es [›Das Urteil‹] ist zu einer Zeit geschrieben wo ich Dich zwar schon kannte und die Welt durch Dein Dasein an Wert gewachsen war, wo ich Dir aber noch nicht geschrieben hatte« (F 394); die Herausgeber merken dagegen zu Recht an, daß der berühmte erste Brief an Felice (»Sehr geehrtes Fräulein! [. . .]«, F 43f.) vom 20. September 1912 und damit zwei Tage vor der Niederschrift des »Urteils« herrührt –, ebenso weicht er davor zurück, die reale, ins Leben hineinragende Wahrheit dieser Assoziationen zur eigenen Literatur, die im Tagebuch hat deutlich werden können, der Briefempfängerin zu eröffnen: »Findest Du im ›Urteil‹ irgendeinen Sinn, ich meine irgendeinen geraden, zusammenhängenden, verfolgbaren Sinn? Ich finde ihn nicht und kann auch nichts darin erklären. Aber es ist vieles Merkwürdige daran.« Was im Tagebuch bedacht wird, dem weicht er im Brief an Felice, indem er indirekt darauf hinweist (»Sieh nur die Namen!« F 394), aus. Freilich erschöpft sich der Sinn der Geschichte nicht in den Namen, wohl aber führen die Assoziationen zu ihnen dorthin. Es ist verräterisch, daß diese, was die Beziehung der Figuren untereinander betrifft, aus der Sicht des Sohnes nur Vater und Freund, nicht aber die Braut erfassen; sie ist der Beziehung zwischen Vater und Sohn untergeordnet, kann, wie in der Geschichte, »vom Vater leicht vertrieben« werden (492). Daß sie dem Verhältnis des Sohnes zum Vater unterliegt, ja geopfert wird, würde sich aber »erklären« durch die Lektüre der Tagebucheintragungen, die er derjenigen in Aussicht stellt (»Das ›Urteil‹ ist nicht zu erklären. Vielleicht zeige ich Dir einmal paar Tagebuchstellen darüber«, F 396), der er sich in einem spätestens am gleichen Tag begonnenen anderen Brief (F 400) als heiratswillig erklärt. Dabei ist ja tatsächlich in der Erzählung selbst auch nur wenig von der Braut die Rede; sie spielt, fern und doch anwesend, eine eigenartig gemischte Rolle, entscheidend und doch an den Rand gedrängt, als das Äußere, Vehikel und Prüfstein der Lösung des engsten Verhältnisses, desjenigen zwischen Sohn und Vater, das nicht von dem unreinen Stigma der Geschlechtlichkeit gezeichnet, nicht von jener »Angst vor der Verbindung, dem Hinüberfließen« bestimmt ist, welches die Einheit von körperlicher und geistiger Existenz zerreißen und die Mitte der Identität in und durch Isolation zerstören müßte, ihn »nie mehr allein« sein ließe (569). Im Zentrum steht tatsächlich der Vater, beleuchtet durch das Verhältnis des Sohnes zu ihm; der Freund, selbst – im Ausland – entfernt genug, ist Statthalter des Platzes der Braut. Auch der Vater ist eine zwiegesichtige Figur, er straft, aber nicht mit der Allmacht eines rächenden Gottes, sondern mit allen Zeichen der Hinfälligkeit, die nach dem Aussprechen des Urteils dann vollends Besitz von ihm ergreift. Und auch der Sohn bekundet eine doppelsinnige Haltung am Schluß der Geschichte mit dem Entschluß zur Selbsttötung, welche die Vaterfigur unangetastet läßt und die vorangegangene schuldhafte Entfernung von ihr entsühnt: er nimmt die Strafe des Vaters auf sich und bewahrt sich gleichzeitig seine Unschuld, indem er freiwillig aus der Welt scheidet, bevor diese ihn zu verwunden vermag. Das letzte Wort des vorletzten Absatzes, »hinabfallen« (E 68), markiert also in der Tat kein ›Hinfallen‹ – ein Druckfehler, den er Felice gegenüber korrigiert (F 394) – kein bewußtloses Erfüllen eines widersinnigen Befehls, sondern mit der Bekundung der (unmöglichen) Liebe die Demonstration der eigenen Bestimmung, der Identität mit sich selbst im Augenblick ihrer Aufhebung.

Die »Verwandlung« ist der andere literarische Modus der Bestrafung, zu dem Kafka gelangt, die Möglichkeit endgültiger Trennung des Menschen von sich selbst auf andere Weise, mit anderen, eigenen Unzulänglichkeiten und Aporien; Kafka ist mit dem »unlesbare[n] Ende« (624) dieser Geschichte nie zufrieden gewesen. Das Thema Schuld und »Bestrafung der Söhne«[160] bleibt aufgegeben, »Das Urteil« erscheint 1916 noch einmal separat, als Teil einer geplanten Trilogie, die ursprünglich »Die Söhne«, später »Strafen« heißen und zuerst das »Heizer«-Fragment, »Das Urteil« und »Die Verwandlung«, dann »Das Urteil«, »Die Verwandlung« und »In der Strafkolonie« umfassen sollte. Solche werkübergreifenden und -bestimmenden Konstellationen sind nicht als rein innerliterarische Konstruktion mißzuverstehen, sondern beglaubigen, daß es eine tatsächliche Verbindung gibt zwischen dem eigenen Leben und einem selbstgesetzten Urteil darüber, das er, wie sein Vertreter Georg Bendemann, zu akzeptieren geneigt ist.

Das Spiel mit dem Gedanken der Selbstbestrafung nimmt im Tagebuch breiten Raum ein, die »Selbstmordlust« (637) ist buchstäblich »auf der Fensterkante« (577) angesiedelt und simuliert mehrfach den Moment des Springens vom Balkon:

> 14. II 14
> Wenn ich mich töten sollte, hat ganz gewiß niemand schuld, selbst wenn z. B. die offenbare nächste Veranlassung F.'s Verhalten sein sollte. Ich habe mir selbst schon einmal im Halbschlaf die Szene vorgestellt, die es ergeben würde, wenn ich in Voraussicht des Endes den Abschiedsbrief in der Tasche in ihre Wohnung käme, als Freier abgewiesen würde, den Brief auf den Tisch legte, zum Balkon gienge, von allen, die hinzueilen gehalten mich losreißen und die Balkonbrüstung, während eine Hand nach der andern ablassen muß, überspringen würde. In dem Brief aber stünde, daß ich F.'s wegen zwar hinunterspringe, daß sich aber auch bei Annahme meines Antrages nichts wesentliches für mich geändert hätte. Ich gehöre hinunter, ich finde keinen andern Ausgleich, F. ist zufällig die, an der sich meine Bestimmung erweist, ich bin nicht fähig, ohne sie zu leben und muß hinunterspringen, ich wäre aber – und F. ahnt dies – auch nicht fähig mit ihr zu leben. Warum nicht die heutige Nacht dazu verwenden [...] – aber ich halte mich an Vorstellungen, ich lebe ganz verwickelt ins Leben, ich werde es nicht tun, ich bin ganz kalt, bin traurig, daß ein Hemd um den Hals mich drückt, bin verdammt, schnappe im Nebel. (636f.)

Hier gibt es tatsächlich eine Verbindung zwischen der eigenen Situation und dem »Sinn« des »Urteils«, und doch bleibt die Differenz zwischen Leben und Literatur bestehen, Kafka bleibt am Leben. Ganz spät erst ringt er sich durch, »die Strafe, die Auflösung, die Erlösung« auf sich zu nehmen, für ein Verbrechen, einen Mord, den das Bruder des Ich, unter seiner Beteiligung, begangen hat, und zwar in einem wiederum im Tagebuch, mit »maßlosem Glück«, festgehaltenen Traum, der »tausend gleichzeitig mit einem Schlag klarwerdende Beziehungen« enthält: »Das Glück bestand darin, daß die Strafe kam und ich sie so frei, überzeugt und glücklich willkommen hieß« (868). Kafkas Geschichte »Das Urteil« »steckt voller Abstraktionen, ohne daß sie zugestanden werden«, das gesteht er zu (F 396), doch was in der Geschichte, die ihm die »liebste Arbeit« gewesen ist (Br 148f.) und die er

---

[160] Oellers [1978].

doch nur als »das Gespenst einer Nacht« hat erfahren können (J 54), den Rang der literarischen Lösung ausmacht, konkret und abstrakt, anschaulich und unfaßbar zugleich, was voreilige Identifizierung mit der Realität zur komischen Vorstellung werden läßt –

> Die Schwester sagte: »Es ist unsere Wohnung.« Ich staunte darüber, wie sie die Örtlichkeit mißverstand und sagte: »Da müßte ja der Vater auf dem Kloset wohnen [. . .]» –,

genauso wie es unwahres Sicheinfühlen grotesk verfehlt –

> Nachdem ich die Geschichte gestern bei Weltsch vorgelesen hatte, gieng der alte Weltsch hinaus und lobte, als er nach einem Weilchen zurückkam, besonders die bildliche Darstellung in der Geschichte. Mit ausgestreckter Hand sagte er: ich sehe diesen Vater vor mir und dabei sah er ausschließlich auf den leeren Sessel, in dem er während der Vorlesung gesessen war (493) –,

das wird nach außen in den Briefen nur unvollständig übermittelt, und dies um so mehr, als dieses Außen, das »Fräulein Felice B.«, dem die Erzählung gewidmet ist, nur die andere, die Gegenseite des geheimen Ichs der Erzählung darstellt. Das Tagebuch allein ist der Ort unverstellter Selbstdeutung, nur hier ist der Autor als Interpret seiner selbst in der Lage, die Beziehungen zwischen sich und seinen Figuren aufzudecken, das Schicksal des einen mit dem des anderen in Beziehung zu setzen; hier wird ausgesprochen, was dem Autor, von ihm seiner Figur zugeschrieben, selbst droht. Am 14. August 1913, als er durch den letzten von drei aufeinander folgenden Briefen Felices sich der Heirat endlich stellen zu müssen glaubt, ist er so weit und zieht widerstrebend-offen im Tagebuch die »Folgerungen aus dem ›Urteil‹ für meinen Fall. Ich verdanke die Geschichte auf Umwegen ihr. Georg geht aber an der Braut zugrunde.« (574)

Exkurs: Brief und Tagebuch

Was im Brief ausgespart wird, hat im Tagebuch seinen Platz. Hier steht »die schreckliche Unsicherheit« seiner »innern Existenz« (559) zu Buche, der er dort die »Festigkeit« seines Kopfes (F 376) beschwörend entgegenzusetzen versucht. Und doch ist das Verhältnis dieser beiden Formen literarischer Selbstzeugnisse noch verwickelter. Zunächst einmal handelt es sich um den Gegensatz von Offenheit auf der einen und teilweisem Sichverschließen auf der anderen Seite, doch sind hier schon Abstufungen notwendig, je nachdem, um welche Person es sich bei dem Briefempfänger handelt, ob um seinen Verleger, dem Kafka schließlich mit gehöriger Distanz, ja mit Mißtrauen begegnet, um Brod und die Schwankungen in ihrem Verhältnis zueinander, um die Grenzsituation familiärer Intimität im Austausch mit Ottla oder aber schließlich um seine so ungleichen Briefpartnerinnen Felice und

Milena und Kafkas bei aller grundsätzlichen Vergleichbarkeit so ungleiches Verhältnis zu ihnen: das eine, zu Felice, quälende fünf Jahre lang, unerfüllt, unorganisch-entwicklungslos wechselnd zwischen 1912 und 1917, in nicht aufgehobener Distanz und Fremdheit gegenüber der ihn nicht verstehenden, sicher auch von ihm überforderten Partnerin; das andere, mit Milena, kurz und intensiv: fünf Monate vom April bis zum September 1920 mit einem Höhepunkt von nicht einmal fünf gemeinsamen Tagen zwischen dem 29. Juni und dem 4. Juli in Wien, die nach Kafkas Maßstäben Erfüllung brachten, da Milena durch ihre »Furchtlosigkeit« (880) ihm seine »Angst« nahm[161] und ihn auch stark genug werden ließ, von sich aus die Verbindung zu lösen, sie in Literatur sich auflösen zu lassen, in einen neuen Schub literarischer Produktivität, der Milena ausschließen mußte. Aber dem Gegensatz von Brief und Tagebuch, Mitteilung an andere und Selbstäußerung steht ihre Verbindung zur Seite. Nicht nur sind konkret manche Briefe im Tagebuch entworfen oder dort festgehalten worden, an Brod (161, Br 89) und an Rowohlt (429, Br 103), an Felice, abgeschickt (805–810, F 728–731; 839f., F 754–757), und an ihren Vater, nur geplant (578–581). Auch ist umgekehrt der Brief Ort dafür, die Möglichkeiten des Tagebuchführens zu resümieren (F 462). In einem grundsätzlichen Sinne ist schon von dem verhinderten Botschaftscharakter der Tagebücher, ihren uneigentlichen Mitteilungen an andere,[162] und der eigentlichen Monologstruktur der Briefe, dem in ihnen verdeckten Selbstgespräch gesprochen worden.[163] Daß Kafka in Zeiten extensiven Briefverkehrs mit Felice, in denen die Schreibwut als Verhinderung ihres Verhältnisses gewirkt hat und gleichzeitig Ersatz war für deren Lösung, wenig oder gar nicht Tagebuch geführt hat, daß die Eintragungen während dieser Zeit sehr spärlich ausfallen oder ganz unterbleiben, zeigt, daß das eine den Ersatz bildet für das andere. Die Briefe »sind sein erweitertes Tagebuch«.[164] Ihre Form der Kommunikation auf Halbdistanz, Bemühung um und Mitteilung an andere, die doch dabei Selbstbeschäftigung und -befriedigung bleiben kann, bedeutet bei Kafka immer Selbsterkundung, die Ansprache des Gegenübers ist dessen Deutung und Selbstdeutung zugleich. Im Brief ist die Selbstzuwendung des Tagebuchs nur ausgelagert, die Grenzen sind fließend:

---

[161] Milena an Brod, Januar/Februar 1921, zitiert in der Übersetzung Brods aus dem Tschechischen, MM 370. »Kafka als Briefschreiber« in seinem (sehr unterschiedlichen) Verhältnis zu den beiden Frauen Felice und Milena ist dargestellt bei Oellers [1989], insbes. 953f.

[162] Hering [1948], 104: »Das Bedürfnis einer monologischen Natur nach Zwiesprache«.

[163] Beißner [1963], 18: »Kafkas monologische Introversion«.

[164] Canetti [1969], 18.

Wie wäre es, Liebste, wenn ich Dir statt Briefe – Tagebuchblätter schicken würde? Ich entbehre es, daß ich kein Tagebuch führe, so wenig und so nichtiges auch geschieht und so nichtig ich alles auch hinnehme. Aber ein Tagebuch, das Du nicht kennen würdest, wäre keines für mich. Und die Veränderungen und Auslassungen, die ein für Dich bestimmtes Tagebuch haben müße, wären für mich gewiß nur heilsam und erzieherisch. Bist Du einverstanden? Der Unterschied gegenüber den Briefen wird der sein, daß die Tagebuchblätter vielleicht manchmal inhaltsreicher, gewiß aber immer noch langweiliger und noch roher sein werden, als es die Briefe sind. Aber fürchte Dich nicht allzu sehr, die Liebe zu Dir wird ihnen nicht fehlen. (F 336)

Nicht gegenüber Felice, sondern gegenüber Milena hat er – und nichts kennzeichnet den Unterschied in Kafkas Verhältnis zu beiden Frauen besser – diesen Vorsatz in die Tat umgesetzt, in einmaliger Offenheit des Selbstgespräch des Tagebuchs als briefähnliche Botschaft übermittelt:

15 X 21 Alle Tagebücher, vor einer Woche etwa, M. gegeben. Ein wenig freier? Nein. Ob ich noch fähig bin eine Art Tagebuch zu führen? Es wird jedenfalls anders sein, vielmehr es wird sich verkriechen, es wird gar nicht sein [. . .]. (863)

Die Entäußerung des Ich, die Auslieferung der Selbstbeobachtung an einen anderen wird, so fürchtet er dabei, die Fortführung dieser Selbstbeobachtung sehr erschweren, wenn nicht unmöglich machen; wo anders aber äußert er diese seine Befürchtungen als – im Tagebuch selbst, im ersten Eintrag in ein neues, letztes Quartheft. Ähnlich wie für die Tagebücher ist auch für die Briefe Kafkas zu fragen, ob sie nur als reines Mittel biographischer Auskünfte betrachtet werden dürfen, die alle Paradoxien der Beziehungen zum Adressaten getreulich wiedergeben, das Auf und Ab des Verhältnisses, den Prozeß zunehmender Vertrautheit oder des wachsenden Fremdwerdens beispielsweise in der Veränderung der Anredeform spiegeln, oder ob sie nicht auch als eigene Prosaform Aufmerksamkeit verdienen. Auch die Briefe Kafkas haben so etwas wie Werkstattcharakter, auch sie erproben Formulierungen, ihre Mitteilung über aktuelle Geschehnisse simulieren Erzähleinsätze. Auch für die Briefe lassen sich Querverbindungen zu Motiven des Werkes herstellen, zum »Prozeß« für die Briefe an Felice, zum »Schloß« für die an Milena, wie umgekehrt die Literarisierung des Verhältnisses Anzeichen ist für sein Ende, für den »Prozeß« um Felice wiederum unter ganz anderen Vorzeichen als für das »Schloß« und Milena. Die ungefähr 700 Briefe an Felice aus den Jahren 1912 bis 1917, 60 davon aus den ersten sechs Wochen ihrer Beziehung, zeugen von Kafkas Bedürfnis, das Verhältnis zu ihr auf der ›praktischen‹ Ebene (der Briefe) als ununterbrochenen und ununterbrechbaren Strom aufrechtzuerhalten. Die nun, in der um etwa ein Fünftel erweiterten Neuausgabe von Born und Müller, rund 250 Briefe an Milena leben von der Aussicht auf Gewißheit gebende Kontinuität in einem anderen Bereich, nicht des Lebens, noch weniger desjenigen in Briefen, sondern der Literatur. Bei aller Diskrepanz zwischen der Ausrichtung auf das Leben bei Felice, auf die Literatur gegenüber Milena gibt es freilich eine Gemeinsamkeit, die beide Partnerinnen ausschließt, ja alle Briefpartner Kafkas außen läßt: Die Literatur ist der eigentliche, wahre Partner, das Tagebuch ist der Grund und die wahre Form des Briefes.

Auslegung der Schrift als literarische Figur

Kaum verwunderlich, daß das Lesen von Briefen, die Anstrengung, die in ihnen übermittelte Botschaft zu entschlüsseln, oft gebrauchtes literarisches Motiv für die Bemühungen um das eigene Ich darstellt. Wenn es im »Schloß«-Roman heißt, »K. [. . .] setzte sich zum Tisch und begann bei einer Kerze den Brief nochmals zu lesen. Er war nicht einheitlich« (SKA 41), dann erfährt K. in der Mühe des Auslegens, der Antrengung, den Brief Klamms sich zurechtzubuchstabieren, das Unentschiedene und Ungewisse der eigenen Stellung zwischen dem Landvermesser, der, von den Schloß-behörden bestallt, in der Selbständigkeit seiner Tätigkeit Achtung finden soll, und der Anonymität eines namen-, wehr- und rechtlosen, ja eigentlich nutzlosen Niemand. Die Auslegung der Schrift ist literarische Figur der Selbstdeutung, und die Offenheit der Auslegung gehört zur Bestimmtheit des Auslegenden dazu. Für K. erscheint das zu Deutende als »eine ihm offen dargebotene Wahl, es war ihm überlassen, was er aus den Anordnungen des Briefes machen wollte« (SKA 42). Die »Botschaft« (E 169f.), unzustellbar, wird gleichwohl ›erträumt‹, sie ist immer schon im Besitz dessen, zu dem sie nicht vordringen kann. So bestätigt sich für K. mit der Deutung des besagten Briefs durch sein Gegenüber, den Vorsteher (SKA 113f.), nur die Negativ-Dominante seiner Selbstsicht, wie umgekehrt ein anderer Ratgeber, Bürgel, ihm auf illusorische Weise das positive Pendant liefert, indem er ihm in schrecklich-langer Ausführlichkeit große Möglichkeiten auseinanderlegt und Perspektiven eröffnet, dieweil K. vor Müdigkeit die Augen nicht mehr offen halten kann (SKA 405–426). Anstrengung und Unmöglichkeit der deutenden Einholung seiner selbst – Kafkas Texte »wollen gelesen sein, wie Kafka selber sie gelesen hätte«.[165] Er schafft ein Werk, das umständlich-eindringliche, wiederholte Bemühung um Auslegung verlangt, indem er selbst eben dies literarisch praktiziert. »Auslegung von Gesetzen oder Akten, Antworten oder Winken bildet im ›Prozeß‹ und ›Schloß‹ den Inhalt.«[166] Kafka selbst macht das literarische Modell der Deutung der Schrift als Selbstauslegung noch einmal in einer Steigerung der Reflexivität um eine weitere Stufe literarisch produktiv. Der Geistliche erzählt Josef K. im Dom

---

[165] Benjamin [1977b], 1267.
[166] Ebd.

aus den »einleitenden Schriften zum Gesetz« die Geschichte »Vor dem Gesetz« (P 255–257, E 158–160); diese Erzählung der Geschichte soll ihm als Mittel zur Selbsterkenntnis, als Hilfe zur Deutung der eigenen Lage dienen. Dies kann sie aber erst, als sie, nachdem sie »im Wortlaut der Schrift« (P 257) vorgetragen wurde, ihrerseits eine »Erklärung« (P 263) durch den Geistlichen erfährt, im Zwiegespräch zwischen ihm und Josef K. einer ausführlichen »Deutung« (P 258) unterzogen wird (P 257–264). Diese Deutung der Geschichte, welche die Geschichte deutet, ist selbst Teil der Geschichte. Das Muster der Selbstauslegung eines literarischen Werks innerhalb des Werks, der Deutung der Literatur in und als Literatur, kann wirkungsästhetisch auf die Voraussetzungen des Werks beim Autor, die psychologischen Bedingungen der Entstehung zurückgewendet werden. Man kann so weit gehen wie Hermann Burger für Kafkas letzten Roman und sagen, Kafka als Interpret seines Werks hole, immerfort sich selbst auf der Spur, seinen Romanhelden ein und mache damit sich weiteres Fortschreiten unmöglich, verhindere geradezu den Fortgang des eigenen Schreibens: »Die ›Deutung‹ hat den Text eingeholt, der Autor ›durchschaut‹ seinen Helden, interpretiert sein Verhalten, die Schreibspannung bricht zusammen, das ›Schloß‹ muß Fragment bleiben«, befindet er.[167] Doch wird im Verhalten dieser literarischen Figur auf jeden Fall noch etwas anderes wirksam. Die Stellung des Lesers vor dem Brief, der eine Mitteilung für ihn enthält, die es zu entschlüsseln gilt, hat strukturelle Ähnlichkeit mit der Situation, in der sich die Anforderungen an das der Welt gegenüberstehende Ich verdichten, aus ihr eine Botschaft zu entnehmen, in ihr einen Sinn zu finden. Das Tagebuch offenbarte die Befragung von Gestik und Mimik wahrgenommener Personen auf ihre Bedeutung als Grundmuster des halbdistanzierten Verhaltens zum Leben überhaupt; in den Bereich der Literatur gehoben heißt das: Aufgabe des schreibenden Subjekts ist die Interpretation von Lauten, Wörtern, Sätzen. Entschlüsselung der Welt als Botschaft ist das, worum es bei der Umsetzung der Wirklichkeit in Literatur geht; »Kafkas Genie« ist tatsächlich »ein Genie der Interpretation.«[168] Literarisierung des Lebens als Impuls, aus dem das Tagebuch lebt, führt hin zur Struktur des Werks.

---

[167] Burger [1982].
[168] Benjamin [1977b], 1267.

12. Kapitel. Selbstkorrekturen –
beschriebene Schreibgegenwart

[. . .], (Bei diesem Beistrich zeigte es
sich, daß nur der erste Satz richtig war)
(12).

Der Korrektor Kafka: Reflexion der Produktion

Franz Kafka, »der Dichter der Selbstreflexion«,[169] ist ein überaus genauer
Leser gewesen, der von sich behaupten konnte, er glaube, »kaum einen
Druckfehler übersehen zu haben.« (Br 264) Mit Aufmerksamkeit und Freude, ja Lust hat er sich der Aufgabe des Korrekturlesens gewidmet und dabei
übrigens nicht nur eigene, sondern auch fremde Texte durchgesehen, so für
Felix Weltsch (Br 264) oder Otto Pick (682). Er empfand die Korrektur als
eine angenehme Aufgabe, weil sie seinem »Talent für ›Flickarbeit‹« (922)
entgegenkam, ihm Anlaß und Gelegenheit dazu bot, sich aufs neue mit dem
betreffenden Werk auseinanderzusetzen, durch die Wiederbeschäftigung mit
dem eigenen Text einen erneuerten »schöpferische[n] Impuls«[170] zu erhalten.
Korrekturlesen hat für ihn Werkstattcharakter, ist Teil und Verlängerung
des Produktionsprozesses, indem das – im gelungenen Falle – in fragloser
Bewegung Entstandene nunmehr im nachhinein in all seinen Beziehungen
durchdacht und überprüft werden kann. Der ersten Stufe der Produktion,
dem unbedingten Fluß des Schreibens, den Kafka in seinen Handschriften
zu erreichen sucht, tritt die zweite Stufe, ihre Reflexion, an die Seite und
gegenüber. Kafka sucht, nicht nur für das »Urteil«, sich die Beziehungen
innerhalb der jeweiligen Geschichte klarzumachen, er überprüft in ihnen die
Gültigkeit des Textes, verifiziert (oder falsifiziert) das Gefühl der Selbstgewißheit, das die Formulierung, das Aufschreiben erst ermöglichte, und gewinnt so die Handhabe für detaillierte Verbesserungen in den von ihm zu
korrigierenden Druckfahnen.

Tendenzen der Veränderung

Korrektur ist bei Kafka Verbesserung im einzelnen, nicht radikaler Bruch
mit dem Ganzen. Tendenz der Veränderung ist Ausformung, Deutlicher-
Machen des bereits Angelegten durch »Verknappung«.[171] Gut zu überblik-
ken sind die beiden Phasen innerhalb des Produktionsvorgangs, Nieder-

---

[169] Demmer [1973].
[170] Dietz [1963], 444f.
[171] Dietz [1982], 15.

schrift und Überarbeitung, Setzung und Korrektur, anhand der Bildung der Satzperioden und der sie gliedernden Zeichensetzung. Dem selbstgewiß-kohärenten Schreibfluß der Entstehungsphase, dem Spontanen, Entwurfs-mäßigen des ersten schöpferischen Prozesses korrespondiert die »innere Verkettung des Sprechens«.[172] Dieser Sprachgestus der einen großen Be-wegung hat sich bei der nachfolgenden Überarbeitung gegenüber rationaler Kontrolle zu verantworten; logische Analyse führt zur ›Kritik‹, das heißt, zur Sonderung der Satzperioden, stärkerer Durchgliederung und Aufteilung in kleinere Abschnitte. »Strichpunkt und Punkt verdrängen hin und wieder das Komma, weil Übersichtlichkeit durch deutlichere Gliederung oder gar Satzaufteilung bevorzugt wird; demselben Ziel dienen klarere Satzkonstruk-tionen«.[173] Analog dazu wird das Ausmaß ungebräuchlicher Zusammen-schreibung von Wörtern in der Handschrift oder der Druckvorlage beim Korrekturvorgang zurückgedrängt, Widersprüche werden getilgt, In-konsequenzen beseitigt, Uneinheitlichkeiten im Sinne einer Normalisierung der Texte eingeebnet. Die Behandlung des Nachlasses durch Brod, der mit seinen Eingriffen nichts anderes als Sprachrichtigkeit anzielte und dabei im Gefühl, den Autorwillen zu vollstrecken, die innere Stimmigkeit unabge-schlossener Werke herzustellen suchte, ist von den Korrekturen Kafkas strikt zu trennen. Doch schon dem Autor selbst droht die Gefahr, dem eigenen Produkt nach abstrakten, den je besonderen Sprecherfordernissen unvergleichbaren Regeln Gewalt anzutun, die ursprüngliche Intention durch Ausrichtung an allgemeine Richtlinien (etwa der Hochlautung oder grammatischer Korrektheit) zu zerstören. Der gängigen Einstellung moderner Editionspraxis zufolge, nach der die gültige Fassung erster Hand vor späterer Nachbesserung durchweg den Vorrang verdiene, wird der heu-tige Kafkaeditor und -interpret oft nicht umhin können, nicht nur den Autor gegen den Bearbeiter in Schutz zu nehmen, sondern auch »den Dich-ter Kafka gegen den Korrekturleser Kafka zu verteidigen«.[174]

Kafkas Varianten

Und das um so leichter, als »die in Kafkas Texten vorliegenden Varianten vorwiegend stilistischer Natur sind, also vor allem Änderungen des Aus-drucks, nicht solche des dargestellten Phänomens.«[175] Das ergibt sich nicht nur bei der Betrachtung der Textgeschichte, beim Vergleich der ver-schiedenen Drucke, der, nach rückwärts hin interpretiert, »nicht unwichtige

---

[172] Martini [1958], 292.
[173] Dietz [1982], 114. Dietz gibt (114–116) anhand einer ausgewählten Passage einen instruktiven Vergleich der ersten beiden Drucke des »Urteils«.
[174] Dietz [1963], 449.
[175] Binder [136], 389.

Einblicke in die Werkstatt Kafkas«[176] ermöglicht, sondern auch als Befund der Untersuchung der Entstehungsvarianten innerhalb der Handschriften. »Bei den Lesarten [? in diesem Zusammenhang ein problematischer Begriff; GG] handelt es sich [. . .] um rein sprachliche oder stilistische Verbesserungen eines an sich schon feststehenden Sachverhalts oder aber um dessen allmähliche sachliche Präzisierung und Entfaltung, seltener straffende Konzentrierung eines ebenfalls von der ersten Darstellungsstufe bis zur endgültigen Gestalt unbezweifelten Vorstellungszusammenhangs. Davon einmal abgesehen gibt es nur sehr wenige, umfangmäßig höchstens Einzelsätze umfassende Streichungen, denen entweder eine Modifizierung des Sinngefüges oder eine Änderung des Handlungsverlaufs zugrunde liegt.«[177] Beidesmal ist es »das Suchen nach dem genau bezeichnenden Wort, das Bemühen um eine Verdeutlichung oder eine Dämpfung, um die größere Prägnanz der Aussage, die Flüssigkeit und Gelenkigkeit der Satzkonstruktion«,[178] das die Triebkraft der Veränderung darstellt und ihre Tendenz bestimmt.

Selbstkorrektur als beschriebene Schreibgegenwart

Der Werkstattcharakter der Tagebücher Kafkas liegt nun nicht zuletzt darin, daß in ihnen die Verbesserungsbedürftigkeit des jeweilig aktuelle Geschriebenen selbst thematisch wird, daß der Leser Augenzeuge sein kann augenblicklicher Rücknahmen und spontaner, unmittelbarer Selbstkorrekturen und darin der Gegenwart des Schreibens habhaft wird, Teil hat am Kratzen der Feder auf dem Papier. Korrekturwürdig ist dem sich selbst korrigierenden Autor schlechthin alles; »schlechte Sachen endgültig schlecht sein lassen, darf man nur auf dem Sterbebett.« (Br 99) Durch sofortige Selbstrücknahme (»Nichts dergleichen, nichts dergleichen«, H 234) relativiert Kafka das Geschriebene unterm Schreiben, setzt es aber keineswegs vollends außer Kraft, etwa wenn er seine Kritik falscher Zuschauerreaktionen auf einen Theaterabend in eine abschließende Bemerkung einmünden läßt, die genauso sein Urteil über die Publikumsreaktionen bekräftigend wiederholen könnte, wie es seine eigene Beschreibung und Diagnose der Unzulänglichkeit dieser Reaktion selbst als unzulänglich anklagt: »(Sehr weit vom Richtigen)«. (202) Kafka schreibt skrupulös, Satz für Satz ist Probe auf den vorhergehenden, dient dessen Prüfung, der Absicherung des Ganges der Argumentation, und so kommt es, daß an dem Punkt, an dem die Prüfung ergibt, daß die Bildlichkeit einer einmal entworfenen Vorstellung etwa nicht

---

[176] Dietz [1963], 417.
[177] Binder [1976b], 137.
[178] Martini [1958], 297.

durchgehalten worden ist, die Notwendigkeit der Selbstkorrektur selbst Eingang in das Schreiben findet:

> Ich schreibe das ganz bestimmt aus Verzweiflung über meinen Körper und über die Zukunft mit diesem Körper.
> Wenn sich die Verzweiflung so bestimmt gibt so an ihren Gegenstand gebunden ist, so zurückgehalten wie von einem Soldaten, der den Rückzug deckt und sich dafür zerreißen läßt, dann ist es nicht die richtige Verzweiflung. Die richtige Verzweiflung hat ihr Ziel gleich und immer überholt, (Bei diesem Beistrich zeigte es sich, daß nur der erste Satz richtig war) (12).

Verzweiflung aus dem Ungenügen an den eigenen Hervorbringungen ist stehendes Motiv beschriebenen Schreibens, die Schreibgegenwart wird greifbar im Ausdruck ihrer Korrekturbedürftigkeit. So zum Beispiel diejenige im abendlichen Wohnzimmer der elterlichen Wohnung, als das Ich des Tagebuchschreibers, radikal auf sich selbst eingelassen, im Versuch, die (optischen) Eindrücke einer zwei Tage zurückliegenden Theateraufführung sich schriftlich zu rekonstruieren, das außer ihm Befindliche festzuhalten vermag nur in der Verneinung, der Aufzählung dessen, an dem er nicht, nicht einmal durch einwilligende Wahrnehmung, teilzunehmen bereit ist:

> 26. ⟨Oktober⟩ 1911 Donnerstag. [...]
> Vom Strich angefangen[179] mit Verzweiflung geschrieben, weil heute besonders lärmend Karten gespielt werden, ich beim allgemeinen Tische sitzen muß, die O. mit vollem Mund lacht, aufsteht, sich setzt, über den Tisch hingreift, zu mir spricht und ich zur Vollendung des Unglücks so schlecht schreibe [...]. (195–198)

Die prinzipielle Korrekturbedürftigkeit seines Schreibens ist stets auf dem Sprung, aktualisiert zu werden, das Schreiben als Operation mit Versuchscharakter – »Man muß ins Dunkel hineinschreiben wie in einen Tunnel«, soll er Brod wiederholt erklärt haben[180] – ist jederzeit gegenwärtig, sich durch negative Rückmeldung eine Richtungsänderung gefallen zu lassen, der Schreiber dauernd bereit, das zunächst für gewiß, möglich, denkbar Erachtete zu relativieren, ein ungenügendes Bild in ein anderes, neues zu überführen. Ob das Schreiben die Rettung sein könne, fragt sich der Tagebuchschreiber Kafka, und kommt bei der Überprüfung der Vorstellung zu einer Selbstkorrektur des Bildes, die ihrerseits unmittelbar darauf korrekturbedürftig und -fähig zu sein hat:

> Ein Strohhalm? Mancher hält sich an einem Bleistiftstrich über Wasser. Hält sich? Träumt als Ertrunkener von einer Rettung. (H 387)

---

[179] Der Strich befindet sich hinter TKA 197[24] *bekommen*. Es handelt sich um einen Schrägstrich zwischen *bekommen* und *Trotzdem*, den Brod als Absatzmarkierung interpretiert hat (Hans-Gerd Koch); Faksimile in TKA III, 54.
[180] Brod [1959], 75.

Das Streben nach Gewißheit der Aussage provoziert einander überbietende Ungewißheiten. Das Ungenügen am eigenen Schreiben mündet in das – noch größere – Ungenügen an der Beschreibung dieses Ungenügens:

> 27. XII 11 [. . .]
> Dieses Gefühl des Falschen das ich beim Schreiben habe, ließe sich unter dem Bilde darstellen, daß einer vor zwei Bodenlöchern auf eine Erscheinung wartet, die nur aus dem zur rechten Seite herauskommen darf. Während aber gerade dieses unter einem matt sichtbaren Verschluß bleibt, steigt aus dem linken eine Erscheinung nach der andern, sucht den Blick auf sich zu ziehn und erreicht dies schließlich mühelos durch ihren wachsenden Umfang, der endlich sogar die richtige Öffnung, so sehr man abwehrt, verdeckt. Nun ist man aber, wenn man diesen Platz nicht verlassen will – und das will man um keinen Preis – auf diese Erscheinungen angewiesen, die einem aber infolge ihrer Flüchtigkeit – ihre Kraft verbraucht sich im bloßen Erscheinen – nicht genügen können, die man aber, wenn sie aus Schwäche stocken, aufwärts und in alle Richtungen vertreibt, um nur andere heraufzubringen, da der dauernde Anblick einer unerträglich ist und da auch die Hoffnung bleibt, daß nach Erschöpfung der falschen Erscheinungen endlich die wahren emporkommen werden. [. . .] Wie wenig kräftig ist das obere Bild. Zwischen tatsächliches Gefühl und vergleichende Beschreibung ist wie ein Brett eine zusammenhanglose Vorstellung eingelegt. (324–326)

Derjenige, der so auf Richtigkeit, genauer gesagt, Verbesserung und Korrektur eines jeden von ihm fertiggestellten Satzes bedacht war, der sich selbst dermaßen verpflichtete auf die Wahrheit des Geschriebenen, daß ein großer Teil dessen von nichts anderem als der Anstrengung dazu berichtet, ist darum in seinem Schreiben doch nicht anspruchsvoll zu nennen. Der unendlich große Anspruch des Zusammenhanges im Ganzen führt zum Insistieren auf dem – jedem – einzelnen Punkt, die Bereitschaft, ja der Zwang zur Selbstkorrektur gewinnt seine Ernsthaftigkeit und sein wahres Ausmaß durch Selbstbescheidung und Selbstbegrenzung: »kein Dichter hat so wenig Recht haben wollen wie Kafka. Wer, außer ihm, hat sein Hauptwerk zum Verbrennen bestimmt? Wahrscheinlich fehlt uns jede [. . .] Voraussetzung, um Kafkas Ernst ganz zu verstehen.«[181]

13. Kapitel. Die Verlegenheit des Anfangens – Schreibhemmung und Schreibfluß

> 19. ⟨Dezember 1914⟩ [. . .]
> Anfang jeder Novelle zunächst lächerlich. (710f.)

Das Tagebuch als Werkstattbericht

Das Tagebuch gilt gemeinhin als »Werkstatt des Schriftstellers«.[182] Kafkas Eintragungen sind allzu oft Berichte aus einer Werkstatt, in der nichts hat hergestellt werden können.

---

[181] Walser [1962/1975], 224f.
[182] Boerner [1969], 23.

28. XI 11 3 Tage lang nichts geschrieben. (271)

8 Dec. ⟨1911⟩ Freitag, lange nicht geschrieben [. . .]. (281)

13. XII 11 Aus Müdigkeit nicht geschrieben [. . .]. (289)

24 I 12 Mittw. Aus folgenden Gründen solange nicht geschrieben: [. . .]. (360)

31. I 12. Nichts geschrieben. (367)

1 Juni 1912 Nichts geschrieben. (424)

2 Juni ⟨1912⟩ Fast nichts geschrieben.

7 Juni ⟨1912⟩. Arg. Heute nichts geschrieben. Morgen keine Zeit (425)

Montag ⟨8.⟩ Juli 1912 Ein wenig angefangen.

9 ⟨Juli 1912⟩ Solange nichts geschrieben. Morgen anfangen. (426)

10 ⟨August 1912⟩ Nichts geschrieben. (428)

11 ⟨August 1912⟩ Nichts, nichts.

16. ⟨August 1912⟩ Nichts weder im Bureau noch zu Hause. (430)

30. August ⟨1912⟩ Die ganze Zeit nichts gemacht. (433)

18 ⟨November 1913⟩ Ich werde wieder schreiben, aber wie viele Zweifel habe ich inzwischen an meinem Schreiben gehabt. (593)

Diese Reihe, die sich mühelos, in beide Richtungen, fortsetzen ließe, stellt ihren Verfasser unaufhörlich vor die Frage nach den Ursachen des eigenen Scheiterns – sehr im Gegensatz zum Habitus einer anderen Art von (Tagebuch-)Autoren mit so unterschiedlichen Vertretern wie Brecht (»10.6.50. fertige in kleinen büscheln kinderlieder für eisler an. silberschmiedekunst«)[183] oder Thomas Mann (»Sonnabend den 4.IV.36. Trüb, mild, schon kühler. Am Roman weiter, hübsch«),[184] gar Arno Schmidt (»4–20 Pensum«)[185]. Wo liegen die Schwierigkeiten und Hemmnisse des Schreibens begründet, und wie lassen sie sich im Schreiben solcher Berichte über Unterbliebenes, Rapporte über »vollständiges Mißlingen« (419), »fast vollständiges Stocken der Arbeit« (681), die zur äußersten Lakonisierung führen (»22 ⟨September 1917⟩ Nichts«, 837), namhaft machen?

Das Problem des Anfangs

Das Problem des verhinderten Schreibens ist das Problem des Anfangens. Der Anfang, der, noch unentfaltet, die ganze »fertige Organisation in sich« (448) zu tragen hat, ist die (allzu) hohe Eingangsschwelle, die zu übersteigen – so stellt es sich Kafka dar – ein verzweifeltes Absehen von den ursprünglichen Intentionen notwendig macht:

19. ⟨Dezember 1914⟩ [. . .]
Anfang jeder Novelle zunächst lächerlich. Es scheint hoffnungslos, daß dieser neue noch unfertige überall empfindliche Organismus in der fertigen Organisation der Welt sich wird erhalten können, die wie jede fertige Organisation danach strebt sich abzuschließen. [. . .] ebenso müßten Eltern vor dem Säugling verzwei-

---

[183] Brecht [1973] II, 928.

[184] T. Mann [1978], 286.

[185] Schmidt [1965], 123.

feln, denn dieses elende und besonders lächerliche Wesen hatten sie nicht auf die Welt bringen wollen. (710f.)

Der Druck zu hoher Erwartung, übermäßig-verfehlter Selbstverpflichtung ist ein doppelter; er resultiert einerseits aus der Defizienz des Unfertigen, Mangelhaften allen Beginnens und andererseits aus der dadurch gleichwohl nicht suspendierten Perspektive notwendiger Perfektibilität eines jeden Ansatzes:

⟨17.⟩ XII ⟨1911⟩ So. 12 Uhr mittag. [. . .] Angst eine Kritik für das Prager Tagblatt fertigzustellen. Solche Angst vor dem Schreiben äußert sich immer darin, daß ich gelegentlich ohne beim Schreibtisch zu sein, Eingangssätze des zu Schreibenden erfinde, die sich gleich als unbrauchbar, trocken, weit vor dem Ende abgebrochen herausstellen und mit ihren vorragenden Bruchstellen in eine traurige Zukunft zeigen. (294)

Die Verpflichtung des Anfangs verwickelt den sich zum Schreiben anschickenden Autor in die aporetische Verlegenheit zwischen einem Zuviel an Möglichem und dem Zuwenig an daraus Realisiertem zugleich:

15 XI 11 [. . .]
Sicher ist, daß alles, was ich im voraus selbst im guten Gefühl Wort für Wort oder sogar nur beiläufig aber in ausdrücklichen Worten erfunden habe, auf dem Schreibtisch beim Versuch des Niederschreibens, trocken, verkehrt, unbeweglich, der ganzen Umgebung hinderlich, ängstlich, vor allem aber lückenhaft erscheint, trotzdem von der ursprünglichen Erfindung nichts vergessen worden ist. Es liegt natürlich zum großen Teil daran, daß ich frei vom Papier nur in der Zeit der Erhebung, die ich mehr fürchte als ersehne, wie sehr ich sie auch ersehne, Gutes erfinde, daß dann aber die Fülle so groß ist, daß ich verzichten muß, blindlings also nehme, nur dem Zufall nach, aus der Strömung heraus, griffweise, so daß diese Erwerbung beim überlegten Niederschreiben nichts ist im Vergleich zur Fülle, in der sie lebte, unfähig, diese Fülle herbeizubringen und daher schlecht und störend ist, weil sie nutzlos lockt. (250f.)

Das ausweglos erscheinende Ungenügen einer Mangelhaftigkeit angesichts überschüssiger Vielfalt, am formlosen, zufälligen Rest in Aussicht genommener Fülle und Struktur läßt das problematische Gefühl des Anfangs zu einem Dauergefühl sich perpetuieren, zumal wenn vergleichbare Erfahrungen, gleichzeitig auf verschiedenen Feldern gemacht, einander addieren (»Mit solchen Hoffnungen angefangen und von allen drei Geschichten zurückgeworfen, heute am stärksten«, 675). »Das Unglück eines fortwährenden Anfangs, das Fehlen der Täuschung darüber, daß alles nur ein Anfang und nicht einmal ein Anfang ist, die Narrheit der andern, die das nicht wissen und z. B. Fußball spielen, um endlich einmal ›vorwärts zu kommen‹ [. . .]« (863) – all das verbindet die Schwierigkeiten des Anfangens mit den »Schwierigkeiten der Beendigung«, die »vom Verfasser eine Selbstzufriedenheit und eine Verlorenheit in sich selbst« verlangen (328), über die der Autor des »Verschollenen«, von »Prozeß« und »Schloß« – das Scheitern als

Ende aller drei Romane zeigt es an[186] – offenbar nicht verfügen konnte. Der unmögliche Anfang macht ein Ende ebenso unmöglich wie eine Verbindung der beiden. »Es gibt ein Ziel, aber keinen Weg; was wir Weg nennen, ist Zögern.« (H 83)

Exkurs: Kafkas Schlaflosigkeit

Das Zögern aus der Überfülle nicht stattgegebener Antriebe, der unruhige Wartestand unausgeschöpfter, verhinderter Möglichkeiten ist von Kafka selbst als Grund für seine andauernde Schlaflosigkeit – über die das Tagebuch in immer neuen Bildern Klage führt (49f., 52f., 792 u. ö.) – ausfindig gemacht worden. In ihr nimmt die gespaltene Erfahrung literarischen Produzierens, die Kluft zwischen Potenz und Aktualisierung (»Heute abend war ich wieder voll ängstlich zurückgehaltener Fähigkeit«, 165), für ihn quälend-spürbar Gestalt an.

> 2 Oktober ⟨1911⟩ [...] – Ich glaube, diese Schlaflosigkeit kommt nur daher, daß ich schreibe. Denn so wenig und so schlecht ich schreibe, ich werde doch durch diese kleinen Erschütterungen empfindlich, spüre besonders gegen Abend und noch mehr am Morgen, das Wehen, die nahe Möglichkeit großer mich aufreißender Zustände, die mich zu allem fähig machen könnten und bekomme dann in dem allgemeinen Lärm der in mir ist und dem zu befehlen ich nicht Zeit habe, keine Ruhe. (49–51)

So erscheint die Unmöglichkeit zu schlafen als Folge aufgestauter Bereitschaft, ist Indikator gewaltsam verhaltenen Bedürfnisses, unbewältigter, durch Schreibversuche in Gang gekommener Bewegung: sie »wird dann niedergedrückt und gräbt mir die Nacht unnütz und schädlich auf«. (86f.) Gleichzeitig ist sie – und hier wird die das Selbst in die Pflicht nehmende Macht der diaristischen Introspektion aufs neue sichtbar – Bedingung der Möglichkeit immer neuer Bemühungen um das Schreiben, fürchtet er doch, nach gebessertem, ja nur »mittelgute[m] Schlaf [...] weniger gut schreiben zu können«. (265) Das Ungenügen ist produktiver Vorwurf, die Verlegenheit um den richtigen Anfang dessen energischster Sachwalter.

Der selbstgewisse Fluß des Schreibens: das Ganze als Beglaubigung des Einzelnen

Anfang und Ende des Schreibens sind die Begrenzungspunkte eines Kontinuums, das durch sie in Frage gestellt wird. Die Varianten der Handschriften weisen Erzähleinsatz und -schluß als die Problemstellen aus eines Schreibprozesses, der dazwischen fast ohne jede Störung flüssig abläuft –

---

[186] Vgl. Allemann [1980], 163.

und das bis in die äußeren Voraussetzungen des Schreibens: Das An-
fangenmüssen im ganz konkreten Sinne, editorisch gesprochen: der Beginn
eines neuen Textträgers, bedeutet einen Sprung ins Ungewisse, bringt Unsicherheit mit sich; dort, wo der Beginn eines neuen Quartheftes bevorsteht,
finden sich charakteristisch viele Änderungen oder Streichungen.[187] Pasley
bemerkt »zur Arbeitsweise« am »Schloß«-Roman, daß »große Korrektur-
knäuel öfter gegen Ende oder Anfang eines Heftes auftreten, was dafür zu
sprechen scheint, daß der Heftwechsel – als Unterbrechung des vorgezeich-
neten ›Schreibkanals‹ – ebenso zu den Störungen bei der Niederschrift beigetragen hat, wie etwa die äußeren Unterbrechungen der Arbeit durch
Krankheit oder Reisen«.[188] Ein Beispiel hierfür aus dem »Verschollenen«.
Als Kafka im Oktober 1912 gezwungen ist, den Schwager Karl Hermann in
seiner Fabrik zu vertreten, hinterläßt auch diese Unterbrechung ihre Spuren
im Manuskript des gerade entstehenden Romans; Karl Roßmann geht mit
niedergedrückter Kerzenflamme einen dunklen Gang im Landhaus Herrn
Pollunders entlang: »Plötzlich hörte die Wand an der einen Gangseite auf
und ein eiskaltes marmornes Geländer trat an ihre Stelle« (V 98), glaubt der
Herausgeber Schillemeit den entsprechenden Ort der Unterbrechung in der
Handschrift ausfindig gemacht zu haben. Irritiert wird das »Ideal der streng
linearen Konzeptionsmethode«,[189] in Frage gestellt der Vorsatz und das Bedürfnis, »an jeder Stelle der sich gleichsam vortastenden Geschichte einen
gültigen – im wesentlichen unveränderbaren und nicht an eine andere Stelle
versetzbaren – Text unmittelbar zu Papier zu bringen.« Der Aporie der
Schreibhemmung entspricht das Desiderat selbstgewissen Schreibflusses, in
dem das Ganze die Teile beglaubigt. Das Ungenügen an der Gestaltlosigkeit
der eigenen Hervorbringungen (»Bitter, bitter, das ist das hauptsächlichste
Wort. Wie will ich eine schwingende Geschichte aus Bruchstücken zusam-
menlöten?« T 498) findet seinen Erklärungsgrund im Modus des Produzierens: »Wieder eingesehn, daß alles bruchstückweise und nicht im Laufe des
größten Teiles der Nacht (oder gar in ihrer Gänze) Niedergeschriebene
minderwertig ist«. (706) Das könnte als tautologische Erklärung mißverstanden werden, wenn sich darin nicht eine tiefere Einsicht in das Dilemma
der eigenen Produktivität verbergen würde: »Ich kann solange nichts für
mich wagen, solange ich keine größere, mich vollständig befriedigende Arbeit zustande gebracht habe. Das ist allerdings unwiderleglich.« (286) Beide
Teile der schriftstellerischen Selbsterfahrung Kafkas sind untrennbar aufeinander bezogen, die Voraussetzung steht der Folgemöglichkeit im Wege,
beide setzen sich gegenseitig außer Kraft. »Ich ziehe, wenn ich nach längerer

---

[187] Vgl. Pasley [1980], 12.
[188] Pasley (SKA II, 80 »Zur Arbeitsweise«).
[189] Pasley (SKA II, 73).

zeit zu schreiben anfange, die Worte wie aus der leeren Luft. Ist eines gewonnen, dann ist eben nur dieses eine da und alle Arbeit fängt von vorne an«. (292) Und das, was gutwillige Interpreten hoffnungsfroh als den »Zweck der Tagebücher« annehmen wollen: »das Ich zu erklären, um das Schreiben auszulösen«,[190] ist auf solch einfachem Wege grundsätzlich versperrt – solange die Selbsterkenntnis im Tagebuch doch immer wieder nur die Einsicht darin bekräftigt, daß es auf sie nicht ankomme.

14. Kapitel. Das Tagebuch als Kampf um die Sicherheit des Schreibens

> 20 ⟨Dezember 1910⟩ [...]
> Damit diese falschen Stellen, die um keinen Preis aus der Geschichte herauswollen, mir endlich Ruhe geben schreibe ich zwei her: [...]. (135)
>
> 27. V 14 [...] Vielleicht kommt es doch darauf an das Gelenk zu lockern. Ich werde noch einmal schreiben können. (517, 522)

Die Ganzheit der Teile wird verfehlt durch die fehlende Erfahrung des Ganzen. So entsteht die Vorstellung von einem notwendigen »Flußlauf« (332) des Schreibens, der Wunsch: »Ich müßte die Nacht durchschreiben« (931), so kommt die bekannte, oft zitierte Formulierung zustande, die über die Schwierigkeiten des Schreibens an der »Verwandlung« klagt: »Eine solche Geschichte müßte man höchstens mit einer Unterbrechung in zweimal 10 Stunden niederschreiben, dann hätte sie ihren natürlichen Zug und Sturm [...]. Aber über zweimal zehn Stunden verfüge ich nicht.« (F 125) Einen solchen Zustand fraglos-gewissen Schreibflusses zu erreichen, spielt das Tagebuch eine entscheidende Rolle. Es ist der Ort, sich wach und bereit zu halten für die Phasen schöpferischer Imagination, ja mehr noch: es ist das Medium, diesen ›Sog‹ der Inspiration durch Autostimulation, mittels beschwörender, selbstsuggestiver »Formeln«[191] herbeizuführen.[192] Die

---

[190] Corngold [1978], 62.

[191] Unseld [1982], 265; vgl. auch 65–68.

[192] Exakt die gegenteilige Ansicht vertritt Jurgensen, gefangen in der einen Leitvorstellung, das Tagebuch als Form planmäßiger (›existentieller‹) Selbsterkenntnis auf dem Wege reflektierter Fiktionalisierung begreifen zu wollen [1979], 153f.: »Kafkas ästhetische Form bleibt immer bewußte Gedankenkonstruktion, Reflexion seiner existentiellen Erfahrung. Wo er die intellektuelle Kontrolle über ihre fiktionale Gestaltung verliert, diktiert ihm die Dichtung eine ihr immanente Scheinhaftigkeit [!], die seinem Drang nach dargestellter Selbsterkenntnis entgegenwirkt. Aus diesem Grund verwirft Kafka so viele seiner literarischen Versuche«.

Schreibanläufe, Erzählversuche, die im Tagebuch der Anfang für eine Geschichte etüdenhaft variierend wiederholen – zum Beispiel die Szene ›Ein Junggeselle‹ (»Du sagte ich und gab ihm einen kleinen Stoß mit dem Knie [. . .]«, 112; 30, 141f., 143), oder die autobiographische Skizze ›Der kleine Ruinenbewohner‹ (17–28), deren ausführliche Analyse dem folgenden Teil vorbehalten sein soll –, sie sind nichts anderes als die Probe darauf, ob authentischer, Selbstgewißheit gebender Zusammenhang des Niedergeschriebenen erreicht werden kann. Wenn der Text in seiner ersten Erscheinungsform diese schon »fertige Organisation« (711) nicht mehr erkennen läßt, wird er augenblicklich abgebrochen:

> 8 III 14 [. . .]
> Ich untertauchte und fand mich bald zurecht. Eine kleine Schar schwebte in ansteigender Kette vorüber und verlor sich im Grün. Glocken vom Treiben des Wassers hin- und hergetragen – falsch (501f.).

»Kafka handelt zu Beginn wie ein Schachspieler, der mehrere Eröffnungen für das Spiel mit einem Gegner probiert; nur tut er dies nicht im Kopfe, sondern auf dem Brett und spielt dann die günstigste sogleich weiter – manchmal eine andere, für einen anderen Gegner günstigere aufhebend. Er spielt dann fort, wie es der jeweilige Stand notwendig macht.«[193] Die Prüfung dessen, was in zweifelsfreier Kontinuierlichkeit hat entstehen sollen, richtet sich darauf, ob in der Sprache diese gewißmachende Unaufhörlichkeit repräsentiert ist oder nicht (399), ob der Zusammenhang der Wörter und Sätze stark genug ist, dem Entstehungsfluß zu entsprechen (»Es hat Sinn, ist aber matt, das Blut fließt dünn, zu weit vom Herzen. Ich habe noch hübsche Szenen im Kopfe und höre doch auf«, 520), oder ob die einzelnen Elemente nicht zueinander passen (407), sich aneinander stoßen – dies die weiter gefaßte Bestimmung für jenes bereits zitierte, überaus charakteristische Ungenügen am eigenen Werk, das am einzelnen Wort und seinen Bestandteilen haftet, den Konsonanten, die sich »blechern aneinanderreiben«, und den Vokalen, die dazu »wie Ausstellungsneger« singen, mit lückenlosem »Zweifel« begegnet (130). Doch dieses Ungenügen am Produkt ist Movens für weiteres Produzieren, die Erfahrung eines gescheiterten Erzählanfangs (»Nichts, nichts, nichts. Schwäche, Selbstvernichtung, durch den Boden gedrungene Spitze einer Höllenflamme«, 572) verlangt nach einem neuen:

> 18. *⟨Januar 1915⟩* [. . .] eine neue Geschichte angefangen, die alten fürchtete ich mich zu verderben. Nun stehen vor mir 4 oder 5 Geschichten aufgerichtet, wie die Pferde vor dem Cirkusdirektor Schumann bei Beginn der Produktion. (718)

---

[193] Hillmann [1964], 26.

Das Tagebuch bietet Platz für den Versuch, sich vom Anspruchsdruck der noch unbewältigten Aufgabe, die sich zu verselbständigen droht, von dem Fordernd-Erwartungsvollen, potentiell Unbotmäßigen, das hier so bildkräftig wiedergegeben wird, durch Entlastung zu befreien:

20 ⟨*Dezember 1910*⟩ [. . .]
Damit diese falschen Stellen, die um keinen Preis aus der Geschichte herauswollen, mir endlich Ruhe geben, schreibe ich zwei her: [. . .]. (135)

In diesem Sinne ist das Tagebuch tatsächlich der Ort, »das Gelenk zu lockern« (522), ist Mittel der Autostimulation des Autors, sind die Schreibanläufe der Versuch, die vermißte fraglose, authentische, Gewißheit gebende Geläufigkeit des Niedergeschriebenen durch immer neues Probieren herbeizuführen. Kafkas Tagebuch ist also in einem sehr konkreten Sinne als »Atelierarbeit«,[194] »Sprungbrett der dichterischen Gestaltung«,[195] als »vorpoetisches Zeugnis« anzusehen; »es verweist auf den Zusammenhang zwischen Autor und Werk, ohne diesen Zusammenhang eigentlich erklären zu können«, in einem viel konkreteren Sinne, als es all denjenigen, die solchermaßen allgemein von der paradoxen Stellung »zwischen Leben und Werk« reden,[196] bewußt ist. Nicht allein die ›Sehweisen‹ auf das Leben, sondern auch die ›Schreibweisen‹ für das Werk sind im ›Tagebuch des Schriftstellers‹ Kafka aufgehoben, seine Funktion erstreckt sich von der Sammlung und Bestandsaufnahme detaillierter Aufnahmen des Außen (›Die Blicke des Beobachters‹) über deren Reflexion und Rückwendung auf das beobachtende Subjekt (›Selbstbilder: das gläserne Ich‹) bis hin zur Kunstübung, die aus der Reflexion auf das Medium der Reflexion, dem ›Schreiben als Thema des Schreibens‹, erwächst und dem Autor die Konzeption von Erzählungen und Romanen – im Tagebuch – notwendig und dem Leser die Erkenntnis der literarischen Struktur – aus dem Tagebuch – möglich macht. Kafkas Tagebücher sind der Kampf um die Sicherheit des Schreibens, um den richtigen Ausdruck, »um einen besseren Stil«.[197] Die literarische Struktur gibt sich zu erkennen als Ergebnis einer einzigen großen Anstrengung um die immer neue erste Hervorbringung, zu deren Augenzeugen der Leser wird – so wie es einer von ihnen, Peter Handke, in einem seiner Tagebücher,[198] für sich so formuliert hat: »Erkenne, daß Kafka sich jeden Satz, und vor allem die Fortsetzung eines jeden Satzes, erkämpft hat«.

---

[194] Hennecke [1951].
[195] Brod (T 726, Nachwort).
[196] Höck [1968].
[197] Unseld, am 7. Juli 1983 in einem Vortrag in Bonn.
[198] Handke [1982], 145.

III. Schreibweisen: Vom Fremdwerden der Dinge

Wie wird der Kampf um das richtige Schreiben in den Tagebüchern Kafkas geführt? Im ersten Quartheft findet sich, mit einem Querstrich von der Eintragung des 19. Juni 1910 getrennt und in anderem Schreibduktus einsetzend,[1] eine Passage (17–28),[2] die Brod (T 695f.) als »ein schwer zu ordnendes Mosaik« erschien aus Bausteinen zu einer Erzählung, die er, einer späteren Notiz Kafkas (112) folgend, »Der kleine Ruinenbewohner« nannte. »Die Erzählung beginnt immer wieder mit den gleichen Worten«, wird aber dann auf jeweils andere Weise weitergeführt, und am Beispiel dieser Bruchstücke, von denen sich viele mehrfach wiederholen, soll im folgenden Kafkas Schreibweise, der Prozeß der Ausbildung und Veränderung einer literarischen Struktur, näher betrachtet, anschaulich gemacht und nachvollzogen werden. In sechs aufeinander folgenden Schreibanläufen[3] greift der Schreibende immer weiter zurück; die eigene Kindheit und Jugend wird als der prägende Ort für seine jetzige Verfassung ausfindig gemacht, dem Ungenügen am eigenen Selbst der Weg zurück gewiesen auf das Verschulden anderer:

[I]

Wenn ich es bedenke, so muß ich sagen, daß mir meine Erziehung in mancher Richtung sehr geschadet hat. Ich bin ja nicht irgendwo abseits, vielleicht in einer Ruine in den Bergen erzogen worden, dagegen könnte ich ja kein Wort des Vorwurfes herausbringen. Auf die Gefahr hin, daß die ganze Reihe meiner vergangenen Lehrer dies nicht begreifen kann, gerne und am liebsten wäre ich jener kleine Ruinenbewohner gewesen, abgebrannt von der Sonne, die da zwischen den Trümmern von allen Seiten auf den lauen Epheu mir geschienen hätte, wenn ich

---

[1] Es handelt sich also wohl nicht um eine Eintragung vom 19. Juli 1910, wie es bei Binder/Parik [1982], 46 unterstellt wird.

[2] Handschrift im ›Ersten Tagebuchheft‹ (vgl. TKA II, 33ff.), Bl. 5ᵛ–12ᵛ.

[3] Der erste Druck der Tagebücher (Kafka [1935–37] VI) bot nur die ersten beiden Fassungen (14f.), diese jedoch zuverlässiger als die Ausgabe von 1951, welche die vier weiteren im Anhang bringt (T 14–16, 685–691), mit ›Verbesserungen‹, das heißt, orthographischen und grammatikalischen Normalisierungen, so daß der kritische Text an einigen Stellen die Vorkriegs- gegenüber der Nachkriegsausgabe wieder in ihr Recht setzt. Alle sechs Bruchstücke erschienen übrigens erstmals im Textteil der englischen Ausgabe von 1948 (D I, 14–22).

auch im Anfang schwach gewesen wäre unter dem Druck meiner guten Eigen-
10   schaften, die mit der Macht des Unkrauts in mir emporgewachsen wären /

[II]

Wenn ich es bedenke, so muß ich sagen, daß mir meine Erziehung in mancher
Richtung sehr geschadet hat. Dieser Vorwurf trifft eine Menge Leute nämlich
meine Eltern, einige Verwandte, einzelne Besucher unseres Hauses, verschiedene
5   Schriftsteller, eine ganz bestimmte Köchin, die mich ein Jahr lang zur Schule
führte, einen Haufen Lehrer, (die ich in meiner Erinnerung eng zusammendrücken
muß, sonst entfällt mir hie und da einer da ich sie aber so zusammengedrängt
habe, bröckelt wieder das ganze stellenweise ab) ein Schulinspektor langsam gehende Passanten kurz dieser Vorwurf windet sich wie ein Dolch durch die Gesell-
10   schaft. Auf diesen Vorwurf will ich keine Widerrede hören, da ich schon zuviele
gehört habe und da ich in den meisten Widerreden auch widerlegt worden bin,
beziehe ich diese Widerreden mit in meinen Vorwurf und erkläre nun meine Erziehung und diese Widerlegung haben mir in mancherlei Richtung sehr geschadet. /

[III]

Oft überlege ich es und immer muß ich dann sagen, daß mir meine Erziehung in
manchem sehr geschadet hat. Dieser Vorwurf geht gegen eine Menge Leute, allerdings sie stehn hier beisammen, wissen wie auf alten Gruppenbildern nichts
5   miteinander anzufangen, die Augen niederzuschlagen fällt ihnen gerade nicht ein
und zu lächeln wagen sie vor Erwartung nicht. Es sind da meine Eltern, einige
Verwandte einige Lehrer, eine ganz bestimmte Köchin, einige Mädchen aus Tanz-
stunden, einige Besucher unseres Hauses aus früherer Zeit, einige Schriftsteller,
ein Schwimmeister, ein Billeteur, ein Schulinspektor, dann einige denen ich nur
10   einmal auf der Gasse begegnet bin und andere, an die ich mich gerade nicht
erinnern kann und solche, an die ich mich niemals mehr erinnern werde und solche
endlich, deren Unterricht ich irgendwie damals abgelenkt überhaupt nicht bemerkt
habe, kurz es sind so soviele daß man acht geben muß einen nicht zweimal zu
nennen. Und ihnen allen gegenüber spreche ich meinen Vorwurf aus, mache sie
15   auf diese Weise mit einander bekannt, dulde aber keine Widerrede. Denn ich habe
wahrhaftig schon genug Widerreden ertragen und da ich in den meisten widerlegt
worden bin, kann ich nicht anders als auch diese Widerlegungen in meinen Vorwurf miteinzubeziehn und zu sagen daß mir außer/meiner Erziehung auch diese
Widerlegungen in manchem sehr geschadet haben.
20   Erwartet man vielleicht, daß ich irgendwo abseits erzogen worden bin? Nein,
mitten in der Stadt bin ich erzogen worden mitten in der Stadt. Nicht zum Beispiel
in einer Ruine in den Bergen oder am See. Meine Eltern und ihr Gefolge waren bis
jetzt von meinem Vorwurf bedeckt und grau; nun schieben sie ihn leicht beiseite
und lächeln, weil ich meine Hände von ihnen weg an meine Stirn gezogen habe
25   und denke: Ich hätte der kleine Ruinenbewohner sein sollen, horchend ins Ge-
schrei der Dohlen, von ihren Schatten überflogen, auskühlend unter dem Mond,
abgebrannt von der Sonne, die zwischen den Trümmern hindurch auf mein
Epheulager von allen Seiten mir geschienen hätte, wenn ich auch am Anfang ein
wenig schwach gewesen wäre unter dem Druck meiner guten Eigenschaften die
30   mit der Macht des Unkrauts in mir hätten wachsen müssen. /

186

[IV]

Oft überlege ich es und lasse den Gedanken ihren Lauf ohne mich einzumischen und immer, wie ich es auch wende, komme ich zum Schluß, daß mir in manchem meine Erziehung schrecklich geschadet hat. In dieser Erkenntnis steckt ein Vor-
5 wurf der gegen eine Menge Leute geht. Da sind die Eltern, mit den Verwandten, eine ganz bestimmte Köchin, die Lehrer, einige Schriftsteller, befreundete Familien, ein Schwimmeister, Eingeborene der Sommerfrischen, einige Damen im Stadtpark denen man es gar nicht ansehn würde, ein Friseur eine Bettlerin, ein Steuermann der Hausarzt und noch viele andere und es wären noch mehr, wenn
10 ich sie alle mit Namen bezeichnen wollte und könnte kurz es sind so viele, daß man achtgeben muß damit man nicht im Haufen einen zweimal nennt. Nun könn-te man meinen, schon durch diese große Anzahl verliere ein Vorwurf an Festig-keit, und müsse einfach an Festigkeit verlieren, denn ein Vorwurf sei kein Feld-herr, er gehe nur geradeaus und wisse sich nicht zu verteilen. Gar in diesem Falle,
15 wenn er sich gegen vergangene Personen richtet. Die Personen mögen mit einer vergessenen Energie in der Erinnerung festgehalten werden, einen Fußboden wer-den sie kaum mehr unter sich haben und selbst ihre Beine werden schon Rauch sein. Und Leuten in solchem Zustand soll man nun mit irgendeinem Nutzen Fehler vorwerden, die/sie in früheren Zeiten einmal bei der Erziehung eines Jun-
20 gen gemacht haben der ihnen jetzt so unbegreiflich ist wie sie uns. Aber man bringt sie ja nicht einmal dazu sich an jene Zeiten zu erinnern, sie können sich an nichts erinnern und dringt man auf sie ein, schieben sie einen stumm bei Seite, kein Mensch kann sie dazu zwingen, aber offenbar kann man gar nicht von zwin-gen reden, denn höchstwahrscheinlich hören sie gar nicht die Worte. Wie müde
25 Hunde stehn sie da, weil sie alle ihre Kraft dazu verbrauchen um in der Erinne-rung aufrecht zu bleiben. Wenn man sie aber wirklich dazu brächte zu hören und zu reden, dann würde es einem von Gegenvorwürfen nur so in den Ohren sausen, denn die Menschen nehmen die Überzeugung von der Ehrwürdigkeit der Toten ins Jenseits mit und vertreten sie von dort aus zehnfach. Und wenn diese Meinung
30 vielleicht nicht richtig wäre und die Toten eine besonders große Ehrfurcht vor den Lebenden hätten, dann werden sie sich erst recht ihrer lebendigen Vergangenheit annehmen, die ihnen doch am nächsten steht und wieder würden uns die Ohren sausen. Und wenn auch diese Meinung nicht richtig wäre und die Toten gerade sehr unparteiisch wären, so könnten sie es auch dann niemals billigen, daß man mit
35 unbeweisbaren Vorwürfen sie stört. Denn solche Vorwürfe sind schon von Mensch zu Mensch unbeweisbar. Weder das Dasein von vergangenen Fehlern in der Erziehung/ist zu beweisen wie erst die Urheberschaft. Und nun zeige man den Vorwurf, der sich in solcher Lage nicht in einen Seufzer verwandelte.

Das ist der Vorwurf, den ich zu erheben habe. Er hat ein gesundes Innere, die
40 Theorie erhält ihn. Das was an mir wirklich verdorben worden ist, aber vergesse ich vorerst oder verzeihe es und mache noch keinen Lärm damit. Dagegen kann ich jeden Augenblick beweisen, daß meine Erziehung einen andern Menschen aus mir machen wollte, als den der ich geworden bin. Den Schaden also, den mir meine Erzieher nach ihrer Absicht hätten zufügen können, den mache ich ihnen zum
45 Vorwurf, verlange aus ihren Händen den Menschen der ich jetzt bin und da sie mir ihn nicht geben können mache ich ihnen aus Vorwurf und Lachen ein/Trom-melschlagen bis in die jenseitige Welt hinein. Doch dient das alles nur einem andern Zweck. Der Vorwurf darüber, daß sie mir doch ein Stück von mir ver-dorben haben, ein gutes schönes Stück verdorben haben – im Traum erscheint es

50   mir manchmal wie andern die tote Braut – dieser Vorwurf,der immer auf dem
      Sprung ist, ein Seufzer zu werden, er soll vor allem unbeschädigt hinüber kommen
      als ein ehrlicher Vorwurf der er auch ist. So geschieht es, der große Vorwurf dem
      nichts geschehen kann nimmt den kleinen bei der Hand, geht der große hüpft der
      kleine, ist aber der kleine einmal drüben, zeichnet er sich noch aus, wir haben es
55   immer erwartet und bläst zur Trommel die Trompete. /

[V]

      Oft überlege ich es und lasse den Gedanken ihren Lauf, ohne mich einzumischen,
      aber immer komme ich zu dem Schluß, daß mich meine Erziehung mehr verdor-
      ben hat als ich es verstehen kann. In meinem Äußern bin ich ein Mensch wie
5   andere, denn meine körperliche Erziehung hielt sich ebenso an das Gewöhnliche,
      wie auch mein Körper gewöhnlich war, und wenn ich auch ziemlich klein und
      etwas dick bin, gefalle ich doch vielen, auch Mädchen. Darüber ist nichts zu sagen.
      Noch letzthin sagte eine etwas sehr Vernünftiges »Ach könnte ich sie doch ein-
      mal nackt sehn da müssen Sie erst hübsch und zum küssen sein« sagte sie.
10   Wenn mir aber hier die Oberlippe, dort die Ohrmuschel, hier eine Rippe, dort ein
      Finger fehlte, wenn ich auf dem Kopf haarlose Flecke und Pockennarben im
      Gesichte hätte, es wäre noch kein genügendes Gegenstück meiner innern Unvoll-
      kommenheit. Diese Unvollkommenheit ist nicht angeboren und darum desto
      schmerzlicher zu tragen. Denn wie jeder habe auch ich von Geburt aus meinen
15   Schwerpunkt in mir, den auch die närrischeste Erziehung nicht verrücken konnte.
      Diesen guten Schwerpunkt habe ich noch aber gewissermaßen nicht mehr den
      zugehörigen/Körper. Und ein Schwerpunkt, der nichts zu arbeiten hat, wird zu
      Blei und steckt im Leib wie eine Flintenkugel. Jene Unvollkommenheit ist aber
      auch nicht verdient, ich habe ihr Entstehn ohne mein Verschulden erlitten. Darum
20   kann ich in mir auch nirgends Reue finden, so viel ich sie auch suche. Denn Reue
      wäre für mich gut, sie weint sich ja in sich selbst aus; sie nimmt den Schmerz bei
      Seite und erledigt jede Sache allein wie einen Ehrenhandel; wir bleiben aufrecht
      indem sie uns erleichtert.
          Meine Unvollkommenheit ist, wie ich sagte nicht angeboren, nicht verdient,
25   trotzdem ertrage ich sie besser, als andere unter großer Arbeit der Einbildung mit
      ausgesuchten Hilfsmitteln viel kleineres Unglück ertragen eine abscheuliche
      Ehefrau z. B., ärmliche Verhältnisse, elende Berufe und bin dabei keineswegs
      schwarz vor Verzweiflung im Gesicht, sondern weiß und rot
          Ich wäre es nicht wenn meine Erziehung so weit in mich gedrungen wäre, wie
30   sie wollte. Vielleicht war meine Jugend zu kurz dazu, dann lobe ich ihre Kürze
      noch jetzt in meinen vierziger Jahren aus voller Brust. Nur dadurch war es mög-
      lich, daß mir noch Kräfte/bleiben, um mir der Verluste meiner Jugend bewußt zu
      werden, weiter, um diese Verluste zu verschmerzen, weiter, um Vorwürfe gegen
      die Vergangenheit nach allen Seiten zu erheben und endlich ein Rest von Kraft für
35   mich selbst. Aber alle diese Kräfte sind wieder nur ein Rest jener die ich als Kind
      besaß und die mich mehr als andere den Verderbern der Jugend ausgesetzt haben,
      ja ein guter Rennwagen wird vor allen von Staub und Wind verfolgt und überholt
      und seinen Rädern fliegen die Hindernisse entgegen, daß man fast an Liebe glau-
      ben sollte.
40   Was ich jetzt noch bin, wird mir am deutlichsten in der Kraft mit der die
      Vorwürfe aus mir herauswollen. Es gab Zeiten wo ich in mir nichts anderes als vor
      Wuth getriebene Vorwürfe hatte, daß ich bei körperlichem Wohlbefinden mich auf

188

der Gasse an fremden Leuten festhielt, weil sich die Vorwürfe in mir von einer
Seite auf die andere warfen, wie Wasser in einem Becken, das man rasch trägt.

45   Jene Zeiten sind vorüber. Die Vorwürfe liegen in mir herum, wie fremde Werk-
zeuge, die zu fassen und zu heben ich kaum den Muth / mehr habe. Dabei scheint
die Verderbnis meiner alten Erziehung mehr und mehr in mir von neuem zu
wirken, die Sucht sich zu erinnern, vielleicht eine allgemeine Eigenschaft der
Junggesellen meines Alters öffnet wieder mein Herz jenen Menschen, welche mei-

50   ne Vorwürfe schlagen sollten und ein Ereignis wie das gestrige früher so häufig
wie das Essen ist jetzt so selten, daß ich es notiere.

Aber darüber hinaus noch bin ich selbst ich der jetzt die Feder weggelegt hat,
um das Fenster zu öffnen, vielleicht die beste Hilfskraft meiner Angreifer. Ich
unterschätze mich nämlich und das bedeutet schon ein Überschätzen der andern

55   aber ich überschätze sie noch außerdem und abgesehen davon schade ich mir noch
geradeaus. Überkommt mich Lust zu Vorwürfen, schaue ich aus dem Fenster. Wer
leugnet es, daß dort in ihren Booten die Angler sitzen, wie Schüler, die man aus
der Schule auf den Fluß getragen hat; gut, ihr Stillehalten ist oft unverständlich
wie jenes der Fliegen auf der Fensterscheiben. Und über die Brücke fahren natür-

60   lich die Elektrischen wie immer mit ver-/gröbertem Windesrauschen und läuten
wie verdorbene Uhren, kein Zweifel, daß ein Polizeimann schwarz von unten bis
hinauf mit dem gelben Licht der Medaille auf der Brust an nichts anderes als an die
Hölle erinnert und nun mit Gedanken ähnlich den meinen einen Angler betrachtet, der sich plötzlich, weint er hat er eine Erscheinung oder zuckt der Kork, zum

65   Bootsrand bückt. Das alles ist richtig aber zu seiner Zeit jetzt sind nur die Vorwürfe richtig.

Sie gehn gegen eine Menge Leute, das kann ja erschrecken und nicht nur ich
auch jeder andere würde lieber aus dem offenen Fenster den Fluß ansehn. Da sind
die Eltern und die Verwandten, daß sie mir aus Liebe geschadet haben, macht ihre

70   Schuld noch größer, denn wie sehr hätten sie mir aus Liebe nützen können, dann
befreundete Familien mit bösem Blick aus Schuldbewußtsein machen sie sich
schwer und wollen nicht in die Erinnerung hinauf, dann die Haufen der Kindermädchen, der Lehrer und der Schrift-/steller und eine ganz bestimmte Köchin
mitten unter ihnen, dann zur Strafe ineinander übergehend ein Hausarzt, ein Fri-

75   seur, ein Steuermann, eine Bettlerin, ein Papierverkäufer, ein Parkwächter, ein
Schwimmeister dann fremde Damen aus dem Stadtpark denen man es gar nicht
ansehn würde, Eingeborene der Sommerfrischen als Verhöhnung der unschuldi-
gen Natur und viele andere; aber es wären noch mehr, wenn ich sie alle mit
Namen nennen wollte und könnte, kurz es sind so viele daß man achtgeben muß,

80   daß man nicht einen zweimal nennt. /

[VI]

Ich überlege es oft und lasse den Gedanken ihren Lauf ohne mich einzumischen,
aber immer komme ich zu dem gleichen Schluß, daß die Erziehung mich mehr
verdorben hat, als alle Leute, die ich kenne und mehr als ich begreife. Doch kann

5   ich das nur einmal von Zeit zu Zeit ansprechen, denn fragt man mich danach:
»Wirklich? Ist das möglich? Soll man das glauben« schon suche ich es aus ner-
vösem Schrecken einzuschränken.

Außen schaue ich wie jeder andere aus; habe Beine Rumpf und Kopf, Hosen,
Rock und Hut; man hat mich ordentlich turnen lassen und wenn ich dennoch

A. Literarisierung des Lebens als versagte Annäherung: das Fragment vom ›kleinen Ruinenbewohner‹

Das, wozu sich Kafka hier hinarbeitet, anfangs in kleiner, dünner Schrift, mit wenigen Korrekturen, später größer und kräftiger schreibend, mit stärkerem Druck auch der charakteristischen dicken Querstriche (»Trompete« z. B.),[5] Bleistift durch Tinte ablösend, hat notwendig Fragment bleiben müssen. Autobiographisches Erzählen ist für ihn grundsätzlich lückenhaft, so wie die Autobiographie ihm ein nicht zu erreichendes und auch nicht zu erstrebendes literarisches Ziel darstellte:

> [. . .] Plan der selbstbiographischen Untersuchungen. Nicht Biographie, sondern Untersuchung und Auffindung möglichst kleiner Bestandteile. (H 388)

Denn die Schwierigkeiten der Literarisierung des eigenen Lebens sind immens: »Alle Dinge nämlich die mir einfallen, fallen mir nicht von der Wurzel aus ein, sondern erst irgendwo gegen ihre Mitte.« (14) Die Aufgabe der Beschreibung (des eigenen Lebens) wird deshalb für ihn zu einer Aufgabe der Konstruktion; isoliertes Einzelnes, »hervorstechende [. . .] Augenblicke [. . .] eines gesteigerten Selbstverstehens«[6] müssen mühsam zusammengesetzt werden. Der Blick zurück in die Frühgeschichte des eigenen Lebens fördert indes an vielen Stellen einen Zusammenhang ununterscheidbar »ineinander übergehend[er]« (V 74) Figuren zutage. Aber diese mangelnde Auflösung des Bildes ist nicht erlittene Schwäche, Unschärfe aus mangelnder Sehkraft, sondern hinter ihr steckt literarische Methode. Wie anders wäre zu erklären, daß derjenige, der hier von sich spricht – freilich ein Junggeselle (V 49) –, sich als »ziemlich klein und etwas dick« (V 6f.) glaubt bezeichnen zu sollen, wo doch, bis zur Grenze der Krankheit und darüber hinaus, exakt das Gegenteil der Fall war? Daß er von seinen »vierziger Jahren« (V 31) spricht – als noch nicht 27jähriger Autor? Die Annäherung an das eigene Leben erfolgt offenbar über Umwege, in der Verkleidung literarischen Sprechens. Sie muß den Weg der Fiktionalisierung wählen, einen Weg, der indirekt, über verschiedene Stufen fortschreitender Distan-

---

[5] Natürlich ist auch dem Graphologen die Dicke der Querstriche wichtig, »jenes Durchschneiden der Buchstaben durch waagrechte Balke, Kafkas ausdrucksvollstes Schriftmerkmal, das das Bemühen ›quer durch alles‹ wie[!]derspiegelt.« Frantisek Kafka [1969], 81.

[6] Gräser [1955], 68.

zierung erst, zunehmende Ausführlichkeit und Möglichkeit der Annäherung gewährt, so wie es die beiden ›Fassungen‹ einer späteren Tagebuchnotiz vom Krisensommer 1913 auf engstem Raum vorführen:

> Ich pflegte während meiner Gymnasialzeit hier und da einen gewissen Josef Mack, einen Freund meines verstorbenen Vaters zu besuchen. Als ich nach Absolvierung des Gymnasiums –

> Hugo Seiffert pflegte während seiner Gymnasialzeit einem gewissen Josef Kiemann einem alten Junggesellen, der mit Hugos verstorbenem Vater befreundet gewesen war, hie und da einen Besuch zu machen. [. . .] (571f.)

Die Literarisierung des Lebens ist Aufgabe und Ziel des Schreibens in Kafkas Tagebuch. Dieser Prozeß der Fiktionalisierung ist ein Versuch der Selbstverwandlung, in dem die direkte zur indirekten Aussage wird, die empirische Figur zum Zeichen, Deskription zur Konstruktion sich wandelt. Darin hat man, angesichts der Tagebücher Kafkas, das Wesen des literarischen Tagebuchs überhaupt erblicken wollen,[7] ohne dabei allerdings zu bedenken, daß dieses Prinzip der Fiktionalisierung jenem Moment des Abgekürzten durchaus entgegenstehen kann, das – die Literaturwissenschaft hält unter anderen den Stilbegriff der ›harten Fügung‹ vorrätig – gemeinhin als für die Tagebucheintragung kennzeichnend angesehen wird: Der große Zusammenhang allmählichen Wechsels im Leben repräsentiert sich im Tagebuch als Reihung auffallender Augenblicke, Kontinuität wird übersetzt in sprunghaftes Fortschreiten von Notiz zu Notiz, der logische Zusammenhang einer Situation überführt in ein einzelnes Wort, das, fragmentarisch, an die Stelle des ausgesparten Ganzen tritt.[8]

Das Aufgehen von realer Erinnerung in fiktionaler Gestaltung unter der Form des Fragments ist, wie im folgenden gezeigt werden soll, bei Kafka der Versuch einer Annäherung, die sich den eigenen Erfolg versagt. Nur indem sich das eine (das Leben) im anderen (der Literatur) verbirgt, kann es ausgesagt werden. Die Unmöglichkeit, dabei ins Zentrum des Gemeinten zu gelangen und damit die literarische Bewegung zur Erfüllung zu bringen, gehorcht einem literarischen Selbstberührungsverbot. Das Fragment, in unendlicher Reihung, ist Ausdruck dieser verbotenen Annäherung, des verwehrten Selbstbezugs, und bietet nur negativ, in der Verneinung eines Zusammenhangs, dem Leser das Abbild der Wahrheit über das Leben desjenigen, der so schreibt. Wie denn ja Kafka als dem Leser seiner eigenen Romane fragmentarische Teile immer als deren vollkommenere Gestalt erschienen sind, Teile, die allein er, wenn überhaupt, zur Veröffentlichung als

---

[7] Dies sind einige der Merkmale, in denen Gräser [1955], angesichts der Tagebücher Kafkas, das Wesen des literarischen Tagebuchs überhaupt erblickt (74).
[8] Vgl. Gräser [1955], 74.

geeignet angesehen hat; »Der Heizer« etwa steht für den »Verschollenen«, »Vor dem Gesetz« für den »Prozeß«. Und vergleichbar ist es, auf anderer Ebene, wiederum den meisten seiner Leser ergangen. Einzelne Sätze Kafkas haben immer mehr Bewunderung auf sich gezogen als seine Absichten auf das Ganze. Scharf ausgedrückt: »Irgendwann [. . .] beginnt in den ›großen‹ Werken ein innerer Bürokrat in Kafka mitzuschreiben, ein Geheimnisverwalter«, der sich »in Pedanterien, in ein Tüfteln und Labyrinthebauen verliert.«[9] Was aber in der Konstruktion auf ein Großes als Mangel erscheint, verhilft den knappen »Prosa-Augenblicken« zu selbstleuchtender Kraft; »jene einzelnen Sätze, die sich [. . .] immer wieder in geisterhafter Vollkommenheit, wie ein Fremdes, aus dem Kontext lösen«[10] – sie allein »durften fertig werden«.[11] Einzig das Fragment, dispensiert vom übergroßen Selbstanspruch des Geschlossen-Ganzen, ermöglicht der Literatur Kafkas dasjenige, was ihr versagt ist: die Annäherung an das Leben.

1. Kapitel. »Der kleine Ruinenbewohner« Fragmente einer Erziehungskritik

> Die Erziehung als Verschwörung der Großen. (804)

Der Text, dem, wäre er fertig geworden, Kafka den Titel »Der kleine Ruinenbewohner« wohl hätte geben wollen, wie Brod annimmt (T 695), ist als Exempel so beiläufig nicht. Präludiert durch eine Litanei der Qual, eine Klage über die ermüdende Gleichförmigkeit des Wechsels, in dem sich unbefriedigende, marternde Verfassungen einander ablösen –

> Sonntag, den 19. Juni 10 geschlafen aufgewacht, geschlafen, aufgewacht, elendes Leben (17) –,

markieren diese Erzählfragmente die erste erhaltene literarische Auseinandersetzung des Autors mit seiner Familie. In diesen »Fragmenten einer Erziehungskritik«, wie sie Brod in seinem Nachwort zum Tagebuch erstmals nennt (T 695), sind frühe Beiträge zu dem einen Thema Kafkas überhaupt zu sehen, stellen sie doch sein Leben und Schreiben vor den Hintergrund einer frühen Beschädigung seiner Existenz. »[. . .] schon bevor er überhaupt an das Schreiben denken konnte, fiel auf, wie schwer er die Ansprüche der Umwelt empfand«, vollzieht ein Schriftsteller aus unseren Tagen, Martin Walser, diese traumatische Erfahrung nach. Die Ansprüche

---

[9] Baumgart [1979b].
[10] Matt [1983], 24f.
[11] Baumgart [1985].

von außen und die eigene Unfähigkeit, diesen Ansprüchen zu genügen, diese beiden Erfahrungen sind für Kafka unlösbar miteinander verbunden gewesen. »Er konnte sich diesen Ansprüchen gegenüber nicht harmlos trösten. Sie wurden für ihn, der der Welt Recht gab und selbst nicht Recht haben wollte, zum Anlaß, seine Unzulänglichkeit, seine Schwäche zu studieren. Kein Mensch hat je mit solchem Ernst das Studium seiner Schwäche betrieben.«[12] Auf diese Weise fallen auch hier das Studium der eigenen Schwäche und die Diagnose der Welt, vor der er schwach erscheint, zusammen. Indem der Rückblick auf Kindheit und Jugend als Erklärung für die Gegenwart dient, gewinnt die Selbstreflexion Gestalt als Abrechnung mit der eigenen Vergangenheit. Diese bietet sich Kafka dar als passivische Zeit, als Phase des Erleidens von Einflüssen, deren wahre Richtung dem Opfer notwendig hat verschlossen bleiben müssen, weil selbst die Täter der Täuschung erlegen waren:

> Die Erziehung als Verschwörung der Großen. Wir ziehen die frei Umhertobenden unter Vorspiegelungen, an die wir auch aber nicht in dem vorgegebenen Sinne, glauben in unser enges Haus (804),

heißt es später, am 8. Oktober 1916, im Tagebuch.

a) Das Fremde und das Eigene

Wenn die Skizze zu einer ungefähr August 1916 entworfenen Selbstbiographie mit der programmatisch protestierenden Festsetzung beginnt: »Jeder Mensch ist eigentlich« (H 227), dann ist damit die Erziehung aus der Sicht Kafkas selbst bereits von vornherein restlos demaskiert, gebrandmarkt als Einebnung der individuellen Unterschiede, gewaltsames Unkenntlichmachen der besonderen Differenzen: »Soweit ich es erfahren habe, arbeitete man sowohl in der Schule als auch zu Hause darauf hin, die Eigentümlichkeit zu verwischen«, so legt er – diskursiv-ausführlicher als im (literarischen) Fragment – die Frühgeschichte der eigenen Sozialisation frei (H 227). Erziehung ist für ihn erfahrbar geworden einzig als der Versuch, das Unvergleichliche an ihm vergleichbar zu machen, gewaltsam, im Blick auf allgemeine Verbindlichkeiten, und wenn immer dieses Vergleichen selbst explizit als Mittel erzieherischer Kritik eingesetzt wurde, der Vater den Sohn also etwa durch die Worte »»Der ganze Rudolf!« [. . .] mit einem für ihn äußerst lächerlichen Stiefbruder« der Mutter in Vergleich setzen wollte, wie er einmal in einem späten Brief berichtet, dann hat sich der angestrebte Effekt geradezu ins Gegenteil verkehrt; für ihn erweist sich im Rückblick

---

[12] Walser [1962/1975], 221f.

194

die verpflichtende, aufs schlechte Maß angleichende Kraft einer solchen erzieherischen Rüge in voller Deutlichkeit:

> Im Grunde hatte ich kaum etwas Gemeinsames mit ihm, außer dem Beurteiler. Aber die quälende Wiederholung des Vergleiches, die fast körperliche Schwierigkeit, einem Weg, an den man früher gar nicht dachte, nun um jeden Preis auszuweichen, und schließlich des Vaters Überzeugungskraft oder, wenn man will, seine Verfluchung, brachten es doch zustande, daß ich mich dem Onkel doch wenigstens näherte. (Br 361)

Kafka datiert die Nichtachtung seiner ›Eigentümlichkeit‹ – in einem konkreten Fall ist ihm das abendliche Lesen im Bett untersagt worden – als die Geburtsstunde seines »Hasses« gegenüber der Familie und dem, was sie repräsentierte, dem Leben. (H 229) Das Gefühl, in dem erzieherischen Verhalten ihm gegenüber »ein Aburteilen erkennen« zu müssen, die Erfahrung der Gleichsetzung von Fürsorge und Gewalt, drängt zur Verlängerung des Anspruchs der erzieherischen Einflußnahme, verleitet dazu, das Verhalten der anderen sich selbst gegenüber weiterzuführen. Androhung von Strafe durch andere wächst zur Bereitschaft, das Angedrohte selbst an sich auszuführen, »sein Inneres zu stechen und zu kratzen, während die fremde Hand noch immer ruhig den Rutengriff hält.« (H 330) Wird mit der »Eigentümlichkeit«, Inbegriff der Dignität des Subjekts, in solcher Weise umgegangen, so muß sie sich verändern bis zur Unkenntlichkeit, zum völligen Verlust an »Selbstvertrauen«, und eine Notiz wie die folgende wird plausibel, die das paradoxe Fazit zieht: »Hervorheben der Eigentümlichkeit – Verzweiflung.« (H 232)

b) Zur Identifizierbarkeit der Figuren: Autobiographie und Fiktion

Vor diesem Hintergrund muß ein Text wie »Der kleine Ruinenbewohner« als thematisch zentral für Kafkas Werk gelten. Wenn man seine Literatur auf die Voraussetzungen seines Lebens zurückverfolgt, so erscheint sie als ›Ersatzhandlung‹, deren biographische Wahrheit darin besteht, »der Sozietät die unverkraftbaren Versagungen vor Augen zu führen«,[13] die dem Autor von all seinen ›Erziehern‹ zugemutet worden sind. Kafkas Literatur ist, so gesehen, eine einzige Aufzählung von Schuld, eine Liste von Schuldigen. Es steht dem literarischen Rang des Fragments vom ›kleinen Ruinenbewohner‹ nicht im Wege, wenn es so aussieht, als könnten die Personen, die hier aufgezählt werden in der Reihe derjenigen, die sich in der Erziehung des

---

[13] Binder/Parik [1982], 23.

Erzählers schuldig gemacht haben, grundsätzlich mit realen Figuren aus der Umgebung des Autors identifiziert werden. »Lehrer« (I 6) meint hier zunächst die Erziehenden insgesamt, die Eltern zuvörderst, zumal den Vater, der Gegenstand und Adressat eines eigenen Briefes in dieser Meinung geworden ist. Der »Haufen Lehrer«, den es in der Erinnerung des Schülers eng zusammenzudrücken gilt (II 6f.), verweist aber auch konkret auf solche im Wortsinne, solche wie seinen Mathematikprofessor, dem er vergeblich durch eine Angstlüge zu verheimlichen suchte, das Logarithmenbuch vergessen zu haben (M 145), oder solche wie jenen Lehrer Beck, der 1893 den Eltern riet: »Lassen Sie ihn noch in die fünfte Klasse gehn, er ist zu schwach, solche Überhetzung rächt sich später««, ein Ratschlag, den Kafka im nachhinein, im Tagebuch 1919, als unfreiwilligen »prophetischen Spaß« empfinden mußte (846). Auch »ein Schulinspektor« (III 9) wird Kafkas Klasse tatsächlich visitiert haben, wahrscheinlich während des vierten oder fünften Schuljahres – wie Binder scharfsinnig langanhaltenden traumatischen Erlebnissen nachspürt[14] –, womöglich den Schüler Kafka anläßlich einer falschen Antwort vor den Mitschülern bloßstellend, wie das ein Erzählfragment aus dem Tagebuch (»In unserer Klasse, der fünften Gymnasialklasse des Amaliengymnasiums [. . .]«, 570) nahezulegen scheint. Auf den Schulweg zwingende Begleiterin war in der Tat eine Zeit lang »eine ganz bestimmte Köchin« (II 5), von der Kafka später einmal Milena berichtet, sie habe ihm damit gedroht, dem Lehrer zu erzählen, wie »unartig« er gewesen sei (M 64), und während des gesamten Weges mit dem wachsenden Schrecken des Jungen davor gespielt, daß sie diese Drohung tatsächlich ausführen werde. Die »Bettlerin« (IV 8) ist wohl die, der er als Kind, um sein Gefühl des Wohltätigseins zu vervielfältigen, den Betrag von einem Sechser in zehn Einzelgaben, eingewechselten Kreuzern, zukommen ließ nach immer erneuertem Umkreisen ihres Standortes – eine Episode, die, wie er berichtet (M 120f.), ihn bis zur völligen, auch moralischen, Erschöpfung gefordert habe. Die »Haufen der Kindermädchen« schließlich (V 72f.), auf deren Umgang der junge Kafka, lange ohne Geschwister, angewiesen war (F 193) – die Erinnerung an sie, stärker noch: die Konfrontation mit einer von ihnen, die ihn später noch einmal besuchen will, macht die Diskrepanz zwischen fremden, aus der Vergangenheit gespeisten Erwartungen und dem eigenen gegenwärtigen Befund (»Sie [. . .] denkt, daß ich ein großer, gesunder Herr im schönen Alter von 28 Jahren bin, gern an meine Jugend zurückdenke und überhaupt etwas mit mir anzufangen weiß«) zu einer schrecklich realen Konfrontation, der Kafka nicht gewachsen ist (er läßt sich verleugnen: ›schläft‹, und muß dennoch gequält alles aus dem Nebenzimmer mit anhören); die Scham über die Gegenwart, die den Erwartungen

---

[14] Ebd., 46.

vergangener Erzieher nicht gerecht wird, mündet auch hier ein in den Generalvorwurf, löst sich auf in der umfassenden Anklage gegen eben jene Erzieherin:

> Warum hat sie mich so schlecht erzogen, ich war doch folgsam, sie sagt es jetzt selbst im Vorzimmer zur Köchin und zum Fräulein, ich war von ruhiger Gemütsart und brav. Warum hat sie das nicht für mich ausgenützt und mir eine bessere Zukunft vorbereitet. (261)

Die Identifizierbarkeit von Figuren aus Kafkas Text mit Personen aus seinem Leben ist allerdings noch keine hinreichende Berechtigung dafür, die gesamte Szenerie der Erzählskizzen vom ›kleinen Ruinenbewohner‹ im biographischen Bezug aufgehen zu lassen, wie es nach Binders Erläuterungen sich anbieten mag, im Blick auf Sonne, Mond, Dohlen und Ruinen, die Umgebung also, in welcher der ›kleine Ruinenbewohner‹ sich aufhält (I 7–10, III 25–30): »[...] ein ganz aus städtischer Perspektive erstelltes Bild. Kafka ließ sich im Bad oder bei sonntäglichen Ausflügen von der Sonne bräunen, beobachtete bei seinen nächtlichen Spaziergängen den Mond, empfand die Dohlen als persönliche Attribute, weil sein Name im Tschechischen diesen Vogel meint und sein Vater ihn als Geschäftsemblem führte,[15] beobachtete mehr als die Farben Hell-Dunkel-Wirkungen und Schattenwurf und sah bei Landaufenthalten gewiß efeubewachsene Ruinen, die für den Städter einen romantischen Stimmungswert besitzen.«[16] Der Stimmungswert der Umgebung für die literarische Situierung des ganz anderen, einer Existenz unberührter Eigentlichkeit ist gewiß nicht von der Hand zu weisen, doch gerade deshalb wäre es unzureichend, die gesamte Szenerie des versetzten Selbstbildes in den Ruinen biographistisch reduziert, als Landschwärmerei eines Stadtmenschen, mißzuverstehen, den Vorgang der Literarisierung, Fiktionalisierung überhaupt herabzuziehen auf die Ebene biographischer ›Wahrheiten‹ oder Wahrscheinlichkeiten. Es war bereits die Rede davon, daß es genügend andere Züge des hier Erzählten gibt, Alter und Aussehen des erzählenden Ich zum Beispiel, die nicht den biographischen Vorgaben entsprechen. Die Auseinandersetzung Kafkas mit sich in der Figur des ›kleinen Ruinenbewohners‹ hat vielmehr − und die Variationen der Skizze werden gerade dies ausweisen − als durchaus gestaltete Form der Selbstauseinandersetzung zu gelten, die das Bild des Ich mit den Mitteln der Literatur, verändert und dabei das Abzubildende zu verändern sucht: das Ich stark zu machen bestrebt ist in der und für die Gegenüberstellung

---

[15] Vgl. Brod [1937], 9 sowie Binder [1979b], 110. Die Verbindung kavka-Dohle (-Rabe)–Kafka macht es denn auch möglich, etwa Eduard Raban, die Hauptfigur aus den »Hochzeitsvorbereitungen auf dem Lande«, als Kryptogramm des Autors zu lesen.
[16] Binder [1976a], 72.

von Einst und Jetzt, Erziehung und Leben, Anspruch des fremden und Wirklichkeit des eigenen Lebens – eine Form, der das Muster der Konfrontation Halt und innere Struktur verleiht.

2. Kapitel. Aufbau: die Konfrontation

> Wenn ich es bedenke, so muß ich sagen,
> daß mir meine Erziehung in mancher
> Richtung sehr geschadet hat. (I 2f.)

a) Der erste Satz: Vorwurf der schädlichen Erziehung

Der erste Satz erhebt den Vorwurf der Schädlichkeit der Erziehung, die dem, der hier von sich erzählt, widerfahren ist. Er markiert die Grundvoraussetzung des Schreibenden, ist Basis, ja archimedischer Punkt, an dem sich das Schreiben zu halten hat. So kehrt er auch in allen folgenden Erzählstufen, immer an der am meisten exponierten Stelle, am Beginn, als Exposition des Folgenden, wieder, wobei in der variierenden Wiederaufnahme die Bewegung der Steigerung der Bemühung um Erkenntnis, um rückhaltlos vorurteilsfreie Wahrnehmung und Beurteilung deutlich wiederzufinden ist:

> Oft überlege ich es [. . .] (III 2)
> und lasse den Gedanken ihren Lauf ohne mich einzumischen
> und immer, wie ich es auch wende,
> komme ich zum Schluß [. . .]. (IV 2f.)

Durch die wiederholte Aufnahme wird der Gegenstand des Vorwurfs nun allerdings keineswegs einsichtiger und faßbarer für denjenigen, der ihn erhebt, im Gegenteil:

> [. . .] immer komme ich zu dem Schluß, daß mich meine Erziehung mehr verdorben hat als ich es verstehen kann [. . .],

heißt es schließlich (V 3f.), und hinter dieser Steigerung steckt nicht nur existentielle Betroffenheit – »bis ins Blut hinein«, so eine Vorstufe hier im Manuskript,[17] reicht der Schaden der Erziehung – in ihr verbirgt sich ei-

---

[17] V 3f. daß . . . hat]
  1) dass meine Erziehung vieles an mir verdorben hat
  2) dass meine Erziehung ⟨(x>b)is ins Blut [hinein]⟩ [vieles an] mi(r>ch) verdorben hat
  3) dass ⟨mich⟩ meine Erziehung [bis ins Blut] ⟨mehr⟩ [mich] verdorben hat

gentlich sogar Selbsteliminierung, denn er, der so einsetzt (»mehr [...] als
ich es verstehen kann«), verurteilt damit die gleichwohl sich anschließenden
Bemühungen um Explikation zu bloßer Makulatur. Am Ende ist, als Ergebnis all der voranliegenden Bemühungen um literarische Aufarbeitung,
der Gegenstand des Aufarbeitens unfaßlicher, die eigene Lage weniger
greifbar denn je und hat, nach all den Anstrengungen um Bewältigung, nur
alle Vergleichbarkeit verloren:

> [...] immer komme ich zu dem gleichen Schluß, daß die Erziehung mich mehr
> verdorben hat, als alle Leute, die ich kenne und mehr als ich begreife. (VI 3f.)

b) Der zweite Satz: Utopie der anderen Existenz

Der zweite Satz stellt dem Vorwurf der falschen Erziehung die Utopie einer
anderen Existenz, als des kleineren Übels gewissermaßen, entgegen:

> Ich bin ja nicht irgendwo abseits, vielleicht in einer Ruine in den Bergen erzogen
> worden, dagegen könnte ich ja kein Wort des Vorwurfes herausbringen. (I 3–5)

Dies ist die Utopie einer anderen Existenz ohne Erziehung, freigesetzt in
der naturbelassenen ›Eigentlichkeit‹ ohne moralische Bewertbarkeiten. Dieses Wunschbild, eingangs (I 6–10) gleich entworfen, wird einmal nur in der
Reihe der Erzählanläufe, in der dritten Fassung, weiter ausgeführt, deutlich
als Zielpunkt hervorgehoben durch die Führung der Schriftzüge im Manuskript, von Brods Hand wohl mit einem Randstrich auch als zentrale
Stelle markiert, in Bildern einer fremden, licht-kühlen Schönheit, die, weit-
ab von allem Biographischen, akustische und visuelle Zeichen tragen für das
Ausmaß der Freisetzung:

> Ich hätte der kleine Ruinenbewohner sein sollen, horchend ins Geschrei der Doh-
> len, von ihren Schatten überflogen, auskühlend unter dem Mond, abgebrannt von
> der Sonne, die zwischen den Trümmern hindurch auf mein Epheulager von allen
> Seiten mir geschienen hätte, wenn ich auch am Anfang ein wenig schwach ge-
> wesen wäre unter dem Druck meiner guten Eigenschaften die mit der Macht des
> Unkrauts in mir hätten wachsen müssen. (III 25–30)

»Der Text entwirft ein erfülltes Leben völlig unter der Wirkung der Natur,
fern jeder Gesellschaft, jeder Zivilisation.«[18] Aber die Fata Morgana im
Konjunktiv einer unwirklichen anderen Existenz, geronnen in Formen passivischer Partizipien, kann sich in der Folge nicht behaupten gegenüber der
normativen Kraft des Faktischen: utopische Reste überdauern, in reduzierter Form, einzig in dem apologetischen Versuch, sich der Positivität des
Gegenwärtigen in seiner äußerlichsten Form tröstend zu vergewissern:

---

[18] Bezzel [1964], 100.

In meinem Äußern bin ich ein Mensch wie andere, denn meine körperliche Erziehung hielt sich ebenso an das Gewöhnliche, wie auch mein Körper gewöhnlich war (V 4–6).

Dabei bleibt auch dieses Selbstbild, das dem Selbst aufhelfen soll als Außenansicht aus der Optik der anderen, hoffnungslos auf denjenigen, der sich so, versetzt, ansehen will, zurückgeworfen. Das Subjekt des vorgestellten fremden Begehrens (»Ach könnte ich sie doch einmal nackt sehn da müssen Sie erst hübsch und zum küssen sein‹, sagte sie«, V 8f.) entpuppt sich – verräterisches Changieren der Groß- und Kleinschreibung des Personalpronomens – als Objekt der höchst eigenen Wünsche: ›er‹ möchte ›sie‹ so sehen, es ist – der mehrmaligen Beteuerung des verbums dicendi (»Noch letzthin sagte eine [. . .] sagte sie«) zum Trotz –, der Ausdruck eigener Bedürfnisse, die nicht vollständig – eine Handschriftenvariante spricht von »errötend«[19] – haben literarisch distanziert, das heißt, auf die entgegengesetzte Figur projiziert werden können. Die Utopie überlebt allein in dem verwegen-vergeblichen Vorhaben, aus der Gewöhnlichkeit des standardisierten Anblicks eine Selbstgewißheit zu ziehen, die über das Gewöhnliche hinausreicht, und ist dabei doch schon von stiller Resignation gezeichnet, bietet nurmehr die Schwundstufe zur Ruhe gekommener Bewegung – unwillkürlich drängt sich die Assoziation auf an die Inventur eines anderen ›Armen‹ der Weltliteratur, an ein (Schluß-?) Bild des »Woyzeck«-Dramas, die Aufzählung der Habe aus Sein und Besitz (»WOYZECK *zieht ein Papier hervor*. Friedrich Johann Franz Woyzeck, Wehrmann, Füsilir im 2. Regiment, 2. Bataillon, 4. Compagnie, geb. d. i. ich bin heut alt 30 Jahr, 7 Monat und 12 Tage [. . .]«):[20]

> Außen schaue ich wie jeder andere aus; habe Beine Rumpf und Kopf, Hosen, Rock und Hut; man hat mich ordentlich turnen lassen und wenn ich dennoch ziemlich klein und schwach geblieben bin so war das eben nicht zu vermeiden. Im übrigen gefalle ich vielen, selbst jungen Mädchen, und denen ich nicht gefalle die finden mich doch erträglich. (VI 8–12)

Der rhythmisierte Schluß illustriert die heiter-düstere Gefaßtheit im Nichts, er belegt, daß die geborgte Selbstgewißheit aus den vorgestellten Blicken der anderen nicht ausreicht, und es scheint gar plausibel, daß der Text, wenn überhaupt irgendwo, dann hier abbricht. Daß die Utopie nicht mehr gelingt, heißt, daß das Ich durchlässig geworden ist für die Normen, die Sehweisen und Ansprüche der Außenwelt, daß es ihnen nachgegeben hat, indem es sie sich – und darin besteht die Regression, das Reduzierte des

---

[19] V 8 sagte . . . Vernünftiges]
1) sagte mir eine errötend
2) sagte (mir [mir] eine [errötend] ⟨etwas sehr Vernünftiges⟩
[20] Büchner [1974], 181.

Trostes – zu eigen zu machen suchte, ohne damit dem eigenen Selbstbild aufhelfen zu können. Dieses Selbstbild der schlechten Gegenwart, das schlechte Jetzt, war zunächst noch als ohnmächtiger Protest, als Auflehnung und Bestätigung zugleich für die Fehler der anderen in der Vergangenheit erträglich gewesen. Am Ende gelingt es dem schreibenden Ich nicht einmal mehr, den eigenen Zustand als Vorwurf gegen seine Erzieher aufrecht zu erhalten. Die Ausgangslage der Konfrontation von Opfer und Schuldigen redupliziert sich noch einmal in den gespaltenen Bemühungen des Ich, diese Konfrontation in verschiedenen Erzählanläufen, unterschiedlichen Stadien des Schreibprozesses zu bestehen.

3. Kapitel. Entwicklung: die Erzählanläufe als Modell des Schreibprozesses – versagte Annäherung

> Ich überlege es oft und lasse den Gedanken ihren Lauf ohne mich einzumischen, aber immer komme ich zu dem gleichen Schluß [. . .]. (VI 2f.)

Kafka erprobt im Schreiben, wie weit ihm mit der Erinnerung an die Vergangenheit die Bewältigung der Gegenwart gelingt. In den sechs Anläufen, die Geschichte der eigenen Erziehung zu erzählen als Vorwurf gegenüber anderen, ist beispielhaft nachzuvollziehen das Muster der versagten Annäherung: Kafka tastet sich an den Vorwurf heran und – weicht vor ihm zurück. Ausgangspunkt (und geheimes Ziel) ist das Ich, jene Utopie eines anderen Zustandes, die den Vowurf der falschen Erziehung fast schon übersprungen hat –

> Auf die Gefahr hin, daß die ganze Reihe meiner vergangenen Lehrer dies nicht begreifen kann, gerne und am liebsten wäre ich jener kleine Ruinenbewohner gewesen [. . .] (I 5–7) –,

bevor er erst eingeführt wird:

> Dieser Vorwurf trifft eine Menge Leute nämlich [. . .]. (II 3)

Im dritten Anlauf erst werden Fremdvorwurf und Eigenutopie miteinander vermittelt:

> Erwartet man vielleicht, daß ich irgendwo abseits erzogen worden bin? (III 20)

Doch der Versuch des Widerstands in der Selbstrechtfertigung selbst bleibt löchrig-bröcklig nur stehen, gestützt durch quälend ausführliche Bemühungen um Absicherung:

Nun könnte man meinen [. . .]. (IV 11f.)
Gar in diesem Falle [. . .]. (14)
Und [. . .]. (18)
Aber [. . .], aber [. . .]. (20, 23)
Wenn man [. . .] aber [. . .]. (26)
Und wenn [. . .]. (29)
Und wenn auch [. . .]. (33)
Und nun [. . .]. (37)

Es sind Versuche der Bekräftigung, Konditional- und Konzessivsätze tür-
men Gegenargumente übereinander, die – rhetorische Schliche des Advokaten in eigener Sache –, einmal abgewiesen, die eigene Position umso mehr
stärken könnten; tatsächlich jedoch erzwingen sie eine Einschränkung des
Vorwurfs:

> Das was an mir wirklich verdorben worden ist, [. . .] vergesse ich vorerst oder
> verzeihe es und mache noch keinen Lärm damit. [. . .] Den Schaden [. . .], den mir
> meine Erzieher nach ihrer Absicht hätten zufügen können, den mache ich ihnen
> zum Vorwurf [. . .]. (IV 40f., 43–45)

Diese Einschränkung des Vorwurfs (von den tatsächlichen zu den virtuellen, nur beabsichtigten Erziehungsfolgen) stellt freilich, wenn man genau
hinsieht, gegen die Intention gelesen sogar eine Verschärfung dar. Doch,
gleichsam als ob dies schon fast zuviel sei an Exponiertheit, der Vorwurf
muß ins zweite Glied zurück, ist nur noch zugelassen als Indikator für den
Zustand des Ich:

> Was ich jetzt noch bin wird mir am deutlichsten in der Kraft mit der die Vorwürfe
> aus mir herauswollen. (V 40f.)

Der Vorwurf überlebt in reduzierter Form, der resignierten Bestandsaufnahme des Selbst, der halb zurückgezogenen Anklage:

> [. . .] daß die Erziehung mich mehr verdorben hat, als alle Leute, die ich kenne
> und mehr als ich begreife. Doch kann ich das nur einmal von Zeit zu Zeit an-
> sprechen, denn fragt man mich danach: »Wirklich? Ist das möglich? Soll man das
> glauben« schon suche ich es aus nervösem Schrecken einzuschränken. (VI 3–7)

Die Anklage ist regrediert zur resignierenden Selbst-Versicherung des eigenen Restzustands, schrecklich minimiert auf die körperliche und soziale
Grundausstattung:

> Außen schaue ich wie jeder andere aus; habe Beine Rumpf und Kopf, Hosen,
> Rock und Hut [. . .]. (VI 8f.)

Das Ich bewegt sich auf die Schuldigen zu und weicht mit seinen Vorwürfen vor ihnen zurück – das Muster der halben Distanz, der versagten Annäherung, der gehemmten, unterdrückten Aggression, wie es auch eine
Übersicht deutlich macht, die für die verschiedenen Fassungen, Erzählan-

läufe zeigt, wie die Formen des Personalpronomens der Dritten Person Plural eingeführt werden und – wieder verschwinden, während sich diejenigen der Ersten Person Singular über den Text ausbreiten, dort ihren Platz einnehmen und behalten.[21]

a) Anverwandlung des Ganzen als Verselbständigung der Teile

Wer ist an der zurückliegenden Erziehung schuldig geworden? Der Tagebuchschreiber Kafka versucht, sich das ungeheure Ganze, den dunklen Block der eigenen Vergangenheit, der dunkel lähmend in die Gegenwart hineinreicht, aufzuhellen durch Sammlung einzelner Figuren, denen gegenüber er den Vorwurf der schädlichen Einflußnahme erheben kann.

aa) Adressat des Vorwurfs: Aufzählung der Schuldigen

Auf nahezu allen Stufen der Erzählung vom ›kleinen Reuinenbewohner‹ werden Schuldige namhaft gemacht (II 3–10, III 3–13, IV 5–10, V 68–78). Allen voran stehen die Eltern, ihnen folgen Personen aus der übrigen Familie und dem näheren Umkreis des elterlichen Hauses, die den jungen Kafka damals – und unseren Blick heute – langsam, mit zunehmendem Abstand, aus diesem begrenzten Umkreis herauszuführen suchten in die Allgemeinheit der mitmenschlichen Umwelt:

> Dieser Vorwurf tritt eine Menge Leute nämlich meine Eltern, einige Verwandte, einzelne Besucher unseres Hauses, verschiedene Schriftsteller, eine ganz bestimmte Köchin, die mich ein Jahr lang zur Schule führte, einen Haufen Lehrer [. . .] ein Schulinspektor, langsam gehende Passanten, kurz dieser Vorwurf windet sich wie ein Dolch durch die Gesellschaft. (II 3–10)

[21] I	II	III	IV	V	VI	Erzählstufe
10	14	30	55	80	12	Länge in Zeilen
9	13	21	22	52	15	Pron. ps. 1. sg.
3	5	10	3	18	–	Pron. poss. 1. sg.
12	18	31	25	70	15	Pron. 1. sg. insgesamt
12	12,8	10,3	4,5	8,7	12,5	Pron. 1. sg. pro Zeile x 10
–	1	5	24	5	–	Pron. ps. 3. pl.
–	–	1	4	2	–	Pron. poss. 3. pl.
–	1	6	28	7	–	Pron. 3. pl. insgesamt
–	0,7	2,0	5,1	0,8	–	Pron. 3. pl. pro Zeile x 10
10	14	30	55	80	12	Länge in Zeilen
I	II	III	IV	V	VI	Erzählstufe

Doch zeigt gleich dieser erste Anlauf zu einer Liste der Schuldigen die Aporie des Schreibens als eines Sammelns von Disparatem:

> einen Haufen Lehrer (die ich in meiner Erinnerung eng zusammendrücken muß, sonst entfällt mir hie und da einer

– die Aporie eines Schreibens, das in der Gefahr steht, gerade durch den eigenen Zugriff auf das zu Beschreibende, durch diese Anstrengung des Zusammenhaltens neue Disparatheit erst entstehen zu lassen:

> da ich sie aber so zusammengedrängt habe, bröckelt wieder das ganze stellenweise ab.) (II 6–8)

Die Bewegung des Aufzählens ist auf Vollständigkeit des Ganzen bedacht, und so verwundert es nicht, daß in immer neuen Erzählanläufen immer neue Figuren in der Liste der Peiniger auftauchen – das Bild der Handschrift in der dritten Fassung etwa macht, mit all den Einschüben und Ergänzungen, deutlich, in welchem Maße die Liste unterm Schreiben gewachsen ist. Gerade durch den Zwang zur Vollständigkeit, durch die Selbstverpflichtung auf umfassende Berücksichtigung der Gegner und Erledigung der sie sammelnden ›Liste‹ ist deren Zusammenhang gefährdet, durch die Absicht, ehrlich jedem Einzelnen und seinem Anteil an Schuld gerecht zu werden, droht Verselbständigung der aufgezählten Figuren untereinander. Es mutet wie Literarisierung aus Erkenntnisnot an, wenn man verfolgt, wie die Aufzählung der Schuldigen in der dritten Fassung allmählich eine literarische Struktur annimmt, zur Gestaltung der Dreigliedrigkeit gelangt:

> Es sind da
> meine Eltern,
> einige Verwandte einige Lehrer,
> eine ganz bestimmte Köchin,
>
> einige Mädchen aus Tanzstunden,
> einige Besucher unseres Hauses aus früherer Zeit,
> einige Schriftsteller,
>
> ein Schwimmeister,
> ein Billeteur,
> ein Schulinspektor,
>
> dann einige [. . .], an die ich mich gerade nicht erinnern kann,
> und solche, an die ich mich niemals mehr erinnern werde,
> und solche endlich, deren Unterricht ich, irgendwie damals abgelenkt, überhaupt nicht bemerkt habe,
>
> kurz, es sind so soviele, daß man achtgeben muß, einen nicht zweimal zu nennen. (III 6–14)

Literarisierung des Lebens heißt hier, der Aufzählung der Vorwürfe eine Festigkeit in der Sprache zu geben, die dem Aufzählenden und seinem Verhalten gegenüber den zitierten Figuren im Leben abgeht. Und doch ist diese

Festigkeit nicht absolut, die schuldigen Täter, die im Schreiben festgehalten werden sollen, sind stark genug, daß sie sich vom Schreibenden, der sie zusammengeführt hat –

> [. . .] eine Menge Leute, [. . .] sie stehn hier beisammen, wissen wie auf alten Gruppenbildern nichts miteinander anzufangen [. . .] ihnen allen gegenüber spreche ich meinen Vorwurf aus, mache sie auf diese Weise miteinander bekannt [. . .] (III 3–5, 14f.) –

daß sie, die Täter, sich vom Schreibenden eigenmächtig befreien. Die Aggression der Fremdzuwendung, der nach außen gerichteten Erziehungskritik läßt nach mit zunehmender Eigenreflexion; in die wieder hervorgeholte Rest-Utopie eines anderen Zustandes drängen sich störend die Figuren des Vorwurfs als Eindringlinge hinein, sie brandmarken durch ihr Verhalten die Wunschgedanken des Ich, das sich eine andere, eine futurische Vergangenheit zu erschaffen sucht, als das, was sie sind, aber nicht sein dürfen: grund- und haltlose Projektion.

> Meine Eltern und ihr Gefolge waren bis jetzt von meinem Vorwurf bedeckt und grau; nun schieben sie ihn leicht beiseite und lächeln, weil ich meine Hände von ihnen weg an meine Stirn gezogen habe [. . .]. (III 22–24)

Die Aufzählung trägt das Gepräge des Aufzählenden, die kaum enden wollende Reihung zeigt die Züge desjenigen, der die Reihung herstellt, getrieben von der atemlosen Hast, dem inneren Druck des Wunsches nach vollständiger Entledigung der Schuld. Dabei macht die (fehlende) Interpunktion der Handschrift, gegenüber der auch hier abschwächenden Brodschen Normalisierung, das Nicht-aufhören-Können in der Reihung einander überbietender Ergänzungen und Zusätze (»dann einige [. . .] und andere [. . .] und solche [. . .] und solche endlich [. . .] kurz [. . .]«, III 9–13) auch in der Satzmelodie, im Sprechrhythmus noch deutlicher. Die Schuldigen reihen sich zu einem Gruppenbild, das unausgesprochen vom Blick des Beobachters bestimmt und arrangiert ist; indem sie, imaginäre Regieanweisungen des Schreibenden befolgend, auf ihrem Platz verharren oder sich bewegen und ein Verhalten erkennen lassen, das Demut und Hochmut gegenüber dem, der sie heranzitiert, gleichermaßen zu vermeiden sich bemüht (III 4–6), machen sie die Antriebe des Sprechers in all ihrer Widersprüchlichkeit sichtbar. Sie sind Geschöpfe des Erzählers und bleiben doch Gegenspieler des Autors. Als Figuren seiner Vorstellung werden sie zu lebendigen Mitspielern durch die Vollmacht des Schreibenden, die doch nur Kehrseite ist seiner Ohnmacht gegenüber den Zwängen, für die diese Figuren stehen, deren er sich zu erwehren sucht dadurch, daß er sie namhaft macht und aufzählt. Allmacht in der Literatur und Ohnmacht in der Wirklichkeit entsprechen einander; das, was im Leben unmöglich ist, bringt das Schreiben zustande – und zwar gegen den Widerstand der und des Erinnerten (»befreundete Familien mit bösem Blick aus Schuldbewußtsein machen sie sich schwer und wollen nicht in die Erinnerung hinauf«, V 71f.) –, souveränes Verfügen des vormaligen Opfers über die einstigen Täter: »[. . .] dann zur Strafe ineinander übergehend ein Hausarzt, ein Friseur, ein Steuermann, eine Bettlerin, ein Papierverkäufer, ein Parkwächter, ein Schwimmeister [. . .].« (V 74–76) Hier ist ein Punkt erreicht, an dem reale Beschränkungen, Abhängigkeiten der Alltagswirklichkeit aufgehoben werden; die asyndetische Reihung kann im Alltagsverstand Unzusammenhängendes miteinander verbinden, Disparates, Widerstrebendes zusammenzwingen. Die Aufzählung der Schuldigen geht über in die Richtung eines frei gestaltenden Spiels der Assoziationen, die Abrechnung mit realen Figuren der Außenwelt verwandelt sich zur Darstellung des »traumhaften innern Lebens« (548), die lebensgeschichtlichen Personen verselbständigen sich zu eigenwertigen Akteuren, Elementen poetischer Fiktion: die autobiographische Notiz wird zur literarischen Skizze. Läuft damit aber nicht das Ergebnis des Schreibens den Voraussetzungen und Absichten zuwider, unter denen es aufgenommen wurde? Krümmt sich der Vorwurf gegen die falschen Erzieher nicht damit am Ende in sich selbst zurück?

ab) Absicherung des Vorwurfs als Erweiterung: Schädlichkeit der Widerlegung des Vorwurfs

Der ärgste Gegenspieler Kafkas bei dem Versuch, die Schädlichkeit seiner Erziehung erinnernd abzuarbeiten, ist er selbst. Es gehört zur Gewissenhaftigkeit seiner rückhaltlosen Hinwendung in die eigene Vergangenheit, daß er den Figuren, die er auferstehen läßt aus dem Vergessen, die eigene Widerrede leiht, mit deren Hilfe er vergangene Auseinandersetzungen, äußere und innere, wiederholt oder besser: soweit sie bisher unterblieben sind, diese erst einmal einsetzen läßt. Ähnlich wird er am Ende all seiner Anstrengungen im »Brief an den Vater« diesem die denkbar stärksten Entgegnungen in den Mund legen (»Du könntest [. . .] antworten: [. . .]«, H 221) gegen all das, was er zuvor vorgebracht hat. Welche Mittel aber stehen dem, der sich im Vorgriff seiner Argumente selbst beraubt, dann überhaupt noch zur Verfügung in einer solch virtuellen Auseinandersetzung, in der die Drohung allemal stärker ist als die Ausführung? Dem Vater hatte er kaum mehr zu bedenken geben können, als daß die vorweggenommene Entgegnung »nicht von Dir stammt, sondern eben von mir.« (H 223) Hier, im ›kleinen Ruinenbewohner‹, tritt, um den vorgestellten Widerstand gegen den Vorwurf zu überwinden, noch eine wahrhaft kopernikanische Lösung von nicht zu überbietender Radikalität und auch Unversöhnlichkeit auf den Plan:

Auf diesen Vorwurf will ich keine Widerrede hören, da ich schon zuviele gehört habe und da ich in den meisten Widerreden auch widerlegt worden bin, beziehe ich diese Widerreden mit in meinen Vorwurf und erkläre nun meine Erziehung und diese Widerlegung haben mir in mancherlei Richtung sehr geschadet. (II 10–14)

Die Lösung, zu der sich Kafka vorschreibt, ist paradox und komisch auch, weil nicht frei von Logik und innerer Folgerichtigkeit: Indem mögliche Widerlegungen der eigenen Vorwürfe vorab mit in den Vorwurf einbezogen werden, ist die Erschütterbarkeit des eigenen Standortes zu seinem Fundament erklärt worden und die eigene Position öffnet sich bis hin zur Selbstaufgabe – dadurch aber wird sie unzerstörbar. Der Vorwurf wird abgesichert, definiert dadurch, daß Kafka ihn bis ins Unermeßliche erweitert. Kafka zieht sich, von einem archimedischen Punkt aus angreifend, an den eigenen Haaren aus dem Sumpf der Bezweifelbarkeit. Möglich wird diese Befestigung im Unendlichen allein aufgrund der Omnipotenz des Schreibenden gegenüber der Welt in der Sprache (und nur dort); die Allgewalt der Vereinnahmung in den Wörtern ist eine der Ohnmacht, die Geste umfassenden Verfügens ist erzwungen-wehrlos, wie sich im Fortgang des Schreibens, dem Versuch zum ›Ruinenbewohner‹ auf der nächsten Stufe, an einer kleinen Änderung im Ausdruck vollends deutlich herausstellt:

[. . .] ich habe wahrhaftig schon genug Widerreden ertragen und da ich in den meisten widerlegt worden bin, kann ich nicht anders als auch diese Widerlegungen in meinen Vorwurf miteinzubeziehn [. . .]. (III 15–18)

In einem gewaltsamen Kraftakt, zu dem sich das Ich gezwungen sieht (»kann ich nicht anders«), bedrängt von zwei Seiten, vom Widerstand derjenigen, denen es Vorwürfe macht, und der Verlängerung, Realisierung dieses Widerstands in den eigenen Vorstellungen, Selbsteinwänden und Skrupeln, wendet sich das Ich entschlossen in eine Richtung – und müßte nach allen Seiten zugleich agieren können: bekommt es doch ringsum, wohin es auch greift, immer nur sich selbst zu fassen. Im Zuschlag auf das ›Ganze‹, den Vorwurf und seine Erledigung unter sich begrabend, soll alles, ein- für allemal, unter Kontrolle genommen werden. Und gleichwohl ist, wie gesehen, gerade dadurch das Einzelne dabei, ›abzubröckeln‹, droht es verlorenzugehen. Ein Kreis ohne Ausweg: Die korrigierende Reihung der Teile ist Verifikationsversuch des Ganzen, der Zwang auf das Ganze aber läßt die einzelnen Aspekte sich verselbständigen, die wiederum zu sichern das Ganze aus dem Blick verlieren läßt.

Indes ist es, soviel wurde bisher deutlich, immer wieder das Einzelne, an dem allein Kafkas Blick haften bleibt. In solchem Zusammenhang erklärt die gebräuchliche Rede von Kafkas »Detailfreudigkeit« und, mehr noch, seiner »Unfähigkeit zur Abstraktion«[22] eine besondere Bedeutsamkeit.

---

[22] Binder [1979c], 542.

b) Absicherung der Teile — Auflösung des Ganzen

»[. . .] man bekommt Mikroskop-Augen, und wenn man die einmal hat,
kennt man sich überhaupt nicht mehr aus«, bekennt Kafka einmal in einem
Brief der Freundin Milena (M 64) und beschreibt damit nichts anderes als
seine Erfahrung, daß die Aufmerksamkeit, die sich auf das einzelne Detail
der Erscheinung richtet, zu Lasten der Orientierung auf das Ganze geht.
Bereits an früher Stelle im Tagebuch ist von einer solchen, vergeblichen,
Annäherung die Rede, von einer Begegnung mit der Schauspielerin Tschissik, deren er sich in der Erinnerung an Einzelheiten zu vergewissern sucht:

> 8 Dec. ⟨1911⟩ [. . .] Wenn ich ihre Erscheinung [. . .] in die Details zerlege, wird
> sie unwahrscheinlich. [. . .] Sie war viel kleiner als sonst, hatte die linke Hüfte
> nicht augenblicksweise, sondern ständig vorstehn, ihr rechtes Bein war einge-
> knickt, die Bewegung des Halses und Kopfes, die sie ihrem Mann näherte, war
> sehr eilig, mit dem zur Seite gestreckten eingebogenen rechten Arm suchte sie sich
> in ihren Mann einzuhängen. [. . .] Als ich mich umdrehte waren sie weg. (281, 284)

In resultativen Verbformen ist hier Leben im Detailmoment eingefroren,
künstlich zur Stille gezwungen, Positionen markieren in der Erinnerung
vormalige Bewegungen; tatsächlich aber ist die Person, buchstäblich und im
übertragenen Sinne, am Ende der Annäherung aus dem Blickfeld ver-
schwunden. Diese Erfahrung des Beobachters Kafka von einem »Umschlag
der Exaktheit in die Unbestimmtheit«[23] teilt der Leser. Auf allen Ebenen
mißlingt der Überblick, sei es — was das Formale des Satzbaus betrifft, in
dem der eingangs entworfene Gesamtplan immer wieder scheitert — an den
grammatisch isolierten Details,[24] sei es für die inhaltliche Deutung, für die
wir uns, ganz wie die Hauptfiguren seiner Romane, vergeblich darum bemühen, aus lauter einzelnen Bestimmungsstücken die das Geschehen be-
herrschende (»Der Verschollene«, »Das Schloß«) oder richtende Instanz
(»Der Prozeß«) zu erschließen: »Nie läßt sich der ganze Apparat völlig

---

[23] Kobs [1970], 191.
[24] »Der Trägersatz einer Periode [. . .] ist in der Regel geschlossen eingeführt, ehe die
näheren Bestimmungen einzelner Stellen in reihendem Verfahren nachgetragen
werden. Es fehlt also durchaus nicht an einem übergreifenden Entwurf, aber dieser Entwurf bleibt noch unbestimmt und soll er sich mit konkreten Einzelheiten
füllen, so zeigen sich schlagartig Brüche zwischen dem ›Ganzen‹ und seinen Teilen. Der voraus entworfene Plan, so könnte man sagen, ist vollkommen statisch,
er vermag sich nicht mit den Einzelheiten, die ihn beständig aufzuheben drohen,
zu modifizieren. Gerade so aber erweist auch er sich als unselbständiger und
zugleich isolierter Teil einer Entwicklung, die nicht mehr die der Gegenstände
selbst, nicht mehr ein sachimmanenter Vorgang ist. Diese Entwicklung steht vielmehr unter dem Gesetz der unaufhaltsamen zeitlichen Progression, einem entschieden subjektiven Prinzip, mit dem der Betrachter seine Gegenstände über-
zieht.« Kobs [1970], 221f.

übersehen«.[25] Kafka hat dieses Merkmal seines Schreibens, die Spannung zwischen Klarheit des Einzelnen und wachsender Unklarheit des Ganzen, selbst gesehen; er schreibe »überdeutlich [. . .] bis zur Unwirklichkeit«, formuliert er einmal in einem Brief an Felice (F 224) und beglaubigt damit selbst jenen »gewissenhaft-sachlichen, sonderbar ausführlichen« Zug, den Thomas Mann erstaunend an Kafkas Texten eher wahrgenommen als erkannt hat,[26] dessen Doppelgesichtigkeit ein anderer Zeitgenosse und Schriftstellerkollege, obwohl, auf seine Weise, mindestens gleich weit von ihm entfernt, auf staunenswerte Weise erfaßte: »Von der Genauigkeit Kafkas sagt Brecht, sie sei die eines Ungenauen, Träumenden.«[27]

ba) Die anderen: Absicherung der Reihe der Schuldigen als versagte Annäherung

Kafkas Erziehungskritik gründet in der Aufzählung der Schuldigen. Die anderen, die falschen Erzieher, als Adressaten und Gegenstände des Vorwurfs, sollen dingfest, das heißt, namhaft gemacht werden in einer Reihe, die durch genaues Insistieren auf Einzelheiten erlittenen Unrechts unübersehbar wird und damit, als Ganzes, auch die Gestalt einer wohlgeordneten Reihe verliert:

> [. . .] es wären noch mehr, wenn ich sie alle mit Namen bezeichnen wollte und könnte kurz es sind so viele, daß man achtgeben muß damit man nicht im Haufen einen zweimal nennt. (IV 9–11)

Kafka bemerkt, unterm Schreiben, die Gefahr für das Ganze seines Anliegens –

> Nun könnte man meinen, schon durch diese große Anzahl verliere ein Vorwurf an Festigkeit und müsse einfach an Festigkeit verlieren, denn ein Vorwurf sei kein Feldherr, er gehe nur geradeaus und wisse sich nicht zu verteilen. Gar in diesem Falle, wenn er sich gegen vergangene Personen richtet (IV 11–15) –

und begegnet ihr, natürlich, indem er sie aufnimmt: die Gefährdung des Vorwurfs ausspinnt in einer neuen Reihung quälend-ausführlicher Absicherungsversuche, von denen der eine vom anderen wiederum relativiert und überholt wird und die allesamt die eine Bewegungsrichtung der Einschränkung gemeinsam haben. Im Rückgang, nein: Rückzug auf Unbezweifelbares soll Halt gewonnen werden. Dabei entfernt sich Kafka freilich immer mehr vom Ziel seiner Bewegung; der Ansatzpunkt, das, was es zu

---

[25] So Tucholsky in einer Besprechung des »Amerika«-Romans, [1929/1975], 45.
[26] T. Mann [1941/1949/1965], 402.
[27] Benjamin [1934–38/1966a], 120 (4. Juli 1934).

sichern galt, der Vorwurf der falschen Erziehung, gerät immer weiter aus dem Blick. Erzwungen sind die Absicherungsversuche als Schritte rückwärts vom imaginierten Widerstand der Erinnerten, vom unbotmäßigen Verhalten der Schuldigen, die sich in der Vorstellung sperren – Widerstand, der nur die Widerständigkeit des Erinnerns selbst widerspiegelt, das Gefahr läuft, einzig Schemen ans Licht zu holen:

> Die Personen mögen mit einer vergessenen Energie in der Erinnerung festgehalten werden, einen Fußboden werden sie kaum mehr unter sich haben und selbst ihre Beine werden schon Rauch sein. Und Leuten in solchem Zustand soll man nun mit irgendeinem Nutzen Fehler vorwerfen, die sie in früheren Zeiten einmal bei der Erziehung eines Jungen gemacht haben der ihnen jetzt so unbegreiflich ist wie sie uns. Aber man bringt sie ja nicht einmal dazu sich an jene Zeiten zu erinnern, sie können sich an nichts erinnern und dringt man auf sie ein, schieben sie einen stumm bei Seite, kein Mensch kann sie dazu zwingen, aber offenbar kann man gar nicht von zwingen reden, denn höchstwahrscheinlich hören sie gar nicht die Worte. Wie müde Hunde stehn sie da, weil sie alle ihre Kraft dazu verbrauchen um in der Erinnerung aufrecht zu bleiben. Wenn man sie aber wirklich dazu brächte zu hören und zu reden, dann würde es einem von Gegenvorwürfen nur so in den Ohren sausen, denn die Menschen nehmen die Überzeugung von der Ehrwürdigkeit der Toten ins Jenseits mit und vertreten sie von dort aus zehnfach. Und wenn diese Meinung vielleicht nicht richtig wäre und die Toten eine besonders große Ehrfurcht vor den Lebenden hätten, dann werden sie sich erst recht ihrer lebendigen Vergangenheit annehmen die ihnen doch am nächsten steht und wieder würden uns die Ohren sausen. Und wenn auch diese Meinung nicht richtig wäre und die Toten gerade sehr unparteiisch wären, so könnten sie es auch dann niemals billigen, daß man mit unbeweisbaren Vorwürfen sie stört. Denn solche Vorwürfe sind schon von Mensch zu Mensch unbeweisbar. Weder das Dasein von vergangenen Fehlern in der Erziehung ist zu beweisen wie erst die Urheberschaft. Und nun zeige man den Vorwurf, der sich in solcher Lage nicht in einen Seufzer verwandelte. (IV 15–38)

Tendenz dieser Passage ist die stetige Rücknahme der Aggression, ein Prozeß, der bis in Entstehungsvarianten kleinster Einheiten des Textes zu verfolgen ist.[28] ›Aber‹ und ›und‹ treiben diese sich steigernde Bewegung in der Abfolge der Verifikationsversuche an, sie sind die Wörter, welche die Anstrengung des Sich-Vergewisserns in Gang halten. Beide Konjunktionen bewegen sich, so, wie Kafka sie gebraucht, aufeinander zu: Der Gegensatz (›aber‹) wird immer mehr zur einzig möglichen, einzig realisierten Form der Verbindung,[29] ›und‹ ist weniger Bindemittel für Gleiches oder Gleichartiges

---

[28] Zum Beispiel IV 35 sie stört]
   1) bei ihnen eindringt
   2) [bei] ⟨bis zu⟩ ihnen [ein]dringt
   3) [bis zu ihnen] dringt ⟨sie stört⟩

[29] Als eines der ungezählten Beispiele im Tagebuch für diese gewissermaßen ›erzählerische‹ Funktion des ›aber‹ sei hier nur eine andere frühe autobiographische Passage über den »Junggesellen« erwähnt (TKA 114f.).

denn Anzeichen für ein pointiert sich absetzendes Fortschreiten mit ausgrenzender, steigernder, korrigierender Komponente (»gerne und am liebsten wäre ich jener kleine Ruinenbewohner gewesen«, I 6f.): ja es gewinnt geradezu eine adversative Funktion.[30] Die Mitte zwischen adversativem ›und‹ und konjunktivem ›aber‹ hält das disjunktive ›oder‹, und es ist gewiß kein Zufall, daß gerade dieses ›oder‹ (»Sie hatte einen breiten Streifen Schatten oder Licht mitten im Gesicht«, 10) ein überaus kennzeichnendes Wort für Kafkasche Prosa ist, gleich weit entfernt von Widerspruch und Fortschreiten, eine Beziehungswort, das »keine Entscheidung, sondern vielmehr ein Moment der Simultaneität«[31] bezeichnet von Auseinanderstrebendem, einen Drehpunkt markiert, um den etwas wie bei einer Waage sich einpendeln soll.[32] So im Eingang des Prosastücks

Der Schlag ans Hoftor

Es war im Sommer, ein heißer Tag. Ich kam auf dem Nachhauseweg mit meiner Schwester an einem Hoftor vorüber. Ich weiß nicht, schlug sie aus Mutwillen ans Tor oder aus Zerstreutheit oder drohte sie nur mit der Faust und schlug gar nicht. (B 106)

»Die bloße Möglichkeit des an der dritten Stelle erwähnten Vorgangs läßt die vorangehenden, die zunächst harmlos erschienen, in ein anderes Licht treten.«[33] Satzketten, die sich gegenseitig stützen sollen, entkräften einander, Schreibstrategien der Absicherung führen zu wachsender Uneindeutigkeit. Die Konjunktionen ›und‹, ›aber‹, ›oder‹ in ihrem besonderen, aufeinander hin tendierenden Gebrauch sind die Merkmale für den Schreibprozeß der versagten Annäherung: Reihung als fortlaufende Selbstkorrektur, Sicher- und Klarmachen-Wollen dessen, das unterm Schreiben sich dem Zugriff entzieht und immer weniger greifbar, immer unbegreiflicher und rätselhafter wird.[34] So auch am Ende der vierten Skizze für den ›kleinen Ruinen-

---

[30] Ein Beispiel für die Sprengkraft des Adversativen, Steigernden, die bisherige Gedankenführung nicht allein Korrigierenden, sondern geradezu Umwendenden – aus thematisch vergleichbarem Zusammenhang, aber späterer Zeit, an ungleich exponierterer Stelle, aus dem »Brief an den Vater« (H 164): »Ich sage ja natürlich nicht, daß ich das, was ich bin, nur durch Deine Entwicklung geworden bin. Das wäre sehr übertreiben (*und* ich neige sogar zu dieser Übertreibung).« (Hervorhebung vom Vf.; GG)
[31] Neumann [1968], 711.
[32] Vgl. ebd., 710.
[33] Benjamin [1934/1977a], 429.
[34] Es paßt zu der oft beobachteten Tendenz der Lakonisierung in Kafkas später Prosa, daß sie – bei vergleichbarer Stilrichtung, parallel-parataktisch gebaut – mit weit weniger dieser Konjunktionen auskommt; ein Beispiel aus »Er. Aufzeichnungen aus dem Jahre 1920« (B 291f.): »Mit einem Gefängnis hätte er sich abgefunden. Als Gefangener enden – das wäre eines Lebens Ziel. Aber es war ein Gitterkäfig. Gleichgültig, herrisch, wie bei sich zu Hause strömte durch das Gitter aus und ein der Lärm der Welt, der Gefangene war eigentlich frei, er konnte an

bewohner‹: Absicherungsversuche für die Teile destruieren die Wahrheit des Ganzen. Am Ende kann der Vorwurf gegen die falschen Erzieher gar nicht mehr in voller Größe aufrecht erhalten werden, unter dem Zugriff des absichernd Schreibenden hat er sich aufgespalten: Der Vorwurf der tatsächlich realisierten, erlittenen Erziehung reduziert sich zum ›kleinen‹ Vorwurf, ihm gegenüber steht der ›große‹, der die geplante Erziehung, die Erziehungsabsichten und ihren Schaden zum Inhalt hat. Was ist damit gewonnen? Die Apotheose der Ohnmacht (»mache ich ihnen aus Vorwurf und Lachen ein Trommelschlagen bis in die jenseitige Welt hinein«, IV 46f.) verheißt nichts Gutes. Diese Bewegung der Argumentation bedeutet Verschärfung – ins Unbestimmte –, tatsächlich ein Zurückweichen vor den wirklichen Gegnern von einst, ein uneingestandenes Akzeptieren der realen Folgen, ein gänzliches Zurückgeworfensein auf die augenblickliche Lage.

bb) Das Ich als Spiegel der Vorwürfe: Selbstgewißheit im unendlichen Moment

Je mehr sich Kafka darum bemüht, dem Vorwurf gegen die falschen Erzieher ›objektive‹ Profile zu geben, desto mehr wird sein Schreiben reflexiv. Die Art, in der die Vorwürfe präsent sind, beleuchtet weniger die Angeklagten als die Verfassung desjenigen, der anzuklagen sucht:

> Was ich jetzt noch bin, wird mir am deutlichsten in der Kraft mit der die Vorwürfe aus mir herauswollen. (V 40f.)

Und diese Kraft nimmt stetig ab. Die Vorwürfe, ehemals als (Schreib-) Antrieb das Ich bis zum Übermaß erfüllend –

> Es gab Zeiten wo ich in mir nichts anderes als vor Wuth getriebene Vorwürfe hatte, daß ich bei körperlichem Wohlbefinden mich auf der Gasse an fremden Leuten festhielt, weil sich die Vorwürfe in mir von einer Seite auf die andere warfen, wie Wasser in einem Becken, das man rasch trägt (V 41–44)

– sie werden immer schwächer, vom Ich unterlaufen, verdrängt, verleugnet und gefürchtet; sie haben sich, als Teil des Ich, von ihm entfernt und sind ihm im Wortsinne entfremdet:

> Jene Zeiten sind vorüber. Die Vorwürfe liegen in mir herum, wie fremde Werkzeuge, die zu fassen und zu heben ich kaum den Muth mehr habe. (V 45f.)

---

allem teilnehmen, nichts entging ihm draußen, selbst verlassen hätte er den Käfig können, die Gitterstangen standen ja meterweit auseinander, nicht einmal gefangen war er.«

In der fünften Fassung des Fragments vom ›Ruinenbewohner‹ sind schon sechs Absätze, Schreibansätze notwendig, um die Vorwürfe, die »herauswollen« (V 41), überhaupt endlich zur Sprache zu bringen. Immer wieder werden sie vorher vom Ich, seinen Selbstzweifeln und Begründungszwängen überwuchert. Seine Befindlichkeit wird zentral; als letzte Steigerung der immer erneuerten Schreibanläufe zuvor entsteht ein grandioses Bild ungeheuer intensiver Selbstaussage. Umfassender Zweifel an Selbstgewißheit und Urteilsfähigkeit soll damit gehoben werden, aber er artikuliert sich allererst hierin, im Versuch, punktuell vom eigenen Ich wegzurücken, um sich wenigstens dessen als eines objektiven Vor-Wurfs vergewissern zu können:

Aber darüber hinaus noch bin ich selbst ich der jetzt die Feder weggelegt hat, um das Fenster zu öffnen, vielleicht die beste Hilfskraft meiner Angreifer. Ich unterschätze mich nämlich und das bedeutet schon ein Überschätzen der andern aber ich überschätze sie noch außerdem und abgesehen davon schade ich mir noch geradeaus. (V 52–56)

Das Innewerden und Aussprechen der eigenen Schwäche mit einer bisher in den Schreibanläufen noch nicht erreichten Eindringlichkeit, Einsicht und Radikalität des Zweifels markiert den Wendepunkt der krisenhaften Zuspitzung im Kampf um die Sicherheit des eigenen Bewußtseins. Der auffallende Augenblick höchster Anspannung, jener Moment, in dem ›das Tikken des Sekundenzeigers‹ vernehmlich wird, die Gegenwart des Schreibens, unendlich gedehnt, aufgehoben ist, allen Unwahrscheinlichkeiten zum Trotz (wie kann jemand, »der jetzt die Feder weggelegt hat«, just dies im gleichen Moment notieren?) –, ist der mit den Mitteln der Literatur festgehaltene Augenblick höchster Literaturferne. Wie nach überstandener Krisis sucht der Blick neuen Halt, ergreift er die unbezweifelbaren Daten der Umgebung, und das mit vollem Bewußtsein dessen, das er tut, das heißt, auch nicht ohne Komik, eine ergreifende Komik wehrlosen Sich-Ergreifens:

Überkommt mich Lust zu Vorwürfen, schaue ich aus dem Fenster. Wer leugnet es, daß dort in ihren Booten die Angler sitzen, wie Schüler, die man aus der Schule auf den Fluß getragen hat; gut, ihr Stillehalten ist oft unverständlich wie jenes der Fliegen auf der Fensterscheiben. Und über die Brücke fahren natürlich die Elektrischen wie immer mit vergrößertem Windesrauschen und läuten wie verdorbene Uhren, kein Zweifel, daß der Polizeimann schwarz von unten bis hinauf mit dem gelben Licht der Medaille auf der Brust an nichts anderes als an die Hölle erinnert und nun mit Gedanken ähnlich den meinen einen Angler betrachtet, der sich plötzlich, weint er hat er eine Erscheinung oder zuckt der Kork, zum Bootsrand bückt. (V 56–65)

Der Schreibende ruft sich augenblicklich gewaltsam zurück von dem sich grotesk verselbständigenden Tableau.

Das alles ist richtig aber zu seiner Zeit –

er will zurückkehren zu den Vorwürfen, denen er sich aber nurmehr gegen inneren Widerstand, mit widerwillig vom Fenster und der Gegenwart draußen abgewendeten Blick zuzuwenden vermag:

> jetzt sind nur die Vorwürfe richtig. Sie gehn gegen eine Menge Leute, das kann ja erschrecken und nicht nur ich auch jeder andere würde lieber aus dem offenen Fenster den Fluß ansehn. (V 65–68)

Eine Unterscheidung zwischen dem Vorwurf gegen andere und der Reflexion des Ich wird im Verlaufe des Schreibens, der verschiedenen Erzählanläufe zur Geschichte des ›kleinen Ruinenbewohners‹, immer schwieriger. Auch hierin bestätigt sich aufs neue, daß Tagebuchschreiben bei Kafka, als Versuch der Literarisierung des Lebens, immer zugleich einen Prozeß der Aufweichung der Grenzen von Subjekt und Objekt darstellt. Alle Gegenstände und Personen der Außenwelt werden aufgesogen im Ich, sie sind vom Personalpronomen der Ersten Person sprachlich in Besitz genommen worden. Die paradoxe Verkehrung, die darin besteht, daß die Absicherung der Teile, der Adressaten des Vorwurfs, mit der Auflösung des Vorwurfs im Ganzen einhergeht, bietet so noch einen anderen Aspekt: Was von dem Vorwurf gegen andere in der Vergangenheit als Rest übrig bleibt, ist das Ich in seiner gegenwärtigen Verfassung. Als Spiegel dieser Vorwürfe erfährt es sich selbst in jenem unendlich gedehnten Moment, in den alle Außenwelt Eingang gefunden hat und absorbiert worden ist, ausgelöscht bis zur Unkenntlichkeit.

c) Das ruhelose Schreiben: unendliche Reihung von Stufen

Die fortgesetzten Versuche Kafkas, die Geschichte des ›kleinen Ruinenbewohners‹ von Anfang zu Ende zu erzählen, in immer neuen Schreibanläufen, welche die vorangehende Stufe zu präzisieren, zu korrigieren und weiterzuführen suchen, kann als Paradigma für die Struktur seiner Tagebücher überhaupt gelten: »Die Tagebücher Kafkas verdichten beständig dieselben Figuren und Situationen; unentwegt kommt er auf verwandte Möglichkeiten zurück, unablässig beschäftigt ihn dasjenige, was er nicht verwirklich[t].«[35] Skrupulöse Selbstverpflichtung auf die Unanfechtbarkeit des Details und die vollständige Erfassung aller seiner Umstände bringt ihn, dem jede abkürzende Gewissensroutine unmöglich war,[36] dazu, nur »wenige zentrale Motive immer wieder neu« zu beleuchten.[37] Dieses auf eine besondere

---

[35] Baumann [1984], 169.
[36] Vgl. Hering [1948], 109.
[37] Binder [1979c], 551.

Weise »reihende Verfahren«[38] ist von Kafka-Interpreten unterschiedlichster Interessenrichtung immer wieder als das zentrale Stilmerkmal anerkannt und – in unterschiedlichen Begriffen – herausgestellt worden, Begriffen, die zu bezeichnen haben eine unaufhörlich sich selbst erneuernde Bewegung (»Wiederholung des immer gleichen Vorgangs«),[39] die gleichwohl stationär gebunden bleibt (»ein monotones Treten an Ort«).[40] Robert Musil ist hier schon früh das schöne, beide Aspekte in sich aufnehmende Bild von dem »Eisläufer« geglückt, der mit einer »gewissenhaften Melancholie [. . .] seine langen Schleifen und Figuren ausfährt.«[41] Festzuhalten bleibt indes, daß diese Art der reihenden Wiederholung, die sich zu einer »zwar potentiell lückenlosen, aber immer unabgeschlossenen Kreisjagd auswächst«,[42] in jedem ihrer einzelnen Momente eine gerichtete ist, in sich ein konstruktives Prinzip birgt. So teilt sich die Ruhelosigkeit des Suchens nach dem besten Wort, das es im Vorwärtsschreiben zu finden gilt, etwa im Agieren der literarisch hergestellten Personen mit. Die Figuren der Erzählungen und Romane werden getrieben von monomanischer Wißbegier, von grenzenlosbesessenem Drang nach einem Mehr an Einblick, sie sind innerlich gezwungen zu unaufhörlichem »Beobachten, Abtasten, Lauern, Erwägen, Hin- und Herwenden aller Möglichkeiten, das doch grundsätzlich zu keinem Ergebnis führt.«[43] Das Stilprinzip der Reihung bestimmt auch den Binnenaufbau der Romane und Erzählungsbände; lineares Fortschreiten, Anknüpfen an vorangegangene Motive oder einzelne Wörter ersetzt ein von oben gegliedertes tektonisches Gefüge.[44] »Jedes Kapitel hat die Tendenz, wieder vorne anzufangen.«[45] Ja, das Prinzip der reihenden Aufzählung von Möglichkeiten, von denen die eine immer dazu angetan ist, die vorangegangene in der Absicht, sie zu bekräftigen, in Zweifel zu ziehen, dieses Prinzip, gegen das sich der Autor selbst, wird er sich dessen inne, zu wehren trachtet (»Laß die Aufzählung«, H 112), ist Lesehilfe bis in die Lektüre kleiner Texteinheiten hinein; sie entziffert kleinste Erzählpassagen Kafkas (»schon fast«) als eine einzige durchgehende Sofortkorrektur. Wenn Josef K. sich bei seiner Verhaftung »gleich halb« im Bett aufrichtet (P 9), wird damit das entschlossene Aufbegehren augenblicklich zurückgenommen, sprachlich durch den Erzähler, gestisch durch die Figur, weit bevor sie dies anderweitig, durch ihr Reden oder Handeln, zu erkennen gibt.[46] Ganze Erzählungen,

---

[38] Schaufelberger [1949], 5.
[39] Steinmetz [1977], 77.
[40] Baumgartner [1969], 27.
[41] Musil [1914/1978], 1468.
[42] Hasselblatt [1964], 60.
[43] Ehrich-Haefeli [1980], 288.
[44] Vgl. W. Kittler [1979], 21.
[45] Allemann [1963], 264.
[46] Darauf macht Ehrich-Haefeli [1980], 282 aufmerksam.

darauf aufgebaut, daß ein Satz den nächsten verlangt, der ihn korrigiere oder bestätige, weiterführe oder verändere, leben davon, daß er, in der Absicht, die Wahrheit und Gültigkeit des bereits Gesagten zu versichern und zu bekräftigen, tatsächlich für alles nur eine zweifelnde, zweifelhafte Bestätigung beibringt und allein die Nicht-Gewißheit der gesamten Sequenz bekräftigt. So zum Beispiel der bekannte Text

Die Bäume

Denn wir sind wie Baumstämme im Schnee. Scheinbar liegen sie glatt auf, und mit kleinem Anstoß sollte man sie wegschieben können. Nein, das kann man nicht, denn sie sind fest mit dem Boden verbunden. Aber sieh, sogar das ist nur scheinbar. (E 44)

Jeder Versuch der Absicherung des Vorangehenden, hier: des titelgebenden Vergleichs, bringt mehr ins Rutschen, jede neue Bestimmung erweist sich als Destruktion der bisherigen, am Ende ist der Leser dabei, ins Bodenlose zu geraten.[47] Dieses Stilprinzip entspricht wahrscheinlich der Erfahrung des Formulierens bei Kafka, ist Erklärung auch für sein Ziel unmittelbarer Selbstgewißheit im Fluß des Schreibens. Denn in seiner Art des Produzierens fallen Konzeption und Ausführung unmittelbar zusammen, begleiten und bestimmen einander wechselseitig, der fortlaufende Text einer Erzählung wird im Wortsinne »erschrieben«, bestimmt sich selbst im Prozeß der Niederschrift.[48] Kafkas uneigentliche Redeweise in diesem Zusammenhang – »Man muß ins Dunkel hineinschreiben wie in einen Tunnel«[49] – meint nichts anderes als dieses Produzieren, das die Art des eigenen Fortgangs mitproduziert. Die allmähliche Verfertigung der Geschichte beim Schreiben – fast alle seine Werke sind entstanden als »*Folge von Eintragungen*, meist in Heften«[50], und weisen, wie der Herausgeber Pasley anläßlich der Arbeiten an der Kritischen Ausgabe hervorhebt, durchweg bemerkenswert wenige Revisionskorrekturen auf – fast alle Änderungen sind als Entstehungsvarianten anzusehen.[51] Auch von daher ist es geboten, Kafkas ›Werk‹ nur im Zusammenhang mit seinem Tagebuch, seine Erzählungen auch und zuerst im Kontext der Quart- und Oktavhefte zu lesen, »als ein Kaleidoskop von Bruchstücken, die sich unabsehbar ergänzen«.[52]

Das ruhelose Schreiben Kafkas als unendliche Reihung von Stufen – wohin führen sie, treppauf? treppab? Das Bild der Treppe ist vielen seiner

---

[47] Ähnlich der sukzessiv fortschreitende Verlust von Bestimmungen in der Erzählung »Wunsch, Indianer zu werden« (E 44).
[48] Pasley [1980], 13f.
[49] Brod [1959], 75
[50] Pasley [1980], 18
[51] Ebd., 19.
[52] Höck [1968], 3.

frühen Leser bereits eine Erwähnung wert gewesen. Kurt Tucholsky spricht vom »Treppenaufbau der Schwierigkeiten«[53] in den Texten Kafkas und sieht darin – 1935, kurz vor seinem Freitod – sicherlich übrigens auch ein Parallelbild, das ihm seine eigene Verfassung erschließen hilft, indem es an seine Vorstellung der Treppe mit den drei Stufen ›Sprechen – Schreiben – Schweigen‹ erinnert, welche die existentiellen Möglichkeiten als ausweglosen Aufgang vor ihm auftürmt.[54] Walter Benjamins Sehweise wiederum ist abwärts, in das Dunkel-Innere gerichtet: »Kafkas Konditionalsätze sind Treppenstufen, die immer tiefer und tiefer führen, bis das Senken zuletzt in die Schicht gesunken ist, in der seine Figuren leben«,[55] beschreibt er die besondere Art, in der die Leser, Kafkas Sprachbewegungen nachsteigend, von ihnen suggestiv eingefangen werden. Das Motiv der Treppe in Kafkas Texten selbst, die, wen wundert es, dort eine beträchtliche Rolle spielt (»Der Anblick von Stiegen ergreift mich«, 208), gibt, wie zu erwarten, keine eindeutige Antwort. Am ehesten scheint es sich zu entschlüsseln als Bild für das Schreiben selbst, »das eigentümlich Improvisierte, Extemporierende, Unvorhersehbare« in der Art, wie es fortschreitet, »ein Aus-dem-Augenblick-heraus-Produzieren; ein Sich-ins-Dunkle-Vortasten, dem die nächsten Treppenstufen sozusagen jeweils im Weitergehen selbst« zuwachsen, abzulesen daran, wie »das Schreiben sozusagen im Augenblick des Schreibens selbst seine Basis findet und von hier aus fortschreitet – in eine Zukunft hinein, die zugleich die des Romangeschehens und die des schreibenden Autors selbst ist.«[56] Hier, in der Parallelität von Fortschreiten in der literarischen Struktur (einer Erzählung wie der des ›kleinen Ruinenbewohners‹) und Progression in der eigenen Biographie, liegt ein wichtiger Ansatzpunkt für jene Verbindung von Leben und Schreiben bei Kafka, die schon so oft, in weltanschaulicher Allgemeinheit, beschworen worden ist.[57] Deshalb, um den Ausblick auf den Fortgang des eigenen Lebens zu sichern, ist er angewiesen auf die Notwendigkeit des (nicht bezweifelbaren!) Schreibflusses, deshalb hat er panische Angst vor einem – in diesem Sinne: lebensgefährlichen – äußeren Zwang, der zur Unterbrechung des Schreibens führen müßte. In diesem Sinne sind Kafkas Texte, die seiner Erzählungen und die seiner Tagebucheintragungen, nichts anderes als die Außenseite seines praktischen Verhaltens zum eigenen Leben. Ein Stilmerkmal wie das der Reihung erhält damit lebenspraktische Qualität. All das, was an Eigenarten

---

[53] Tucholsky [1977], 212 (13. September 1935).
[54] Tucholsky [1973], 151.
[55] Benjamin [1977b], 1203.
[56] Schillemeit [1985], 138, 139, 147.
[57] Ein Beispiel: »Kafkas Kraft der Metapher, in Wort und Schrift immer wieder bezeugt, erweist sich [. . .] als ein von seinem Leben selbst geprägtes Sinnzeichen«. Brück [1951], 23.

des Schreibprozesses in den Erzählanläufen zu einer Geschichte wie der des ›kleinen Ruinenbewohners‹ sichtbar wird, zeigt, entfernt von allen vordergründigen biographischen Bezügen, erst so seine ganze, für den Autor lebensgeschichtliche und lebensprägende Wahrheit. Denn die Ruhelosigkeit des Schreibens ist keine nur des Schreibens: »Sein Denken selbst hat einen gestischen Charakter.• Man möchte meinen, nie hätte man von Kafka zu sehen bekommen, was Grübeln heißt. Sieht man das Tier im Bau oder den Riesenmaulwurf nicht denken wie man sie graben sieht. Und doch ist auf der andern Seite dieses Denken wiederum etwas sehr Flatterhaftes. Unschlüssig schaukelt es von einer Sorge zur anderen, es nippt an allen Ängsten, es hat die Flatterhaftigkeit der Verzweiflung.«[58] Im Wissen um diese lebenspraktischen Implikate der Schreibhaltung aber erst kann auch der Ausblick auf das Gelingen im Schreiben selbst angemessen gewürdigt werden, jener Moment, in dem es dem Ich gelingt, sich selbst literarisch zu fixieren in einem Bild, das ›gläsern‹, durchsichtig bleibt für all das Fragliche, das dieser Fixierung im Wege steht: »Die Struktur dieser, die Fragen weghebenden Antwort ist es, die Kafka gesucht und manchmal wie im Fluge oder im Traum erhascht hat.«[59]

ca) Schreiben als Selbstherstellung: das gläserne Ich

Die jeweils letzte Stufe eines Schreibvorgangs birgt bei Kafka nie das zum ›Werk‹, zur ›Gestalt‹ abgerundete letzte Wort, die fertige Antwort auf eine Frage, die Lösung des Problems. »Die Wahrheit [. . .] liegt vielmehr, als ›verschleppter Prozeß‹, in der *ganzen* Textsequenz.«[60] Das hat interpretatorische, aber auch editorische Konsequenzen, wie Gerhard Neumann, einer der Herausgeber der Kritischen Ausgabe, eindringlich betont. »Die Weite der Auslegungsmöglichkeiten« eines solchen ›letzten‹ Textsegments »hängt wesentlich davon ab, ob die vorangehenden Textetappen [. . .] als integrativer Teil eines Schreibstroms gelesen oder als bloße Schlacken des Entstehungsprozesses in den Lesartenapparat verbannt werden.« Ja, mehr noch: »Die Interpretation des Textsegments [. . .] wird verschiedene Resultate zeitigen, je nachdem, ob es im unendlichen Schreibstrom des Manuskripts, gänzlich isoliert als Einzelwerk oder – gewissermaßen umgebettet – als Element« eines Bandes mit Erzählungen etwa »gelesen wird.« »Je nach der Interpretation des Textes wird über seine Situierung im Textkorpus entschieden; seine Situierung aber prägt wiederum in gravierender Weise seine

---

[58] Benjamin [1977b], 1238.
[59] Benjamin [1966b] II, 614 (an Scholem, 20. Juli 1934).
[60] Neumann [1982], 107.

Interpretation. Man muß den Text interpretieren, um die Voraussetzung für seine Edition zu schaffen, man braucht aber die definitive Edition, um ihn allererst interpretieren zu können.«[61] So ist die Beurteilung der gesamten Textsequenz vom ›kleinen Ruinenbewohner‹ abhängig von der detaillierten Interpretation der einzelnen Stadien, gleichzeitig aber hat diese zu erfolgen im Blick auf deren Entwicklung und Veränderung im Textganzen. Bei der Frage, welche der Fassungen als die am meisten ›gelungene‹ oder gültige gelten darf, ist genau dieser Aspekt einer inneren Entwicklung, einer Abhängigkeit der einzelnen Stadien voneinander zu berücksichtigen. Eine Tendenz ist die der Expansion: Wie mit Such-Tentakeln, die sich nach allen Richtungen hin ausstrecken, breitet sich die Bewegung des Anklagens über den gesamten Text, ohne aber – und das ist die zweite Tendenz, die der Subjektivierung – daß damit das anvisierte Fremde wahrhaftig erreicht oder getroffen würde. Detailbesessenheit, die sich ans Einzelne verliert, verliert damit das Ganze, und darin liegt System. Die Technik des Einkreisens ist die eines Ausweichens, »die Verzögerung ist der eigentliche Sinn jener merkwürdigen, oft so frappanten Ausführlichkeit«, weiß wiederum der überaus aufmerksame Leser Benjamin an sich und am Text zu diagnostizieren,[62] eine Verzögerung, gehorchend dem Verbot, ins Zentrum des Angestrebten zu gelangen. Exakt dies, das Umkreisen als Form der endlosen Annäherung, ist literarische Methode. Es ist K.s Weg zum »Schloß« –

So ging er wieder vorwärts, aber es war ein langer Weg. Die Straße nämlich, diese Hauptstraße des Dorfes führte nicht zum Schloßberg, sie führte nur nahe heran, dann aber wie absichtlich bog sie ab und wenn sie sich auch vom Schloß nicht entfernte, so kam sie ihm doch auch nicht näher (SKA 21) –

und Kafkas Weg zur Literatur. Die sich verselbständigenden Teile der Sequenz vom ›kleinen Ruinenbewohner‹ sind diejenigen, die jenen Überschuß an Bedeutung aufweisen, der ihnen literarischen Wert, im autobiographischen Zeugnis und darüber hinaus, verleiht.

Der Befund der Handschrift bestätigt diese Vermutung, in Entwicklung und Veränderung des Schreibduktus. Die Erzählskizzen bieten sich dar als fortlaufende Differenzierung des Vordersatzes, Ausfaltung des angelegten Vorhabens. Vierte und fünfte Fassung, von Brod als entbehrliche Wiederholungen betrachtet und so behandelt, das heißt, als »Varianten« in den Anhang verbannt, sind nicht nur die umfangreichsten, sie markieren auch den Gipfel des fraglich Gewordenen als Höhepunkt der Anstrengung des Ausarbeitens, in der Menge der Korrekturen und nachträglichen Einarbeitungen, der Einschübe und Präzisierungsversuche in kleiner Schrift. Und die sechste, letzte Stufe bekräftigt diese Anspannung, indem sie sie aufhebt:

---

[61] Ebd., 110f.
[62] Benjamin [1931/1977a], 679.

ruhiges Dahinlaufen in der Prosa der Handschrift markiert diese Fassung als
›Reprise‹, als Rekapitulation (vgl. IV 39–55) der Mechanismen der Selbst-
einschränkung, Rücknahme des Vorwurfs und Wiederaufnahme (vgl. V 4–7)
des uneigentlichen körperlichen Rückbezuges auf das Ich:

> Außen schaue ich wie jeder andere aus; habe Beine Rumpf und Kopf, Hosen,
> Rock und Hut; man hat mich ordentlich turnen lassen und wenn ich dennoch
> ziemlich klein und schwach geblieben bin so war das eben nicht zu vermeiden. Im
> übrigen gefalle ich vielen, selbst jungen Mädchen, und denen ich nicht gefalle die
> finden mich doch erträglich. (VI 8–12)

Diese geschrumpfte, reduzierte Form der Selbstgewißheit mag an den Ton
geläuterter, gereinigter Heiterkeit der Entsagung erinnern, aber die Aufzählung von Selbstverständlichkeiten der menschlichen Ausstattung, die hier
erfolgt, birgt, liest man sie eben im Zusammenhang mit der gesamten Textsequenz, etwas ganz und gar Beunruhigende, dasjenige, was hier aus den
Bausteinen von physischer Konstitution und Attributen gesellschaftlicher
Sozialisierung zusammengesetzt wird, hat etwas Monströses. Die eigenartige Klarheit und Ruhe des Ausdrucks ist die einer Oberfläche, die anzeigt,
welche Bewegungen über sie hinweggegangen sind, das Ich ist durchsichtig
für die Spannungen, die in ihm, unter dem Spiegel der Oberfläche, ausgetragen werden. Das besondere Verhältnis zum eigenen Ich drückt sich in
solch gläsernem Selbstbild aus, die Unmöglichkeit, sich selbst eine aufrechte
Form zu geben, kehrt wieder eben in der Vergeblichkeit des Fragments, wie
es eine andere Tagebuchnotiz, zeitlich und thematisch benachbart, vollends
sinnfällig werden läßt:

> [. . .] heute ist der 29. Mai [1910]. [. . .] Ich rudere, reite, schwimme, liege in der
> Sonne. Daher sind die Waden gut, die Schenkel nicht schlecht, der Bauch geht
> noch an, aber schon die Brust ist sehr schäbig und wenn mir der Kopf im Genick
> (12).

*cb) Geschöpfe des Schreibens, körperlich: die sich selbst
inszenierende Literatur*

Das reihende Verfahren führt zu immer erneuertem Wiederaufnehmen der
gleichen Themen und Motive. Das Umkreisen des Immergleichen in stets
neuen Formulierungen und Vergleichen bewirkt wohl eine Steigerung der
evozierten Vorstellungen und Bilderwelten, dies aber nicht in einer einheitlichen, logisch-begrifflich dominierten Richtung. »In den Scheinpräzisierun-
gen der Vergleiche wird die begrifflich vorgehende Reflexion zurückgedrängt. Amorphes Bildmaterial, assoziativ angelagert, überschwemmt
sie.«[63] Wie ja Kafkas Denken und Schreiben, unter der Dominanz des Sinn-

---

[63] Fingerhut [1979], 161.

220

lich-Anschaulichen, Bildlich-Konkreten über das diskursiv-begriffliche Allgemeine, überhaupt eher als Steigerung, Bekräftigung, Intensivierung des
Aufgegebenen und seiner Widersprüche denn als deren Auflösung aufzufassen ist; »auf dem Denkweg über die Bilder wird lediglich eine affektive
Aufschwellung dessen erreicht, was bereits vorher formuliert war. Die
Bild-Definitionen des Schreibens sind es aber, die dem Leser im Gedächtnis
bleiben«.[64] So die Figur des ›kleinen Ruinenbewohners‹, so auch die wechselnde Gestalt der Vorwürfe, die in seinem Namen erhoben werden. Im
vierten Erzählanlauf enden die aneinandergereihten Absicherungsversuche
der Anklagen an die vergangenen Erzieher (IV 11–38) mit einer Einschränkung und Ausweitung zugleich: konstruiert wird ein ›großer‹ Vorwurf (die
Schädlichkeit der intendierten Erziehung) als Hilfe, um den ›kleinen‹ Vorwurf (den der Schädlichkeit der tatsächlichen Erziehung) sicher zu geleiten –
wohin?

> Der Vorwurf darüber, daß sie mir doch ein Stück von mir verdorben haben, ein
> gutes schönes Stück verdorben haben – im Traum erscheint es mir manchmal wie
> andern die tote Braut – dieser Vorwurf, der immer auf dem Sprung ist, ein Seufzer
> zu werden, er soll vor allem unbeschädigt hinüber kommen als ein ehrlicher Vor-
> wurf der er auch ist. So geschieht es, der große Vorwurf dem nichts geschehen
> kann nimmt den kleinen bei der Hand, geht der große hüpft der kleine, ist aber
> der kleine einmal drüben, zeichnet er sich noch aus, wir haben es immer erwartet
> und bläst zur Trommel die Trompete. (IV 48–55)

Die Reflexion auf die Bedingungen der Möglichkeit und die Notwendigkeit
der Rechtfertigung des eigenen Vorwerfens führen zu einem differenzierten,
aufgespaltenen Bild, dessen Teile, mit dem Auseinander- und Entfalten immanenter Bildmöglichkeiten, zu immer größerer Selbständigkeit gelangen.
Es mündet ein in dieses merkwürdige Spiel der Personwerdung von Begriffen (»So geschieht es, der große Vorwurf dem nichts geschehen kann
nimmt den kleinen bei der Hand«), dessen Spielcharakter (»geht der große
hüpft der kleine«) sich mit dem sorgfältig rhythmisierten Schluß (»wir haben es immer erwartet«)[65] und seinem musikalisch beschwingten Motiv
(»und bläst zur Trommel die Trompete«) erst recht offenbart – Beweis für
die wirklichkeitsübersteigende Kraft der Gestaltung, die als ein Gewisses,
real sich Ereignendes literarisch vorstellt (»So geschieht es [. . .]«), was der
Imagination entspringt. Grenzen werden durchlässig, in beiden Richtungen.

---

[64] Ebd., 153.
[65] Die Bemühungen um rhythmische Gestalt sind abzulesen an den Entstehungsvarianten:
IV 54f. wir . . . erwartet]
1) wie es auch sein muss
2) wie [es auch sein muss] ⟨wir es ja erwartet haben⟩
3) [wie] wir ⟨haben⟩ es [ja] ⟨immer⟩ erwartet [haben]

»Man wird zum Zeugen, wie ihm Gegebenheiten zur Phantasie werden«,[66] und dies am deutlichsten dort, wo er selbst über seine Art des bildhaften Nachdenkens und Schreibens räsoniert und dieses Räsonieren selbst ebensolche Qualitäten erreicht (»Ich packte alle [. . .] Einfälle, oben am Genick packte ich sie, wie kleine Hunde und warf sie über das steinerne Brükkengeländer«, BK 36). Gedanken werden körperlich, Denkprodukte des eigenen Ich lösen sich von ihrem Urheber und erhalten, durch ihre Abwehr, eine eigene Festigkeit – ein Vorgang, der verschiedentlich im Tagebuch wiederkehrt:

> 24 XI 11 [. . .] Gegenüber solchen Gedanken blieb mir an diesem Abend keine andere Hilfe als daß ich mir sagte:»Jetzt kommt ihr schlechte Gedanken, jetzt weil ich schwach bin und verdorbenen Magen habe. Gerade jetzt wollt ihr auch durchdenken lassen. Nur darauf was euch wohltut habt ihr es abgesehn. Schämt euch. Kommt ein anderesmal, wenn ich kräftiger bin. Nützt meinen Zustand nicht so aus.« Und tatsächlich, ohne andere Beweise auch nur abzuwarten, wichen sie zurück, zerstreuten sich langsam und störten mich nicht mehr auf meinem weitern natürlich nicht übermäßig glücklichen Spaziergang. Sie vergaßen aber offenbar, daß sie, wenn sie alle meine schlechten Zustände respektieren wollen, selten an die Reihe kommen werden. (265f.)

Indem die eigenen Projektionen sich zu quasi-körperlichen Sprachgebilden verselbständigen, erstarken sie gegenüber ihrem Schöpfer und treten ihm als fremde Macht entgegen. So erlebt es Kafka in einem Brief an Milena, als er ihr davon berichten will, wie es ihm mißlungen sei, ihr in einem Bild ihre Ehe zu interpretieren:»Weißt Du, wenn ich so etwas hinschreiben will wie das folgende, nähern sich schon die Schwerter, deren Spitzen im Kranz mich umgeben, langsam dem Körper, es ist die vollkommenste Folter [. . .]. Aber nur ein Vergleich ist es, ein dummer, ungeschickter, falscher, sentimentaler, kläglicher, absichtlich blinder Vergleich ist es, nichts anderes, bitte, ihr Schwerter!« (M 197f.) Die Steigerung der Selbstanklage ob des mißglückten Vergleichs in der asyndetischen Reihung der Attribute führt zur Bekräftigung des Hauptteils dessen, was gerade hat zurückgenommen werden sollen, zur Verabsolutierung der Grundlage des Vergleichs, dessen Implikate es abzulehnen galt. Das einmal gewählte Wort und das damit hervorgerufene Bild wird zurückgenommen und widerrufen, die Korrektur aber ist Steigerung des Korrigierten, indem die Grundlage, der Assoziationskern dessen, was korrigiert werden soll, die Gelegenheit wahrnimmt, sich unanfechtbar zu machen und über alle Maßen auszubreiten.

Dieser Prozeß läßt sich auffassen als derjenige, der verantwortlich ist für den Zugewinn an literarischer Kraft, an Poetizität. Kafka befreit die Sprache von ihrer nur-bezeichnenden Funktion und verhilft ihr zu Qualitäten eines autonomen, quasi-körperlichen Zeichensystems. »[. . .] die Worte sind

---

[66] Baumann [1984], 173.

nicht ›wie‹ Tiere, sondern klettern selber empor, bellen oder wimmeln in ihrer Eigenschaft als Sprachhunde, Sprachinsekten oder Sprachmäuse [. . .] kurzum, die Sprache wird asignifikant, also *intensiv* benutzt.«[67] Kafka tastet sich gewissermaßen »schreibend an der *Physiognomie* der Wörter entlang, die dadurch körperlich, lebendig werden, Bewegungen und Gesten entfalten und sich in die Tiere und Zwischenwesen verwandeln, die wie das spulenartige Gebilde Odradek [E 170f.], wie Blumfelds hüpfende Bälle [B 144] im unklaren darüber lassen, ob sie Ding, Name, Wort oder Wesen oder alles dies zusammen sind.«[68]

Diese besondere Art des Schreibens hat Konsequenzen für die Interpretation. Kafkas Bilder sind ›offen‹, von vornherein auf Erweiterung, Vervollständigung, Ergänzung, Korrektur angelegt. Auch dieses Moment hat man biographisch zu begründen versucht, dem Sprachhandeln in Kafkas Texten eine Stellvertreterfunktion zugewiesen für reales Ungenügen, den Wunsch nach Befreiung in der Sprache als Ersatzhandlung des in »den Zwängen der Familienrede« Gefangenen auffassen wollen,[69] die furchtlose Souveränität der Sprache als Pendant gesehen des Beherrschtseins von seiner Angst. Doch die Gleichung, nach der das, was im Leben fehlschlägt, in der Literatur gelinge, zur Literatur werde, ist gewiß zu simpel. Die angeführten Überlegungen erfassen zudem nur zum Teil die spezifischen Bedingungen der Texte Kafkas, zum anderen Teil treffen sie wohl auf schöpferische Prozesse in Literatur überhaupt zu. Aber daß das Verhältnis zwischen Literatur und Leben hier eines von besonderem Spannungsreichtum war, ist unstreitig: Kafka, der – welch ein Widerspruch – als Autor vom Widersinn der Regeln überzeugt sein durfte, ja sich selbst wie kaum ein zweiter davon überzeugen lassen mußte, und der als Jurist hingegen, als Beamter im ›Bureau‹ der ›Arbeiter-Unfall-Versicherungs-Anstalt‹, allen Bestimmungen und Vorschriften gesetzlicher Regelung zu Gültigkeit und Anwendung zu verhelfen verpflichtet war. Oder, in Brechts Worten: »Es ist eine Kafkasche Ironie, daß der Mann Versicherungsbeamter war, der von nichts überzeugter erscheint als von der Hinfälligkeit sämtlicher Garantien.«[70]

Es gehört zu dieser Ironie der besonderen Spannung zwischen Literatur und Leben in den Texten Kafkas, daß in ihnen, auch in der Skizze vom ›kleinen Ruinenbewohner‹, die evozierende Kraft des literarischen Sprechens frappiert, die Sicherheit und Macht, mit den Mitteln der Literatur Gegenstände und Figuren herbeizuziehen und sie in bestimmte Positionen festzubannen. Auch für diesen Text gilt, was Kurt Tucholsky 1926 im Blick

---

[67] Deleuze/Guattari [1975/1976], 32.
[68] Stoessel [1983].
[69] Neumann [1985], 121.
[70] Zitiert bei Benjamin [1934–38/1966a], 124 (31. August 1934).

auf den damals zum erstenmal veröffentlichten »Prozeß«-Roman befand: »[. . .] er zwingt. [. . .] die Menschen erstarren, Gruppen lösen sich auf und bleiben wieder wie angebleit stehen, nur der Wille zittert noch leise in ihnen.«[71] In der Sprache ersteht eine eigene Welt, Figuren mit eigenem Recht, über die der Erzähler in einer Allmacht verfügt, die ihre komischen Züge dadurch erhält, daß man sie als versetzte Projektion der Ohnmacht des Autors liest. Er ist es, der seine vergangenen Gegner zu Gruppenbildern aufreiht, er macht sie – wie gesehen – miteinander bekannt (III 15), läßt mehrere von ihnen zur Strafe – was für eine Strafe! – ineinander übergehen (V 74), und all das, weil sie, als Schuldige, mit schlechtem Gewissen nur zögernd auf der Bildfläche des Betrachters zu erscheinen sich getrauen, aus Schuldbewußtsein ›sich schwer machen‹ und nicht ›in die Erinnerung hinauf‹ wollen (V 71f.) – eine grandiose Egomanie, radikaler Selbstbezug, in und durch Literatur nur ermöglicht: eigene Widerstände und Verdrängungsmechanismen können sich aussprechen als widerständiges Verhalten der verdrängt-erinnerten Figuren. Reale Personen werden zu Zeichen, Materie der ›Wirklichkeit‹ verwandelt sich in Material der Sprache, das sich im ›Spiel‹ entfaltet; unterm Schreiben verselbständigt sich das ›Beschriebene‹, setzt es sich als Literatur selbst in Szene. Das Tagebuch Kafkas ist tatsächlich der geeignete Ort, zu verfolgen, wie unmerklich, unter der Hand, in der Abfolge der verschiedenen Schreibanläufe »künstlerische Gestaltungstendenzen einsetzen«.[72] Literarisierung des Lebens meint Bewältigung als Distanzierung, Bearbeitung, Verwandlung. Der Prozeß der Fiktionalisierung ist in diesem Sinne ein Sichentfernen »von der Naturerscheinung«, das Immer-näher-Rücken an die »eigene Kunstform«, wie es Kafka im Tagebuch am 23. Dezember 1911 (306) nachdenklich-neidisch (ob der Sicherheit des anderen) als das Verfahren des Malers Willy Nowak wiedergibt, der sich bei der Arbeit an einem Porträt Max Brods mit jeder Lithographie von der zugrundeliegenden farbigen Porträtskizze zu entfernen trachtete – Kafka, der selbst höchsten Wert darauf legte, daß »der Standpunkt der Kunst und des Lebens [. . .] auch im Künstler selbst ein verschiedener« sei (H 104).

Literarisierung des Lebens heißt Abbildung als Veränderung, Verwandlung. Sie wird geleistet im Tagebuch, der Werkstatt des Künstlers Kafka, und den Erzählanläufen dort, fortgesetzten Versuchen des Schreibenden, die ›Wörter ganz mit sich zu erfüllen‹ (140). Herstellung des Ich als dessen Verwandlung in Literatur kennzeichnet das Werk dieses Autors, der wie kaum ein zweiter vor oder nach ihm auf der (im Schreiben, das heißt, problematisch vermittelten, erst dort herzustellenden) Identität von Leben und Literatur bestand (»ich [. . .] bestehe aus Literatur, ich bin nichts an-

---

[71] Tucholsky [1926/1975], 374.
[72] Binder [1976a], 38.

224

deres und kann nichts anderes sein«, F 444). Es ist sein Tagebuch, in dem Kafka »nichts weniger als den Versuch« unternimmt, »sich selbst zu konstruieren«.[73] Das Tagebuch als Hilfsmittel zur Herstellung des Ich – sie erfolgt als sich selbst in Szene setzende Literatur, die, als im Wortsinne »absolute Spiegelung [. . .] seiner Selbst«,[74] dem Ich eine andere, zweite, seine wahre Existenz schafft. Am Ende aller Schreibanläufe steht der »Selbstgewinn im Schreiben: der magische Satz«.[75]

---

[73] Baumann [1984], 170.
[74] E. Weiss [1925/1983], 81.
[75] Matt [1983], 216.

B. Das Fremdwerden der Dinge, beim Schreiben

Die Schreibanläufe zur Erzählung der Geschichte vom ›kleinen Ruinenbewohner‹ haben die Verbindung zwischen Leben und Literatur, den Tagebüchern Kafkas und seinem Werk deutlicher gemacht, haben nachvollziehen lassen, wie mit der Aneigung von Wirklichkeit Tendenzen ihrer Veränderung verbunden sind. »Es läßt sich beobachten, wie die Wirklichkeit schon in der Sicht des Tagebuchschreibers auf die typisch kafkasche Ebene transponiert wird«, so formuliert es ein Rezensent der Nachkriegsausgabe der Tagebücher von 1951.[76] Aber wie geschieht dies? Das Tagebuch als Ort einer das Werk (prä-)formierenden Wahrnehmung und Aneignung der Welt – mit welchen sprachlichen Mitteln stellt es diese Aneignung und Veränderung des Wirklichen her? Wie steht es: das Schreiben, welches das Beschriebene unterm Schreiben fremd werden läßt, zur Wahrnehmung, Erfahrung, Erkenntnis des Wirklichen? Welche Funktion erfüllt es dem Schreibenden gegenüber der beschriebenen Welt: Ihm sie aufzuklären? Zu verrätseln? Was heißt, und zu welchem Ende vollbringt es das: sie zu verwandeln?

4. Kapitel. Schreibweisen zwischen Wirklichem und Unwirklichem

> [. . .] überdeutlich [. . .] bis zur Unwirklichkeit [. . .].
> (An Felice, 31. Dezember 1912/1. Januar 1913, F 224)

Klarheit der Sprache, als Irritation

Ein Anhaltspunkt schon der – wenigen – frühesten Würdigungen Kafkas ist die als vorbildlich empfundene Klarheit und Präzision seiner Sprache gewesen, eine als ›klassisch‹ empfundene Simplizität seiner Prosa, die sich, »bei einer extremen Schmucklosigkeit, durch eine klar geordnete, lückenlos li-

---

[76] Mühlberger [1951], 412.

neare Finalität« auszeichne.[77] Kafka schreibe »besser Deutsch als dreißig andere Dichter zusammen«, befindet der im Blick auf die Literatur anderer oftmals so hellsichtige Hermann Hesse noch zu Lebzeiten des Autors,[78] und auch ein ganz anderer Schriftsteller der Weimarer Republik, der das Außergewöhnliche der literarischen Erscheinung Kafkas früh erkannte, Kurt Tucholsky, urteilt ähnlich: er sehe in Kafkas Arbeiten »das beste klassische Deutsch unserer Zeit.«[79] Wie problematisch das Sprechen vom »Meister« der deutschen Sprache,[80] vom ›Meisterhaften‹ und ›Vorbildlichen‹ seines Stils auch sein mag – weil es unhistorisch wird und Unvergleichbares auf eine unbestimmbare Weise einander annähert und kanonisiert (vor kurzem noch wurde Kafka inmitten so unterschiedlicher und von ihm verschiedener ›Kollegen‹ wie Thomas Mann und eben Hermann Hesse in einer Sammlung von »Deutschen Meistererzählungen des 20. Jahrhunderts« vereinigt)[81] –: ein Hauptgrund für den hohen ästhetischen Reiz seiner Texte ist tatsächlich ihre Einfachheit, die dem Leser das Bewußtsein von Klarheit und Deutlichkeit des in ihr Mitgeteilten vermittelt. Und »auch die Möglichkeit, daß Kafka in alle Sprachen übersetzt werden konnte«,[82] hängt gewiß nicht allein mit etwas Beispielhaftem, Paradigmatischem zusammen, mit dem das Dargestellte sich auszeichne, etwa der Evidenz menschlicher Grunderfahrungen überhaupt, sondern allererst mit der Form der Darstellung, dem Genauen, Klaren, ja Schlichten seiner Diktion.

Man hat diese Merkmale seiner Sprache biographisch zu motivieren gewußt, »die besondere Genauigkeit der Beschreibung, die Liebe zum Detail«, eine Eigenheit, die Brod »als ›Akribismus‹ bezeichnen möchte«,[83] mit Vorzügen seines Charakters erklären wollen. Präzision in der Sprache des Werks sei die Entsprechung zur Bescheidenheit des Autors, die Verpflichtung auf stete Selbstkorrektur mit dem Ziel der Genauigkeit alles Geschriebenen weise ihn als einen »Pionier der Reinheit des Gewissens« aus, als einen »Fanatiker seiner inneren Wahrheit«, wie es Johannes Urzidil in seiner Trauerrede auf den Verstorbenen stark herausstreicht.[84] »Er war ein Künstler und Mensch von derart feinfühligem Gewissen, daß er auch dorthin hörte, wo andere, taub, sich in Sicherheit wähnten«, beschreibt es, behutsamer und zutreffend wohl, diejenige, der er vielleicht den größten Einblick in sich und sein Leben gewährt hat, Milena Jesenská.[85] Aber diese

---

[77] Beißner [1963], 16.
[78] Hesse [1924/1979].
[79] Tucholsky [1982], 380 (20. Juni 1924).
[80] Hesse [1924/1979].
[81] Hesse/Kafka/T. Mann [1983/1985].
[82] Hohoff [1983].
[83] Brod [1949], 103.
[84] Urzidil [1924/1983], 58.
[85] Vgl. Milenas Nachruf auf Kafka, MM 381.

Klarheit seines Stils hat in ihrer blutleeren Schärfe, der unbestechlichen, nichtkorrumpierbaren Nüchternheit etwas Befremdliches, Aufstörendes. »Nüchtern wie Kafkas Sprache muß der Apfel vom Baum der Erkenntnis geschmeckt haben«, argwöhnt Benjamin[86] und zielt damit auf die Empfindung, daß diese Sprache etwas zu erschüttern vermag: sie zerstört den falschen Schein, überall, und löst schlechte Sicherheiten auf. In der Zurückgenommenheit und Nüchternheit steckt Irritation, Sprengkraft, und wenn zur Erklärung verständnisinnig angeführt wird, die Klarheit des Stils rühre her aus der Übung, die sein Urheber im Juristendeutsch besessen habe, dann ist das keineswegs beruhigender, im Gegenteil. Denn so, wie in den amtlichen Schreiben der »Arbeiter-Unfall-Versicherungs-Anstalt« – seine Vorgesetzten vertrauten ihm die schwierigsten juristischen Schriftsätze an – das Außerordentliche in ein genormtes System von Sätzen, Bedingungen und Folgerungen gefaßt wird, das außer der Reihe Vorgefallene, Zufällige, Chaotische von Unfällen etwa durch frei rotierende Messer an Holzhobelmaschinen (beigegebene Abbildungen mit Schemazeichnungen vielfältig verstümmelter Hände sprechen ihre eigene Sprache) in die klare und reine Form einer »Unfallverhütungsmaßregel«[87] gebannt zu werden hat mitsamt technischen Erläuterungen, arbeitsergonomischem und betriebsökonomischem Kommentar sowie statistischer Auswertung, maschinenkundlicher Marktübersicht und Diskussion der Rechtslage,[88] so geschieht auch nichts anderes in seinen literarischen Texten, die in all ihrer »›Nachlässigkeit‹ des Ausdrucks«, ihrer »gewaltlose[n] Einfachheit«[89] bestürzen: herrscht in ihnen doch eine »gedämpfte, verhaltene, erdrückende Stille, in der die ungeheuersten Dinge vor sich gehen«.[90] Klarheit kennzeichnet nur die Oberfläche, Verstörung wird geschaffen durch den »unterirdische[n] Strom dieser Prosa, die unhörbaren Versfüße, die bis zur Schizophrenie gehenden Bilder«.[91] Vielleicht hängt damit die immer wieder irritierende Erfahrung des Lesers zusammen, daß es so schwierig, ja aussichtslos erscheint, Kafkas Erzählungen und Romane im Gang all ihrer Einzelheiten im Gedächtnis zu behalten, wo sie doch aus nichts anderem als linear erzählten, logisch auseinander entwickelten Sachverhalten bestehen, lauter allgemein verfügbaren, ›einfachen‹, klar und exakt reproduzierbaren Details, die aber, in ihrer Reihung ›überdeutlich bis zur Unwirklichkeit‹, am Ende das Gefühl von Fremdheit hinterlassen. Nicht die Lektüre ist schwierig, sondern deren Deutung; das Bewußtsein der Richtigkeit des Geschriebenen bei gleichzeitigem Empfin-

---

[86] Benjamin [1977b], 1218.
[87] AS 134–141: »Unfallverhütungsmaßregel bei Holzhobelmaschinen«.
[88] Ebd., 142–154: »Maßnahmen zur Unfallverhütung«.
[89] Kurzrock [1955], 192.
[90] Baumgartner [1969], 26.
[91] Tucholsky [1921/1975], 92.

den seiner Rätselhaftigkeit und Fremdheit – oft und gerade auch angesichts eines irritierend-unaufdringlichen, verstörend-beiläufigen Schlusses, das sein Erzählen findet – macht vielleicht das größte Rätsel am Rätsel Kafka aus, das untrennbare Ineinanderübergehen von Wirklichem (oder als wirklich Erscheinendem, jedenfalls vermittelt es die Erfahrung von Einfachheit und Klarheit) und Unwirklichem, das den Leser in Dunkelheit und Rätselhaftigkeit zurückläßt. Kafkas Schreiben: Klarheit, die Vieldeutigkeit, Wirkliches, das Unwirkliches verbirgt und erzeugt zugleich – auf seine Weise poetisch und so (immer noch) zutreffend hat das Max Brod auszudrücken vermocht: »Seine Sprache ist kristallklar, und an der Oberfläche merkt man gleichsam kein anderes Bestreben, als richtig, deutlich, dem Gegenstand angemessen zu sein. Und doch ziehen Träume, Visionen von unermeßlicher Tiefe unter dem heiteren Spiegel dieses reinen Sprachbaches.«[92]

Probleme der einfachen Perspektive

Schon die einfache Perspektive, unter der einsinnig-linear erzählt wird bei Kafka, ist alles andere als einfach. Wohl unterstützt es die Klarheit seines Erzählens, daß es, ohne längere Rückblenden, als es die erzählte Zeit verträgt, ohne innere Monologe, gewissermaßen kommentarlos fortschreitet, ein »Erzählen ohne erscheinenden Erzähler«;[93] wohl scheint es eindeutig machend, wenn Kafka auf eine übergeordnete, allwissende Erzählerinstanz verzichtet und alles durch die Augen der Hauptfigur darstellt, alles allein als deren Wahrnehmung, Erfahrung und Meinung mitteilt. (Wohl deshalb auch schon wird es sich mit dem berühmten, und in dieser Hinsicht strittigen, ersten Satz des »Prozeß«-Romans, »Jemand mußte Josef K. verleumdet haben«, nicht anders verhalten: auch dies ist kein Fixpunkt, den der Erzähler dem Leser, über die Hauptfigur hinweg, offeriert.) Doch daß der Erzähler nicht mehr weiß als seine Figuren, zeugt zwar von dezenter Zurückhaltung jenes gegenüber diesem, hat aber eine verborgene Macht des Zugriffs: durch den Autor auf den Leser nämlich und in der Wirkung auf ihn. Indem der Erzähler »nirgends dem Erzählten voraus« ist, in keinem Augenblick »mehr zu wissen scheint als der Zuhörer oder Leser«,[94] hat er auf eine ganz hintersinnige Weise, gewaltsam, von ihm Besitz ergriffen: »Kafka verwandelt [. . .] nicht nur sich, sondern auch den Leser in die Hauptgestalt.«[95] Der Leser der Skizze vom ›kleinen Ruinenbewohner‹ bleibt nicht Zuschauer, er wird vereinnahmt, er selbst betrachtet mit Kafka die Galerie der sich vor

---

[92] Brod [1937], 161.
[93] Walser [1952/1961], 22.
[94] Beißner [1952], 32.
[95] Ebd., 36.

seinem inneren Auge aufreihenden Erzieher, er wird zum Mitwisser der Antriebe zur Auflehnung, zum Mittäter des Aufbegehrens gegen die erinnerten Peiniger, hat Teil auch an dem gewaltsamen Dekret, mit dem der Erzogene die Widerlegung der (fremden) Widerlegung der (eigenen) Vorwürfe verfügt. Der Leser partizipiert am Schicksal der vom Erzähler exponierten literarischen Figur. Immer auf die Sicht des einen ›Helden‹ bezogen, dessen Handlungsmöglichkeiten, Bewegungsräume, Blickfelder sich im Verlaufe des Romangeschehens immer mehr einengen, wird auch er dieser ›Eintrübung‹ des klaren Überblicks unterworfen, er erleidet den Prozeß des Fremdwerdens mit, in der die Umgebung für die Figur immer verstörendere Züge annimmt und diese sich in jener immer auswegloser verstrickt; auch der Leser unterliegt der »schwankende[n] Struktur der Erfahrung«, die den Autor zwischen Wirklichem und Unwirklichem hin- und herzieht: »Den Überlegungen, die er anstellt, folgt man als ginge es über Moorboden.«[96] Die monoperspektivische Darstellung, worin der Erzähler den Leser durch die Augen der Hauptfigur nur sehen läßt, ist also so eindeutig nicht in ihren die Rezeption lenkenden Auswirkungen, genausowenig wie sie eindeutig Auskunft geben könnte über die Intention des Autors, der – so rätseln manche, die an den beim Vorlesen seiner Texte lachenden Kafka denken – die gewollte Simplizität seines Stils gar parodistisch eingesetzt haben könnte, um die Kompliziertheit seiner Welterfahrung zu konterkarieren.

Schreiben im Konjunktiv (›vielleicht‹, ›als ob‹)

Die durch die komplizierten Einschlüsse der einfachen Perspektive erzeugte Ungewißheit zwischen Festgelegtem und Nicht-Festlegbarem hat für Kafkas Schreiben selbst nichts Negatives. ›Vielleicht‹ als zentrale Vokabel Kafkas, gleichermaßen die Bemühung um und die Distanz von Gewißheit bezeichnend, von der vergeblichen, gleichwohl immer aufs neue unternommenen Anstrengung des Gewiß-Machens des Ungewissen kündend, »vielleicht‹ ist die Kategorie des positiven Zweifels«.[97] Dieses Wort drückt exakt den Zwiespalt aus zwischen umfassender Aussageabsicht in der Selbstverpflichtung auf Wahrheit, einer Mitteilung, die alle Umstände und Aspekte des Mitgeteilten und des Mitteilens ausschöpft, auf der einen Seite, und andererseits ebenso umfassendem Zweifel an der Möglichkeit, dieses Ziel zu erreichen, das sich begrenzt in den Widerständen der Mitteilung eines jeden Details. Und in diesem Zwiespalt hat das ›vielleicht‹ etwas Vorwärtstreibendes, ist es weniger Bremse vor dem Aussprechen einer gewaltigen

---

[96] Benjamin [1977b], 1236.
[97] W. Kraft [1968], 15.

Ganz-Aussage, der Wort, Satz und Gedanke ohnehin zustreben – Beispiel: »[. . .] im übrigen bin ich gefühlsmäßig gänzlich von ihr [der Familie der Erna Bauer] abgetrennt, allerdings nicht durchgreifender, als vielleicht von der ganzen Welt« (705) – denn in einem grundsätzlicheren Sinne Motor der Bewegung vorwärts: Als es in der Skizze vom ›kleinen Ruinenbewohner‹ erstmals darum geht, einen Ort für die vorgestellte ›andere‹ Existenz zu bestimmen, taucht diese Vokabel sogleich auf:

> Ich bin ja nicht irgendwo abseits, vielleicht in einer Ruine in den Bergen erzogen worden [. . .]. (I 3f.)

Und mit dieser Wendung ›vielleicht‹ ist hier keineswegs die Ungewißheit dieser Festlegung betont, sondern gerade im Gegenteil: ›vielleicht‹ ist eine bestimmende Partikel, die gerade die Aufgabe hat, das Leere und Unbestimmte (»irgendwo abseits«) zu begrenzen, zu präzisieren und mit Inhalt zu füllen. ›Vielleicht‹ ist die passende Vokabel für ein Schreiben, dem der Konjunktiv als Modus dient der Kommunikation mit der Welt, der Konjunktiv als Medium der Möglichkeit, das Vorgestellten, des Als-ob. Und genauere Betrachtung der ›Als-ob‹-Sätze Kafkas – Binder widmet ihnen ein ganzes Kapitel in seinem Buch »Kafka in neuer Sicht«[98] – erweist, daß Sätze, die von dieser Konjunktion eingeleitet werden, häufig »keinerlei Minderung ihres Realitätsgrades«,[99] ihres »Wirklichkeitscharakters«[100] erfahren, sondern oft gerade als prononcierte Betonung einer bestimmten Perspektive und Aussageabsicht gelesen werden wollen, anderen Mitteln der Verstärkung durch Vergleich oder Rhythmisierung gar nicht unähnlich. Die Aussageform der vorgestellten Möglichkeit (›als ob‹ mit dem Konjunktiv) betont bei Kafka keineswegs nur das Virtuelle, das Unwirkliche oder Noch-nicht-Wirkliche, das es von Wirklichem abzuheben gälte, im Gegenteil: Die Skizze vom ›kleinen Ruinenbewohner‹ lebt von der Bewegung des Gewisserwerdens des bloß Möglichen, des mit den Mitteln der Literatur Gewiß-Machens von immer deutlicher Vorgestelltem, und der Konjunktiv ist, in der Reihe der den ›anderen Zustand‹ ausmalenden Bestimmungen, kein Hemmnis oder Bremsschuh, sondern Beförderer und Garant des optativen, wunschgesteuerten Weiterschreibens, Bedingung für die Möglichkeit des Fortschreitens im Ausmalen eines anderen Lebens, das sich da in aufeinander aufbauenden Ansichten und Bildern entfalten soll:

> [. . .] gerne und am liebsten wäre ich jener kleine Ruinenbewohner gewesen, abgebrannt von der Sonne, die da zwischen den Trümmern von allen Seiten auf den lauen Epheu mir geschienen hätte,

---

[98] Binder [1976a], Teil II, 5. Kapitel.
[99] Ebd., 220.
[100] Ebd., 218.

so wie der Konzessivsatz

> wenn ich auch im Anfang schwach gewesen wäre unter dem Druck meiner guten
> Eigenschaften, die mit der Macht des Unkrauts in mir emporgewachsen wären
> (I 8–10)

keine wirkliche Einschränkung des entworfenen Bildes mit sich bringt, sondern es, mit der Auflösung der Paradoxie vom ›Druck‹ der ›guten Eigenschaften‹ und der Einbettung in den (Natur-) Kontext des ›Unkrauts‹, recht eigentlich erst fortzuführen beginnt.

Stil als Gegeneinander von Form und Inhalt

Klarheit und Kühle, Sachlichkeit und Genauigkeit auf der Ausdrucksebene bilden das Gegengewicht zu dem Verschwimmenden und Zerfließenden der mitgeteilten Sachverhalte. Der Unwirklichkeit des Inhalts steht die Wirklichkeit der Form stützend zur Seite. Sie organisiert den Übergang aus Klarheit in Unklarheit, Deutlichkeit in Verschwommenheit. Mit der Sicherheit und Ordnung der Grammatik, der Faßlichkeit vertraut-einfacher Satzkonstruktionen wird hergestellt und dargestellt: die völlige Auflösung aller Ordnung, an die man sich halten könnte, die völlige Unsicherheit der Bedeutung, das Fragliche einer Sinnentnahme aus kaum zu begreifenden, unübersichtlichen, unerhört fremden Sachverhalten. Die Form des Schreibens bei Kafka selbst ist also ambivalent: sie spiegelt in sich den Widerspruch von Ausdruck und Bedeutung. Das Stilprinzip eines Gegeneinander von Form und Inhalt wird vielleicht an nichts deutlicher als an kleinen Partikeln. ›Und‹ als von Kafka überaus beliebtes und häufig benutztes Wort für den Anfang eines Satzes kündet weniger von der Psychologie des Sprechers, als Zeugnis atemlosen Tempos etwas ineinander übergehender Sätze voll von mühsam innegehaltener, krampfhaft und angestrengt gebändigter Hast – so wie in der unvergleichlichen »Lenz«-Erzählung Georg Büchners etwa –: ›und‹ – oft ohne das grammatisch geforderte Komma, das logische Schritte voneinander schiede, indem es (Haupt- und Neben-)Sätze voneinander abtrennte[101] – fungiert in Kafkas Tagebuchtexten (und nicht allein dort) als eine Kategorie des Übergangs, des Verfließens,[102] die Verbindungen herstellt gegen alle Erfahrung und damit neue Erfahrung schafft. Bei der Erörterung der Grenzen der Vorwürfe, die der ›kleine Ruinenbewohner‹ seinen vergangenen Erziehern und damit der Welt überhaupt zu machen entschlossen ist, großenteils nicht mehr lebenden Personen, deren Nichtmehr-Leben – so Kafka in der imaginierten Gegenrede – von ihnen als

---

[101] Vgl. Dietz [1963], 446f.
[102] Vgl. Martini [1958], 292.

Gegenargument (»Ehrwürdigkeit der Toten«) gegen die Vorwürfe erhoben werden könnte – dort also ist es eben gerade jenes ›und‹, das die Überschreitung solcher Grenzen bewerkstelligen hilft:

> Und wenn diese Meinung vielleicht nicht richtig wäre und die Toten eine besonders große Ehrfurcht vor den Lebenden hätten [. . .]. Und wenn auch diese Meinung nicht richtig wäre und die Toten gerade sehr unparteiisch wären [. . .]. (IV 29f., 33f.)

In der Fortführung sich steigernder Aspekte können die Trennungslinien zwischen verschiedenen Bereichen der Erfahrung, den Reichen der Lebenden und der Nicht-mehr-Lebenden, aufgehoben werden.

Der ›kleine Ruinenbewohner‹ selbst ist ja gewissermaßen Bewohner eines Zwischenreiches, eines Reiches zwischen Wirklichkeit und Unwirklichkeit, Realität und Fiktion, Erinnerung an das eigene tatsächliche Leben und Imagination eines ›eigenen‹, ›wirklichen‹ Lebens, der sich angesiedelt hat an einer Grenze, seine Behausung sucht im Unbehausten, abseits der Gesellschaft zwischen den Ruinentrümmern, Zuflucht findet in der Zerstörung, ein Provisorium sich als Refugium bestimmt. Und der auch seine Kleinheit als Tarnung sich erwählt hat, als Schutzkleid sich verordnet für eine Existenz, die sich entzieht, Einwänden gegenüber nicht verfügbar sein will: ein »Hang zum Verschwinden«[103] als Resistenz sozusagen, in dem Sinne etwa, wie Elias Canetti bekannte, die Verkleinerung des Sich-Versteckens, der Verweigerung als die große Lehre Kafkas für sich selbst erfahren zu haben.[104]

Im Zwischenreich: die Tiere

Es gehört zur Unscheinbarkeit der Verkleidung, daß man sie nicht bemerkt. So geht es dem Leser Kafkas mit einem Zwischenreich besonderer Art, das vom Autor in seinen Texten immer wieder aufgesucht wird. Seinen »Tiergeschichten kann man [. . .] eine gute Weile folgen ohne überhaupt wahrzunehmen, daß es sich hier gar nicht um Menschen handelt. Stößt man dann erstmals auf den Namen des Tieres – die Maus oder den Maulwurf – so erwacht man mit einem Chock und merkt mit einem Mal, daß man vom Kontinent des Menschen schon weit erntfernt ist.«[105] Die Tiere in solchen Tiergeschichten, die gar keine Tiergeschichten sind, offenbaren sich kennzeichnenderweise als solche der »Verkrochenheit«, es sind vorzugsweise diejenigen, »die im Erdinnern« oder »auf dem Boden verkrochen in seinen Spalten und Ritzen« leben,[106] wie der Maulwurf eben, die Maus, der Käfer.

---

[103] Canetti [1969], 96.
[104] Canetti [1982], 49.
[105] Benjamin [1931/1977a], 680f.
[106] Ebd., 681.

Als Tiere vom Menschen entfernt und an den Rand ihres Lebensbereichs gedrängt, kommen sie ihnen doch nahe durch ihre Fähigkeit des Nachdenkens,[107] so nahe, daß ihr Fremdsein von den Menschen des Fremdsein unter den Menschen erkennen läßt. Denn die Grenze zwischen Mensch und Tier ist unscharf. Nicht nur im Gleichnis werden sie aufeinander zugeführt, vom Autor miteinander in Beziehung gesetzt (»wie müde Hunde« stehen die erinnerten Schuldigen vor dem inneren Auge des ›Ruinenbewohners‹, IV 24f.), ganze Geschichten sind aufgebaut auf dem Übertritt aus der einen in die andere Sphäre, und zwar in beiden möglichen Richtungen; der »Bericht für eine Akademie« des ehemaligen Affen Rotpeter ist dafür genauso Beleg wie das Protokoll der »Verwandlung«, die sich an Gregor Samsa zum ungeheurlichen Käfer vollzieht. Der Grad, das Ausmaß der Verwandlung bleibt dabei in vielem zweifelhaft – wie ›wirklich‹ ist die vollständige Verwandlung etwa, die aus dem Streitroß Alexanders des Großen den »neuen Advokaten« Doktor Bucephalus hat werden lassen? Es gibt Geschöpfe auf Zwischenstufen, die stehenbleiben zwischen den beiden Reichen, die Gehilfen etwa im »Schloß«-Roman, »unfertige Wesen, die den Mutterschoß der Natur noch nicht ganz verlassen haben«.[108] Die Projektion, mit deren Hilfe Eigenschaften der einen Welt in die andere versetzt werden und dort eine Figur entstehen lassen, ist in sich vielfach vermittelt, arbeitet mit wiederholten Brechungen. In das Tier zum Beispiel, das sich im »Bau« verbirgt, hat der Autor seine Krankheit, die sich in ihm lange verborgen hielt, hineingelegt; dennoch wird es nicht als ein heimtückisch, aus dem Verborgenen angreifendes, sondern als ein selbst von Angst gejagtes und getriebenes Wesen geschildert[109] – eine mehrfache, traumhafte Umkehrung, die ihre Wirkung aus dem Gegensatz von fremden und vertrauten Zügen bezieht. Es ist jenes Faszinosum einer Paradoxie, des unwirklich Wirklichen, das Franz Blei in seinem »Bestiarium der modernen Literatur« in der Beschreibung der ›Kafka‹ als eines wahrhaft doppelgesichtigen Wesens nachzubilden gewußt hat: »DIE KAFKA. Die Kafka ist eine sehr selten gesehene prachtvolle mondblaue Maus, die kein Fleisch frißt, sondern sich von bittern Kräutern nährt. Ihr Anblick fasziniert, denn sie hat Menschenaugen.«[110]

Der Traum

Träumt der ›Ruinenbewohner‹? Er wird geträumt in dem gleichen Sinne, in dem Benjamin von Kafka zu sagen wagte, er sei »ein Geträumter; die ihn

---

[107] Vgl. Benjamin [1977b], 1216.
[108] Ebd., 1225.
[109] Vgl. Beißner [1963], 47.
[110] Blei [1922], 42.

träumen sind die Massen«.[111] In der Traumfigur ist etwas von der Potentialität und der Potenz eines ›anderen Zustandes‹ erfahrbar, vermittelt durch eine tiefere Erlebnisschicht mit Zuständen überwachester Konzentration, gesteigerter Wahrnehmungs-, außergewöhnlicher Eindrucksfähigkeit, äußerster Präzision – »klar und scharf ist alles im Traum«, heißt es bei Tucholsky über die »Strafkolonie«[112] –, Zuständen ähnlich denen, die im Tagebuch, »vor dem Einschlafen«, signifikante Momente gesteigerter körperlicher Selbstgewißheit boten. So wie der Traum selbst, zwischen Realem und Irrealem, Muster ist einer gemischten Wirklichkeitserfahrung, so ist die Traumfigur selbst unwirklich und hat doch teil am Wirklichen, beides gebunden an denjenigen, der sie schreibt. Wenn Kafka im Tagebuch einmal die »Darstellung meines traumhaften innern Lebens« (546) als Ziel, ja Formel für sein Schreiben überhaupt angibt, so ist damit beides, »Reales und Irreales einbegriffen, beide Sphären gehen ineinander über, durchdringen sich gegenseitig, wechseln einander ab.«[113] »Die Konturen verwischen sich. Eines dringt in den Bereich des anderen ein. Wirkliches und Unwirkliches werden verwoben.«[114] Und der »Traum-Schrecken (Irgendwo, wo man nicht hingehört, sich aufzuführen, als ob man zuhause sei)« (M 224), diese Vertauschung der Bezugsebenen ist nur im Leben erlittene Verzweiflung, nur dort Irrtum. In der Literatur dagegen, als gewollte ›Traumschrift‹,[115] gestaltete Form »doppelter Schreibweise«,[116] worin der befremdliche »Hintersinn« den alltäglichen »Vordersinn«[117] subversiv umzukehren in der Lage ist, beglaubigt sie das Vorrecht des Utopikers und seiner utopischen Gestalt, die, wie der ›Ruinenbewohner‹, sich abseits von jedem bekannten-bewohnten Ort zu einer anderen Existenz niederläßt.

›Kafkaesk‹: zwischen Wirklichem und Unwirklichem

Diese sehr bestimmte Widersprüchlichkeit der Texte Kafkas, der Doppelsinn einer Figur wie des ›Ruinenbewohners‹ »auf der Grenzscheide von Realität und Irrealität«,[118] bezieht seine Wirkung aus der Zuspitzung und Unbedingtheit, in der beide Seiten für sich, in der Verbindung, ihre Ausprägung finden: Das »im Grunde Unlösliche, Geheimste, Dunkelste« wird – »unbedenklich wie Kleist«[119] – »mit möglichst hellen, einfachen, scharf-

---

[111] Benjamin [1977b], 1247.
[112] Tucholsky [1920/1975], 344.
[113] Gräser [1955], 75.
[114] Ebd., 72.
[115] Stoessel [1983].
[116] Alt [1985], 469.
[117] Kurz [1980], VII.
[118] Heselhaus [1952], 374.
[119] Tucholsky [1920/1975], 346.

begrenzten Worten erzählt.«[120] Die Assoziationen von Vertrautheit, nachvollziehbarer Normalität, die von der Form ausgehen, erweisen sich als gänzlich unangebracht; kennzeichnend für Kafka ist die ›Normalisierung‹ als Verknappung, Komprimierung weit über das Normale hinaus, in beunruhigend-befremdliches Gebiet. »Sein Realismus gibt [. . .] nicht das Leben des Alltags wieder: es ist eine absolute, komprimierte Logik, in der man nur ein paar kurze Augenblicke lang leben kann«, weiß die Gefährtin der letzten Lebensjahre, Dora Diamant, passend zu bemerken.[121] Diese Normalität, die sich, über das Maß, über die Grenze hinaus gesteigert, selbst in Frage stellt, diese »grausame Mischung aus schärfster Realität und Unirdischem«,[122] ist in all seinem Geschriebenen als Prozeß oder jedenfalls Prozeßmöglichkeit latent gegenwärtig: »Son livre [›Der Prozeß‹] échappe à toute explication rationnelle«, bekennt André Gide, »le réalisme de ses peintures empiète sans cesse sur l'imaginaire, et je ne saurais dire ce que j'y admire plus: la notation ›naturaliste‹ d'un univers fantastique mais que la minutieuse exactitude des peintures sait rendre réel à nos yeux, ou la sûre audace des ambardées vers l'étrange.«[123] Das Paradox einer überrealen Realität in Kafkas Dichtung, das den Sprung, nein den unmerklichen Übergang vom Wirklichen ins Unwirkliche, vom Alltäglichen ins Befremdlich-Neuartige, Nie-so-Gesehene literarisch wirklich macht, macht auch die Wahrnehmungs- und Erkenntnisleistung möglich, die seinen Texten innewohnt. Es wäre ein groteskes Mißverständnis, wenn für uns der Name des Autors, immer noch, nur auf eine unergiebige Weise mit dem Unwirklichen verbunden wäre, gleichgesetzt würde mit »bohrenden Spekulationen über den ›Abrund‹ oder über das ›Absurde‹«, wenn er als Wort gelten müßte für »alles, was mit perversen Angsttraumvisionen zusammenhängt«.[124] Nein, unser Zugewinn durch ihn ist konkreter auf uns und unsere Wirklichkeit zu beziehen: »Kafka hat unsere Wahrnehmung verändert, wir nennen, was wir dank seinen Schriften in unserer Umwelt zu sehen imstande sind, ›kafkaesk‹.«[125] Und es ist noch

---

[120] Brod [1949], 105.

[121] Hodin [1949], 96.

[122] Tucholsky [1926/1975], 372.

[123] Gide [1946], 79f. (28. August 1940) – »Sein Buch [›Der Prozeß‹] entzieht sich jeder vernunftmäßigen Erklärung; der Realismus seiner Bilder überschreitet ständig die Vorstellungskraft, und ich wüßte nicht zu sagen, was ich mehr bewundere: die ›naturalistische‹ Wiedergabe einer phantastischen Welt, die durch die minuziöse Genauigkeit der Bilder vor unseren Augen zu einer wirklichen wird, oder die sichere Kühnheit seiner Wendungen zum Fremden.« (Übersetzung vom Vf., GG; vgl. [1967], 58)

[124] Vgl. Beißner [1963], 11f.

[125] Reich-Ranicki [1983]. – Die Ableitung »kafkaesk« ist aus dem Englischen (»kafkaesque«; erster Beleg 1938) ins Deutsche übernommen worden und hat mittlerweile im von der Duden-Redaktion bearbeiteten »Großen Wörterbuch der deutschen Sprache« (Duden [1976–81/1977]) einen Platz, mit der – geteilten – Erläu-

nicht ausgemacht, wann hier die wechselseitige Erhellung ein Ende nehmen wird.[126]

5. Kapitel. Aporie der Antithesen – Das Paradox

> 20 Juli ⟨1916⟩ [...]
> Arme Dialektik! (798)
>
> Wir graben den Schacht von Babel.
> (H 387)

Gegensätze als Erfahrung des Lebens: ›Doppelbotschaften‹

Nirgendwo in Kafkas Werk wird es deutlicher als in seinem Tagebuch, wie der Autor, von Widersprüchen ereilt, in seinem Leben hin- und hergerissen wurde:

> 18. Oktober 1917. Furcht vor der Nacht. Furcht vor der Nicht-Nacht. (H 70)

Wie ihm früh schon die Struktur der Antithese zum Ausdruck für seine aporetische Situation, die Lage, aus der kein Ausweg erkennbar ist, zur Chiffre für sein Lebensproblem überhaupt wurde:

> 21 ⟨Dezember 1910⟩ [...] Ich hinfällig wie früher und immer. Das Gefühl haben, gebunden zu sein und gleichzeitig das andere, daß, wenn man losgebunden würde, es noch ärger wäre. (136f.)

Gegensätze, wie hier: zwischen Zwang (als Bindung) und Leere (als Freiheit), prägen die vorliterarische Erfahrung, »Doppelbotschaften«[127] des Lebens machen seine Literatur doppelbödig. Am deutlichsten, jedenfalls erkennbar und auch herzuleiten für die Biographen, die das Leben des Autors mit ihren Mitteln nachvollziehen, vollzog sich dies im Verhältnis des Sohnes dem Vater gegenüber, der einerseits nicht damit aufhörte, das Kind für

---

terung (1400): »*in der Art der Schilderungen Kafkas; auf rätselvolle Weise unheimlich, bedrohlich*«. Als konkurrierende Bildungen, die sich von allzu gängigem oder unbestimmtem ›alltagssprachlichem‹ Gebrauch absetzen oder auch nur sprachrichtiger oder wohlklingender sein wollen, sind verwendet worden »kafkasch«; »kafkaisch« (siehe Neff [1979], 883) oder auch »kafkesk«; satirisch-kritisch gemeint und nur mäßig witzig ist »kafkariert« (vgl. Uthmann [1986]). Was auch immer gegen die vorgebliche »Mißgeburt« ›kafkaesk‹ (ebd.) eingewendet werden mag – manche Vorbehalte gegen dieses vermeintlich unrichtige oder unschöne Wort richten sich in Wahrheit gewiß mehr auf das von ihm Gemeinte.

[126] Vgl. Corngold [1974], 16: »as we learn to see more of what is in Kafka, the world will become more Kafkaesque«.

[127] Binder/Parik [1982], 22.

vermeintliches Fehlverhalten zu bestrafen, und andererseits ihm die Möglichkeit verwehrte, das Bemängelte zu korrigieren. Als ein Beispiel nur[128] mag gelten, daß, solange Kafka sich nicht erkennbar interessiert für Fragen des Judentums zeigte, sein Vater ihn zu verstärkter Hinwendung anzutreiben suchte, dann aber heftige Ablehnung zeigte und Distanz verlangte, sobald bei Kafka eigenständiges Interesse sich artikulierte. Attraktion und Abstoßung, Einladung und Verweigerung, Aussicht auf Belohnung und Androhung von Strafe gehen eine höchst doppelsinnige Verbindung ein, die Binder[129] mit dem Ausdruck »Beziehungsfalle« passend benannt hat. Abbilder davon finden sich in nahezu jeder Erzählung, so in der »Verwandlung« oder der Parabel »Vor dem Gesetz«. Vom »Schloß« etwa fühlt sich der Landvermesser bald gerufen, bald verstoßen; einmal wird er auf demütigende Weise überwacht, ein andermal bleibt er auf entmutigende Weise völlig unbeachtet.[130] Viel an dem, was als (literarische) Haltung (des Tagebuchs) dem Leben gegenüber sichtbar geworden ist, wird plausibel aus dieser besonderen, geteilten Erfahrung von Beziehung zu den herausragenden Repräsentanten der Außenwelt, die Vorliebe für die Halbdistanz insbesondere, aus der heraus gesicherte, aktive und zugleich separierte Teilnahme, mit einem Wort: Betrachtung möglich ist. Die gespaltene Wirklichkeitserfahrung, die Erfahrung des Lebens als und in From von Gegensätzen, wird von ihm gleich doppelt reproduziert. Merkmal seines Verhaltens im Leben ist das Miteinander von Vertrauens- und Mißtrauensbedürfnis – in einem Brief vom 17./18. März 1913 möchte er Felice »gleichzeitig von dem Ernst der zwei Bitten überzeugen: ›Behalte mich lieb‹ und ›Hasse mich!‹« (F 341) Widerspruch ist aber zugleich Merkmal seines Schreibens, in der Erfahrung nämlich jenes besonderen Dualismus, des Schreibens als eines ›Fließens in zwei Armen‹ (843), der beiden Welten, der inneren und der äußeren Uhr, die im Schreiben zur Vereinigung gebracht werden müssen (877f.).

Widersprüche, als Konstellation der Literatur

Aus und als Widerspruch ist der ›kleine Ruinenbewohner‹ entstanden, die Figur selbst ist der verkörperte Widerspruch des Ich gegen das eigene Leben und die Perspektiven, die all die fremden Erzieher auf das eigene Leben geworfen haben. Widerspruch ist überhaupt Merkmal der Konstellationen in seiner Literatur, genauer: die Koexistenz von Gegensätzlichkeiten ist Bestandteil praktisch all seiner Erzählungen; »alles Erscheinende besteht in

[128] Vgl. ebd., 191.
[129] Binder [1979b], 138.
[130] Vgl. Binder/Parik [1982], 23.

Antithesen, nie in einem Entweder/Oder, immer im Sowohl/als auch, das aber genausogut ein Weder/Noch ist.«[131] Ziellos hin-und-her-gerichtete Eile und Bewegungslosigkeit zugleich machen die Verfassung des Ich-Erzählers in der Erzählung »Unglücklichsein« aus; dem »Landarzt« stehen ärztliche Hilfe und todbringende Hilflosigkeit, Gesundheit und Krankheit unmittelbar zusammen. Wie komplex die Wahrnehmung zweier einander widersprechender Ansichten eines Sachverhaltens aufgefaßt werden will, unterstreicht der »Prozeß«-Geistliche, der, als glaubwürdige Instanz, kompetente Ausleger zitierend,[132] befindet: »Richtiges Auffassen einer Sache und Mißverstehen der gleichen Sache schließen einander nicht vollständig aus.« (P 259) Ähnlich komplex, wie die Dinge auf der Seite der Hervorbringung liegen: »Es ist unmöglich, alles zu sagen und es ist unmöglich, nicht alles zu sagen.« (F 464) Widerspruch ist notwendiges Ingrediens der Romane und Erzählungen Kafkas, dienen sie doch – die Tagebücher machen dies, als ihre erste Stufe, unmittelbar sinnfällig – dazu, »sich von der Doppeldeutigkeit dieser inneren Welt zu befreien«[133] – durch ihre Darstellung.

Antithesen als aporetische Bewegung

Die immer wieder abgebrochenen und immer wieder erneuerten Schreibanläufe zum ›Ruinenbewohner‹ bezeugen im kleinen die aporetische Natur dieser Bewegung des Widersprechens. Durch ständige Zurücknahme der einmal als gewiß scheinenden Ansichten, durch das unaufhörliche Einräumen neuer Widerspruchsmöglichkeiten zieht Kafka den Leser unrettbar mit in den Trichter, in dem die Gewißheit des einmal Wahrgenommenen in der Reflexion, mit stetig zunehmender zentrifugaler Geschwindigkeit, zermahlen wird. »Der Autor macht sich über den Leser lustig, neckt ihn, blamiert ihn, indem er mit advokatischem Scharfsinn jedes Vorgefallene um- und umwendet. Erst überrascht er ihn durch eine günstige Wendung für den Helden, beweist aber sogleich, daß der Leser sehr oberflächlich und vorschnell geurteilt hat, und es, genau besehen, eigentlich eine ungünstige Wendung ist. Sobald man ihm das nun glaubt, klärt der nächste Satz darüber auf, daß es doch aber wiederum nicht so ungünstig sei; es öffnet sich immerhin die eine oder andere nicht zu unterschätzende Aussicht; und der Schluß aller Erwägungen bleibt – wie ja wirklich zumeist im Leben – ein dünnes bißchen Hoffnungsschimmer, zu nichts nütze, als daß man nicht alle Möglichkeit des Weiterlebens als sinnlos aufzugeben, die Kraft hat, und geduldig weiterleidet.«[134] Dadurch, daß es ihm zum Prinzip wird, den

---

[131] Oellers [1982/1983/1984], 306.
[132] Vgl. Oellers [1978], 87.
[133] Garaudy [1963/1981], 158.
[134] Baum [1927/1983], 163f.

Schreibansatz im Schreiben zu zerstören, die Gewißheit in der Reflexion zu paralysieren – um es schärfer als Oskar Baum auszudrücken –, entsteht aber auch für den Schreibenden selbst, nicht nur für den ›blamierten‹ Leser, am Ende immer wieder das gleiche Dilemma: der Koexistenz des einander Ausschließenden. Die folgende Kette von logisch aufeinander aufbauenden, auseinander entwickelten Sätzen mutet, in ihrer auflösenden Behandlung der Grundlage jeder Menschenbildung und -erziehung, wie eine Fortführung der Projektion des ›Ruinenbewohners‹ an und ist gleichzeitig der Urteilsspruch über sie:

22. Februar [1918]. [. . .]
Ein Mensch hat freien Willen, und zwar dreierlei:
Erstens war er frei, als er dieses Leben wollte; jetzt kann er es allerdings nicht mehr rückgängig machen, denn er ist nicht mehr jener, der es damals wollte, es wäre denn insoweit, als er seinen damaligen Willen ausführt, indem er lebt.
Zweitens ist er frei, indem er die Gangart und den Weg dieses Lebens wählen kann.
Drittens ist er frei, indem er als derjenige, der einmal wieder sein wird, den Willen hat, sich unter jeder Bedingung durch das Leben gehen und auf diese Weise zu sich kommen zu lassen, und zwar auf einem zwar wählbaren, aber jedenfalls derartig labyrinthischen Weg, daß er kein Fleckchen dieses Lebens unberührt läßt.
Das ist das Dreierlei des freien Willens, es ist aber auch, da es gleichzeitig ist, ein Einerlei und ist im Grunde so sehr Einerlei, daß es keinen Platz hat für einen Willen, weder für einen freien noch unfreien. (H 118)

So kann es dazu kommen, daß der Versuch, die Frucht der fruchtlosen Mühe, den Nutzen, der in der Aporie der Antithesen selbst liege, zu beschreiben, in der Potenzierung der Aporie endet, daß der Antithese als dem Prinzip des stets erneuerbaren Widerspruchs eine die Bewegung ein für allemal abschließende, finale Kraft – vergeblich – zugewünscht wird:

20. XI 11 [. . .]
Sicher ist mein Widerwillen gegen Antithesen. Sie kommen zwar unerwartet, aber überraschen nicht, denn sie sind immer ganz nah vorhanden gewesen; wenn sie unbewußt waren, so waren sie es nur am äußersten Rande. Sie erzeugen zwar Gründlichkeit, Fülle, Lückenlosigkeit aber nur so wie eine Figur im Lebensrad; unsern kleinen Einfall haben wir im Kreis herumgejagt. So verschieden sie sein können, so nuancenlos sind sie, wie von Wasser aufgeschwemmt wachsen sie einem unter der Hand, mit der anfänglichen Aussicht ins Grenzenlose und mit einer endlichen mittlern immer gleichen Größe. Sie rollen sich ein, sind nicht auszudehnen, geben keinen Anhaltspunkt, sind Löcher im Holz, sind stehender Sturmlauf, ziehn wie ich gezeigt habe Antithesen auf sich herab. Möchten sie nur alle auf sich herabziehn und für immer. (258, 259f.)

Die paradoxe Formulierung: Zusammenführung
des Auseinanderstrebenden

»Stehender Sturmlauf« (259) ist zur klassischen Formulierung geworden für
das Paradoxon einer Bewegung, die ihr Ziel niemals erreichen kann und sich
indes unaufhörlich selbst erneuert, einer Bewegung, die hinführen soll zu
einem Zustand, wie ihn der ›kleine Ruinenbewohner‹ verkörpert, der dann
tatsächlich (»horchend«, »überflogen«, »auskühlend«, »abgebrannt«,
III 25–27) bewegungslos verharren düfte. Die Schreibanläufe werden niemals zu ihm hinreichen, er muß Projektion bleiben aus der Verlegenheit der
Gleichberechtigung einander ausschließender Größen, des Wirklichen und
des Unwirklichen. Das Paradox als Festhalten der Aporie von Antithesen in
den Tagebüchern Kafkas ist so etwas wie der konstante Grundton aller
Äußerungen des Autors über das menschliche Handeln im allgemeinen und
seine literarische Darstellung im besonderen:

> 24. November [1917]. Das menschliche Urteil über menschliche Handlungen ist
> wahr und nichtig, nämlich zuerst wahr und dann nichtig. (H 86)

Irrtum wäre es, wollte man wörtlich nehmen, was sich hier als wohlfeile
Auflösung des Widerspruchs anbieten könnte, ein zeitliches Nacheinander
nämlich, das von der Sprache nur scheinhaft in die Aporie der Gleichzeitig-
keit gerückt worden wäre. Die Gleichzeitigkeit des Gegensätzlichen ist das
Problem, das in paradoxer Formulierung seinen Ausdruck, wenn nicht seine
Lösung, findet, wie es Kafka der Verlobten brieflich zu verdeutlichen nicht
müde wird: »Du hast mich [. . .] mißverstanden, ich sagte nicht, durch das
Schreiben solle alles klarer werden, werde aber schlimmer, sondern ich sagte, durch das Schreiben werde alles klarer *und* schlimmer.« (F 416f.) Die
Erfahrung des Zusammenfallens von einander Ausschließendem reproduziert Kafka in der Selbstansprache im Tagebuch vielfach, und erst in einer
paradoxen Formulierung vermag er sie, unter dem Schreiben, zur Gewißheit zu verfestigen:

> 24 ⟨*Januar 1922*⟩ [. . .]
> Das Zögern vor der Geburt. Gibt es eine Seelenwanderung, dann bin ich noch
> nicht auf der untersten Stufe. Mein Leben ist das Zögern vor der Geburt. (888)

Hier wird die zentrale Funktion des Tagebuchs für den Autor Kafka noch
einmal, aus anderem Blickwinkel, greifbar. Allein das Schreiben im Paradoxen ist ein Schreiben, das dadurch, daß es sich die Unvollkommenheit
seiner selbst eingesteht, sich selbst setzen kann. So wie in jenem paradoxen
Vergleich, dessen Bemühung um Verdeutlichung darin gelingt, daß er die
Richtigkeit und Wahrheit – und zugleich, simultan, die Vergeblichkeit eben
dieser Bemühungen, auf engstem Raum: innerhalb des Gefüges eines einzigen Satzes, offenlegt:

8 V ⟨*1922*⟩ [. . .]
Die Arbeit schließt sich, wie sich eine ungeheilte Wunde schließen kann (918f.).

Es liegt auf der Hand, daß das Paradox bei Kafka – der wohlmeinende Max Brod sucht auch hier das Bild des Autors aufzuhellen[135] – als eine dem Schreiben erreichbare Lösung der Aporie der Antithesen, das »Zusammenzwingen des Gegensätzlichen zur Identität«[136] für den Moment der sprachlichen Mitteilung ein Modell abgibt, wie prädestiniert dazu, im Tagebuch die Widersprüche des Lebens auszuhalten. Deshalb finden wir dort so oft Eintragungen paradoxer Form mit biographischer Thematik – das Paradox als literarische Überlebensstrategie:

21 ⟨*Januar 1922*⟩ [. . .]
Ohne Vorfahren, ohne Ehe, ohne Nachkommen, mit wilder Vorfahrens-, Ehe- und Nachkommenlust. Alle reichen mir die Hand: Vorfahren, Ehe und Nachkommen, aber zu fern für mich. (883f.)

Es liegt ebenfalls auf der Hand, daß solche Formulierungen der Verlegenheit gleichzeitig bestehender Unvereinbarkeiten ein dankbares Objekt für die Parodie abgeben: »›Ohne sie‹ – Felice – ›kann ich nicht leben‹, schreibt er 1913 der Schwester Ottla, ›und mit ihr auch nicht‹. Eben.« Eine solche satirische ›conclusio‹ bezieht ja ihre Wirkung daraus, daß sie das, was bei Kafka im aporetisch antithetischen Schreiben ausgespart bleibt, ausspricht (»Gebracht hat es jedenfalls absolut nichts, nicht einen einzigen Coitus«)[137] und damit, in Kafkas Sinne und gegen ihn, das Richtige trifft, das heißt, in der gespielten Pose des Nichtverstehens, der entrüstet-belustigten Empörung, versteht; Eckhard Henscheids Parodie wird zur Hommage: »›Ich schreibe anders als ich rede, ich rede anders als ich denke, ich denke anders als ich denken soll und so geht es weiter bis ins tiefste Dunkel.‹ Ja dann, gut Nacht!«[138]

Das Gleichnis als Paradoxie

Paradoxe Formulierungen, zu lakonischer Kürze verknappt, bilanzieren im Tagebuch Leben und Schreiben zugleich. »Stehendes Marschieren« (887), ja »stehender Sturmlauf« (259) sind die – oftmals zitierten, öfter noch an- und nachempfundenen[139] – Bilder für die Vergeblichkeit einer Bewegung, die

---

[135] Brod [1937], 65f.
[136] Henel [1979], 235.
[137] Henscheid [1982], 269f. (»Der Ma-n, der nicht bumsen wollte«).
[138] Ebd., 271.
[139] Günther Anders wurde zu folgendem Bild inspiriert: »zwar läuft der Sekundenzeiger der Verzweiflung pausenlos und in rasendem Tempo, aber der Minutenzeiger seiner Uhr ist abgebrochen; und der Stundenzeiger steht.« [1951], 34.

nicht vorwärts bringt und doch stets aufs neue in Gang gesetzt und unterhalten wird. Allemann hat diese Paradoxie (»heftigste, angestrengteste, zielstrebigste Bewegung [. . .] und absolute Statik, Ereignislosigkeit, Nicht-von-der-Stelle-Kommen zugleich«) als grundlegend für die Werkstruktur bei Kafka aufzufassen angemahnt,[140] und gewiß ist, daß erst unter dieser Vorstellung des Paradoxen das Reden ›von den Gleichnissen‹ im Werk Kafkas erhellend sein kann, von dessen durchgängigem Gleichnischarakter, auf den oft genug nur Bezug genommen wird, mit entsprechend herausgesuchten Zitaten (»Alle [. . .] Gleichnisse wollen eigentlich nur sagen, daß das Unfaßbare unfaßbar ist«, B 96), als auf eine wohlfeile Ausrede, Tautologie der eigenen Verstehensprobleme. Das Gleichnis als (um die Vergleichspartikel) reduzierter Vergleich ist die extreme Form, in der sich das Merkmal des Paradoxen, die Zusammenführung von Auseinanderstrebendem, artikuliert. So wie etwa in jener Eintragung aus dem Oktavheft H, einem sich in sich verkürzenden Text zwischen Vergleich und Gleichnis, in dem Kafka sich vor Augen hält, wie er das Übergroße der Existenz sich im kleinen faßlich macht:

10. Februar [1918]. [. . .] Du erklärst das Dasein als ein Ausruhn, ein Ausruhn in der Bewegung. (H 114)

In der längsten, fünften Erzählskizze zum ›kleinen Ruinenbewohner‹ gibt es eine Passage, in der das Ich der Kräfte innewird, die ihm verblieben sein müssen (weil nur mit Hilfe solcher Kräfte es möglich sein könne, die Folgen der Versehrungen der Vergangenheit in der Gegenwart auszuhalten) – der Kräfte, die vorhanden sind, wo sie, wäre die Erziehung so folgerichtig, wie von den Erziehern geplant, verlaufen, gar nicht mehr hätten verfügbar sein dürfen – dies wiederum Folge dessen, daß der fremde, zerstörende Einfluß offensichtlich doch nicht so weit gereicht habe wie intendiert – Kafka schreibt also:

Nur dadurch war es möglich, daß mir noch Kräfte bleiben, um mir der Verluste meiner Jugend bewußt zu werden, weiter, um diese Verluste zu verschmerzen, weiter, um Vorwürfe gegen die Vergangenheit nach allen Seiten zu erheben und endlich ein Rest von Kraft für mich selbst. Aber alle diese Kräfte sind wieder nur ein Rest jener die ich als Kind besaß und die mich mehr als andere den Verderbern der Jugend ausgesetzt haben, ja ein guter Rennwagen wird vor allen von Staub und Wind verfolgt und überholt und seinen Rädern fliegen die Hindernisse entgegen, daß man fast an Liebe glauben sollte. (V 31–39)

In dieser nicht ganz leicht überschaubaren (und aus dem Manuskript übrigens schon schwierig zu rekonstruierenden) Stelle setzt das Gleichnis das Vergleichende frei gegenüber dem Verglichenen: das (übrigens, für seine

---

[140] Allemann [1980], 162f.

Zeit – 1910 –, höchst moderne) Bild vom Rennwagen enteilt dem, für das es stehen soll, dem Ich in seiner vergangenen Verfassung, und diese Freisetzung entspricht ganz der Erfahrung des Ungeschützten, die der Schreibende, sich erinnernd, als seinen Zustand rekapituliert, ganz der Erfahrung auch des Fremden, der Fremdheit, von der sein Erleben der eigenen Gegenwart bestimmt ist. Und die Steigerung der Aussage, mit der das Gleichnis einsetzt (»ja ein guter Rennwagen [. . .]«), ist keine nur äußerliche, etwa in dem Sinne, daß einem schon vorher klar und deutlich ausgesprochenen Sachverhalt nun nur noch eine zusätzliche Form des Ausdrucks eingeräumt würde, nein, in diesem Gleichnis kommt das Widersinnige dessen, daß das eigene ›Gute‹ das fremde Schlechte angezogen, ja gesucht habe, ihm entgegengekommen sei, erst eigentlich recht zur Anschauung: der Rennwagen, der – welch paradoxe Umkehrung – von dem, das er hinter sich zu lassen hat als dasjenige, was er selbst verursacht, »von Staub und Wind« verfolgt und eingeholt, ja überholt wird, und dies aber nur aufgrund der eigenen Bewegung des Vorwärts-, Wegfahrens, die, indem sie eine optische (Wahrnehmungs-)Täuschung produziert (»seinen Rädern fliegen die Hindernisse entgegen«), die schuldlos-unvermeidliche Einwilligung in die (eigene) Annäherung an die (fremde) Gefahr erkennen macht, die Wahlverwandtschaft gewissermaßen (»daß man fast an Liebe glauben sollte«), mit der es den zu Erziehenden zu seinen schlechten Erziehern zieht. Die Erfahrung des eigenen Lebens unter fremden Vorzeichen ist hier zur literarischen Figur, dem Gleichnis in einer paradoxen Umkehrung, gestaltet und erkennbar gemacht.

Struktur des Paradoxen: Umkehrung

Das Moment der Umkehrung ist dem Paradoxen eigen. Es meint und beruht auf Umkehrung der gewohnten Ansichten (»»Man photographiert Dinge, um sie aus dem Sinn zu scheuchen. Meine Geschichten sind eine Art von Augenschließen««, J 53f.), auf Umkehrung auch der gewohnten Ansichten über Bewegung:

> 17. September 1920. Es gibt nur ein Ziel, keinen Weg. Was wir Weg nennen, ist Zögern. (H 303)

Durch Vertauschung der Worte, unnachahmlich klar und doch immer aufs neue mehr verstörend, wird hier, in einem plötzlichen Umschlagen, die Verkehrung nachgestaltet, die in den Dingen, ihrem Verhältnis zueinander und zum Sprechenden herrscht. In der Forschung ist die Diskussion darüber geführt worden, in welchem Richtungs-Sinne diese Bewegung des Umkehrens als besondere Form des Paradoxen bei Kafka erfolge, ob als ›paradoxer Zirkel‹, der mit seiner Kreisform die Basis des Haltlosen sozusagen hergibt, indem er dem faktischen Stillstand zur Illusion einer erfüllten

Bewegung verhilft, den ›stehenden Sturmlauf‹, auf eine (Ersatz-) Gewißheit gebende Weise, »in retrograder Finalität in eine kreisförmige Scheinbewegung«[141] umsetzt und somit »die Momente der Endlosigkeit und der hermetischen Abgeschlossenheit in sich vereinigt«,[142] oder als ›gleitendes Paradox‹, das, nicht zu einem festen Widerspruch fixierbar, mit der Umkehrung der Funktion der »Ablenkung von aller starren, schematischen Bezüglichkeit« verbinde und allein damit, durch eine »schwankende Doppelgerichtetheit«,[143] die Balance zu halten in der Lage sei zwischen »Schwäche und Selbstbehauptung«, die in solcher »›Konsequenz‹ des Denkens« liege. Beide Aspekte haben ihre Wahrheit, in dieser paradoxen Wendung etwa:

> Ich kann schwimmen wie die andern, nur habe ich ein besseres Gedächnis als die andern, ich habe das einstige Nicht-schwimmenkönnen nicht vergessen. Da ich es aber nicht vergessen habe, hilft mir das Schwimmenkönnen nichts und ich kann doch nicht schwimmen. (H 332)

Aber es ist fraglich, ob diese – auf die Psychologie des Sprechers schließlich gerichtete – Frage grundsätzlich entschieden werden kann und sollte. Das paradoxe Schreiben wird verkürzt, wenn nur seine defensive Funktion gewissermaßen, die Aufgabe der Stabilisierung des Innenlebens des Schreibenden, im Blick bleibt und nicht auch die offensiven Inhalte gesehen werden, die, unabhängig von der Rolle im seelischen Haushalt des Autors, unabhängig selbst von seinem Bewußtsein und seinen Schreibintentionen, mit dem Paradox transportiert werden. Die Umkehrung selbst bleibt, als Richtungsänderung allein, Anstoß, auch Provokaton genug. Wenn Kafka spricht, »wir graben den Schacht von Babel« (H 387), dann liegt in dieser berühmten Formulierung, die nicht nur als ein »»Palimpsest««[144] zu 1 Moses 11, 4–9 gelten mag, der alttestamentarischen Schilderung des Turmbaues – »Bei dem Turm gibt es ein buntes lärmendes triviales Gewimmel, im Schachte ist es beengend«[145] –, dann liegt in dieser Umkehrung auch eine aggressiv-agitatorische Komponente. Die Verschärfung liegt nicht allein im Ergebnis, dem paradox gewendeten neuen Bild, sondern in der Umkehrung selbst, der Art, in der das alte Bild kritisiert wird. »Das Werk von Kafka: die Erkrankung des gesunden Menschenverstandes. Auch des Sprichworts«, lautet einer von Benjamins Einfällen,[146] und es gibt Stellen in Kafkas Tagebüchern, die dieser Formel in ihrem Wortlaut Recht geben (»Lieber die lebendige Taube auf dem Dach, als den halbtoten, krampfhaft sich wehren-

---

[141] Kobs [1970], 449.
[142] Ebd., 498.
[143] Neumann [1968], 709.
[144] Ebd., 727.
[145] E. Weiss [1937], 321.
[146] Benjamin [1977b], 1193.

den Sperling in der Hand«, H 237). Die Erfahrung der Veränderung, der Verwandlung des Vertrauten ist Motiv und Motor des Schreibens bei Kafka. »Du mußt nur die Laufrichtung ändern««, lautet der Ratschlag der Katze an die Maus, bevor jene diese frißt und die »Kleine Fabel« (B 119) eine neuerliche, endgültige Änderung ihres Verlaufs erfährt.

Richtungswechsel als Prinzip: Kafka und die Dialektik

Beständiger Richtungswechsel ist das Prinzip, das die immer erneuerten Schreibanläufe zur Geschichte des ›kleinen Ruinenbewohners‹ mit Energie versorgt, ist der wahre Antrieb für die Schreibweise der unaufhörlichen Selbstkorrektur, die nicht müde wird, mit jedem Satz, der den vorangehenden korrigiert, neue Möglichkeiten zu prüfen, neue Aspekte des Sachverhaltes mit den Mitteln der Sprache zu erstellen. Die kleinen Partikel sind es, die ein Netz über die verschiedenen Erzählanläufe legen, mit deren Hilfe im beschriebenen Sinne immer neue Richtungswechsel gelingen, »Stilmittel der ratenweise Paradoxie«[147] sozusagen, die fortlaufend Einschränkung, Rücknahme, Korrektur als Weiterungen produzieren. Es kommt »zu einem dauernden Mehrkampf der kleinen Vokabeln, fortgesetzt bis ins Unendliche.[148] »Wenn auch« (»Der kleine Ruinenbewohner«, IV 33) und »doch« (IV 47), »allerdings« (III 3) und »aber« (III 15), »gar« (IV 14) und »dagegen« (IV 41) und »dabei« (V 46) und »außerdem« (V 55) – alles entwickelt sich antithetisch, aus der Kraft der Drehung um jeweils 180 Grad; »wie im Werk, so gibt Kafka im Tagebuch Situationen der Entscheidung. Sein geistiges Schlachtfeld schließt alle mittleren Positionen aus.«[149] Der »Schloß«-Roman sei »dialektisch«, fand Werner Kraft;[150] die autobiographischen »Aufzeichnungen aus dem Jahre 1920« sind als eine »dialektische Ästhetik« enthaltend angesehen worden,[151] aber bis zu welchem Grad dialektisch im strengen Wortsinne ist dieses Schreiben unter dem Prinzip des stetigen Richtungswechsels, der unaufhörlich sich verändernden Aspekte wirklich? Dialektisch ist gewiß die Unaufhörlichkeit, die Unabschließbarkeit der Bewegung zu nennen, Kafkas Sätze sind »›reflektierend‹ im ursprünglichen Sinne wiederholter Brechungen.«[152] Was indes ausgespart bleibt, ist der Abschluß, wäre ein Haltepunkt, es fehlt: das System, der haltgebende Überbau einer Synthese, welche die Bewegung aus Rede und Gegenrede ›aufzuheben‹ imstande wäre. Und dort, wo, nach der bis zum Irrwitz vorangetrie-

---

[147] Burger [1983].
[148] Ebd.
[149] Hering [1948], 109.
[150] W. Kraft [1968], 108.
[151] Bezzel [1975], 150.
[152] Neumann [1968], 716.

benen Bemühung um Klarstellung einer Situation – in lauter, für sich genommen, überaus einsichtigen, stimmig und plausibel erscheinenden Ein-
zelsätzen – einmal ein Ruhe gebender Abschluß gelingt, trägt er nurmehr
alle Anzeichen offensichtlicher Unglaubwürdigkeit, ja Lächerlichkeit:

Ich wohnte im Hotel Edthofer. Albian oder Cyprian Edthofer oder noch anders,
ich kann mich an den ganzen Namen nicht mehr erinnern, ich würde es wohl auch
nicht wieder auffinden, trotzdem es ein sehr großes Hotel war, übrigens auch
vorzüglich eingerichtet und bewirtschaftet. Ich weiß auch nicht mehr, warum ich,
trotzdem ich kaum länger als eine Woche dort gewohnt habe, fast jeden Tag das
Zimmer wechselte; ich wußte daher oft meine Zimmernummer nicht und mußte,
wenn ich während des Tages oder am Abend nach Hause kam, das Stubenmädchen nach meiner jeweiligen Zimmernummer fragen. Allerdings lagen alle Zimmer, die für mich in Betracht kamen, in einem Stock und überdies auf einem
Gang. Es waren nicht viele Zimmer, herumirren mußte ich nicht. War etwa nur
dieser Gang für Hotelzwecke bestimmt, das übrige Haus aber für Mietwohnungen
oder anderes? Ich weiß es nicht mehr, vielleicht wußte ich es auch damals nicht,
ich kümmerte mich nicht darum. Aber es war doch unwahrscheinlich, das große
Haus trug in großen, weit voneinander befestigten, nicht sehr leuchtenden, eher
rötlich-matten Metallbuchstaben das Wort Hotel und den Namen des Besitzers.
Oder sollte nur der Name des Besitzers dort gestanden sein, ohne die Bezeichnung
Hotel? Es ist möglich und das würde dann freilich vieles erklären. Aber noch
heute aus der unklaren Erinnerung heraus würde ich mich doch eher dafür entscheiden, daß ›Hotel‹ dort gestanden ist. Es verkehrten viele Offiziere im Haus.
Ich war natürlich meist den ganzen Tag in der Stadt, hatte allerlei zu tun und so
vieles zu sehn und hatte also nicht viel Zeit, das Hotelgetriebe zu beobachten, aber
Offiziere sah ich dort oft. Allerdings war nebenan eine Kaserne, vielmehr sie war
nicht eigentlich nebenan, die Verbindung zwischen dem Hotel und der Kaserne
muß anders gewesen sein, sie war sowohl loser als enger. Das ist heute nicht mehr
leicht zu beschreiben, ja, schon damals wäre es nicht leicht gewesen, ich habe mich
nicht ernstlich bemüht, das festzustellen, trotzdem mir die Unklarheit manchmal
Schwierigkeiten verursachte. Manchmal nämlich, wenn ich zerstreut von dem
Lärm der Großstadt nach Hause kam, konnte ich den Eingang zum Hotel nicht
gleich finden. Es ist richtig, der Eingang zum Hotel scheint sehr klein gewesen zu
sein, ja es hat vielleicht – trotzdem das freilich sonderbar gewesen wäre – gar
keinen eigentlichen Hoteleingang gegeben, sondern man mußte, wenn man ins
Hotel wollte, durch die Tür der Restauration gehn. Nun mag es also so gewesen
sein, aber selbst die Tür der Restauration konnte ich nicht immer auffinden.
Manchmal, wenn ich vor dem Hotel zu stehn glaubte, stand ich in Wahrheit vor
der Kaserne, es war zwar ein ganz anderer Platz, stiller, reiner als der vor dem
Hotel, ja totenstill und vornehm-rein, aber doch so, daß man die zwei verwechseln
konnte. Man mußte erst um eine Ecke gehn und dann erst war man vor dem
Hotel. Aber es scheint mir jetzt, daß es manchmal, freilich nur manchmal, anders
war, daß man auch von jenem stillen Platz aus – etwa mit Hilfe eines Offiziers, der
den gleichen Weg ging – die Hoteltür gleich finden konnte, und zwar nicht etwa
eine andere, eine zweite Tür, sondern eben die eine gleiche Tür, welche auch den
Eingang zur Restauration bildete, eine schmale, innen mit einem schönen weißen
bändergeschmückten Vorhang verdeckte, äußerst hohe Tür. Dabei waren Hotel
und Kaserne zwei grundverschiedene Gebäude, das Hotel im üblichen Hotelstil,
allerdings mit einem Einschlag von Zinshaus, die Kaserne dagegen ein romani-

sches Schlößchen, niedrig aber weiträumig. Die Kaserne erklärte die fortwährende Anwesenheit von Offizieren, dagegen habe ich Mannschaften nie gesehn. Wie ich es erfahren habe, daß das scheinbare Schlößchen eine Kaserne war, weiß ich nicht mehr; Ursache, mich mit ihr zu beschäftigen, hatte ich aber, wie erwähnt, öfters, wenn ich, ärgerlich die Hoteltüre suchend, mich auf dem stillen Platz herumtrieb. War ich aber einmal oben im Gang, war ich geborgen. Ich fühlte mich dort sehr heimisch und war glücklich, in der großen fremden Stadt einen solchen behaglichen Ort gefunden zu haben. (H 269–271)

Was hier abläuft, ist eine Bewegung »bloß rotierender Dialektik«, wie Martin Walser, in anderem, größerem Zusammenhang, zu beschreiben vorschlägt,[153] eine Bewegung, die »sich in Variationen auf gleicher Ebene ins Unendliche«[154] fortsetzt, immer wieder »aus vorwärtsdrängenden bejahenden und wieder zurücknehmenden negierenden Satzketten« sich aufbauend.[155] Die Fülle von paradoxen Augenblicken ist die Fülle einer Komprimierung: auf beide Ende des dialektischen Vorgangs, die in ihrer Bewegung, für den Moment der Formulierung, sozusagen ›stillgelegt‹ wurden – gewaltsam lapidar, mit der Evidenz der Kürze wirkend und damit, als Sprengsatz für geschlossene Anschauungen, um so beunruhigender, auch destruktiver denn ein dialektisches System, das seine Systemkritik selbst als System leisten zu können glaubt. Nachhaltiger bleibt die Erschütterung durch den Widerspruch, das Miteinander der Gegensätze, die Erfahrung des Sichverwandelns desjenigen, das ergriffen werden soll, eindringlicher als das Gefühl, der Verwandlung einen Begriff gegeben zu haben, der diesen Prozeß zum Halten bringt und feststellt. Irritierender als das Prinzip der Verfremdung ist die Erfahrung des Fremdwerdens der Dinge.

6. Kapitel. Das Fremdwerden der Dinge, beim Schreiben

3 〈*Juli 1913*〉 [. . .]
Wenn ich etwas sage verliert es sofort
und endgiltig die Wichtigkeit, wenn ich
es aufschreibe verliert es sie auch immer,
gewinnt aber manchmal eine neue.
(564f.)

Kafkas Tagebücher insgesamt sind ein Paradox. Das, was in ihnen unternommen wird, die ›private‹ Aneignung von Welt im Sichanverwandeln der Objekte, die fortschreitende Subjektivierung im Ausliefern der Erfahrungsgegenstände an das schreibende reflektierende Ich, kehrt sich in seinem

---

[153] Walser [1952/1961], 67.
[154] Unseld [1982], 262.
[155] Bense [1952], 73.

Ergebnis um: Die nahegebrachten Gegenstände entfernen sich, die Dinge, Figuren, Sätze werden selbständig, erfüllen sich mit körperlich-stofflichem Eigenleben. Diese Paradoxie des Schreibens, Verrätselung als Ergebnis von extensiver, nicht nachlassender Reflexion, Unbegreifbar-Werden als Resultat des unaufhörlichen Durchdenkens, Sichentfernen dessen, was im Prozeß der Literarisierung hatte angeeignet werden sollen, ist, wie gesehen, verantwortlich für ständiges Abbrechen und Wiederaufnehmen der Schreibanläufe. Wenn Kafka sich am Bild des ›kleinen Ruinenbewohners‹ hatte Rechenschaft ablegen wollen darüber, wieso er so ist, wie er jetzt ist, und nicht anders, ist das Schreiben auch hier geleitet von dem immergleichen Versuch, die im realen Leben, von der Kindheit und Jugend bis zur Lebensgegenwart, verlorengegangene Einheit mit sich selbst, diese Ganzheit eines einheitlichen Lebensentwurfs fragend, in der Reflexion der Ursachen für diesen Prozeß des Verlustes, wieder herzustellen, sich der fehlenden Beziehung zur Außenwelt schreibend, durch die »Festigkeit«, die das Schreiben ihm verursacht (601), wieder zu versichern, der Wirklichkeit in der Literatur habhaft zu werden. Der Versuch des ›kleinen Ruinenbewohners‹, detailliert die Verursacher der schuldhaften Erziehung namhaft zu machen, durchgeführt mit minutiöser Detailtreue, führt, wie gesehen, zu paradoxen, das heißt, gemessen an Voraussetzung und Ziel, widersinnigen Ergebnissen. Am Ende aller Bemühungen, den Schuldvorwurf zu begründen und abzusichern, steht die Loslösung des Vorwurfs von den Personen: die Schuldigen haben sich dem Zugriff desjenigen, der sie zur Rechenschaft hervorzieht, entzogen, sie werden selbständig wie der Vorwurf selbst; beide verselbständigen sich zu Figuren eines eigenbewegten, literarischen Spiels, in dem sie ihre ursprüngliche Stofflichkeit und Konkretion verlieren, neue, andere, eigene Qualitäten erringen und das Ich, als dessen Schreib- und Gedankenprodukte sie entstanden sind, überwältigen und (»mehr als ich begreife«, VI 4) ratlos zurücklassen. Indem die Tagebücher Kafkas die Wirklichkeit des eigenen Lebens in Literatur verwandeln, Deskription in Konstruktion überführen, bringen sie einen Prozeß des Fremdwerdens in Gang, des Fernwerdens der Welt (im doppelten Wortsinne, dem des Dativs und des Genitivs): Dort, wo die Welt vom Schreiber gesucht wurde, geht sie ihm abhanden, wo die Nähe zu den Dingen angestrebt war, muß er ihr Sichentfernen erfahren; und der Schreiber geht der Welt verloren in dem Maße, in dem sie sich ihm entzieht. Das Fremdwerden der gewohnten Ansichten der Dinge ist Erfahrung des Autors Kafka, wird zur Struktur seines Schreibens im Tagebuch. Die vorliegende Untersuchung zeigt, wie die Sicherheit der Beschreibung des Außen aufgelöst wird, ›die Blicke des Beobachters‹ ›Selbstbilder‹ entstehen lassen, in denen (›das gläserne Ich‹) Außeneindruck vom Innenausdruck überlagert wird. Korrespondierende Erfahrung der ›Tagebücher des Schriftstellers‹ als ›Werkstatt‹ ist das ›Eigen-

entgegenbeugte, von untenher den Bart mit der Hand stützte und ihn zur Untersuchung darbot (H 284f.).

Diese Auflösung ist Ferment all seiner Texte und Dichtungen.

Rätselhaftigkeit als Ungenügen

Und über die Brücke fahren natürlich die Elektrischen wie immer mit vergröbertem Windesrauschen und läuten wie verdorbene Uhren, kein Zweifel, daß der Polizeimann schwarz von unten bis hinauf mit dem gelben Licht der Medaille auf der Brust an nichts anderes als an die Hölle erinnert und nun mit Gedanken ähnlich den meinen einen Angler betrachtet, der sich plötzlich, weint er hat er eine Erscheinung oder zuckt der Kork, zum Bootsrand bückt [. . .].

So heißt es im fünften Fragment zum Ruinenbewohner (V 59–65). Das Alltäglichste ist fremd und rätselhaft, und diese Rätselhaftigkeit der Umgebung ist Ausdruck des Ungenügens desjenigen, der sie erfährt, an ihr. Das heißt aber, in solchen Rätseln ist Aufklärendes mit enthalten, durch den fremden, verrätselnden Blick des Beobachters wird uns Aufklärung angeboten, Kritik des Falschen greifbar. Und diese Aufklärung durch das Fremdwerden reicht sehr wohl, gerade durch die Subjektivität des Ausgangspunktes, die Radikalität, mit der er beibehalten wird, bis in Fragen gesellschaftlicher Realitäten seiner Umgebung hinein. Milena hat dies sehr gut, voller Staunen, erkannt; sie schreibt in einem Brief an Brod: »Für ihn [Kafka] ist das Leben etwas gänzlich anderes als für alle andern Menschen, vor allem sind für ihn das Geld, die Börse, die Devisenzentrale, eine Schreibmaschine völlig mystische Dinge (und sie sind es ja in der Tat, nur für uns andere nicht), sie sind für ihn die seltsamsten Rätsel, zu denen er durchaus nicht so steht wie wir –.«[156] In Gestalt des Rätsels, der Rätselhaftigkeit der gewohnten Konkretionen für die abstrakten Verkehrsformen der Warengesellschaft – »Eine Aktie ist dir unheimlich?« »Ja«; so stellt es sich Brecht für ein Lehrgespräch zwischen Laotse und seinem Schüler Kafka vor[157] – nimmt das Ungenügen an der Gesellschaft ästhetische Gestalt an.

Befremden als Kritik

Es war schon die Rede davon, daß Kafka fast hellseherisch die wesentlichen Züge der modernen Alltagskultur und den Zeichencharakter einzelner ihrer Bestandteile sich zu vergegenwärtigen weiß. Die wichtigsten solcher Merkmale, auf das Handeln der Menschen bezogen, sind Gesten, und es sind

---

[156] Milena an Brod, Anfang August 1920, zitiert nach Brods Übersetzung aus dem Tschechischen, MM 363.
[157] Benjamin [1934–38/1966a], 122 (5. August 1934).

befremdliche Gesten, in denen sich Konstellationen von Kritik ausbilden. »Die gestischen Dinge sind die entscheidenden; und zwar wandeln sie sich immer mehr zum außerordentlichen, unverständlichen«,[158] stellt Benjamin sehr zu Recht fest, von ihm stammen auch erhellende Hinweise zur Verwandtschaft mit dem Stummfilm.[159] Das Gestische, Indikator der unmittelbar erfahrenen Spannung zwischen dem Sagbaren und dem Unsagbaren, produziert Bilder, die aus der Ausschließlichkeit, mit der sie eine Abbildfunktion herkömmlicher Art verweigern, ihr kritisches Vermögen beziehen.[160] Eine Erzählung wie »In der Strafkolonie« erreicht nicht im Rückverweis auf ihren »rechtsgeschichtliche[n] Kontext«, das heißt: zeitgenössische Praktiken von »Deportationsstrafe«, das ganze Ausmaß ihrer – heute noch wirksamen – kritischen Kraft, sondern gerade in dem, was über solchen eindimensionalen Zeitbezug (»Justizkritik in literarischer Form«) hinausgeht.[161] Oder man denke an die gestisch repräsentierte »Beschreibung eines Kampfes«; auf überaus befremdliche Weise, formalistisch modelliert, wird die exemplarische Situation des ›Kampfes‹ dargestellt und kritisiert zugleich. Ähnliches ließe sich etwa für den Komplex des Geschäftlichen nachweisen; die Unübersehbarkeit des vergesellschafteten Zustandes, der Druck der Institutionalisierung und Verdinglichung aller zwischenmenschlichen Beziehungen,[162] die, mit Brecht zu sprechen, ›Unwirtlichkeit des Lebens in den großen Städten‹ wird, als deren Unüberschaubarkeit, erfahrbar gemacht durch die verstörende Form von Totalität, die Ausschließlichkeit der entworfenen Bildebene, durch die Durchorganisiertheit auf allen Ebenen des Geschehens in den großen Romanen, die allgegenwärtige Kontrolle der Vorgänge von einer äußeren, beobachtenden Instanz aus (im »Prozeß«- oder »Schloß«-Roman gibt es »keine eigentliche Intimität, immerfort schauen Zeugen durch die Fenster, und durch die Korridore pfeift die Zugluft«).[163] Im permanenten Fremdsein der Figuren innerhalb ihrer Umge-

---

[158] Benjamin [1977b], 1228.

[159] Ebd., 1198: »Einen wirklichen Schlüssel zur Deutung Kafkas hält Chaplin in Händen. Wie Chaplin Situationen gibt, in denen sich auf einmalige Art das Ausgestoßen- und Enterbtsein, ewiges Menschenweh, mit den besondersten Umständen heutigen Daseins, dem Geldwesen, der Großstadt, der Polizei u. s. w. verbindet, ist auch bei Kafka jede Bewegung janushaft, ganz unvordenklich, geschichtslos und dann auch wieder von letzter, journalistischer Aktualität.«

[160] Ein Register der Bilder in Kafkas Romanen und Erzählungen bei Beutner [1973], 291–327.

[161] Müller-Seidel [1986], 26, 46, 5. Damit soll der Wert der Darlegungen Müller-Seidels nicht in Abrede gestellt werden, zumal sie eine historische Distanzierung ausdrücklich vermeiden (vgl. ebd., 45f.) und auch den erzähltechnischen Implikationen der eruierten Zusammenhänge nachgehen (»Zum Vorverständnis der Erzählung«, 88–106).

[162] Vgl. Stach [1984], 220.

[163] Ebd.

bung liegt die Wahrheit ihrer Beschreibung, und wenn das Befremden auch noch derart auf den Zuschauer übergreift wie im Falle von Danièle Huillets und Jean-Marie Straubs Verfilmung des »Verschollenen« von 1984, worin gegen die Sehgewohnheiten befremdend verstoßen wird in langen Einstellungen, in denen die Sprache, unnatürlich rezitiert, stehend-gestische Qualität erreicht – dann kann, über das Befremden, auch die Kritik des Wahrgenommenen und Dargestellten transportiert werden, kann etwas zur Aufklärung der »Klassenverhältnisse« (so der Titel der Verfilmung) beigetragen werden, jener ›Klassenverhältnisse‹, in denen der Einzelne ›verschollen‹ zu gehen droht.

Die verweigerte Beschreibung

Das Bild vom ›Ruinenbewohner‹ läßt sich, ebenso wie die meisten der Gleichnisse Kafkas, als Verweigerung eines Diskurses lesen – um diesen wenig schönen Ausdruck hier an gehöriger Stelle zu gebrauchen –, als Verweigerung einer diskursiven Erörterung von Voraussetzung und Geschichte der eigenen Sozialisation. Das literarische Bild ist enthoben von den Verpflichtungen der unmittelbaren Wirklichkeitswiedergabe durch Beschreibung und begriffliche Deutung. Ja, man könnte sagen, daß die Texte Kafkas über weite Strecken hinweg überhaupt ihren Impuls durch die Verweigerung von Beschreibung erhalten. Sicher kein anderer Autor deutschsprachiger Literatur um 1910 verfügte aus der Anschauung eigener (beruflicher) Tätigkeit über ein solch detailliertes Bild von der Wirklichkeit des industriellen Lebens als einer der bewegenden Kräfte der Zeit; um wieviel schwerer wiegt der fast völlige Mangel an Beschreibung dieser Wirklichkeit in seinem literarischen Werk. Realität in diesem konkret-stofflichen Sinne hat nur in sehr vermittelter Form Eingang in seine Texte gefunden, die Figuren und Schauplätze seiner Erzählungen und Romane sind, entstanden aus der Umformung der Tageswelt in den Schreibnächten, immer zuerst und mehr Bestandteile seines »traumhaften innern Lebens« (546), der ›ungeheueren Welt‹, die er im Kopfe trägt (562). Und man ist versucht zu sagen, daß schon in dieser Weigerung oder, mit einem anderen psychologischen Akzent gesprochen: in dieser Unfähigkeit eines offenen Nachvollziehens des ›Gegebenen‹ etwas von Widerstand liegt, etwas von der aufbegehrenden, ›utopischen‹ Kraft, die ihre Wirkung daraus bezieht, daß in ihr Wirklichkeit präsent ist in der Verneinung, Wahrnehmung funktioniert als Wahrnehmung der Auflösung:

10. Februar [1918]. [. . .]
Es verschwinden die Nebel der Feldherren und Künstler, der Liebhaber und Reichen, der Politiker und Turner, der Seefahrer und . . . (H 113).

In der Nichtzusammengehörigkeit des Zusammen-Gesehenen steckt, neben der ideologiekritischen Tendenz (»Es verschwinden die Nebel [. . .]«), ein subversives Moment, das an die Stelle der Abbildung ›realistischer‹ Zusammengehörigkeiten und Proportionen die umfassende subjektive Verfügungsgewalt setzt desjenigen, der sich dieser Reihe entzieht. Es liegt ein utopisch-anarchisches Moment in diese Reihung der Verneinung; in der Fremdheit der Welt durch verweigerte Beschreibung artikuliert sich Widerständiges, im Defizit liegt Kritik. Noch einmal Walter Benjamin, der in einer isolierten Notiz wie dieser Ähnliches gemeint haben könnte: »Revolutionäre Energie und Schwäche sind bei Kafka zwei Seiten ein und desselben Zustands. Seine Schwäche, sein Dilettantismus, sein Unvorbereitetsein sind revolutionär.«[164] Und die kritische Potenz des Defizitären ist dann auch etwas, das, wie erwähnt, einem Schriftsteller wie Elias Canetti an Kafka, als dem »größte[n] Experte[n] der Macht«,[165] Muster und Leitbild hat sein können: ihm sei es gegeben gewesen, »sich ins Kleine zu verwandeln und sich so der Macht zu entziehen. In diese lebenslange Lehre, die die notwendigste von allen war, bin ich bei ihm gegangen.«[166]

ab) Exkurs zur Kafka-Literatur I.
Der gesellschaftliche Ansatz: gewünschte Klärung der Verhältnisse

Kafka und der Sozialismus?

»Wie bescheiden diese Menschen sind. Sie kommen zu uns bitten. Statt die Anstalt zu stürmen und alles kurz und klein zu schlagen, kommen sie bitten«, soll Kafka zu Brod gesagt haben,[167] sich verwundernd über die Duldsamkeit derjenigen Fabrikarbeiter, deren Arbeitsunfälle versicherungsrechtlich zu bearbeiten sein Beruf war. Emotionale Parteinahme für die Rechte der ›besitzlosen Arbeiterschaft‹, neben seiner amtlichen Tätigkeit und durch sie hindurch, hat ihn dazu gebracht, einmal das Modell einer utopisch-archaischen (Arbeiter-)Gesellschaft zu entwerfen (H 126f.): In ihr gehen »PFLICHTEN:« und »RECHTE:«, unbedingte Anerkennung der Autorität eines »Arbeitsrates« und Begrenzung der Arbeitszeit auf die – nicht nur für damalige Verhältnisse unerhörte – Zahl von sechs (für körperliche Arbeit: vier bis fünf) Stunden täglich, geforderte Besitzlosigkeit aller Arbei-

---

[164] Benjamin [1977b], 1194.
[165] Canetti [1969], 86.
[166] Canetti [1982], 49.
[167] Brod [1937], 103.

tenden und, im Gegenzug, garantierte Versorgung aller ihrer unmittelbaren Lebensbedürfnisse – Pflichten und Rechte also eine seltsame, utopisch-archaische, sozialreformerisch-radikalistische,[168] idealistisch-sozialistische und auch asketische Verbindung ein, die irgendwo angesiedelt ist zwischen dem Regiment auf Johann Gottfried Schnabels »Insel Felsenburg« mitsamt seinen Arbeitskolonnen und der freien allseitigen Entwicklung der produzierenden Person in Marx' und Engels' Gegenentwurf zur »Deutschen Ideologie« (»morgens zu jagen, nachmittags zu fischen, abends Viehzucht zu treiben, nach dem Essen zu kritisieren, ohne je Jäger, Fischer, Hirt oder Kritiker zu werden«).[169] Wie politisch war der Mensch, ist der Schriftsteller Kafka? Angesichts belegter Lektüre anarchistischen Schrifttums (Herzen, Kropotkin, Bezruč), behaupteten Umgangs in Prager Anarchistenkreisen um Michal Marés zwischen 1909 und 1912 oder in Michael Kachás ›Klub der Jungen‹ (in dem er – dort übrigens zusammen mit Hašek, dem Schöpfer des »Schweyk«[170] – als »klidas«, das heißt, ›Schweigerich‹, gesessen haben soll)?[171] Wie umstürzlerisch der Beamte Kafka, der, im Urteil eines seiner Vorgesetzten »als eine vorzügliche Konzeptskraft« »mit sehr großem Fleiß andauerndes Interesse für alle Agenden« verbindend,[172] innerhalb der Hierarchie der Arbeiter-Unfall-Versicherungs-Anstalt eine beträchtlich erfolgreiche Karriere durchlief, die ihn zuletzt (1922) bis zum »Obersekretär« (Abteilungsleiter)[173] aufsteigen ließ und schon bald zu Anfang (1912) als »Vicesekretär«,[174] Vertreter eines Abteilungsleiters über 70 Angestellte mit herrschen ließ (F 161)? Der über ein so gutes Verhältnis zu seinem ihm offenbar gewogenen Vorgesetzten, dem »Verehrten Herrn Direktor«,[175] verfügte und mit immer erneuertem schlechten Gewissen gegenüber der Anstaltsleitung (»Löblicher Vorstand«)[176] anfangs als »Der ergebenst Gefertigte« zeichnend[177] um Gehaltsaufbesserungen, Gewährung von Krankheitsurlaub und Sanatoriumsaufenthalten, schließlich um vorzeitige Pensionierung vorstellig wurde? Gegenüber politischer Vereinnahmung ist sicher Vorsicht am Platze, weil die meisten Vermutungen sich nur auf entsprechende Angaben der Beteiligten stützen und es keine objektiven Quellen von dritter Seite zu

---

[168] Vgl. Hermsdorf [1961/1963/1978], 165.
[169] Marx/Engels [1845–46/1969], 33.
[170] Janouch [1963].
[171] Vgl. Wagenbach [1958], 162–164. Aus Prager Sicht übrigens (Goldstücker [1966], 41f.) stellt es sich so dar, als seien diese biographischen Details bisher vielfach zu hoch bewertet worden.
[172] Aus der Personalakte Kafkas, zitiert nach AS 24.
[173] Ebd., 407f. (Dienst-Tabelle).
[174] Ebd., 407.
[175] Ebd., 323.
[176] Ebd., 316.
[177] Ebd., 122.

geben scheint.[178] Gewiß ist, daß aus späteren Äußerungen von Kafka selbst Skepsis gegenüber einem alles umfassenden Anspruch der ›sozialen‹ Betrachtungsweise spricht:

> Alle Tugenden sind individuell, alle Laster sozial. Was als soziale Tugend gilt, etwa Liebe, Uneigennützigkeit, Gerechtigkeit, Opfermut, sind nur ›erstaunlich‹ abgeschwächte soziale Laster. (B 298)

Und eine komisch-›beklemmende‹ Miniatur wie die folgende ironisiert die allzu eindeutige politisch-parteiische Zurechenbarkeit sehr entschieden:

> Es war eine politische Versammlung. [. . .] wußte ich im voraus, um was es sich handelte, und alle wußten es. Auch waren alle einig, eine vollständigere Einigkeit habe ich nie gesehn, auch ich war völlig ihrer Meinung, die Sache war allzu klar, wie oft schon durchgesprochen und immer noch klar wie am ersten Tag; beides, die Einigkeit und die Klarheit waren herzbeklemmend, die Denkkraft stockte vor Einigkeit und Klarheit, man hätte manchmal nur den Fluß hören wollen und sonst nichts (H 256)

So verbietet es sich wohl, unter Berufung auf biographische Einzelheiten seine Werke eindeutig als mehr oder weniger unmittelbare Abschilderung sozialer Realität in bestimmter politischer Meinung, als verkleidete Analysen, gesteigerte Reportagen, als Spiegelung der Anschauung seiner Berufswirklichkeit und seiner Erfahrung als politisch bewußter Bürger lesen zu wollen. »K.« im »Schloß«-Roman ist nicht einfach als Sozialrevolutionär zu begreifen, der die (sittlich-moralischen) Zustände im Dorf grundlegend umzugestalten gekommen ist und dessen Anliegen der Umwälzung bestehender (Besitz-)Verhältnisse womöglich in der Bezeichnung des ›Landvermessers‹ kryptographiert sei,[179] zumal zu bedenken ist,[180] daß ausgerechnet der gehaßt-gefürchtete Klamm, »Vorstand der X. Kanzlei« (SKA 40), mit genau den gleichen Kompetenzen und Machtbefugnissen innerhalb der Schloßbürokratie ausgestattet zu sein scheint, wie sie der Autor, sein Erfinder, in seiner Amtsstelle, als Sekretär der Arbeiter-Unfall-Versicherungs-Anstalt, innehatte, oder, andersherum ausgedrückt, daß sich die Berufswirklichkeit des – ja nun: in welchem Maße politisch-sozial bewußten? – Autors Kafka, seine Stellung innerhalb der beruflichen Hierarchie weit weniger in dem armen, hin- und hergeschobenen Landvermesser K. spiegelt als in jenem unberechenbar-fernen Abteilungsleiter (»*klam*‹ ist das tschechische Wort für ›Betrug‹‹),[181] zu dem vorzudringen sich für den ›Helden‹ des Romans als unmöglich erweisen wird. Und es ist auch – um noch einen anderen Roman zu erwähnen – sehr fraglich, ob über den »Prozeß« bereits das Entschei-

---

[178] Vgl. Binder/Parik [1982], 116, 119.
[179] So will es Pascal [1956], 243 sehen.
[180] Vgl. Binder [1986].
[181] Zimmermann [1985], 210.

dende gesagt wird, wenn man in ihm »eine atmosphärisch sehr eindringliche Schilderung proletarischer Wohnverhältnisse« erblickt.[182]

Brecht über Kafka: ›Vorahnung der großen Umwälzungen‹

»»Der neue Prozeß‹ soll ein Lehrstück sein, kein Alptraum.« Dies war das erklärte Anliegen, das Peter Weiss mit seinem Stück »Der neue Prozeß« verband,[183] das, 1982 uraufgeführt, den Schlußpunkt darstellt einer fast ein halbes Jahrhundert währenden Auseinandersetzung mit dem Autor und seinem Werk, Ergebnis der beharrlichen Versuche, »Kafka gegen den Strich [zu] lesen«,[184] das heißt, »eine total subjektive Welt in eine konkrete und objektive Realität zu transportieren.«[185] Für das Bühnenbild schlägt der Autor Weiss einmal, als Ausstattung für das Atelier des Malers Titorelli, Fotografien von Kafka und Brecht vor,[186] in der Absicht, das – in seiner Sicht – beide Autoren (und diese mit ihm und seinem Anliegen) Verbindende zu betonen: die Zerstörung falschen Bewußtseins, die in ihrem Werk erfolge. »Überrascht hat mich [. . .] Brechts überaus positive Stellung zu Kafkas Werk«, teilt Benjamin 1931 mit,[187] »er schien den Nachlaßband [›Beim Bau der Chinesischen Mauer‹, 1931] sogar zu verschlingen.« »Brecht sieht in Kafka einen prophetischen Schriftsteller. Er erklärt von ihm, er verstehe ihn wie seine eigne Tasche. Wie er das aber meint, ist nicht so leicht zu ermitteln«, hatte er zuvor in seinem Tagebuch notiert,[188] nach einem Besuch bei dem Stückeschreiber, der gerade begonnen hatte, sich die Grundlagen des orthodoxen Marxismus anzueignen. Das Genie der Adaption Brecht war offenbar in der Lage, auch die einen Erddiameter von ihm entfernte Gestalt Kafkas sich anzuverwandeln, für die eigenen Ansichten eines Lebens im ›Dickicht der Städte‹ faßbar und produktiv zu machen. Er sieht in Kafkas Werk, wie nochmals Benjamin berichtet, »die Angst vor dem nicht enden wollenden und unaufhaltsamen Wachstum der großen Städte. Aus eigenster Erfahrung will er [Brecht] den Alb[!]druck kennen, den diese Vorstellung dem Menschen aufwälzt. Die unübersehbaren Vermittlungen, Abhängigkeiten, Verschachtelungen, in die die Menschen durch ihre heutigen Daseinsformen hineingeraten, finden in diesen Städten ihren Ausdruck.«[189] Kafka

---

[182] Stach [1984], 217f.; ein entsprechender Hinweis auf die Gerichtsquartiere, die proletarische Wohnviertel wiedererkennen ließen, findet sich bereits bei Benjamin [1977b], 1191.

[183] Skasa [1983].

[184] P. Weiss [1981] I, 255 (5. Februar 1974).

[185] Ebd., 273 (24. März 1974).

[186] P. Weiss [1984], 69 (Zweiter Akt, 19. Szene).

[187] Benjamin [1966b] II, 539 (an Scholem, 3. Oktober 1931).

[188] Benjamin [1977b], 1203 (Tagebuch, 6. Juni 1931).

[189] Benjamin [1934–38/1966a], 123 (31. August 1934).

also als Vorausschauender oder besser, passivischer: als jemand, der durch sein Werk vorausschauen macht, auf die Gefährdungen und Deformationen durch kommende Formen gesellschaftlicher Organisiertheit? »Was ihn gepackt habe, das sei die Angst vor dem Ameisenstaat: wie sich die Menschen durch die Formen ihres Zusammenlebens sich selbst entfremden. Gewisse Formen dieser Entfremdung habe er vorhergesehen, wie z. B. das Verfahren der GPU. Daher sei der ›Prozeß‹ ein prophetisches Buch.«[190] Was Benjamin hier fasziniert, aber mit einem Rest von Distanz, ja Ungläubigkeit als Brechts Sicht festhält, die Ambivalenz von Verdeutlichung und Verunklärung, Aufklärung und Verwirrung, so wie sie Brecht an Kafka erblickt, kommt in Brechts eigenen Worten straffer, konzentrierter und zielgerichteter zur Sprache, im Blick auf die zeitgenössische Lage und ihre (literatur)politischen Auseinandersetzungen. Er schreibt um 1938: Kafka »schilderte mit großartiger Phantasie die kommenden Konzentrationslager, die kommende Rechtsunsicherheit, die kommende Verabsolutierung des Staatsapparats, das dumpfe, von unzugänglichen Kräften gelenkte Leben der vielen einzelnen. Alles erschien wie in einem Alpdruck und mit der Wirrheit und Unzulänglichkeit des Alpdrucks. Und zu gleicher Zeit, wo der Intellekt sich verwirrte (mich erinnert Kafka immer an die Aufschrift am Tor der Danteschen Hölle: ›Wir sind jetzt angekommen vor dem Tor des Landes/wo alles wehrlos ist, was leidet/das hat verspielt das Erbgut des Verstands‹), klärte sich die Sprache.«[191] Ambivalenz von Klarheit der Sprache und Verwirrung des (politischen) Bewußtseins – auch Kafka ein ›Realist wider Willen‹ oder jedenfalls ohne Wissen und Wollen? Hermann Hesse sah es so, Kafka als den unfreiwilligen Seismographen einer ganzen Epoche: »Ich glaube [. . .], daß zu jenen Seelen, in welchen die Vorahnung der großen Umwälzungen schöpferisch, wenn auch qualvoll zum Ausdruck kam, für immer auch [. . .] Kafka wird genannt werden.«[192] Auch Brecht hatte offenbar – aus seinem Abstand, gewiß – ein feinfühliges Gespür dafür, wie gerade bei Kafka der Sprachgewinn nur möglich war bei gleichzeitigem Verlust jeder siegreichen begrifflichen Durchdringung und Bewältigung des Dargestellten. Von ihm stammt die Charakterisierung der »Genauigkeit Kafkas« als der »eines Ungenauen, Träumenden«,[193] die Beschreibung jener ziellos-zielgerichteten Haltung (»Ruhe, Besinnung, halb geschlossene Augen«, wie Alfred Döblin formuliert),[194] der allein in ihrer vorurteilslosen Unbestimmtheit alles zufällt, oder besser: einer Gerichtetheit der Haltung, die, über das Bewußtsein des Autors hinweg, sich materiell, in seinem Werk, seiner Sprache niederschlägt.

[190] Benjamin [1977b], 1253.
[191] Brecht [1967] VIII, 447 (Über die moderne tschechoslowakische Literatur, 1938).
[192] Hesse [1935/1983], 393.
[193] Benjamin [1934–38/1966a], 120 (6. Juli 1934).
[194] Döblin [1927/1963], 286.

Daß damit Ideologiekritik, die Aufgabe der Entlarvung des offen-manifest auf die politische Gegenwart gerichteten falschen Bewußtsein nicht suspendiert ist in Brechts Augen, steht auf einem anderen Blatt. »Als Visionär [. . .] hat Kafka, wie Brecht sagt, das Kommende gesehen, ohne das zu sehen was ist«, lautet eine diesbezügliche kritische Vorhaltung des (1934) politisch Exilierten. »Eine Lösung [. . .] habe er nicht gefunden und sei aus seinem Angsttraum nicht aufgewacht.«[195] Dabei geht Brecht den Weg der produktiven Aneignung ja sehr weit, wie die Begriffe seiner Anverwandlung Kafkas, die Handgriffe seiner einvernehmlichen Auswertung belegen. Er, mehr und mehr in Fragen des epischen Theaters und einer realistischen Schreibweise auf sozialistischer Grundlage verwickelt, zog aus dem Fremdwerden der Dinge bei Kafka seinen eigenen Gebrauchswert. Er sah darin Techniken der Verfremdung wirksam werden, eines Stilmittels, das, als seinem eigenen Wollen neu und doch verwandt, ihm Respekt abnötigte. Stimmt die Gleichung »Verfremdung (Kafka)«? Herr Keuner und Josef K.? Brecht war davon überzeugt, »in diesen Dokumenten der Ausweglosigkeit wertvolle hochentwickelte technische Elemente«[196] für seine eigene schriftstellerische Arbeit kennenlernen zu können. In diesem Sinne hat er ihn gar »als den einzig echten bolschewistischen Schriftsteller gelten lassen« wollen, wie Benjamin nachdenklich, aber sicher auch nicht ohne Kopfschütteln über diesen Seitenhieb aus der Realismus-Debatte der Zeit notiert.[197] Freilich muß die Absicht, über den Kopf des Autors hinweg Aufklärung über den Zustand der Gesellschaft in seinem Werk ausfindig zu machen, ihre Grenzen finden. Die gewünschte ›Klärung der Verhältnisse‹ im Werk, als Eigenschaft, Leistung des Werks, erkauft sich demjenigen, der sie dort (um fast jeden Preis) haben will, dadurch, daß er selbst dort klärend eingreift, bisweilen, ohne es zu merken: Indem er Zerstörung von falschen Gewißheiten, Auflösung von Ideologie sehen will, produziert er selbst eigene, neue. Und kommt damit zu festen Wegmarken des Denkens, die, mit falscher Ausschließlichkeit fordernd, ›Entscheidungen‹ verlangen. Die »Unentscheidbarkeit«, welchem der beiden literarischen Schriftsteller-Typen: dem Visionär, dem es nur ernst sei, oder dem Besonnenen, dem es nicht immer ganz ernst sei, Kafka zuzuordnen wäre – immer noch listig-dialektisch, wie Brecht sich in der zweiten Gruppe offensichtlich versteckt hält –, diese »Unentscheidbarkeit« ist dann eben – und hiermit setzt sich Brecht selbst den Schluß einer produktiven Gedankenbewegung – »das Anzeichen, daß Kafka [. . .] wie Kleist, wie Grabbe oder Büchner, ein Gescheiterter ist.«[198] Solange die

---

[195] Benjamin [1934–38/1966a], 120 (6. Juli 1934).
[196] Brecht [1967] VII, 361 (Notizen über realistische Schreibweise, 1940).
[197] Benjamin [1977b], 1204 (Tagebuch, 6. Juni 1931).
[198] Benjamin [1934–38/1966a], 119 (6. Juli 1934).

Anverwandlung so erfolgt, daß Brecht das Menschenbild Kafkas und seine Welterfahrung immanent weiterzudenken versucht, die ›fremde‹ Erfahrung von Diskontinuität in Raum und erstarrter Zeit als Abbild einer historisch bestimmten Erfahrung der Geschichte der menschlichen Gesellschaft begreift, bleibt die Aneignung produktiv, in Brechts Sinne: operationell, das heißt, sie verbleibt in Bewegung. Sollen aber Pessimismus und Passivität als Merkmale dieser Erfahrung kurzerhand umgedreht, umgewälzt werden, auf daß ein hoffnungsfroher Ausblick auf Möglichkeiten geschichtlichen Handelns sich eröffne oder bestehen bleibe, dann bedeutet diese Art der Weiterführung ein Abgehen, Wegführen, Entfernen, dann setzt sich schließlich doch bei Brecht die Neigung durch, im Sinne einer (kurz gefaßten) ›Gebrauchswert‹-Doktrin aus Kafka das Verwertbare herauszupräparieren und ihn selbst damit auf einen Zulieferer für sich selbst zu reduzieren: Alles komme darauf an, so Brechts Vorwurf gegenüber Benjamin ob des ›Dunkels‹, das dieser um die Figur Kafkas verbreite, alles komme darauf an, »Kafka zu lichten, das heißt, die praktikabeln Vorschläge zu formulieren, welche sich seinen Geschichten entnehmen ließen«,[199] Vorschläge zur Hebung der literarischen und gesellschaftlichen Antagonismen wohl. Damit aber gerät eine lebendige Auseinandersetzung an ihr Ende. »Kafka denkt. Brecht ist ein deutscher Metaphysiker des Fortschritts«, notiert sich ein anderer aufmerksamer Zeitgenosse.[200] Brecht selbst, als ob er dieses Urteil unfreiwillig bestätigen wolle, beschließt den Laotse-Dialog (in Benjamins Erinnerung) folgendermaßen: »Ich lehne ja Kafka ab. [. . .] Die Bilder sind ja gut. Der Rest ist aber Geheimniskrämerei. Der ist Unfug. Man muß ihn beiseite lassen.«[201] Faut-il brûler Kafka?[202]

Benjamin über Kafka: politisch-mystische Prophetie

Brecht hat Benjamin im Blick auf dessen Essay zum 10. Todestag Kafkas den »Vorwurf einer tagebuchartigen Schriftstellerei« gemacht; er, Benjamin, »nehme das Werk als etwas für sich Gewachsenes – den Mann auch – löse es aus allen Zusammenhängen – ja sogar aus dem mit dem Verfasser. Es sei eben immer wieder die Frage nach dem *Wesen*, auf die es bei mir herauskomme«, muß Benjamin sich sagen lassen.[203] Brecht weiter: »›Mit der Tiefe kommt man nicht vorwärts. Die Tiefe ist eine Dimension für sich, eben Tiefe – worin dann gar nichts zum Vorschein kommt.‹ Benjamin hat diese

---

[199] Ebd., 123 (31. August 1934).
[200] W. Kraft [1938], 1.
[201] Benjamin [1934–38/1966a], 122 (5. August 1934).
[202] So der Titel einer Diskussionsfolge in der Pariser Zeitschrift »Action« im Sommer 1946, siehe Fauchery [1946].
[203] Benjamin [1934–38/1966a], 121 (5. August 1934).

260

Gefahr, »die falsche Tiefe des unkritischen Kommentars« nennt er sie in einem Brief an Werner Kraft,[204] selbst gesehen; daß die Darstellungsweise vorschnell »mystisch, fast esoterisch«[205] werde, liegt in seinen eigenen Augen daran, daß es ihm nur unzureichend gelungen sei, »den geschichtlichen Knotenpunkt« des Werks zu bestimmen, von dem aus erst eine ›mystische Auslegung‹ möglich sei.[206] Oder, im Bilde: Beide Enden des Bogens, den ›politischen‹ und den ›mystischen‹, in gleichem Zug zu halten beim Spannen – etwa: den »Prozeß« zu begreifen als einen »Zwitter aus Satire und Mystik«[207] –, das erst mache es möglich, daß der Pfeil abschnellt.[208] Diese Spannung zwischen Wirklichkeitsbezug und mystischer Erfahrbarkeit, zwischen satirischen und phantastischen Zügen, Aufklärung und Mythos im Werk Kafkas ist Ursache für viele Anstrengungen, in Bildern etwas für die Anschauung des Begriffs zu erreichen: »Kafkas Aufzeichnungen stehen zur geschichtlichen Erfahrung wie die nichtteuklidische Geometrie zur empirischen«, versucht es Benjamin einmal,[209] während Adorno ihm gar folgende eigene, angestrengt-bemühte Konstruktion, die er selbst auf 1925 zurückdatiert, anzudienen beabsichtigt: Kafkas Werk sei »eine Photographie des irdischen Lebens aus der Perspektive des erlösten, von dem nichts darauf vorkommt als ein Zipfel des schwarzen Tuches, während die grauenvoll verschobene Optik des Bildes keine andere ist als die der schräg gestellten Kamera selber [. . .].«[210] In diesem Konflikt von politischem und mystischem, aufklärerischem und mythosgebundenem, marxistischem und theologischem Zugriff befindet sich Benjamin. So spricht er dem Werk Kafkas, wohl gewiß auch unter dem Einfluß Brechts, zwar eine unfreiwillig vorhersehende und -sagende Qualität zu: »Kafkas Werk ist ein prophetisches. Die überaus präzisen Seltsamkeiten, von denen das Leben, mit dem es zu tun hat, so voll ist, sind für den Leser nur als kleine Zeichen, Anzeichen und Symptome von Verschiebungen zu verstehen, die der Dichter in allen Ver-

---

[204] Benjamin [1966b] II, 629 (an W. Kraft, 12. November 1934).
[205] W. Kraft an Benjamin, 16. September 1934, zitiert nach Benjamin [1977b], 1167.
[206] Benjamin [1966b] II, 629 (an W. Kraft, 12. November 1934).
[207] Benjamin [1977b], 1258.
[208] Benjamin [1966b] II, 623f. (an Scholem, 17. Oktober 1934).
[209] Benjamin [1977b], 1247.
[210] Adorno an Benjamin, 17. Dezember 1934, zitiert nach Benjamin [1977b], 1174. – Reduziert man dieses ›Bild‹ auf seinen Inhalt, sein fotografisch-technisches Substrat, die Plattenkamera auf dem Stativ, und das schwarze Tuch, das benötigt wird, um die Mattscheibe während der Scharfeinstellung des Bildes vor unerwünschtem Lichteinfall zu schützen, so wird man bald auf das Outrierte, Übertrieben-Angestrengte, gewaltsam auf den Effekt des noch Unerhörten Gerichtete dieser Staffage aufmerksam; so viel von ›Verwandlungen‹ steckt in diesem Bild, daß es falsch zu werden droht (der Zipfel des Tuches vor dem Objektiv!) und damit leer.

hältnissen sich anbahnen fühlt, ohne den neuen Ordnungen sich selber einfügen zu können. So bleibt ihm nichts als mit einem Staunen, in das sich
freilich panisches Entsetzen mischt, auf die fast unverständlichen Entstellungen des Daseins zu antworten, die das Heraufkommen dieser Gesetze
verraten.«[211] Doch seine Fassung der Prophetie – und darin liegt das Erbteil
der Verbindung von gesellschaftlicher mit auf subtile Weise religiös inspirierter Sicht – betont das Retrospektive, »die theologische Kategorie des
Wartens«, die aus dem »Prozeß«-Roman etwa zu konstruieren sei,[212] bindet
unter den Aspekten von Schuld, Strafe und Gnade die Zukunft an die
Vergangenheit. Benjamin sieht in Kafkas Werk die Vergangenheit ›messia-
nisch‹ reaktualisiert für eine Gegenwart, die nur in Resonanz auf Zurück-
liegendes ein eigenes Gesicht, einen eigenen Ton erlangt. »Kafka nimmt die
gesamte Menschheit in eine rückwärtige Stellung. [. . .] Der Prophet sieht
die Zukunft unter dem Aspekt der Strafe. Das Kommende ist ihm nicht als
Wirkung einer jüngst vergangenen Ursache sondern als Strafe einer, unter
Umständen längstvergangnen, Schuld zugeordnet.«[213] Die Entzifferung des
Lebens, der Gegenwart, als ein Lesen rückwärts, die Verwandlung des Daseins in Schrift sind somit Motive, die vielleicht Kafkas literarisches Verfahren, gewiß jedoch Benjamins Blick darauf charakterisieren. Wohl wendet
auch er sich gegen die Ausschließlichkeit einer religiös-zionistischen Deutung etwa Gershom Scholems (»das theologische Geheimnis der vollkom-
menen Prosa«), die das ›Gesetz‹ mit der ›Lehre‹, das eine Problem des Werks
als die »Möglichkeit des Gottesurteils« identifiziert,[214] indem er zu Recht
der Festlegung auf einen zentralen Erklärungsbegriff aus dem Weg geht,
dem Drängen der Interpreten auf das ›Gesetz‹ bei Kafka sich verweigert,
»von dem« ja »nie etwas verlautbart« und das er »für den toten Punkt seines
Werks, für die Schublade des Geheimniskrämers« hält.[215] Doch sein von
ihm gewählter Angang, »eine Interpretation, die von den Bildern ausgeht«
und sie, die Bilder, als Schlüsselbegriffe der Interpretation zu ›Konfigura-
tionen‹ verbunden sieht, veräußerlicht damit doch nur Inbegriffe seines eigenen Schreibens (Leben als Erinnerung, Weg, Rennbahn, Studium, Lesen
der Schrift, Erlösung), das auf vergleichbare Weise aus der Verbindung
verstreuter Motive erwächst. Die Annäherung an den Gegenstand wird zur
Zusammenschau mit dem Ich, die Interpretation des Fremden zur Projektion, das heißt: Verbildlichung des Eigenen; seine Essays zu Kafka sind der
»*Versuch einer Selbstdeutung durch Interpretation* eines nur scheinbar Fremden.«[216] Nicht allein Brechts Handgriffe einer Einvernahme also, hier sind

---

[211] Benjamin [1931/1977a], 678.

[212] Benjamin [1977b], 1191.

[213] Ebd., 1192.

[214] Scholem an Benjamin, 1. August 1931, zitiert nach Benjamin [1977b], 1156.

[215] Benjamin [1977b], 1245.

[216] Mayer [1979], 586.

es Benjamins Bilder einer Anverwandlung, die dem Werk, je näher sie ihm rücken, umso bedrohlicher werden und bedenklicher nahekommen.

Versetzte Widerspiegelung: der ›vorausschauende‹ Spiegel

Die (übermäßige) Präsenz der Figuren aus Kindheit und Jugend im ›kleinen Ruinenbewohner‹ belegt, wie das ›prophetische‹ Schreiben, das einen anderen Zustand imaginiert, die eigene Situation als in und außer der Zeit zugleich charakterisiert, in einem Status, in dem die Zeitstufen von Zukunft und Vergangenheit sich einander annähern und in der Verflechtung der eigenen Biographie Erinnerung zurück und Ausblick nach vorn in eins zusammenfallen; im Tagebuch heißt es schon früh:

> Was die Zukunft an Umfang voraus hat, ersetzt die Vergangenheit an Gewicht und an ihrem Ende sind ja die beiden nicht mehr zu unterscheiden früheste Jugend wird später hell wie die Zukunft ist und das Ende der Zukunft ist mit allen unsern Seufzern eigentlich schon erfahren und Vergangenheit. (118f.)

Auch die Literatur, als Kunst, ist mit der gleichen Doppelgesichtigkeit versehen: Gegenwart als der Moment, in dem sich die Erfahrung des Vergangenen und des Zukünftigen überschneidet. Gustav Janouch berichtet, er habe, nach einem Besuch der ersten Ausstellung kubistischer Kunst in Prag, im Gespräch mit Kafka Picasso als einen »mutwillige[n] Deformator« bezeichnen wollen, Kafka aber sei dem folgendermaßen entgegengetreten: »Das glaube ich nicht. Er notiert bloß die Verunstaltungen, die noch nicht in unser Bewußtsein eingedrungen sind. Kunst ist ein Spiegel, der ›vorausgeht‹ wie eine Uhr – manchmal.« (J 88) Die Kunst als eine vorwärtsweisende, ›vorausschauende‹ Spiegelung – vieles in Kafkas Werk kann da in einem unmittelbaren Verstande Anknüpfungspunkt werden, von der Zeit des Dritten Reiches, in der die Frage nach dem ›Gesetz‹ in Kafkas Romanen und Erzählungen von einem jüdischen politischen Emigranten ungeahnt aktuell hatte aufgefaßt werden können – »wüsste man, was das Gesetz verbietet [. . .]. (Es sei denn, es wäre ein Gebot wie das Hitlers den Juden gegenüber [. . .])«[217] – bis zu den Strafkolonien unserer Tage. Im Osten, angesichts der Notwendigkeit einer Neubestimmung revolutionärer Bewegung im Aufbruch gegen die verkrusteten Partei- und Staatsapparate, erschien »Das Schloß« etwa, wie bereits erwähnt, unversehens als ein Roman über das »Problem des Revolutionärs«.[218] Im Westen, der veränderten Lektüre unter

---

[217] E. Weiss [1937], 324.
[218] Goldstücker [1966], 43; im Bezug auf den »Heizer« ist er der Ansicht, »daß wir in der Literatur vor dem ersten Weltkrieg schwerlich ein Werk eines nichtproletarischen Autors finden dürften, das mit so tiefer Parteinahme die Gerechtigkeit der proletarischen Sache verkündet, das aufrichtiger von dem Wunsche getragen ist, daß die Arbeiterschaft kämpferischer, konsequenter ihre Rechte verteidigen möge« (40).

den Bedingungen der spätkapitalistischen Industriegesellschaft, der Erfahrung der Notwendigkeit einer Legitimation von Widerstand gegen die strukturelle Gewalt des Staates, kann eine Erzählung wie »Der Schlag ans Hoftor« auf einmal »als Inanspruchnahme des Demonstrationsrechts« verstanden werden, als eine Form des Aufbegehrens, welche die ›staatsterroristische‹ »Sympathisantenhetze« und »Klassenjustiz« als Reaktionsweisen des herrschenden ›Systems‹ offenbare.[219] Vor allem die Schwierigkeiten, welche die Länder des ›real existierenden Sozialismus‹ mit Kafkas Texten gehabt haben und der Anerkennung der in ihnen verborgen gehaltenen Aktualität, sprechen für die hellseherischen Qualitäten eines Werks, das mit der Zeit »der *historischen Wirklichkeit* ähnlich wurde«,[220] für die Fähigkeiten des vorausschauenden Spiegels, aus dem Abbild der eigenen Zeit die Kraft zu hellseherischer Kritik zukünftiger Erscheinungsformen wenn nicht des ›totalitären Staates‹, so doch totalitärer Strukturen zu finden, indem er die Gefahr einer total apparatisierten Welt, der das Ich uneingeschränkt ausgeliefert ist, eines gänzlichen Verlustes des Eigenen an die mörderische Herrschaft anonymer Institutionen ins Bild bannt. Die Abbildekraft solch umlenkender Perspektive, die Aktualität Kafkas als eines zu »ungeheuerlichsten Prophetien«[221] fähigen Schriftstellers ist eindrucksvoll deutlich geworden in der Rolle, die sein Werk und die Erfahrungen mit ihm bei der Diskussion um den ›Reformkommunismus‹ spielten, »der sich in den sechziger Jahren tatsächlich an der Diskussion über Kafka entzündete und der mitverantwortlich war für die Entstehung des legendären ›Prager Frühlings‹.«[222] Jean-Paul Sartre hatte auf einem internationalen Friedenskongreß in Moskau 1962 eine »Abrüstung der Kultur« verlangt und im Zusammenhang damit die Möglichkeit der Lektüre Kafkas in der Sowjetunion. Ernst Fischer forderte im Mai 1963 auf der Prager Kafka-Konferenz anläßlich des 80. Geburtstags des Dichters ein »Dauervisum« für Kafka in der CSSR; mit dem Ende des ›Prager Frühlings‹ wurden die vielfältig sich regenden Bemühungen um den vormaligen ›Vertreter der europäischen Dekadenz‹ und sein Werk mit zum Teil drastischen Worten zurückbeordert. Und zumindest in die DDR, wo mit Hermsdorfs Arbeit über Kafkas »Weltbild und Roman« 1961 eine erste größere Würdigung hatte veröffentlicht werden können[223] nachdem Johannes R. Becher 1951 sein Werk für »von unserer gesellschaftlichen Entwicklung bereits überholt« erklärt hatte −,[224] hat er nicht zur

---

[219] Beicken [1985], 196–198.
[220] Aragon [1963/1981], 14.
[221] Emrich [1985], 13.
[222] Wiegand [292].
[223] Hermsdorf [1961/1963/1978]; Richter [1962].
[224] Becher [1952], 427 (»XI. Unser Kulturaufstieg«). Aus eben dieser Gesellschaft wird freilich berichtet, »auf einer Universitätstoilette sei jemand dabei erwischt worden, wie er einen Band Kafka weiterreichte, und deshalb sofort exmatrikuliert

Gänze, als Tagebuch-Autor etwa, einreisen können.[225] Zu lange wohl haben die Probleme im Umgang mit der ›Moderne‹, hat Lukács falsche Alternative zwischen Beschreiben und Erzählen, Montage und Gestaltung, zwischen Franz Kafka und Thomas Mann weitergewirkt, zwei Autoren, die er noch 1958 in einer Klarstellung (»Wider den mißverstandenen Realismus«) mit folgenden Worten – in dieser Reihenfolge – einander hat gegenüberstellen wollen: »artistisch interessante Dekadenz oder lebenswahrer kritischer Realismus?«[226] Zu weit reichte die verpflichtende Macht orthodox-marxistischer Literaturausdeutung, daß selbst die ›Reformkommunisten‹ in ihren Absetzbemühungen, sich der Grenzen des erlaubt Revolutionären zu vergewissern, die Grenzen auch des Realismus bei Kafka zu betonen nicht müde wurden (so Garaudy in seinem Buch »D'un Réalisme sans rivages«, reißerisch übersetzt in: »Für einen Realismus ohne Scheuklappen«): »Dieser Zeitgenosse der Oktoberrevolution und der großen Arbeiterbewegungen [i. e. Kafka] bleibt der Gefangene der Entfremdung, die er beschreibt. Er zieht keine revolutionären Konsequenzen aus dem Bewußtsein dieser Entfremdung, obwohl er ihr einen erschütternden künstlerischen Ausdruck verleiht.«[227] »Kafka ist kein Revolutionär. Er weckt in den Menschen das Bewußtsein ihrer Entfremdung, [. . .] doch er ruft nicht zum Kampf auf und zeigt keine Perspektive.«[228]

Dabei ließe sich an ihm, als einem »Realisten der entmenschten Welt«, von einem gewissermaßen ›parteilichen‹ Standpunkt aus sehr wohl Kritik üben: »in der erbarmungslosen Größe und Undurchschaubarkeit der Macht das Zeugnis des *Sinns* anzuerkennen«, sei apologetisch, findet – auch hier gegen alle Striche denkend – Günther Anders und bemängelt: »Macht ist ihm [Kafka] Recht. Und der Entrechtete schuldig.«[229] Er bewertet damit dasjenige konkret, was die vielen anderen Interpreten als Diagnose nur festhalten, als die Erfahrung der Dissoziation des Ich, der Krise seiner Identität, wenn sie Kafka als den ›Dichter des Labyrinths‹, den Vorahner einer chaotischen Welt meinungslos beschwören. Man kann diesem Vorwurf, der einer Verurteilung gleichkommt – der Autor habe unweigerlich, qua Abbildung, in das von ihm Abgebildete eingewilligt –, als eine andere

---

worden.« (Knobloch [1982], 73) – Noch 1963, in Entgegnung auf die Prager Kafka-Konferenz, glaubt Alfred Kurella, Kafka in polemischer Meinung als düstere ›Fledermaus‹ gegenüber gesund-heiter-optimistischen Schwalben abqualifizieren und aussondern zu sollen (Kurella [1963/1978], 388, 392).
[225] Kafka [1957], [1965], [1967], [1978], [1979/1980], [1984]. Vgl. hierzu auch Langenbruch [1978].
[226] Lukács [1958], 96; in seiner Nachfolge etwa Hermsdorf [1961/1963/1978], 102–104.
[227] Garaudy [1964/1969], 212f.
[228] Garaudy [1966], 205.
[229] Anders [1951], 50, 100.

Überzeugung ähnlich bekenntnishaft entgegenstellen, in solcher Darstellung des Negativen sei der Antrieb zur ›Gegendarstellung‹ bereits enthalten, die Provokation zu einer Gegenbewegung, zur Korrektur untrennbar beigegeben: »Er [Kafka] braucht keinen Dolmetscher: indem Kafka die Wirklichkeit beschreibt, so wie sie ist, [. . .] allein durch diese Beschreibung suggeriert Kafka die Forderung nach einer anderen Welt und deren Notwendigkeit, selbst wenn er die immanente Bewegung nicht sehen kann, durch die der Übergang von einer Welt in die andere stattfindet.«[230] Doch – und das macht auch das kryptisch Erleuchtete solcher Überzeugungen deutlich, die als Hoffnung ohne säkularisierte Heilsgewißheit kaum auskommen können (»Er hat uns durch die Kreise der Hölle geführt, hat uns, gleichsam am fernen Ausgang eines endlos langen Tunnels, das Licht ahnen lassen«[231] – die Frage nach dem Apologetentum desjenigen, der, beschreibend, als ›vorausschauender‹ Spiegel über seine Zeit hinweg in die Zukunft schauen läßt, wird sich nur beantworten lassen im Rückgang auf die Art und Weise, in der das versetzte Spiegelbild entsteht, auf die transformierende Kraft der Wahrnehmung jener »Mikroskopaugen«,[232] mit denen er »das Negative [s]einer Zeit [. . .] kräftig aufgenommen« hat (H 121), auf die Blicke jenes Betrachters, der durch genaues Hinsehen aus der Fremdheit und Unsicherheit der Beziehungen des Ich die Ungewißheiten und Gefährdungen in den Beziehungen aller, die Schrecken eines ganzen – unseres – Jahrhunderts erblickt.

ac) Wahrnehmung als Kritik: das Fremdwerden der Dinge, als Aufklärung

Angst und Staunen: die gesteigerte Wahrnehmung

Der Beobachter Kafka ist, seinen Versuchen zu Selbstschutz in der Halbdistanz zum Trotz, in seinen Blicken, die alles Negative auffangen, in besonderem Maße exponiert, er ist »allem ausgesetzt, wovor wir geschützt sind«, wie Milena an Brod schreibt (MM 366). »Angst und Beziehungslosigkeit, Selbstentfremdung und Not, die Anonymität des einzelnen und seine Selbstzerstörung, die Anonymität der Institutionen und ihre alles zermalmende Seelenlosigkeit, Wahrheitssuche und Selbstaufgabe, Selbstbestätigung und Lüge, Flucht, ein Treten auf der Stelle, Ankunft, ohne je angekommen zu sein, und Hoffnungslosigkeit als Beginn von Hoffnung«[233] –

---

[230] Garaudy [1963/1981], 173f.
[231] Ebd., 175.
[232] Kranefuss [1983].
[233] Walberg [1983].

der Erfahrung all dessen erscheint er in besonderem Maße ausgeliefert. Die Steigerung des Eindrucks, die gesteigerte Wahrnehmung von Dingen und Menschen verändert sie in dem Bild, das von ihnen entworfen wird, und läßt mit ihrer Fremdheit auch ihre Fragwürdigkeit sich offenbaren. In der Art seiner Wahrnehmung ist bereits – und auch nirgendwo sonst mehr – die Kritik des Wahrgenommenen mit einbeschlossen. Indem die Gegenstände fremd werden, stellen sie sich bloß. Beunruhigung ist nicht allein das Movens der literarischen Bewegung, der Beweggrund der Abfolge der Skizzen vom ›kleinen Ruinenbewohner‹ ebenso wie der Kapitel des »Prozeß«-Romans oder der Eintragungen ins Tagebuch unter dem je neuen Datum; sie ist auch Erkenntnisgrund. Die Angst, mit der das Fremdgewordene, Veränderte wahrgenommen wird, »ist nicht – wie die Furcht – eine Reaktion, sondern ein Organ«,[234] dem umso mehr zugänglich ist, als es, wohin auch immer es sich wahrnehmend richtet, überall Gleiches, das heißt, mit sich selbst Vergleichbares gewahr wird; »es herrscht eine heimliche Solidarität der Angst [...] zwischen den Wesen aller Stufenordnungen der Kafkaschen Hierarchie«.[235] Konturen für dasjenige, vor dem man sich ängstigt, gewinnt die Angst im Staunen, der »das Ungeheure als Gewährleistung des Alltäglichen«[236] verfügbar wird und das damit eben die Grenzen der Erkenntnis des Alltäglichen erweitert, das Gewöhnliche, als Fremdes, fraglich erscheinen läßt und damit aufklären hilft. In dem »Staunen von einem Menschen, der ungeheure Verschiebungen in allen Verhältnissen sich anbahnen fühlt«, liegt Aufklärung, in der gesteigerten Wahrnehmung der »fast unverständlichen Entstellungen des Daseins« vollzieht sich deren Kritik; Brecht hat Recht, wenn er Kafka – oder die Figur des K. – dem Schweyk zur Seite stellt: »der, welchen alles und der, den nichts wundert.«[237]

Darstellung durch Entstellung: Verfremdung

Die Reihe der Erzählanläufe zum ›kleinen Ruinenbewohner‹ läßt anschaulich mitverfolgen, wie sich die Wirkungs-»Reihe« (I 6) der vergangenen Erzieher im Verlaufe der Bemühungen, jeden einzelnen von ihnen in der Erinnerung wieder gegenwärtig zu machen, entstellt; die ›Reihe‹ wird zur »Menge« (II 3), zum »Haufen« (II 6, IV 11), zusammengeballt aus Figuren, die jegliche persönlichen Züge, die sie einzeln identifizieren ließen, immer weiter verlieren. Und doch hat dieser Verlust an Merkmalen sein Recht, seine Erkenntnisfunktion, als Darstellung durch Entstellung sozusagen,

---

[234] Benjamin [1977b], 1196.
[235] Ebd., 1197.
[236] Ebd., 1217.
[237] Ebd., 1203f. (Tagebuch, 6. Juni 1931).

artikuliert sich doch darin das Ununterscheidbare im Schlechten, das im negativen Sinne Beliebige und Austauschbare der vielen verschiedenen Personen, die gegenüber dem Ich und seiner Rechenschaft fordernden Erinnerung in der einen Schuld zusammenfallen. In verfremdeter Gestalt (»wie auf alten Gruppenbildern«, III 4; »Wie müde Hunde«, IV 24f.) geben sie preis, was in der Vergangenheit, in ihrem Anspruch, das Ich fördern zu wollen, – autoritär vorgetragen – verborgen blieb: ihre Mangelhaftigkeit.

Es ist nicht das geringste Verdienst der Gespräche zwischen Benjamin und Brecht für das Verständnis Kafkas,[238] »den Begriff der Entstellung in der Darstellung Kafkas«[239] nachgedacht zu haben: Entstellung verstanden als eine wenn nicht inszenierte, so doch jedenfalls bejahte Bewegung des Fremdwerdens der beschriebenen Dinge, die erkenntnisbefördernde Funktion besitzt, weil sie, auf einsichtige und Einsehen vermittelnde Weise aus dem Bereich des Vertrauten herausführend, über das Gebiet, das sie verläßt, Aufschluß gibt. Es geht Kafka darum, »durch überaus minuziöse Verfolgung konventioneller Denkabläufe an jenen Punkt zu gelangen, wo sie versagen.«[240] Im Aufweisen des verstörenden Endes einer in sich geläufigen Bewegung liegt die Kritik des Zurückliegenden, Entlarvung der Sicherheit des Gewohnten, Zerstörung des falschen Bewußtseins, mit dem der Schein für das Wesen angesehen wurde. Darstellung erfolgt durch Entstellung, Transformation, durch Einwilligung in die und Beförderung der Erfahrung des Fremdwerdens der betrachteten Dinge. »Ebenso wie – zur gleichen Zeit – die kubistischen Maler mittels einer bewußten Transposition die immanente Poesie der allergewöhnlichsten Dinge entdeckten, schuf Kafka eine phantastische Welt aus dem Baumaterial dieser Welt, das er nur nach anderen Gesetzen zusammensetzte.«[241] Nur freilich beruht sein Werk auf einer Bewegung, die, in welcher Hinsicht auch betrachtet – ob poetologisch, auf das Schreiben bezogen, die Art der Hervorbringung, oder weltanschaulich, auf das im Schreiben zur Anschauung Gebrachte, die Beschaffenheit der in ihm gestalteten Erfahrung –, mit allen Attributen des Negativen beschrieben sein will, einer Aufklärung als Enthüllung sozusagen, einer negativen Verwandlung: »Kafka ist ein umgekehrter Zauberer: er verwandelt nicht eine elende Hütte in einen Palast und nicht Lumpen in die Kleider der Prinzessin; er führt die Verwandlung in entgegengesetzter Richtung durch. Und sobald die schillernden Illusionen aufgefordert werden, ihr Dasein im

---

[238] Hans Mayer [1979] erblickt in der Diskussion über Kafka zwischen Brecht und Benjamin, Adorno, Kraft und Scholem den »zweiten Höhepunkt« der literaturtheoretischen Debatten der dreißiger Jahre neben dem Expressionismusstreit (580).

[239] Benjamin [1977b], 1200.

[240] Neumann [1968], 722.

[241] Garaudy [1966], 207.

Hinblick auf die letzten Ziele zu rechtfertigen, zerfallen sie und stürzen zusammen, und es bleibt die elende und beunruhigende Wirklichkeit in ihrer ganzen Nacktheit.«[242]

Für Kafkas Verfahren, seine »Methode der Entstellung«[243] hier das Wort ›Verfremdung‹ zu gebrauchen,[244] ist nur möglich in einem von Brechts – wie gesehen – sehr konkreten Verwendungs- und Meinungszusammenhang befreiten, erweiterten Sinne. Das Fremdwerden der Dinge als inszenierte Bewegung ihrer Aufklärung – so ähnlich müßte Kafkas Art von Verfremdung aufgefaßt werden, als Erkenntnisleistung der poetischen Form: eine entfremdete Welt in ihrer Entfremdung literarisch darzustellen, ohne daß das Abbild in der Entfremdung selbst unterginge. Das fremdgewordene Abbild als versetzte Widerspiegelung des Eigenen zu fassen, so wie es Herbert Kraft mit dem Titel seiner Untersuchung »Mondheimat«, dem Zitat Kafkas aus einem Brief an Brod (Br 241), als seine Absicht signalisiert,[245] hieße aber, die poetische Erfahrung des Fremdwerdens der Dinge als gesellschaftliche zu begreifen mit ihren Resultaten für das Ich, wie sie Adorno in seinen »Aufzeichnungen zu Kafka« bestimmt:[246] Subjektivität verkehrt sich durch den Zwang der sich selbst totalisierenden Gesellschaft in ihre entfremdete Form. Indem sie sich selbst allein setzt, gleicht sie sich der (auf Halbdistanz!) ausgeschlossenen Dingwelt, die dem gewaltsamen Prozeß der Totalisierung ›objektiv‹ unterliegt, unfreiwillig immer mehr an – umfassender Subjektivismus droht, das Subjekt und die Grundlagen für seine Erkenntnismöglichkeiten zu zerstören, und ist in der eigenen übermäßigen Entfaltung Symptom und Diagnose zugleich. – Oder aber, eine Stufe niedriger in der Reflexion, das Fremdwerden müßte als Erfahrung mit gesellschaftlichem Verweischarakter nachvollzogen werden: Mit der Unfähigkeit, die Dinge, deren man in dem Bemühen um unendlich genaue Beschreibung habhaft werden will, wirklich in Besitz zu nehmen, wäre das gesellschaftliche Prinzip ›Besitzverhältnisse‹, auf dem das System des ›Kapitalismus‹ beruht, kritisch anklagend frei- und bloßgestellt,[247] und zwar in dem Punkt seiner größten Paradoxie: »die Unverfügbarkeit als Kriterium des Besitzes«[248] würde deutlich. Vielleicht ist tatsächlich ›Entfremdung‹ das umfassendste Wort für das, was als die Erfahrung des Kafkaschen Werks in ihm zu identifizieren ist: Entfremdung, hervorgerufen durch verdinglichte Zustände, »eine erstickende Welt«, das »Getriebe eines Systems, in dem alles

---

[242] Garaudy [1963/1981], 142.
[243] H. Kraft [1976].
[244] Nagel [1974].
[245] H. Kraft [1981].
[246] Adorno [1953], 343f.
[247] Kobs [1970], 502, 514.
[248] Ebd., 502.

rationalisiert und kalkulierbar ist«,[249] durch Zustände, die einer Verdinglichung des Menschen entsprechen, der in dieser funktionalisierten Welt
»seine Eigenart« verliert und »zum Ding« wird, »zum armseligen, un-
persönlichen und phantastischen Ding«.[250] Damit ist impliziert, daß Kafkas
(allzu) oft betonte Sprachskepsis, seine Vorbehalte gegenüber der Möglichkeit von Darstellung und Mitteilung überhaupt nicht absolut gewesen sind,
sondern daß der Autor von der Erkenntnisleistung der Sprache in seinen
Texten angezogen und mitbewegt worden ist in der Absicht, »der Klarheit
Raum zu [. . .] geben gegen die Verwirrung«.[251] In einem Brief an Felice
schreibt er, und das ist gewiß kaum als bloß taktischer Optimismus eines
Zuredens an die zukünftige Braut mißzuverstehen: »Ich bin nicht der Meinung, daß einem jemals die Kraft fehlen kann, das, was man sagen oder
schreiben will, auch vollkommen auszudrücken. Hinweise auf die Schwäche
der Sprache und Vergleiche zwischen der Begrenztheit der Worte und der
Unendlichkeit des Gefühls sind ganz verfehlt. [. . .] Das was im Innern klar
ist, wird es auch unweigerlich in Worten. Deshalb muß man niemals um die
Sprache Sorge haben, aber im Anblick der Worte oft Sorge um sich selbst«
(F 305f.). Die Sprache als Prüfstein für das eigene Leben – am Ende der
Transformation, die in der Erfahrung des Fremdwerdens der Dinge, beim
Schreiben, sich vollzieht, bleibt die Möglichkeit des Wiedererkennens, in
verwandelter Gestalt, bewahrt; »Kafkas Welt ist entstellt, aber in dieser
Entstelltheit wieder sonderbar vertraut. Wie Adorno sagte: Man erinnert
sich, aber man weiß nicht woran.«[252] Ein Beispiel dafür, sie seien nochmals
erwähnt, bilden die Tierfiguren Kafkas, die genau diesem Prinzip der Darstellung durch Entstellung ihr Funktionieren verdanken, sind sie doch »in
den meisten Fällen nur ein technisches Mittel, das Unübersehbare der em-
pirisch-metaphysischen Verhältnisse darzustellen, z. B. in ›Josefine‹ oder in
den Aufzeichnungen des Hundes. In beiden Fällen wird ›Volk‹ dargestellt.«[253] Die ganzen politischen Einschlüsse von Kafkas Werk, die Erfahrung des Selbstverlustes des Menschen an das gesellschaftliche Prinzip der
Vergesellschaftung, sie sind in den Tiergeschichten und ihren Figuren aufbewahrt mitsamt der aufklärenden, falsche Ideologie zerstörenden, kritischen Potenz, die in solcher Grenzüberschreitung zwischen Mensch und
Tier liegt – Verwandlung als Aufklärung. »Bericht an eine Akademie: hier

---

[249] Garaudy [1963/1981], 117, 119.
[250] Ebd., 119.
[251] E. Weiss [1937], 325.
[252] Stach [1984], 228; er bezieht sich hier wohl auf Adorno [1953], 326: »Jeder [Satz]
erzwingt mit der Reaktion ›So ist es‹ die Frage: woher kenne ich das; das déjà vu
wird in Permanenz erklärt.«
[253] W. Kraft an Benjamin, 16. September 1934, zitiert nach Benjamin [1977b], 1169.

erscheint Menschsein als Ausweg. Gründlicher kann es wohl nicht in Frage gestellt werden.«[254]

b) Verrätselung

Fragliches wird rätselhaft. In dem Fraglich-, Fremdwerden der Dinge, das sich in Kafkas Texten vollzieht, indem die Einheit des Redestroms brüchig wird, immer mehr Absätze und Zäsuren immer kleinere Eintragungseinheiten voneinander trennen und die sich verselbständigenden Teile immer unüberschaubarer werden – bis zu welchem Grade kann sich darin Aufklärung wirklich vollziehen? Ist nicht vielmehr das, was sich dem Zugriff der Darstellung entzogen hat, damit auch der Erkenntnis, dem Erkanntwerden unzugänglich geworden? Und einzig dies dann die Erkenntnis, die möglich und übrig bliebe?

ba) Das Ich als Opfer von Entfremdung

Schlechte Vorzeichen

Das Aufbegehren gegen die vergangenen Erzieher in den Erzählversuchen zum ›kleinen Ruinenbewohner‹ ist durchsetzt von einzelnen Wörtern, welche die Haltbarkeit der Widerrede von vornherein fraglich erscheinen lassen. »Auf die Gefahr hin, daß die ganze Reihe meiner vergangenen Lehrer dies nicht begreifen kann« (I 5f.), erhebt er seine Vorwürfe gegen sie. Der umfassende Anspruch, zu dem sich das Schreiben beim Start aufschwingt, vermag kaum einen Moment lang sich zu behaupten, bevor er eilends und unmerklich eingeschränkt wird und zusammenschrumpft; man betrachte nur noch einmal die adverbialen und präpositionalen Umstandsbestimmungen zu Beginn der dritten Fassung:

Oft überlege ich es und *immer* muß ich dann sagen, daß mir meine Erziehung in *manchem sehr* geschadet hat. (III 2f., Hervorhebungen vom Verf., GG)

Einmal darauf aufmerksam geworden, bemerkt man frühzeitig, wie häufig im Tagebuch solche Distanzierungssignale bereits den Beginn einer Mitteilung durchkreuzen:

Es wird berichtet und wir sind aufgelegt es zu glauben daß Männer in Gefahr selbst schöne fremde Frauen für nichts achten [. . .] (28).

---

[254] Benjamin [1977b], 1194.

Wie oft ein buchstäblich schlechtes Vorzeichen die Gültigkeit des eben begonnenen literarischen Erzählversuchs, der immer auch einer ist der (hier:
in Dialogform realisierten) Selbstfindung, relativiert:

> Du sagte ich und gab ihm einen kleinen Stoß mit dem Knie (bei dem plötzlichen
> Reden flog mir etwas Speichel als schlechtes Vorzeichen aus dem Mund) schlaf
> nicht ein (112).

Schreiben im Tagebuch als Versuch literarischer Selbstherstellung, ein Experiment in »identifikatorischer Rede«,[255] der mit ihm unternommene »Weg
des einzelnen zur Artikulation seiner Eigentümlichkeit und der Durchset-
zung des Rechts auf diese« führt »über die Sprache der ›Anderen‹ und die in
dieser niedergelegten ›Urteile‹«.[256] Kein Angang des Schreibens kann verleugnen, daß er bereits von fremder ›Widerrede‹ gezeichnet ist, und in dem
Maße, in dem dies dem Urheber bewußt wird, richtet sich das Geschriebene
gegen ihn; die letzte erhaltene Tagebucheintragung setzt so ein:

> 12 VI 23 [. . .]
> Immer ängstlicher im Niederschreiben. Es ist begreiflich. Jedes Wort, gewendet in
> der Hand der Geister – dieser Schwung der Hand ist ihre charakteristische Bewe-
> gung – wird zum Spieß, gekehrt gegen den Sprecher. Eine Bemerkung wie diese
> ganz besonders. Und so ins Unendliche. (925f.)

Die dunklen Mächte (Schreiben als ›Lohn für Teufelsdienst‹)

Die drohende Entfremdung des Geschriebenen vom Schreiber findet Gestalt in einer Schreibweise des Bejahens allein in Formen der Verneinung;
»Bestandsaufnahme und Beschreibung einer Situation« erfolgen kennzeichnend häufig »in lauter negierten Sätzen«,[257] wie im vierten Versuch zum
›kleinen Ruinenbewohner‹, bei der Errichtung und Absicherung der Vorwürfe gegen die falschen Erzieher: in Sätzen mit Wörtern wie »nicht«
(IV 14, 38) und »nichts« (22), »nicht einmal« (21) und »vielleicht nicht« (30),
»auch [. . .] nicht« (33) und »gar nicht« (8, 24) und »niemals« (34) und »kein«
(13, 23) und »kaum« (17), mit der Vorsilbe »un-« (»unbegreiflich«, 20; »unbeweisbar«, 35, 36) und mit der Präposition bezw. Konjunktion »ohne« (2).
In solchen Sätzen ist aus der Not eine Tugend geworden, das Problem als
Lösung zugelassen, Erzählung und Autobiographie, Literatur und Tagebuch gehen, auch in dieser Hinsicht, eine enge, für und bei Kafka ganz
eigene Verbindung ein:

---

[255] Neumann [1981], 450.
[256] Ebd., 448.
[257] Ehrich-Haefeli [1980], 284.

Das Schreiben versagt sich mir. Daher Plan der selbstbiographischen Untersuchungen. Nicht Biographie, sondern Untersuchung und Auffindung möglichst kleiner Bestandteile. Daraus will ich mich dann aufbauen, so wie einer, dessen Haus unsicher ist, daneben ein sicheres aufbauen will, womöglich aus dem Material des alten. Schlimm ist es allerdings, wenn mitten im Bau seine Kraft aufhört und er jetzt statt eines zwar unsichern aber doch vollständigen Hauses, ein halbzerstörtes und ein halbfertiges hat, also nichts. Was folgt ist Irrsinn, also etwa ein Kosakentanz zwischen den zwei Häusern, wobei der Kosak mit den Stiefelabsätzen die Erde so lange scharrt und auswirft, bis sich unter ihm sein Grab bildet. (H 388)

Diese Erfahrung grundiert auch den autobiographischen Gehalt des ›Ruinenbewohner‹-Fragments, die quälende Erfahrung der Dunkelheit und Rätselhaftigkeit der eigenen Bemühungen um Aufhellung der eigenen Lebensgeschichte, eine Erfahrung, die notwendig mit dem Schreiben (»ein süßer wunderbarer Lohn, aber wofür?«), dem »Lohn für Teufelsdienst«, verbunden ist:

Dieses Hinabgehen zu den dunklen Mächten, diese Entfesselung von Natur aus gebundener Geister, fragwürdige Umarmungen und was alles noch unten vor sich gehen mag, von dem man oben nichts mehr weiß, wenn man im Sonnenlicht Geschichten schreibt. Vielleicht gibt es auch anderes Schreiben, ich kenne nur dieses; in der Nacht, wenn mich die Angst nicht schlafen läßt, kenne ich nur dieses. (Br 384)

Die untergründige Dominanz von bedrohlicher Dunkelheit unter der Oberfläche von Klarheit und Deutlichkeit in Kafkas Prosa ist dafür verantwortlich, daß, wie Adorno einmal formulierte, von ihr eine Wirkung auszugehen vermag, »der gegenüber die offiziell engagierten Dichtungen wie Kinderspiel sich ausnehmen; sie erregen die Angst, welche der Existentialismus nur beredet.«[258] Vergleiche literaturhistorischer Art wurden immer wieder gesucht herausgefordert und gesucht; »wenn man seine Stoffwahl, das Unheimliche im weitesten Sinne betrachtet, möchte man ihn als eine Art Nachfahren E. T. A. Hoffmanns betrachten«,[259] doch solches Inbeziehung-Setzen ist nur dann nicht verfehlt, wenn man in den so zutagegeförderten Merkmalen bei Kafka nicht eine freiwillige Konstante erkennt, die Voraussetzung einer aktiv getroffenen ›Wahl‹ gewissermaßen, sondern eine prozessuale Größe (»Er sprach oft von den ›falschen Händen, die sich einem während des Schreibens entgegenstrecken‹«)[260] als negative Erfahrung, der er im Schreiben immer wieder unterliegt, eine Art von Wahrnehmung im Schreiben, die (»Es ist ein Augenschließen«)[261] gleichzeitig das Ende des Wahrnehmens drohen läßt.

---

[258] Adorno [1965], 129.
[259] E. Weiss [1937], 321.
[260] Brod (P 316, Nachwort).
[261] Kafka zu Brod, zitiert von Brod [1959], 61.

Entfremdung, erlitten

So geht man sicher viel zu weit, wollte man das Dunkle und Rätselhafte in Kafkas Werk, den »Vorgang der Verschleierung als bewußte Technik«[262] auffassen, »Kafkas Geheimniskrämerei«[263] als (›Brechtsche‹) List der bewußt eingegangenen Selbst-Verrätselung desjenigen begreifen, der auf diese Weise bestimmter ›Schwierigkeiten beim Schreiben der Wahrheit‹ Herr zu werden trachte. Das Fremdwerden der Dinge ist Inbegriff eines Prozesses, der sich auch unterhalb des Bewußtseins, gegen den Willen des Autors im Schreiben vollzieht; die Gegenstände streben weg vom Zugriff, entfernen sich eher, als daß sie distanziert, weggeschoben würden, Verrätselung ist weniger aktive eigene Leistung denn passiv zu erleidendes Ergebnis der Fiktionalisierung der Wirklichkeit, ist die mit all den literarisch-praktischen Begleitmerkmalen wie Schreibhemmung, Sprachskepsis, Zweifeln an der Fähigkeit zur Selbstkorrektur belastete Erfahrung des Ausgeliefertseins, der Orientierungslosigkeit, der erlittenen »Fremdheit des Menschen in einer absurd gewordenen Welt«.[264]

Verweigerung der Aussage? Zum Problem der absoluten Metapher

Das Allgemeinste und Abstrakteste, der Zustand des Fernen und Fremden kann im Schreiben immer nur ergriffen werden in Konkretem, sinnlich Wahrnehmbarem. Und so sind Kafkas Texte überaus reich an – was: Bildern? Gleichnissen? Metaphern? Seine Leser hat er noch nicht einmal darüber einig werden lassen, geschweige darüber, was in ihnen, mit ihnen gesagt sei. Zunächst einmal scheint es zur Verweigerung der herkömmlichen Aufgabenverteilung für Leser und Erzähler zu passen, wenn sich für Kafkas Texte der Eindruck aufdrängt, »es fehlt ihnen die ›Aussage‹«.[265] Prüfstein dafür, wie weit die Verrätselung geht, ist diejenige literarische Form, die im weitesten Maße, über die größte Entfernung hinweg vermittelt zwischen Wort und Gedanken: die Metapher. Diejenigen, die bei Kafka »Metaphern im herkömmlichen Sinn« vermissen,[266] bedeuten damit nicht mehr und nicht weniger, als daß sie, die Texte, »keine allgemein gültige Beziehung mehr zwischen dem im Bild Angeschauten und dem durch das Bild Bedeuteten« parat halten,[267] unabhängig davon, ob man dies wiederum als eine besondere Form der totalen Metaphorisierung (›absolute Metapher‹)

[262] Kobs [1970], 105.
[263] Benjamin [1977b], 1248.
[264] Fischer [1962], 838.
[265] Steinmetz [1977], 59.
[266] Baumgartner [1969], 29.
[267] Emrich [1960], 174.

begreifen darf[268] oder nicht. Das metaphorische Sprechen, das immer neu und immer wieder anders die Brücke schlägt zwischen Gemeintem und Ausgesprochenem, ist unentbehrlich für die reflektierende Form des Schreibens in Kafkas Tagebüchern. Wie sehr, zeigt gerade Kafkas »Abneigung gegen figurative Ausdrücke, besonders Metaphern«,[269] als Klage über die unaufhebbare Insuffizienz der Sprache überhaupt:

Die Metaphern sind eines in dem Vielen, was mich am Schreiben verzweifeln läßt. (875)

Ein Satz aus dem Tagebuch wie dieser:

9 ⟨*März 1922*⟩ [...]
Irgendwo wartet die Hilfe und die Treiber lenken mich hin (910f.)

bietet eine denkbar große Spannweite für seine Auslegung an,[270] vom Verstehen im Wortsinne zur übertragenen, ›metaphorischen‹ Auffassung, vom ernsten Wörtlichnehmen bis zur blanken Ironie: Denn – und auch das lehrt die Geschichte des ›kleinen Ruinenbewohners‹ – wenn ›Treiber‹ die wohlmeinenden Erzieher sind, so kann dasjenige, zu dem sie den Zögling ›lenken‹, nur in ihrem Sinne eine ›Hilfe‹ sein. Die Ausführung liegt in der Kürze, das ist nicht die geringste Qualität der Metapher, und in diesem Sinne läßt sich metaphorisches Sprechen bei Kafka identifizieren: »Kafkas herrschende Denk- und Stilfigur ist das Gleichnis, und Gleichnisse sind kurz. Daher sind die beiden großen Romane nicht Romane, sondern aufgeschwemmte Gleichnisse.«[271] Der Wert der Gleichnisse bei Kafka »liegt in der Fähigkeit, in den kleinsten Satz eine unendliche Qualität zu legen.«[272] Wirksam wird ein Prinzip der Verkürzung, Verknappung, an dem gemessen die gängige Hierarchie und Genealogie innerhalb der epischen Erzählformen sich umkehrt, insofern als »seine großen Werke nicht Romane sondern Erzählungen sind«,[273] ja »Kafkas Romanform« ist geradezu »als Zerfallsprodukt von Erzählung«[274] anzusehen. Die Metapher erscheint gegenüber dem Gleichnis als abermalige Verkürzung, genauer: die »suggestive Metapher«,[275] die dort Eindeutigkeit einer vom Wort auf anderes, auf das Bedeutende gerichteten Aussagebewegung vortäuscht, wo sie gar nicht gegeben sein kann. Das Schneefeld etwa, durch das der Landvermesser vergeblich zum »Schloß« vorzudringen sucht, ist kein ›Symbol‹,[276] es *bedeutet* nicht

---

[268] Fingerhut [1979], 140.
[269] Karst [1983], 472.
[270] Fingerhut referiert es zutreffend, [1979], 165.
[271] W. Kraft [1968], 79.
[272] W. Kraft [1938], 1.
[273] Benjamin [1977b], 1196.
[274] Ebd., 1256.
[275] Gray [1984].
[276] »Nicht Symbole, sondern Metaphern« hat Anders ein Kapitel seiner Kafka-Streitschrift [1951] überschrieben (39).

Leere und Nichts; es *ist* das Nichts, die Leere«[277] – es ist nicht einfach, diesen Verstehensansatz durchzuhalten, Kafkas ›absolute Metaphern‹ als Verweigerung der Aussage und (nur dadurch) ihre Ermöglichung zugleich zu begreifen (so wie der ›Ruinenbewohner‹ sich auch erst und allein in der Verweigerung ›setzt‹); »das gelebte Leiden an einem Mangel«, wie es Garaudy sich wie zur Verdeutlichung seiner Leseerkenntnis von ›Nichts‹ und ›Leere‹ hinzufügt, ist ja schon seinerseits wieder ›Bedeutung‹. Kafka, an der Schwelle zur hermetischen, sich abschließenden Literatur, die einen Sinnzusammenhang, der nach außen sich erstreckte, verweigert, führt seine Interpreten an den Rand der unaufhebbaren Verrätselung, von der es keine (Los-)Lösung gibt.

bb) Exkurs zur Kafka-Literatur II.
Religiös-existentielle Deutungen: das Rätsel als Lösung

Theologische Auslegung: die unerlöste Welt

Max Brod hat der – jüdisch und christlich inspirierten – theologischen Auslegung der Schriften Kafkas früh den Weg gewiesen. Die Tagebücher waren ihm Beleg für die Gottsuche ihres Autors. Das Streben der Figuren seiner Erzählungen und Romane nach dem ›Gesetz‹ sei Ausdruck der Suche ihres Verfassers nach einem rechten, gottgewollten Leben in jener Ausgesöhntheit mit Gemeinschaft und Familie, die er nirgends, in und außer sich, finden konnte. Die ihm fremde, unklare, undurchsichtige Welt werde, durch die Gewißheit des in ihr nach Lösung Suchenden, zu einer unerlösten. Die Hoffnungslosigkeit der Zustände und die Hoffnung desjenigen, der sie erfährt, ergänzten einander, »Verzweiflung und Erlösung im Werk Franz Kafkas«[278] seien untrennbar miteinander verbunden.

Negative Theologie: Schreiben und Gottsuche

Die Wirkung, welche die erste Ausgabe der Tagebücher 1937 fand, steht unter genau diesen Vorzeichen einer religiös-existentiellen Deutung, die auf der Vorstellung einer engen Verbindung zwischen Schreiben und Gottsuche beruht und damit, vom negativen Ende her, das Ziel aus der (vermeintlichen) Suche nach ihm schöpft, die Gottesvorstellung aus der gottverlassenen Welt gewinnt, das Religiöse der Dichtung aus ihrer areligiösen Umgebung sich aufbauen läßt. Kafka habe das »Geheimnis in der Geheim-

---

[277] Garaudy [1963/1981], 171f.
[278] Brod [1959].

nislosigkeit wiederentdeckt, die Religion in der religiösen Indifferenz eines vom Alltag eingepferchten Durchschnittsmenschen«, heißt es ganz sinngemäß in einer Besprechung,[279] Kafkas Journale seien »ein großes und erschütterndes menschliches Dokument« für das, was man, aus heutiger Sicht auf Werk und Interpreten, die areligiöse Inbesitznahme, (Rück-)Eroberung des Religiösen nennen könnte, eine »Anverwandlung von fast mystischer Art« fürwahr, sich mit einer ebensolchen des Autors gleichsetzend, die allein[280] durch die Gewissenhaftigkeit der Diagnose (Kafka beobachtet »sich und die Menschen seiner Umgebung mit der Genauigkeit eines großen Arztes«)[281] ihre moralische Größe beziehe, alle Qualitäten einer verantwortlichen Haltung gewinne. Der Dichter-Arzt als Priester – in dieser Kumulation von Merkmalen der Dignität und der Weihe, die ihm, als einem »modernen Heilsbringer und Märtyrer«,[282] zugeschrieben werden, liegt so viel Bereitschaft des Interpreten zu Ergebenheit und Bindung, daß es nur folgerichtig erscheint, wenn schließlich in Konsequenz, nach der Erfahrung des folgenden großen Krieges, »Kafka als der homo religiosus schlechthin«[283] angerufen wird. Und auch das Textgeschehen selbst, die Verwandlung, die sich in seinem Schreiben vollzieht, wird dem religiösen Deutungsmuster unterworfen und damit zum weltanschaulichen Vorgang. »Die Wandlung«, sei es auch zum Negativen hin, als ein »Stadium des Büßens und Leidens«, sei »eine durchaus religiöse Erfahrung, sie ist das Ziel des göttlichen Einwirkens auf den Menschen.«[284]

So stimmig solche Deutungen in sich auch sein mögen, so bündig sie abschließen mit den weltanschaulichen Voraussetzungen derjenigen, die diese Deutungen durchführen, es stimmt »im höchsten Grade mißlich, diesem Werk jüdische Inhalte zu entnehmen«[285] oder auch christliche – Inhalte überhaupt. Einmal ganz abgesehen von werk- und lebensgeschichtlichen Bedenken: Die ›religiösen Aphorismen‹ Kafkas beherrschen keineswegs durchgängig seine Tagebücher; erst nach der festgestellten Lungenkrankheit 1917 drängen sie sich, zeitweilig, in den Vordergrund; und auch Kafkas Beziehungen zu Judentum und Zionismus waren gewiß nicht so konstant und richtungweisend, daß aus ihnen ein Generalnenner für die Werkdeutung abzuleiten wäre.[286] Speziell fraglich erscheint, ob nicht viele dieser

[279] Petersen [1937], 373.
[280] Kayser [1937], 426.
[281] Ebd.
[282] Politzer [1973b/1980b], 6.
[283] Mühlberger [1953], 41.
[284] Petersen [1937], 378.
[285] W. Kraft [1968], 71.
[286] Zimmermann hat dies neuerdings getan [1985], mit dem ewig neuen, unverbesserlich ernsten Absolutheitsanspruch, hier »den Schlüssel zu Kafkas Werk gefunden« zu haben, mit dessen Hilfe »sich mit einem Mal alles« aufschließe (281): Indem er sein Werk als eine von »messianische[r] Erwartung« (195) getragene

religiös, auch religionspsychologisch inspirierten Interpretationen, von Brod vorgebildet, die Kafkas Werk in den »Kreislauf der ererbten Glaubenstatsachen«[287] einfügen, unbemerkt dem Interpreten eigene Voraussetzungen in der Deutung verdoppeln, uneingestanden zu sehr nach dem Maße christlicher Überzeugungen selbst gedacht sind, das heißt konkret, im Bilde des Dichters der unerlösten Welt, auch gegenüber jüdisch-mystischen Traditionen, bestimmte Vorstellungen vom Messias spiritualisieren und auch historisieren. Denn, so viel ist gewiß, »in Kafkas Schriften kommt das Wort ›Gott‹ nicht vor«,[288] und wenn bestimmte Gründe es dem Autor verboten haben, diesen Namen zu benutzen, so sollten auch seine Ausleger Bedenken tragen, ihn dort unbefangen einzusetzen.

Kryptische Religiosität: Kafka als Prophet

Die Wirkungsgeschichte der Texte, speziell der Tagebücher Kafkas bestätigt diese Bedenken und illustriert zugleich die Art und Weise, wie sich über diese Bedenken hinweggesetzt wurde. Zu beobachten ist, wie der theologische Ansatz sich verdunkelt, die religiöse Deutung Züge der Religionslosigkeit, einer leeren Transzendenz in sich aufnimmt: War das »Schloß« als Inbegriff des Erstrebten zunächst mit dem Himmel, dem Ort der »Gnade« gleichgesetzt worden,[289] so sah man bald darin, noch vor dem Zweiten Weltkrieg, viel eher Züge der »Hölle« abgebildet.[290] Hier ist dann später die Kafka-Rezeption durch den französischen Existentialismus gewiß nicht ohne Rückwirkungen geblieben, die Umwendung des theologischen Ansatzes ins Existentialistische, dem die Unmöglichkeit einer Transzendenz zur quasi-transzendentalen Gewißheit dient und Kafka, »für einen als Dichter verkleideten Philosophen« gehalten,[291] zum Gewährsmann dafür – als Held

---

»Erneuerung einer jahrhundertealten Tradition« der jüdischen Mystik (191) liest, reduziert er es zu »einer ins Ästhetische gewendeten religiösen Haltung« (279); er verfällt damit in genau den Fehler jener die Texte unter Literaturfremdes subsumierenden »selektive[n] Wahrnehmung« (10), die er seinen Vorgängern ankreidet – und greift dabei doch nur wieder auf alte Muster (Brod und Scholem als Gewährsleute) zurück. Dagegen zu beherzigen ist doch die heitere Skepsis Benjamins: »Kafka und Brod – Laurel der seinen Hardy, Pat der seinen Patachon suchte. [. . .] Er [Kafka] hat vielleicht zu Brod und dessen tiefen jüdischen Philosophemen so gestanden wie Sancho Pansa zu Don Quichote und dessen tiefsinniger Chimäre vom Rittertum.« [1977b], 1220.

[287] Weinberg [1963], 8.
[288] Benjamin [1977b], 1214. – Einem Leser ist die folgende Tagebuchstelle (TKA 903) aufgefallen: »10 ⟨Februar 1922⟩ [. . .] Neuer Angriff von G.« – und er bemerkt hierzu: »This must doubtless be read: ›New attack by God.‹« Blanchot [1958], 218.
[289] Brod (S 484, Nachwort zur ersten Ausgabe).
[290] Kracauer [1926/1983], 140f.
[291] Robert [1979a], 686.

des Absurden, ein anderer Sisyphus, gleichgesetzt mit den Figuren seines Werks als Beispiel für die ziellose Nichtigkeit aller Bewegungen einer zur Freiheit der Wahl verurteilten Existenz.

In Anlehnung an weltanschauliche Ableitungen des Existentialismus – und unter Aussparung aller das Gesellschaftliche betonenden Aspekte an ihm – vollzieht sich die Aneignung Kafkas in der deutschsprachigen Leserwelt im größeren Rahmen nach 1945. Mehr und mehr erschien kryptische Religiosität als Bestimmung seines Werkes, sah man seine Texte als dichterische Belege für eine negative Theologie gewissermaßen (»Theologie ohne Gott«),[292] für die Vorstellung eines Gottes »in der Weise der Abwesenheit«.[293] Und damit einher ging eine stetige Aufwertung der Dichterfigur, glaubte man in Kafka doch nach 1945 eine selbst fastreligiöse Licht- und Führergestalt in schwieriger Zeit zu besitzen, die man, in einem sehr sublimierten Sinne, im nachhinein als Seher und Propheten des mittlerweile erfahrenen Unheils begreifen konnte. Das Tagebuch als Gattung subjektiver Betroffenheit per se erschien in besonderem Maße dazu geeignet, eine Vorgabe für die Verarbeitung der eigenen ›existentiellen‹ Erfahrungen von Krieg und Schuld angesichts der später so genannten ›Stunde Null‹ abzugeben, und dies in einer ungenau bestimmten Sphäre, einem nicht genau zu ortenden ›existentiellen‹ Rahmen. Günther Anders geht so weit, darin eine ganz bestimmte Entlastungsfunktion zu vermuten: »*Durch die Vergötterung Kafkas löschte man die Tatsache, daß man dessen Millionenfamilie umgebracht hatte, wieder aus.*«[294] Jedenfalls war die Ausgabe der Tagebücher, die Brod 1951 veranstaltete, genau an der Zeit, wie die Rezensionen es bezeugen. Man suchte und fand in ihnen, den Tagebüchern, Bestätigungen für die Fragen der Zeit und die Suche nach Antworten auf sie, las sie, die Tagebücher, so allgemein und umfassend, daß man in ihnen das (vorweggenommene) Abbild der eigenen und in ihr aller Epochen erblickte: Literatur war eine Literatur der schuldigen Existenz, in der die äußere Welt abgelehnt wurde und der Tod als Strafe und Erlösung zugleich vorkam. All dies aufgenommen in einer Haltung der Ergebenheit, einer Demut des ungläubig Gläubigen, die genauso vorsichtig wie wortreich formuliert wurde: »so könnte man wohl dazu neigen, Kafka mit einem etwas vagen Ausdruck als ›religiös-metaphysischen Dichter‹ zu charakterisieren«, heißt es in einer Besprechung, die mit ihrem Titel »Anwärter der Gnade« gewiß beide meint, den Autor und seinen gegenwärtigen Leser.[295] Kafka war der Prophet und sein irdischer Rest nicht von Belang, und gerade darin, in der Ungeschicht-

---

[292] Anders [1951], 8.
[293] Schoeps [1936/1985], 206.
[294] Anders [1984], XXXIX (Einleitung).
[295] R. Hartung [1952], 369.

lichkeit des Bildes von Kafka als dem Propheten, liegt der – geschichtlich zu ortende – Fehler. Jedes Reden von Prophetie ist geschichtlich, so wie Prophetie selbst geschichtliches, historisches Reden ist. Und hier findet die Verrätselung der Prophetie, des Vorher-Sagens, ihre Grenze und ihren Halt. »Prophetie ist [. . .] eine geschichtliche Kategorie; sie zurückzunehmen ist Kafkas Aufgabe«;[296] dies zu erkennen Aufgabe seines Lesers.

Mystifikation durch Einfühlung

Gerade das aber, historische Betrachtung, ist bei der Aufnahme der Tagebücher Kafkas im deutschsprachigen Raum nach 1945 die Ausnahme gewesen, bestimmend war die ungeschichtlich nacherlebende Anverwandlung durch die Interpreten, denen die Aufzeichnungen Anhaltspunkt, »Rohmaterial« waren für die eigene Weise, in der sie die innere Biographie des Autors und sein »Ringen«[297] um sein Werk nachvollzogen.

Das Tagebuchwerk Kafkas erschien den Lesern und Kritikern 1951, als es ihnen erstmals zugänglich wurde – und diese Stimmen sind so kennzeichnend, daß hier ein paar von ihnen zu Worte kommen sollen – als Muster für die Literaten der Gegenwart, schien es doch der beredteste Zeuge, das aussagekräftigste Beispiel, Muster und Vorbild für die Forderung des Tages, eine zeitenthobene Zeitlichkeit: »Unsere jüngeren, wie es nach ihrem Erleben zunächst begreiflich ist, die Aktualität als solche nur zu gern und einseitig überschätzenden Schriftsteller könnten hier lernen, wie der Geist sich der Aktualität bemächtigt und sie zugleich zu bloßem Anlaß entmächtigt.«[298] Der Unbedingtheit des Rezipieren-Wollens entspricht die vage Unbestimmtheit, mit der diese Annäherung erfolgt. Die Leser-Kritiker schwelgen in Formulierungen, die dazu angetan sind, sich gleich noch mit selbst die Absolution zu erteilen: »Kafkas Werk ist so statuarisch groß und weltanschaulich elementar, daß alle gleicherweise, die Theologen, die Existentialisten aller Prägungen und selbst die Surrealisten, den lösenden Schlüssel zu besitzen glauben. Und dabei ist dieses Werk von so vordergründiger realistischer Nähe, daß selbst krasse Fehldeutungen ihm nichts anhaben können.«[299] Falsche Einfühlung ermöglicht hier, sich willkürlich auf Fremdes zu beziehen, Entferntes als geheim Verwandtes anklingen zu lassen (»sucht er um der Ewigkeit willen nach der verlorenen Zeit«),[300] und bewegt dabei doch nur das Kafka Eigene auf eine unfruchtbare Weise assoziativ hin und her (»die vorbestimmte Grenze: daß nie die Feder dem Leben zu folgen

[296] W. Kraft [1968], 76.
[297] Mühlberger [1951], 412.
[298] Hennecke [1951], 9; ähnlich [1952/1958], 215.
[299] Boekhoff [1952].
[300] Hering [1948], 103.

vermag; daß keine Jagd, die reißende Zeit zu verfestigen, je zu des Jägers Gunsten enden wird«).[301] Das Schreiben des Schriftstellers mit falscher Weihe versehen als heroisch-entsagungsvoller Kampf des einen Einsamen mit seinem ihm auferlegten Gegner (»Kafkas Arbeit im Bergwerk der Sprache«).[302] Dazu der Stolz des Interpreten: man ist, nach einer tausendjährigen Unterbrechung, deren Ausmaß gerade zu dämmern beginnt, wieder wer, immer noch vereinnahmend wie seit jeher: Kafkas Werk ist »in den Mittelpunkt eines literarischen und philosophischen Weltgesprächs getreten«.[303] Kafka ist passender Gegenstand für eine Art werkbezogener Interpretation, die, undurchschaute geistesgeschichtliche Voraussetzungen mit sich tragend, im Zirkelschluß der falsch-zutraulichen Einfühlung verfährt, in einer ungeklärten Synästhesie der Zusammenhänge von Leben, Literatur und Tagebuch ihren Gegenstand mystifiziert – als Ergebnis der Lektüre der Tagebücher könnte stehen: »Kafkas Leben schien einem seiner Romane entnommen.«[304]

Das »existentielle« Tagebuch

Die Verführung liegt nahe, so geschehen in einer der wenigen literaturwissenschaftlichen Arbeiten über »das Tagebuch als literarische Form«, einer 1955 erschienenen Westberliner Dissertation,[305] Kafkas Tagebücher als Belegstücke zu nehmen für die Vorstellung, daß die Bestimmung der Gattung ›Tagebuch‹ überhaupt, gegenüber den ›niederen‹ Funktionen von »Chronistik« und »Selbstschau«,[306] in so etwas wie einer existentiellen Sinndeutung in und durch Literatur sich erfülle. Was freilich einen neuerlichen Zirkelschluß bedeutet, kommen doch »für den Typus des existentiellen Tagebuches innerhalb des deutschen Sprachraums im wesentlichen nur die Aufzeichnungen eines einzigen Verfassers in Frage: nämlich die Tagebücher Franz Kafka's.«[307] Das ›existentielle Tagebuch‹ bietet sich dar als Gipfelpunkt einer Reihe typologischer Ausformungen, die sich aufbaut nach dem Grad, in dem die fundamentale Funktion des Tagebuchs realisiert sei. Wie sieht solche Funktion aus? Das Notiz-Tagebuch (verkörpert etwa durch Goethe oder E. T. A. Hoffmann)[308] rangiert unterhalb des Reflexions-Tagebuchs (in der Art von Hebbel oder Novalis),[309] beide stehen an sprach-

---

[301] Ebd., 102.
[302] Hering [1950], 4.
[303] Boekhoff [1952].
[304] Hoding [1949], 90.
[305] Kurzrock [1955].
[306] Ebd., 140.
[307] Ebd., 184.
[308] Ebd., 110ff.
[309] Ebd., 134ff.

licher Unmittelbarkeit,[310] existentieller Geschichtlichkeit[311] und verstehender Ursprünglichkeit,[312] an »*Einsicht* in die Strukturganzheit des Daseins«[313] hinter dem existentiellen Tagebuch[314] zurück – was immer auch diese Qualifikationen besagen mögen außer dem, daß in ihnen die formale Antinomie der vorstehenden Tagebuch-Typen, der Gegensatz von Notiz und Reflexion, unvermittelt aufs große Ganze der Seinsdeutung schlechthin übersprungen wird. »Im existenziellen Tagebuch [. . .] ist die fundamentale Funktion des Tagebuches auf den ersten Blick entscheidend [. . .]. Als ständige ausdrückliche Selbstauslegung einer Existenz, die sich in ihrem Existieren aus dem unmittelbaren, ständigen und ausdrücklichen Verstehen ihrer selbst versteht, steht das existenzielle Tagebuch unmittelbar im Dienst der Existenz und ist ihr Existieren.«[315] ›Unmittelbar‹ und ›Existenz‹ sind die Zauberworte eines Redens im Ursprünglichen, das, in der Pose eines an Heidegger abgeschauten Offenlegens, in dunkle Rätselhaftigkeit wirft (. . . »wobei [. . .] Geworfenheit mit Entwurf in der ausdrücklichen Selbstauslegung stets untrennbar verklammert ist« . . .)[316] – in ein rätselhaftes Dunkel, in dem schließlich auch die Themafrage nach der Poetizität des Tagebuchs als einer literarischen Form versinkt. Und keine noch so behauptende, Tautologien setzende Formulierung (Kafkas »Sprache ist von geradezu beängstigender Vollkommenheit, weil sie existenziell Rede ist, weil ein einzelnes Dasein in ihr unmittelbar Wort wird«)[317] kann hier Klarheit herbeireden, wo ungeklärte Anarchie oder halbgeklärte Verwirrung der Begriffe herrschen (das existentielle Tagebuch ist »als Tagebuch literarische Form – aber es ist eben kein literarisches Werk, also auch kein Kunstwerk«).[318] Und folgerichtig, aus der Erkenntnisohnmacht des Betrachters, wird auch dem betrachteten Gegenstand jede Erkenntnisfunktion abgesprochen. »Das Tagebuch schafft keine kleinen Klarheiten, es ist weder Ablage für unverbindliche Gedanken, noch Erprobungsstätte, Werkstatt und Kommentar: sondern es ist das sich selbst auferlegte und gewählte Existieren.«[319] Der unmittelbar einfühlende, ›existentielle‹ Zugang zum ›existentiellen‹ Tagebuch wird teuer erkauft, durch die gänzliche Umgehung aller auf Reales bezüglichen Aussagen, den totalen Negativbefund, was das

---

[310] Ebd., 189.
[311] Ebd., 24.
[312] Ebd., 255.
[313] Ebd., 258.
[314] Ebd., 184–291.
[315] Ebd., 293.
[316] Ebd., 259.
[317] Ebd., 193.
[318] Ebd., 290.
[319] Ebd., 282.

Konkrete: überprüfbare Aussagen über nachvollziehbare Sachverhalte angeht, durch die Preisgabe an das Numinose, die Auslieferung an das, was im schlechten Sinne rätselhaft bleibt.

bc) Erfahrung als Haltung: das Fremdwerden der Dinge, als Verrätselung

Der sich verbergende Autor: Rückzug vor der Realität

Der ›kleine Ruinenbewohner‹, der sich abseits in den Trümmern verborgen hält, ist Chiffre für einen Rückzug, dem Erfahrungen der Irritation an der Gemeinschaft vorausgegangen sind. Erfahrung verstärkt sich zu einer Haltung, die, als Weltabgewandtheit schlechthin, den nachfolgenden, unmittelbar sich einfühlenden Lesern, wie gesehen, ebensosehr als Essenz der Weltanschauung Kafkas erschienen ist wie als Anknüpfungspunkt für ihre eigene. Am Bild des sich verbergenden Autors wird ein Rückzug vor der Realität in Bereiche des Eigentlichen erkannt, der nach 1945 so sehr als kongenial den eigenen Erfahrungen und daraus resultierenden Haltungen begrüßt werden konnte, wie er, vor dem Zweiten Weltkrieg, von politisch bewußten Exilierten – ebensowenig in allem gerecht – kritisch angegriffen worden war: »Er müsste sich gegen den Bösen empören, statt sich vor ihm dorthin zu verkriechen wo die Welt am tiefsten und dunkelsten ist«, wirft ihm 1937 Ernst Weiss, der sich drei Jahre später, aus Prag nach Paris geflohen, beim Einmarsch der deutschen Truppen das Leben nimmt, das Fehlen gesellschaftskritischen Aufbegehrens, politisch greifbarer Empörung vor und fährt fort: »Es ist merkwürdig und zeugt profetisch, jahrzehntelang vorher in unsere heutige Zeit, wo Millionen der kultiviertesten oder doch zivilisiertesten Völker durchaus und absolut den Sinn und Geschmack an der *Freiheit* verloren haben, dass auch dieser erlesene männliche Geist [!] die Freiheit nicht einmal vermisst. [. . .] nirgends die gesunde tollkühne Empörung des *Ich gegen das Muss*. Er will die Freiheit nicht. [. . .] Nur die Strafe nimmt er an, ohne Diskussion.« Unter den moralisch-politischen Vorwurf, es finde in seinem Werk Erduldung, inneres Zurückweichen, ein Sich-Ergeben statt, wird auch die Fokussierung auf das eigene Subjekt, die sich in seinen Texten vollziehe, subsumiert, und damit deren Subversivität unterschlagen: »Dieser magische Genius [?] sah mehr und anderes, tiefer, himmlischer und höllischer sah er als die anderen. Aber was sah er zuletzt? Doch nur sich. Die Zeit ging an ihm vorbei.«[320] Das Mißverständnis des

---

[320] E. Weiss [1937], 323.

politischen Emigranten ist so beiläufig und zufällig nicht, überlebt es doch, in modernisierter Terminologie, noch in der letzten größeren, 1978 erschienenen Arbeit zum literarischen Tagebuch: »*der gesellschaftliche Bezug wird radikal zu einer Reflexion der existentiellen Selbstverfremdung umfunktionalisiert*«, heißt es da[321] und meint doch nur das Gleiche, das, was die nachempfindend Auslegenden zwischenzeitlich zustimmend zur Kenntnis genommen hatten: »daß der Dichter danach strebt«, durch die Rücknahme der Welt ins Ich »die Wirklichkeit der *realen* Welt zu verbergen, zu verschleiern.«[322] Das widerständige Moment, das in solch einer vorgeblichen ›Weltflucht‹ steckt, wird durch solch verrätselnde Sicht auf Techniken der Verrätselung unsichtbar. Aber es ist doch da und zeigt sich scharf, nimmt man nur diese Verrätselung ernst und verfolgt sie in ihrem ganzen Ausmaß, ihrer Bedeutung für den Autor und sein Verhältnis zu dem von ihm Betrachteten; dann wird man, radikal, sagen müssen: »er [Kafka] haßte die Realität. An den Kausalitätsverhältnissen dieser Welt rächte er sich mit seiner mikroskopisch scharfen analytischen Methode.«[323]

Negativer Mythos: die verhinderte Selbstverwirklichung

Die Verwandlung des Ich in den kleinen Ruinenbewohner, diese virtuelle Existenz im Abseits (»gerne und am liebsten wäre ich jener kleine Ruinenbewohner gewesen [. . .]«, I 6f.), ist Projektion eines Wunsches, nicht dessen Erfüllung, als Selbstverwirklichung – eher deren Verhinderung. Denn die nachträgliche Auflehnung gegen diejenigen, die das eigene Leben beherrscht haben, bedeutet letztlich Selbsttäuschung, wie es die folgende Notiz aus dem Oktavheft G in ebenso ›klassisch‹ wie klassisch grausam, unbarmherzig anmutender Weise formuliert:

21. November [1917]. [. . .]
Das Tier entwindet dem Herrn die Peitsche und peitscht sich selbst, um Herr zu werden, und weiß nicht, daß das nur eine Phantasie ist, erzeugt durch einen neuen Knoten im Peitschenriemen des Herrn. (H 84)

Mit unerbittlicher Schärfe wird Ideologie, falsches Bewußtsein von Herrschaft (und der Möglichkeit einer Befreiung von ihr) zerstört, werden zwei einander potenzierende Irrtümer bloßgestellt: Selbstbestrafung, als Nachahmung des Verhaltens der fremden Peiniger, kann nicht aus der eigenen Opferrolle heraushelfen: so die Aufdeckung der ersten Täuschung. Und die Vorstellung, damit überhaupt aufbegehren zu können gegen Fremdbestimmung, daß man sich die fremden Vorwürfe zu eigen, zu den eigenen mache,

---

[321] Jurgensen [1979], 134.
[322] Gräser [1955], 69.
[323] Hodin [1949], 89f.

ist selbst fremdinduziert, nur eine besonders weit reichende Form eben dieser Fremdbestimmung – dies die Zerschlagung des zweiten Irrtums. An das ›Eigene‹ ist auf solche Weise niemals heranzugelangen, lautet die niederschmetternde Erkenntnis dieser Anstrengung im Gefolge des aufklärerischen Prinzips hochfliegenden ›Selbstdenkens‹. Alle Bemühungen um Veränderung laufen auf Verschärfung des Bestehenden hinaus, jeder Versuch einer ›Verwandlung‹ kommt der unwillentlichen Beförderung des Schlechten, einer Verschlimmerung gleich, ja »die Verwandlung« überhaupt als Prinzip »in seinen Werken« mag dann aussehen wie der »andauernde Prozeß einer negativen Selbstverwirklichung«.[324] Denn das gesellschaftliche Modell von Herr und Knecht, bezogen auf das Ich und seine Erzieher, führe, literarisch angewendet und umgesetzt, nicht zur Befreiung, so umstürzlerisch sich auch das Heranzitieren der Reihe der Schuldigen ausnehmen mag; das Ich, das, sich erinnernd, das erlittene Unrecht in Vorwürfen heimzahlt, rekapituliere damit ja nur die eigenen Beschädigungen durch zurückliegende fremde Macht, ja es beglaubige darin deren fortzeugende Kraft. Die erinnernde Verwandlung des Alten beseitige dieses Alte noch nicht. Benjamin formuliert in anderem Zusammenhang: »Bei Kafka lösen die Lebensbilder, die vielleicht weniger auf Grund der ratio als alter Mythologeme sich gebildet haben, sich auf und es entstehen, transitorisch, neue. Aber gerade dieses Flüchtige im Sich-Bilden der Mythologeme, die in ihnen schon angelegte Auflösung ist hier entscheidend. Es ist gut und gern das Gegenteil vom ›neuen Mythos‹, von dem hier die Rede ist.«[325] Das Transitorische der Schreibweise Kafkas ist hier sicher erfaßt, das Ineinander-Übergehen seiner Bilder und der Erkenntnisse, die in ihnen transportiert werden; ob aber die Kraft des Übergangs zur Auflösung, zur Destruierung des in der Sprache Beschworenen ausreicht, ist fraglich. Wird ein altes Bildmuster dadurch, daß es in veränderter Form wiederkehrt, nicht eigentlich erst bekräftigt? Liegt nicht die Kraft des Mythos überhaupt darin begründet, daß er, immer und überall, der menschlichen Wirklichkeit und realen Erfahrung zuwiderläuft (indem er virtuelle Wunscherfüllung betreibt)? Kann man dann aber überhaupt von dem »Ende des Mythos«[326] sprechen bei Kafka? Außer wenn man, ganz unmythisch, nämlich neutralformal, den Mythos einfach als die Leitidee einer jeweiligen Epoche ansieht?

Inwieweit das Fremde aufklärend wirken, Verwandlung als Kritik des Mythos fungieren kann, zeigt zum Beispiel Kafkas Erzählung »Der neue Advokat« aus dem Band »Der Landarzt« (E 145f.), deren erste Erzählanläufe im Band »Hochzeitsvorbereitungen auf dem Lande« (H 57–59) zu verfol-

[324] Jurgensen [1979], 137.
[325] Benjamin [1977b], 1193.
[326] Karst [1985].

gen sind. Auch sie berichtet von einer Verwandlung, einer grotesken, über die Zeiten und Gattungen hinweg:

Der neue Advokat

Wir haben einen neuen Advokaten, den Dr. Bucephalus. In seinem Äußern erinnert wenig an die Zeit, da er noch Streitroß Alexanders von Mazedonien war.

Was ist da – wodurch – abgelöst worden? Der Mythos der Geschichte von dem Wirken aufgeklärter Gegenwart? Das Schwert von den Gesetzesbüchern, das Prinzip des Faustrechts, der Macht des Stärkeren von der kanalisierten Form, der nach Regeln organisierten Weise des Rechtsstreits und der Rechtsprechung?

Wer allerdings mit den Umständen vertraut ist, bemerkt einiges. Doch sah ich letzthin auf der Freitreppe selbst einen ganz einfältigen Gerichtsdiener mit dem Fachblick des kleinen Stammgastes der Wettrennen den Advokaten bestaunen, als dieser, hoch die Schenkel hebend, mit auf dem Marmor aufklingendem Schritt von Stufe zu Stufe stieg.

Die grotesken Züge einer Existenz zwischen den Welten von Mensch und Tier – Benjamin erschien diese Erzählung wie der »Text zu einem Picassobilde«,[327] zwischen Freude Zeiten von Gestern und Heute, die mit F-eude am komischen Effekt, ja an der satirischen Wirkung von Kafka ausgemalt werden:

Im allgemeinen billigt das Barreau die Aufnahme des Bucephalus. Mit erstaunlicher Einsicht sagt man sich, daß Bucephalus bei der heutigen Gesellschaftsordnung in einer schwierigen Lage ist und daß er deshalb, sowie auch wegen seiner weltgeschichtlichen Bedeutung, jedenfalls Entgegenkommen verdient. Heute – das kann niemand leugnen – gibt es keinen großen Alexander [. . .]

– diese grotesken Züge zeigen die Gegenwart doch nur als verwirrt und verworren, als weit weniger übersichtlich denn die Geschichtsepoche, in welcher der Mythos herrschte, der noch heute von ihr kündet:

Heute – das kann niemand leugnen – gibt es keinen großen Alexander. Zu morden verstehen zwar manche; auch an der Geschicklichkeit, mit der Lanze über den Bankettisch hinweg den Freund zu treffen, fehlt es nicht; und vielen ist Mazedonien zu eng, so daß sie Philipp, den Vater, verfluchen – aber niemand, niemand kann nach Indien führen. Schon damals waren Indiens Tore unerreichbar, aber ihre Richtung war durch das Königsschwert bezeichnet. Heute sind die Tore ganz anderswohin und weiter und höher vertragen; niemand zeigt die Richtung; viele halten Schwerter, aber nur, um mit ihnen zu fuchteln, und der Blick, der ihnen folgen will, verwirrt sich.

Die Verwandlung erweist sich als Verrätselung, Aufklärung zieht Verwirrung nach sich; der Mythos von Macht und Geschichte, von Herr und

---

[327] Benjamin [1977b], 1200.

Knecht, hier besser: von Roß und Reiter wird zwar kritisiert,[328] nicht aber aufgelöst und überwunden, schon allein deswegen nicht, weil Anspielungen auf ungelöste Konstellationen des eigenen Lebens im Text zunehmen und ihn verlagern, von Mazedonien nach Prag, von Philipp, dem Vater, auf Hermann Kafka. Der ›Herr des Diskurses‹ ist wohl abgeworfen worden, wie man im Blick aufs (übergroße) Ganze sagen könnte, oder – wie es bei Benjamin heißt: »Sancho Pansa hat seinen Reiter vorangeschickt, Bucephalus den seinigen überlebt; und nun sind sie beide gut dran. Ob Mensch ob Pferd ist nicht mehr so wichtig, wenn nur der Reiter beseitigt ist.«[329] Gewiß lassen sich ›freie‹ Assoziationen um die Namenszugehörigkeit anschließen (die »Namen bei Kafka als Verdichtungen seiner Gedächtnisinhalte«),[330] Assoziationen, die auf pure Evidenz des Bildes aus sind (»Der freie Reiter, das freie Pferd«, »Roßmann/Der neue Advokat/Sancho Pansa«)[331] – wer im übrigen war Karl Roßmanns Reiter? –, aber fraglich bleibt auch hier, ob das Motiv des verwandelten Tieres (der Affe Rotpeter hätte gewiß seine Zweifel) ausreicht für einen Ausblick auf Befreiung; das Schlußbild der Erzählung, die Utopie des Refugiums ›Kontemplation‹ im Abseits, nun nicht in den Ruinen, aber immerhin abseits bei den alten Büchern, macht sich da eher verdächtig aus als beruhigend und zutrauenerweckend:

> Vielleicht ist es deshalb wirklich das beste, sich, wie es Bucephalus getan hat, in die Gesetzbücher zu versenken. Frei, unbedrückt die Seiten von den Lenden des Reiters, bei stiller Lampe, fern dem Getöse der Alexanderschlacht, liest und wendet er die Blätter unserer alten Bücher. (E 146)

In das Prinzip Gerechtigkeit die feste Burg, welche die Kritik am Mythos erlaubt (Kraft)? Und, umgekehrt, das Recht, das nicht mehr praktiziert, nurmehr studiert wird, Enthaltsamkeit mithin, im Abseits der Bücher-Ruinen, die Pforte zur Gerechtigkeit (Benjamin)? Verwandlung in den ›Ruinenbewohner‹ macht den Verwandelten nicht frei, ist nur literarisches Indiz für die Hindernisse, die seiner Selbstverwirklichung immerfort entgegenstehen. Kritik am Mythos kann diesen nicht erschüttern, ist möglich nur, bei Kafka, indem sie ihn als negativen Mythos wiedereinsetzt. Versuche der Befreiung sind behaftet mit den Merkmalen der Haft, aus der sie befreien sollen. Aufklärung erfolgt bei Kafka in den Formen der Verrätselung: – als Verwandlung. Sie behält die Spuren dessen, das sie enthüllen will, bei.

---

[328] Vgl. W. Kraft [1968], 15 (»Mythos und Gerechtigkeit. *Der neue Advokat*«).
[329] Benjamin [1977b], 1219.
[330] Ebd., 1196.
[331] Ebd., 1208.

c) Verwandlung

Verwandlung ist Inbegriff dessen, was in Kafkas Tagebüchern geschieht, Fremdes verwandelt sich in Eigenes und Eigenes in Fremdes, Literatur in Leben und Leben in Literatur.

ca) Das Fremde, als Literatur

Es gibt eine Stelle in Kafkas Tagebüchern, an der von einem Herrn die Rede ist, »der zwei Damen unterhält, in einem Frackanzug, der etwas lose hängt und der wenn er nicht neu wäre nicht hier getragen würde und besser paßte historisch sein könnte.« (1000) Ein aufmerksamer Leser hat zu dieser Passage bemerkt: »Wenn sich der Leser ans Ende dieses Satzes gefunden hat, muß er vergessen, daß es um den Frack des Herrn im Foyer (also zunächst um den Herrn selbst) geht.«[332] In der Tat wird durch die Reihung des gleichen Relativpronomens, die reihende Applikation auf verschiedene Verben als Bezugswörter der Blick unmerklich weggezogen von einer ›natürlichen‹ Ansicht des Ganzen (»Herr«) auf sich verselbständigende Teile (»Frack«) als Objekte, die Anlaß geben zu selbständigen, wiederum weiter wegführenden Beobachtungen und Reflexionen, die schließlich geeignet sind (»historisch sein könnte«), das Alltägliche des (Nach-)Vollzugs einer gewöhnlichen Lebenssituation vollständig zu zerstören. Wirklichkeit ist hier festgehalten gleichsam auf dem Sprung zur Verwandlung, und das ist kein Sonderfall, sondern geradezu Grundmerkmal der Tagebücher Kafkas.

Befremdliche Verwandlungen

Wenn das Leben ergriffen wird im Tagebuch, geschieht dies bezeichnenderweise am häufigsten in Momenten der Verwandlung. Für nichts hat Kafka einen solchen Blick wie für befremdliche Veränderungen, die in seiner Umgebung sich vollziehen und die, allesamt mit Genuß am komischen Effekt geschildert, seltener zum Positiven hin:

> Auf der Rückfahrt von Raspenau nach Friedland neben mir dieser steife totenähnliche Mensch, dem der Bart über den offengehaltenen Mund herabgieng und der, als ich ihn nach einer Station fragte, freundlich zu mir gewendet mir die lebhafteste Antwort gab (935),

häufiger zum Negativen hin ablaufen:

---

[332] Kurzrock [1955], 215f.

Der Trompetenbläser, den ich für einen lustigen, glücklichen Menschen gehalten hätte [denn er ist beweglich, hat scharfe Einfälle, sein Gesicht ist von blondem Bart niedrig umwachsen und endet in einem Spitzbart, er hat gerötete Wangen, blaue Augen, ist praktisch angezogen], hat mich heute im Gespräch über seine Verdauungsbeschwerden mit einem Blick angesehn, der auffallend mit gleicher Stärke aus beiden Augen kam, die Augen förmlich spannte, mich traf und schief in die Erde gieng. (983)

Allesamt besitzen sie einen geheimen starken Zug auf das betrachtende Ich, dem sie die Vorstellung vermitteln, das Ganze ereigne sich nur ihm zuliebe oder -leide:

Später erinnerte ich mich daran, daß ich den Eindruck gehabt hatte, der Zug fahre nicht eigentlich weg, sondern fahre nur die kurze Bahnhofstrecke um uns ein Schauspiel zu geben und versinke dann (219),

heißt es im Tagebuch, als Kafka eine Abschiedsszene auf dem Bahnhof sich vergegenwärtigt. In dieser Ausrichtung des Geschehens auf das Ich ist die Erfahrung der Verwandlung ein Vorgang, der sich potentiell unendlich oft in sich wiederholen kann, in immer weiteren Schritten der Veränderung auf das betrachtende Ich hinuntersteigend, ihm immer näher rückend, bis, wie im folgenden zitierten Beispiel, das Ich selbst eingeht in das literarisch inszenierte Spiel der Verwandlung, der Erwartung einer kommenden und der Überraschung durch eine wahrgenommene, und selbst, als Spielfigur, teilnimmt an dem (auch komischen) Vorgang des Anders-Werdens, dabei mithilft, daß eine Zimmerdecke einen Engel mit einer Botschaft herabschweben läßt, der sich – Verwandlung in der Verwandlung – als bemalte Holzfigur dann entpuppt:

25 VI 14
Vom frühen Morgen an bis jetzt zur Dämmerung gieng ich in meinem Zimmer auf und ab. Das Fenster war offen, es war ein warmer Tag. Der Lärm der engen Gasse trieb ununterbrochen herein. Ich kannte schon jede Kleinigkeit im Zimmer durch das Anschauen während meines Rundganges. Alle Wände hatte ich mit den Blicken abgestreift. Dem Muster des Teppichs und seinen Altersspuren war ich bis in die letzten Verzweigungen nachgegangen. Den Tisch in der Mitte hatte ich vielemal mit Fingerspannen abgemessen. Zum Bild des verstorbenen Mannes meiner Wirtin hatte ich schon die Zähne oft gefletscht. Gegen Abend trat ich zum Fenster und setzte mich auf die niedrige Brüstung. Da blickte ich zufällig zum erstenmal ruhig von einem Platz in das Innere des Zimmers und zur Decke auf. Endlich, endlich begann wenn ich mich nicht täuschte dieses so vielfach von mir erschütterte Zimmer sich zu rühren. An den Rändern der weißen mit schwacher Gipsverzierung umzogenen Decke begann es. Kleine Mörtelstücke lösten sich los und fielen wie zufällig hie und da mit bestimmtem Schlag zu Boden. Ich streckte die Hand aus und auch in meine Hand fielen einige, ich warf sie ohne mich in meiner Spannung auch nur umzudrehn, über meinen Kopf hinweg in die Gasse. Die Bruchstellen oben hatten noch keinen Zusammenhang, aber man konnte ihn sich immerhin schon irgendwie bilden. Aber ich ließ von solchen Spielen ab, als sich jetzt dem Weiß ein bläuliches Violett beizumischen begann, es ging von dem weiß

bleibenden, ja geradezu weiß erstrahlenden Mittelpunkt der Decke aus, in welchen knapp oben die armselige Glühlampe eingesteckt war. Immer wieder in Stößen drängte sich die Farbe oder war es ein Licht, gegen den sich jetzt verdunkelnden Rand hin. Man achtete gar nicht mehr auf den fallenden Mörtel, der wie unter dem Druck eines sehr genau geführten Werkzeugs absprang. Da drängten in das Violett von den Seiten her gelbe, goldgelbe Farben. Die Zimmerdecke färbte sich aber nicht eigentlich, die Farben machten sie nur irgendwie durchsichtig, über ihr schienen Dinge zu schweben, die durchbrechen wollten, man sah schon fast das Treiben dort in Umrissen, ein Arm streckte sich aus, ein silbernes Schwert schwebte auf und ab. Es galt mir, das war kein Zweifel, eine Erscheinung, die mich befreien sollte, bereitete sich vor. Ich sprang auf den Tisch, um alles vorzubereiten, riß die Glühlampe samt ihrem Messingstab heraus und schleuderte sie auf den Boden, sprang dann hinunter und stieß den Tisch aus der Mitte des Zimmers zur Wand hin. Das, was kommen wollte, konnte sich ruhig auf den Teppich niederlassen und mir melden, was es zu melden hatte. Kaum war ich fertig, brach die Decke wirklich auf. Noch aus großer Höhe, ich hatte sie schlecht eingeschätzt senkte sich im Halbdunkel langsam ein Engel in bläulich violetten Tüchern, umwickelt mit goldenen Schnüren, auf großen weißen seidig glänzenden Flügeln herab, das Schwert im erhobenen Arm wagrecht ausgestreckt. »Also ein Engel!« dachte ich »den ganzen Tag fliegt er auf mich zu und ich in meinem Unglauben wußte es nicht. Jetzt wird er zu mir sprechen.« Ich senkte den Blick. Aber als ich ihn wieder hob, war zwar noch der Engel da, hieng ziemlich tief unter der Decke, die sich wieder geschlossen hatte, war aber kein lebendiger Engel, sondern nur eine bemalte Holzfigur von einem Schiffsschnabel, wie sie in Matrosenkneipen an der Decke hängen. Nichts weiter. Der Knauf des Schwertes war dazu eingerichtet Kerzen zu halten und den fließenden Talg aufzunehmen. Die Glühlampe hatte ich heruntergerissen, im Dunkel wollte ich nicht bleiben, eine Kerze fand sich noch, so stieg ich also auf einen Sessel, steckte die Kerze in den Schwertknauf, zündete sie an und saß dann noch bis in die Nacht hinein unter dem schwachen Licht des Engels. (538–541)

Wenn Kafka im Tagebuch mitteilt, »daß ich für meinen Teil eine starke Verwandlungsfähigkeit habe, die niemand bemerkt« (46), dann ist das nur zu einem geringen Teil eine autobiographische Auskunft, die sich auf das Leben des Tagebuchschreibers bezieht; in viel größerem Maße hat dies Gültigkeit für das ›literarische‹ Geschehen, dem zu häufig nur in ungenauen, die Begriffe bis zur Unkenntlichkeit verwässernden Formulierungen nachgespürt worden ist (»So ist die Suche nach dem Ich in Kafkas Tagebüchern eine fortdauernde existentielle Selbstverwandlung«).[333] Verwandlung ist der Modus der Präsenz des Schreibenden, die Art, in der er in seinen Texten präsent ist: darin, nicht nur als der ›Ruinenbewohner‹ irgendwo abseits in den Bergen, verborgen für die anderen. Leben wird nicht allein ergriffen im Tagebuch in Momenten der Verwandlung, der Wahrnehmung einer überraschenden Veränderung; es verwandelt sich, indem es ergriffen wird. Das Fremde ist nicht nur Stoff der Literatur, es wird hergestellt durch sie, ist Resultat, Ergebnis, auch: Leistung von Literatur. Damit aber auch erweist

---

[333] Jurgensen [1979], 138.

das Fremde, als Literatur, die Kraft der Literatur als des Fremden, des immer ganz anderen.

Das Fremde im Text, als Erfahrung des Lebens

Das Fremde ist ein Motiv der Literatur in doppelter Hinsicht: als Gegenstand, von dem gehandelt wird in ihr, und als Erfahrung, die sie vermittelt. Und daß geordnete Zusammenhänge, gesichert scheinende Verhältnisse sich als Täuschung erweisen, ist ebensosehr Erfahrung des Lebens wie Merkmal einer Literatur, die sich nicht damit begnügt, Bekanntes zu wiederholen, sondern dazu anhält, ja zwingt, die Grenzen des Gewohnten zu übersteigen und Neues wahrzunehmen. Fremd sind die Figuren, die der ›Ruinenbewohner‹, sich ihrer erinnernd, aus der Vergangenheit seines Lebens hervorholt: sie stehen isoliert voneinander und »wissen wie auf alten Gruppenbildern nichts miteinander anzufangen« (III 4f.). Fremde sind die Kafkaschen ›Helden‹ allesamt: als Reisende unterwegs, zu einem ungewissen Ziel aufgebrochen, vor einer Ankunft im Ungewissen, lange wartend vor einem Ausgang, von dem nicht gewiß ist, was sich hinter ihm befindet, in der Fremde: Karl Roßmann in Amerika wie Josef K. in der Stadt oder K. im Dorf, und sie bleiben auch dem Leser fremd, verweigern ein näheres Kennenlernen, »Kafkas Männer ohne Eigenschaften«,[334] die sich im Mittelpunkt des Geschehens befinden, das sie mit ihren Bemühungen um Annäherung, Aufklärung, Unterrichtung in Gang halten, ohne daß sie im Verlaufe dieses Geschehens an Gestalt gewännen.[335] So verkörpern sie das Prinzip des Fremdwerdens im Text, in ihrer gleichbleibenden, immer befremdlicher wirkenden Ferne und Gestaltlosigkeit, in der sie sich, für die Augen des Lesers, darbieten.

Entfremdung und Bewußtsein: Schreiben unter fremden Vorzeichen

Der Tagebuchschreiber, der sich die Schuldigen der eigenen Erziehung erinnernd vergegenwärtigt, ist dabei gezungen, von sich selbst wegzurücken. Denn der Protest gegen die Erziehung, die ihn verdorben hat, ist, da diese so umfassend verdorben hat – und das ist das stärkste Argument gegen sie –, nur möglich unter dem Einfluß eben dieser Erziehung; der Widerstand gegen die Verursacher des Zustandes, in dem sich das Ich jetzt befindet, ist nur möglich in Bildern und Vorstellungen, die von eben diesem Zustand zeugen. In der Verneinung des schlechten Bestehenden, dem Protest gegen das Zurückliegende bleibt Kafka an dieses, in seiner Gegenrede, gebunden.

---

[334] Vgl. Noble [1972], 391, 394.
[335] Vgl. Bachmann [1978], 242.

Schreiben im Tagebuch ist Reaktion: in Abhängigkeit von dem, von dem man sich in ihm zu befreien sucht; ist Widerstand unter den Regeln, fast: mit den Mitteln des Gegners.

»Kafka erlebte diese Welt als Konflikt.«[336] Sein Widerstand reproduziert diesen Konflikt, trägt all die Merkmale dessen, gegen das er sich zur Wehr setzt. Sein Schreiben reflektiert das Fremde und das Bewußtsein des Fremden, seine »innere Welt« ist »das Schlachtfeld seines ununterbrochenen Kampfes gegen die Entfremdung [. . .], ohne daß er sich jemals aus dieser Entfremdung befreien könnte.«[337] Diese Reaktion als selbst in sich gespaltener Zustand ist verantwortlich für die in so vielfacher Hinsicht gespaltene Struktur seines Werkes, die wechselseitige Durchdringung von einander Widersprechendem, für das »Nebeneinander« von Auflehnung und Ergebung, Zweifel und Glauben, Hinnahme und Angst, Verweigerung und Sehnsucht, Liebe und Furcht, ironischer Antwort und ernster Frage.[338] Diese Teilung ist eine doppelte, in Begriffen der Philosophie gesprochen: auf Entfremdung antwortet das Bewußtsein der Entfremdung, das, in sich, diese Teilung wiederholt, als »Kampf gegen die Entfremdung innerhalb der Entfremdung«[339] oder, so ließe sich, der Literatur näher, fortsetzen, als Darstellung der Entfremdung in Formen der Entfremdung, als Schreiben unter fremden Vorzeichen.

Und hier spätestens muß die philosophische Schelte, der Tadel ob unzureichender Klarheit des Blicks, mangelnder Reichweite von Erkenntnis (»das Bewußtsein der Entfremdung, verbunden mit der Unkenntnis ihrer Ursachen und der Mittel zu ihrer Überwindung«)[340] zurückgewiesen werden. Läßt sich überhaupt entscheiden, ob Kafka für oder gegen seine Zeit geschrieben hat? Sich ihr unterwirft oder sich ihr entzieht? Sich ihrer bemächtigt oder von ihr überwältigt wird? Die Verwandlung, die sich in seinem Schreiben vollzieht, vollzieht sich zwischen Aufklärung und Verrätselung, zwischen den Prinzipien des Mythos und der Erfahrung des Realen. »Kafkas Werk ist eine Ellipse, deren weit auseinanderliegende Brennpunkte von der mystischen Erfahrung (die vor allem die Erfahrung von der Tradition ist) einerseits, von der Erfahrung des modernen Großstadtmenschen andererseits, bestimmt sind.«[341] So versucht Benjamin, diese Zwischenstellung in ein räumliches Bild zu fassen – und noch im Zitat des Satirikers und dem satirischen Konter schwingt Anerkennung mit: »Von wegen ›Märchen für Dialektiker‹ (Walter Benjamin), von wegen eine ›Ellip-

---

[336] Garaudy [1966], 203.
[337] Ebd., 204.
[338] Garaudy [1963/1981], 119.
[339] Ebd., 129.
[340] Ebd., 121.
[341] Benjamin [1966b] II, 760 (an Scholem, 12. Juni 1938).

se mit den Brennpunkten Mythos und Großstadtalltag‹! Ellipse? Eine Pflau-
me war er!«[342] Wenn Kafka seine Welt- und Selbsterfahrung, die Ergebnisse
der Blicke des Beobachters auf sich selbst und auf die anderen in immer
neuen Anstrengungen, literarisch zu bewältigen sucht, und dabei, in dem
Versuch, sich dessen, was er erfährt, zu erwehren, der Gestalt der Entfremdung in seiner Literatur erst eigentlich Raum gibt, dann ist das keine gestalterische Schwäche, die als weltanschauliche Ohnmacht, erkenntnistheoretische Kapitulation dem Autor anzulasten wäre. Daß Entfremdung, als
das Bewußtsein von ihr, in und durch Literatur erst eigentlich Gestalt gewinnt und erfahrbar wird, darin besteht die Leistung der Literatur Kafkas.
In dem Abweichen vom Angestrebten steckt die Wahrheit des Prozesses:
Daß die literarische Annäherung an die Dinge mit deren Fremdwerden,
Sich-Entfernen endet, alle gewissenhaften Bemühungen um Genauigkeit zu
immer mehr Uneindeutigkeit, die Bestrebungen um Aufklärung zu immer
größerer Rätselhaftigkeit führen, – in diesem Mißlingen liegt, wenn überhaupt irgendwo, die Wahrheit der Texte Kafkas.

cb) Exkurs zur Kafka-Literatur III.
Das Werk und sein Autor: Grenzen des Erklärens

Darstellungsgrund des Biographismus: das fremde Leben

Daß die Wahrheit der Texte Kafkas in seinem Leben liege, ist eine Annah-
me, die von den wenigsten Voraussetzungen auszugehen braucht und auch,
so scheint es, mit den am wenigsten weit reichenden Mutmaßungen sich
begnügen kann. Grundzug solchen Verfahrens ist, Unbekanntes (Gegenstände der Literatur) aus Bekanntem (Realien des Autor-Lebens) abzuleiten,
wobei – ein erster Einwand – die Vielzahl möglicher Erklärungsgründe im
Einzelfalle der gewollten Eindeutigkeit und Klarheit dann schon störend in
den Weg tritt: wenn etwa fraglich bleibt, welche Örtlichkeit denn nun die
Vorlage für das Schloß im »Schloß«-Roman abgegeben habe, »das Schloß in
Friedland« (935) oder der Hradschin in Prag, Woßek[343] oder die Schnee-
koppe, von Spindlermühle aus,[344] oder die Ruine Střela bei Strakonitz.[345]
Aber auch bei weniger greifbaren Merkmalen des Werks hat man das Leben
des Autors zu bemühen gewußt. So kehre in der literarischen Struktur der
Veränderung, all den Verwandlungen ins Fremde, den ständig sich ereig-

---

[342] Henscheid [1982], 270.
[343] Wagenbach [1965/1966], 166f.
[344] Binder [1976d/1982b], 284.
[345] Ebd., 282.

nenden Umschlägen der Ansichten, die seine Texte bieten, die jeweils entsprechende biographische Erfahrungskonstellation wieder: der häufige
Ortswechsel durch wechselnde Wohnungen etwa, die immer neuen Zu-
fluchtsstätten auf der Suche nach Ruhe für das Schreiben bieten sich dem als
auffällige Entsprechung an, der den Realien von Kafkas »Leben in Prag«
nachzuspüren nicht müde wird.[346] Oder der Wechsel in den Reaktionen
derjenigen, von deren Verhalten die Realisierung seines Wunsches nach einer freien Existenz als Schriftsteller abhängig war und die ihn zwischen
Hoffnung und Desillusionierung hin- und herwechseln ließen, wie es, aus
verlagsgeschichtlicher Sicht betrachtet, auffällt.[347] Oder noch anders – in
jedem Falle wird das ›fremde‹ Leben zum Verursacher erklärt für die Erfahrung der Fremdheit, den Prozeß des Fremdwerdens im Werk.

Dies ist nur möglich durch eine biographische Reduktion von für lebens-
geschichtlich aussagekräftig erklärten autobiographischen literarischen
Zeugnissen, unter denen das Tagebuch, noch vor den Briefen, die erste
Stelle einnimmt. Die Beantwortung der Frage, »was Kafka mit seinem
Schreiben gewollt habe«[348] – einer Frage, die allein, so sehen es die entsprechend – biographisch – Fragenden, in der Lage sei, die labyrinthische
Vielfalt der Zugänge zu Kafkas Werk auf einen einzigen zu ermäßigen –, die
Beantwortung dieser Frage sei eben nur möglich »durch die Betrachtung
der Tagebücher und Briefe.«[349] (Als ob schriftstellerische Absicht gesondert
vom Werk, in dem sie ›gelungen‹ zum Ausdruck kam, zu betrachten und zu
erkennen sei.) Aber so wird, in der Betrachtung, ein enger, in sich ge-
schlossener Regelkreis zwischen Leben, Tagebuch und Werk hergestellt,
innerhalb dessen jedes Glied das andere stützt, indem es zu seiner Erklärung
verhilft. In positivistischer Manier können die Eintragungen in verschiedene Quarthefte datiert und im Leben des Autors situiert werden durch
Vergleiche mit Realien (der Topographie etwa, die wiederum den Reisetagebüchern zu entnehmen sind), sie können in ihrer Reihenfolge rekapituliert
und vom editorischen Befund her plausibel nachvollziehbar gemacht werden durch Querverweise auf andere ›literarische Selbstzeugnisse‹, können
verbunden werden mit dem Werk durch motivische Parallelen. So entstehen, als Sekundärliteratur, wahre Unmengen von Stellen und Stellenhin-
weisen, die, als Vielzahl, etwas ganz Großes, nicht aber etwas großes Ganzes
anschauen lassen. Der Erkenntniswert liegt in der Beschreibung von neuen
Einzelheiten, aber es wird eben nur beschrieben, der Autor in Abhängigkeit
von seinem Leben und der (Geschichte der) Literatur, mit der er umging;

---

[346] Binder/Parik [1982], 14f. u. ö.
[347] Unseld [1982], 264.
[348] Demmer [1973], 31.
[349] Ebd.

294

dort, wo die Darstellung auf Fragen größerer Allgemeinheit hinführt, gerät sie an ihre Grenzen. Wenn Binder etwa, gestützt auf die bekannten, einschlägigen Tagebuchpassagen, einmal feststellt, im »Urteil« sei die Ehe, der Anschluß an die menschliche Gemeinschaft, in der »Verwandlung« dagegen das Alleinsein, der Ausschluß von Gemeinschaft literarisch durchgeprobt worden, dann ist damit nicht das letztmögliche Wort gesprochen, obwohl die Wörter, die Binder gebraucht, so klingen könnten: »Die Erzählung [›Die Verwandlung‹] will, als Alternative zu dem im ›Urteil‹ dargestellten Lebensmodell, die Frage entfalten, welche Folgerung sich aus einem Rückzug von allen Gemeinschaftsbindungen ergeben würde, der als Gegenmodell seiner Heiratswilligkeit von ihm gleichzeitig erwogen und mit Argumenten von vergleichbarer Durchschlagskraft gestützt wurde.«[350] Die Gefahr liegt nahe, daß Literatur reduziert wird auf eine Demonstration, die nur so logisch ablaufen kann wie die Gedankengänge desjenigen, der sie – so – rekonstruiert. Und die höchste logische Operation, die solcher Sicht zugrundeliegt, ist die der Ableitung, die erwächst aus Vergleich und Interpolation. Im Tagebuch habe Kafka notiert, wie der Vater über den Freund Löwy urteilte:

Wer sich mit Hunden zu Bett legt steht mit Wanzen auf. (3. November 1911, 225)

Im »Brief an den Vater« habe er ihm genau das, acht Jahre später, vorgehalten:

Ohne ihn [Löwy] zu kennen, verglichst Du ihn in einer schrecklichen Weise, die ich schon vergessen habe, [!] mit Ungeziefer [. . .]. (H 171)

Dazwischen aber liege die Erzählung »Die Verwandlung«, die Geschichte mit dem Unziefer, dem Käfer, dem Insekt (Br 135), der Wanze (J 55) – eine Verwandlung, die solchermaßen, im Detail, aus einem Detail der Biographie des Autors abgeleitet ist, damit aber noch nicht in ihrem literarischen Funktionieren verstanden. So wie das »Urteil« abgeleitet, aufgeschlüsselt werden kann (»Kafka veranschaulicht sich m. E. in G. Bendemanns Verhältnis zu seinem Freund die Frage, ob er den von ihm mit dem Brief an F. Bauer angetretenen Weg mit seinem Schreiben vereinbaren kann«)[351] als Eindeutig-Machen des Mehrdeutigen (»daß Kafka bei G. Bendemann an sich selbst gedacht hat und im Freund sein Dasein als Schriftsteller gestaltet hat«),[352] als Reduktion des Vielschichtigen (»Kafka stellt also, indem er den Lebensweg des Jugendfreundes von G. Bendemann erzählt, seinen Lebensweg und seine Lebensweise als Schriftsteller dar: die Unzufriedenheit mit dem Beruf [usw.]«).[353] Eine Reduktion, die gleichwohl, wie im Ersatz für unterschla-

---

[350] Binder/Parik [1982], 158f.
[351] Demmer [1973], 140.
[352] Ebd., 124.
[353] Ebd., 118.

gene Vielschichtigkeit, selbst ein immer verwickelteres Aussehen sich gibt, einen immer ungelenkeren und komplexeren Anschein erhält: »Wenn er [der Vater] also Georg nach seinem Freund fragt, dann fragt er ihn nach seinem Verhältnis zu ihm, und wenn er feststellt, daß Georg keinen Freund in Petersburg hat, so heißt das, daß er ihm vorwirft, daß er sich gegen ihn auflehnt.«[354] Gegen solchen begriffslosen Reduktionismus, die positivistische Auslegung eines Textes, die quasi als Interlinearversion aus Tagebüchern und Briefen bekannte Sachverhalte daneben-, besser: darüberlegt, sind gerne und am liebsten Einwände im Namen Kafkas selbst erhoben worden, nach dem Motto, »daß das Denken nicht bei Kafka beginnt und bei der Dohle endet.«[355] Aber solange die Ausweitungen, die anschließend vorgeschlagen werden, seien sie psychologisch oder soziologisch: Kafkas Tagebücher als der Ort, die seelischen Spannungen zwischen Sohn und Vater auszutragen,[356] mit allen entsprechenden Symptomen: neurotischer Verstörung, Verlust der Ich-Stärke, ›Entfremdung‹ der Persönlichkeit,[357] oder als Beleg dafür, die Gleichartigkeit von Familien- und Gesellschaftsstruktur zu erkennen, die Tyrannei des Vaters zu begreifen als Abbild des Herrschaftsprinzips in der bürgerlichen Gesellschaft und der beabsichtigten Einübung (›Erziehung‹) in sie,[358] – solange diese Ausweitungen ihrerseits sich nicht bis zum ›eigentlich Literarischen‹ erstrecken, sondern die Verwandlung von autobiographischem Zeugnis zum literarischen Text überspringen,[359] solange sie das Ästhetische nur von ungefähr anstreben als etwas Allgemeines, auf das alle Details bezogen sind, bleibt die Aussagekraft aller noch so detaillierten Fragestellungen eben begrenzt auf das, was vordergründig auf der Hand liegt. »Kaum jemand fragt nach Kafkas Kunst«, so lautet 1952 Beißners fast zeitlos gültig zu nennende Klage.[360] Nur wenn biographische Deutung des Schreibens weiter gefaßt, das (fremde) Leben Kafkas als Darstellungsgrund in mehrfacher Hinsicht erkannt wird, als Basis, methodische Grundlage wie als Rechtfertigung, von der Sache her begründetes literarisches Motiv, ließe sich der selbstverursachten Beschränkung entgehen. Dann könnte man das fremde Leben des Autors wiederfinden auch in ›fremden‹ Texten, in Tagebucheintragungen, die auch, bei allem Mühen um Erklärung, fremd bleiben, die ›biographisch‹, ein Selberlebenszeugnis sind in ganz anderem, viel rätselhafterem Sinne, als es die beflissenste Rekapi-

[354] Ebd., 168.
[355] Košik [1967/1976], 30 (»Die geistige und gedankliche Reproduktion der Wirklichkeit«).
[356] Schink [1980], 78f.
[357] Rattner [1964], 42, 27, 17.
[358] Beicken [1974], 202f.
[359] Vgl. etwa bereits Brod zum »Brief an den Vater«, [1937], 24–28.
[360] Beißner [1952], 9.

tulation einer Abbildungs-Reihe, Ursache-Wirkungs-Relation sich je träumen (ja: träumen) ließe:

> Die Eltern scheinen eine schöne Wohnung für F. und mich gefunden zu haben, ich bin nutzlos einen schönen Nachmittag lang herumgestrichen. Ob sie mich auch noch ins Grab legen werden nach einem durch ihre Sorgfalt glücklichen Leben (514),

heißt es unter dem 6. Mai 1914 im Tagebuch, aufklärend nicht durch Reduktion, sondern Imagination, als Erinnerung und Vorahnung[361] zugleich Dunkles in rätselhafte Hellsichtigkeit verwandelnd.

Deutungsmuster der Psychologie: Selbstentfremdung

Auch die psychologische Deutung nimmt von Biographischem ihren Ausgang. So wird das, was wir als das Fremdwerden der Dinge bei Kafka sehen, als Resultat der »Grundstörung«[362] auf einer frühen Stufe der Sozialisation ausgegeben: Kafka, Einzelkind bis zu seinem siebten Lebensjahr, habe in entscheidend prägender Phase unter Liebesentzug durch die Eltern, namentlich die Mutter, zu leiden gehabt. Dieser Defekt in der Mutterbindung bedeute eingeschränktes Urvertrauen, habe ein »gestörtes Verhältnis zu den Primärobjekten«[363] überhaupt nach sich gezogen. All die späteren Erscheinungen wie Entscheidungsschwäche und Entfernung vom eigenen Körper, Neigung zu Isolation und einer depressiven Grundstimmung, innerhalb deren Nichtigkeitsgefühle vorübergehend durch Größenphantasien abgelöst und durchbrochen würden, Einzelzüge wie Hypochondrie und Lärmempfindlichkeit, Antriebsarmut und Neurasthenie resultierten aus dieser Grundbeschädigung, so lauten die entsprechenden Überlegungen. Vor diesem Hintergrund lassen sich dann auch Einzelmerkmale seines Schreibens zu Kategorien der Psychopathologie in Beziehung setzen; die Erfahrung der Entfremdung in seinen Texten wird mit dem Mechanismus der Verdrängung in Zusammenhang gebracht, ›Fremdwerden‹, in seinen Texten das Sichentfernen der Dinge, die wegzustreben scheinen wird erkennbar als in Wahrheit ein Wegschieben der Dinge durch den Schreibenden, als notwendig-unfreiwilliges Offenbarwerden mangelhaft geglückter Verdrängung, nicht-gelungener Aussparung von etwas, das für den Schreibenden zentrale Bedeutung besitzt. Mit dem Befolgen eines Berührungs- und Selbstberührungsverbotes sei Annäherung nur in der Form des Ausweichens gestattet, die Struktur der unaufhörlichen Umkreisung meine die versagte Bewegung ins Zentrum hinein; Kafka müsse fernbleiben von dem,

---

[361] Born [1980], 25.
[362] Binder [1979b], 129. .
[363] Ebd., 138.

was in der Schreibbewegung angestrebt sei, er dürfe nicht erreichen, was er erreichen wolle.

Vor dem Bewußtsein solcher Zusammenhänge ›verwandeln‹ sich Kafkas Texte in Geheimschriften, die, als Dokumente erzwungener Selbstentfremdung kenntlich, für den Kundigen lebensgeschichtliche Wahrheiten ihres Verfassers, in der Verschreibung, offenbaren. So etwa – um eine besonders spektakulär sich gebende Vermutung jüngeren Datums zu erwähnen[364] – Kafkas angebliche Homosexualität, die ungestraft eingestehen zu können er sich eine ›Geheimschrift‹, einen geheimen ›Code‹ von aufeinander bezüglichen Zeichen geschaffen habe. So außerordentlich diese Deutung auch auftritt, für den Versuch, sie plausibel zu machen, müssen gedankliche Operationen geläufigster Art herhalten, wird (wieder einmal) ein einzelner Zug, eine Beobachtung isoliert zum alles erklärenden, den (vorgeblichen) Code (vermeintlich) auflösenden Schlüssel erklärt, der in der Lage sei, »das Fremde und Rätselhafte wie eine Geheimschrift [. . .] ins Bekannte und Faßliche«[365] zurückzuübersetzen: »Kafkas Geheimtext – er schuf ihn aus Scham und aus Angst vor der Schande – diesem Code Kafkas unterliegt ein Generalschlüssel: Ausbrüche physikalisch unerklärlicher Hitze oder Schwüle. [. . .] Bedeutung: Schwul oder warmer Bruder.«[366] Und, was noch wichtiger ist, psychoanalytische Enthüllungen solcher Art bleiben, in schlechtbiographischer Art, privatistisch, nur auf das Besondere des einen ›Falles‹ bezogen und reduzieren die Vielfalt von Bestimmungen eines Werks auf eine unbefriedigende Weise. »Mit Krafft-Ebing kommt man Kafka nicht bei.«[367] Ein anderes Beispiel: Die literarischen ›Vorwürfe‹ gegen die Erziehergestalten in seinen Texten, den Erzählungen und Romanen, spiegelten allesamt die sadomasochistische Beziehung zum Vater, die verantwortlich sei dafür, daß in der Selbstanklage aggressive Triebabfuhr und virtuelle Triebbefriedigung erfolge, der Angriff auf die Außenwelt dabei untrennbar selbstzerstörerische Züge annehme, nicht nur im »Brief an den Vater«, der einer symbolischen Vater- (das heißt aber auch: Selbst-)Mordhandlung gleichkomme.[368] Übergreifendere Formulierungen als solche, die vom Besonderen, Privaten gleich ins Archetypische springen, sind den meisten psychologisierenden Interpreten der deutschsprachigen Kafkaforschung kaum zur Hand, solche, wie sie für die Hauptrichtung angelsächsischer Kafkaphilologie etwa verbindlich gewesen sind, bei der mit der Charakterisierung durch individualpsychologische Begriffe zugleich eine Kennzeichnung in allgemein-zeitgeschichtlicher, ja politischer Hinsicht beab-

---

[364] Mecke [1982].
[365] Stach [1984], 215.
[366] Mecke [1981], 209.
[367] Matt [1986].
[368] Mitscherlich-Nielsen [1977], 64.

sichtigt wird: Daß in dem Fremdwerden der Einheit der einen Person (zum Beispiel im »Urteil«: Georg und der Freund als das schuldige und das reine Ich, gemessen an der übergeordneten Instanz des urteilenden Vaters) auch etwas Allgemeines verborgen liegt, der Bezug auf Geschichte (wenn diskutiert wird, ob Georgs Selbsttötung »als Versöhnung« gelten darf »mit den Mächten, die das begrenzte Ich übersteigen«,[369] nämlich als Zurückfinden in die »Idylle [. . .], die vor dem Sündenfall existierte«)[370] – in solchem historischen Sinne, der auch die Geschichte des Werks selbst, das solchermaßen interpretiert wird, mit umfaßt,[371] spricht Sokel von Kafka als dem »Dichter der Freudschen Mythenwelt«, ja als dem »Dante des Zeitalters Freuds«, deshalb, weil er, Kafka, etwas nicht nur von sich, sondern, als »Zeichner der das Ich bedrängenden und auflösenden Innenwelt«, auch von diesem seinem Zeitalter gestaltet habe.[372]

Nur hier, in solcher Kraft zu guter Allgemeinheit, wird auch etwas von dem Befreiungsmoment deutlich, das Literatur innewohnt: Befreiung durch Fiktionalisierung nicht nur als Phänomen für die Psychologie, Literatur auch als Befreiung von ihr. In solchem Lichte wird eine Erzählung wie »Das Urteil« zu einer Verwandlung auch in dem Sinne, daß ihre Niederschrift als eine Art Selbstwerdung des Autors gelten darf, dem das literarische Sprechen, wie in der berühmten, bereits hinlänglich zitierten Tagebuchstelle ersichtlich, zum Akt der Selbstbefreiung wird. Dann darf man auch behaupten, daß Kafka »mit einem unmerklichen Augenzwinkern [. . .] das biographische Material seines Lebens zu einer Psychoanalyse seiner selbst durch sich selbst« benutzt habe,[373] mit einem eigenen Augenzwinkern nämlich, desjenigen, der, wie Politzer, Mitarbeiter an der ersten von Brod veranstalteten Gesamtausgabe, seine tiefenpsychologischen und geistesgeschichtlichen Exkurse für die Erhellung literarischer Strukturbegriffe, die zu klären es ihm ankommt (›Labyrinth‹, ›Parabel‹, ›Ironie‹), nutzbar macht und das »geglückte Sprachbild«[374] niemals gegen das mißlungene Leben aufrechnet. Die verändernde Kraft der Literatur liegt darin, daß sie sich gegen die

---

[369] Beicken [1974], 244.

[370] Sokel [1964], 62.

[371] Ebd., 510: »Was im URTEIL und der VERWANDLUNG mit dem leiblichen Vater des Helden begonnen, wird im SCHLOSS Gesellschaftsordnung, in den FORSCHUNGEN EINES HUNDES das Absolute, im HUNGERKÜNSTLER die Menschheit als Publikum und in JOSEFINE das Volk, das für das Kreatürliche schlechthin steht. Der Gegensatz von Vater und Sohn in den Werken von 1912 (die Kafka ja [DIE] SÖHNE betiteln wollte) wird in den Werken von 1920 bis 1924 zum Gegensatz von Kollektiv und Individuum, Art und Ausnahme, Publikum und Künstler, Menschheit und Unmensch.«

[372] Ebd., 19.

[373] Politzer [1962/1965], 415.

[374] Ebd., 12 (Einleitung).

Zusammenhänge, aus denen sie erwächst und dann abgeleitet wird, behauptet, daß ein Text wie der vom ›Ruinenbewohner‹, der gegen die schädigende Einflußnahme der Eltern und Erzieher protestiert, sich selbst vom Gepräge dieser Beschädigungen emanzipiert, von ihnen freizukommen vermag. »Wäre das Werk aus einer neurotischen Bindung an den Vater entstanden«, so räsoniert Emrich über den »Brief an den Vater«, »dann müßte es selbst das Stigma des Neurotischen tragen, im sprachlichen Ausdruck wie im subjektiv verblendeten Gehalt. Das hervorragende Charakteristikum des Kafkaschen Stiles ist aber gerade die äußerste, kaum sonst in der Weltliteratur erreichte Klarheit und Prägnanz der Diktion, frei von jeder unbewältigt strömenden oder krankhaft gestauten Affektsprache.«[375] Offenbar hat hier die Literatur allen Bemühungen, sie zu erklären, eine Grenze gesetzt.

Kafka und seine Leser: die Vielfalt der Meinungen und der eine Text

Von der Vielfalt der Meinungen zu Kafka und der Wege, auf denen diese zustandekommen: der mythologischen und der psychologischen, der stilkritischen und der biographischen, der religiösen, soziologischen und anderen, war schon die Rede.[376] »Es kitzelt alle, dass man ihn *nicht* versteht. – Die Wahrheit ist: man kann ihn 1) verstehen 2) nicht verstehen 3) historisch verstehen. Das Dritte ist das Schwerste.«[377] »Manche graben sich abseits ein; andere nur vor den Toren«, geißelte bereits kurz nach dem Zweiten Weltkrieg einer der Kafkaforscher das willkürlich-ziellose Treiben seiner Kollegen,[378] und erst 1983 plädierte ein anderer allen Ernstes für ein »Moratorium

---

[375] Emrich [1975], 77.

[376] Ein immer noch erhellender »Bericht über den Stand der Kafkaforschung« im Jahre 1950, als nahezu alle wesentlichen Interpretationsrichtungen in Grundzügen bereits ausformuliert vorliegen (vgl. Järv [1961], 5), findet sich bei Seidler [1953], 119–166; die »Wege der Forschung« bis in die jüngere Zeit sind anregend dargestellt und kommentiert worden durch Politzer [1973b/1980b]. – Unnötig zu sagen, daß die vorliegende Arbeit keinesfalls den Anspruch erhebt, mit der Vielzahl der beigebrachten Zitate aus der Sekundärliteratur indirekt auch deren Verlauf zu dokumentieren oder gar deren Geschichte mit darzustellen; die Zitatauswahl ist in den allermeisten Fällen allein den eigenen Bedürfnissen der Darstellung gefolgt. – Ähnliches gilt sinngemäß für die aus Kafkas Tagebüchern berücksichtigten Passagen: Daß einzelne Zitate mehrfach, in jeweils unterschiedlichen Zusammenhängen, als Beleg auftauchen, so wie umgekehrt (und bei ausführlich wiedergegebenen Tagebuchpartien mag dies besonders deutlich auffallen) die Zitate unter Umständen mehr an Ansätzen für Assoziationen und Deutungen anbieten, als im jeweiligen Kontext der Darstellung realisiert wird, wurde bewußt in Kauf genommen. Es entspricht dem gewählten Verfahren, Merkmale des Tagebuchs und der Schreibmuster in ihm ›systematisch‹, das heißt, über die (›diarischen‹) Grenzen einzelner Eintragungen hinaus zu erfassen.

[377] W. Kraft [1938], 1.

[378] Hering [1948], 99.

der Kafka-Forschung«[379] ob der regellos sich vermehrenden Menge der Ansichten, die nur eine unfruchtbar-beliebige Vielzahl von Bildern habe entstehen lassen; er hätte sich dabei sogar auf Kafka selbst berufen können und
die Aufforderung, die dieser im »Schloß«-Roman dem Landvermesser K.
anläßlich seines langen nächtlichen Gesprächa mit Olga in den Mund legt:
»Laß die Deutungen!«« (SKA 324)

Daß genau dies, die Menge alles Möglichen, die derzeitige Lage der
Kafka-Philologie kennzeichnet, macht das Beispiel der letzterschienenen
größeren Arbeit zu seinen Tagebüchern deutlich, Jurgensens Studie zum
»fiktionalen Ich«,[380] von der schon mehrfach die Rede war, in der er Kafkas
Diarium im – ja was: Zusammenhang? Kontext? mit entsprechenden (?)
Texten von Goethe und Kierkegaard, Thomas Mann und Max Frisch bis
Peter Handke vorstellt und sie allesamt als jeweilige Vorstufe im Fiktiona-
lisierungsprozeß ihres Autors begreift. Hier herrscht schlechter Methoden-
pluralismus, der fast modernistisch-wahllos im Trend alles Aktuellen oder
als aktualisierbar Geltenden sich bewegt. Es werden Anleihen beim Vokabular formalistisch-strukturaler Beschreibung gemacht und kurzschrittige
Parallelen zum Verfahren der Psychoanalyse hergestellt (»Das Kafkasche Ich
entspricht durchaus dem [?] Freudschen Libido«);[381] sie sind dafür verantwortlich, daß, allen anderweitigen Bemühungen zum Trotz, die Grenze zwischen Dichtung und Krankengeschichte, zwischen Kafkas Tagebüchern und
Freuds psychologischen Studien[382] unscharf bleibt: beidesmal sei es darum
gegangen, wie die »Psychose der Existenzangst« im Traum abzuarbeiten
sei.[383] Daneben wiederum stehen nicht-maßstabsgerecht literaturgeschichtliche Parallelisierungen, ja aus dem nachhinein konstruierte Abhängigkeiten
(«[. . .] erweist er [Kafka] sich ein weiteres Mal als Vorläufer Max
Frischs«),[384] die von ähnlich vage herausgefühlten Gemeinsamkeiten der
dichterischen Absicht getragen sind (beide, Kafka wie Frisch, seien aus dem
»gleichen moralischen und existentialistischen Impuls« schaffend tätig gewesen).[385] Über allem thront eine Deutungs-Figur, die man fast neo-›exi-
stentialistisch‹ nennen müßte – so enervierend häufig wird jedenfalls Kafkas
Werk als »ein besonders anschauliches Beispiel existentieller Selbstanalyse«[386] beschrieben, als – was auch immer dies bedeuten mag – existentieller
Erkenntnisprozeß, der qua reflektierter, das heißt wohl: bewußter Fiktio-

---

[379] Steinmetz [1985], 157.
[380] Jurgensen [1979].
[381] Ebd., 141.
[382] Ebd., 142.
[383] Ebd., 143.
[384] Ebd., 153.
[385] Ebd., 184.
[386] Ebd., 134.

nalisierung möglich werde, deren Einsetzen ihrerseits im Tagebuch zu verfolgen sei. Verräterisch die Inflation der Stichworte Existenz/existentiell und Reflexion/reflektiert – eine gedrängte Probe: »Die reflektierte Fiktionalisierung als existentieller Erkenntnisprozeß [...] ist überhaupt nur durch die Sinnbildhaftigkeit des Wesens [welchen?] selbst denkbar.«[387] Gewiß zutreffende, scharfe Beobachtungen, über die ›gesellschaftliche Existenz‹ des Autors im Tagebuch etwa (»Anregungen von außen, sei es in der Form von Bekanntschaften, Reisen oder intellektuellen Auseinandersetzungen, dringen nicht bis in das Innere der Kafkaschen Individualexistenz vor«),[388] werden damit zu verfließenden, ›universalen‹, das heißt, nach jeder Seite hin zu drehenden Sätzen entwertet (»*In der Fiktionalisierung des eigenen Ich vollzieht sich die existentielle Selbstverwandlung Kafkas*«),[389] die doch am Ende immer wieder nur das Unvergleichliche, Einzelne, Individuell-Herausgehobene einer Dichter-›Existenz‹ bestaunen. Und in einen letzten Satz münden, der – naturgemäß dem letzten Satz des Kafkaschen Tagebuchs geltend, natürlich auch durch Kursive hervorgehoben – das kaum mehr Nachvollziehbare als ›Auflösung‹, als Fazit bietet: »*Die Fiktion Franz Kafka löst sich willentlich als Eigenurteil auf, um sich ihrem Wesen gemäß zu verwirklichen.*«[390] Bei all dem behandelt Jurgensen die materiale Seite seines Gegenstandes verächtlich, desinteressiert an den Niederungen editorischer Fragen etwa, scheint er völlig arglos gegenüber der Brodschen Version, in der ihm die Tagebücher Kafkas vorliegen: wenn er die »literarischen Fragmente« in ihrer Häufigkeit innerhalb der Tagebucheintragungen des Jahres 1914 durchzählt und dabei offenbar ›Eintragungen‹ (Kafkas) einerseits und Absätze (die oft genug von Brod herrühren) andererseits als gleichbedeutend behandelt;[391] wenn er überhaupt so etwas wie ein »Tagebuchjahr«[392] als Einheit ansieht (und als Ordnungsprinzip seiner Darstellung verwendet) und dabei folgerichtig die Eintragungen des letzten ›Tagebuchjahres‹ 1923 als das letzte Tagebuch Kafkas (»in seinem letzten Tagebuch«)[393] ansieht, wo doch das letzte (letzterhaltene) Quartheft immerhin vom 15. Oktober 1921 bis zu eben den letzten (drei?) Notizen unterm 12. Juni 1923 (925f.) reicht.

Es hat, auch früher schon, nicht an Versuchen durch dazu berufene Interpreten gefehlt, die Vielfalt der herrschenden und weiter noch denkbaren Interpretationen in der Einheit eines Begriffes aufzuheben. Der weitestgehende solcher Versuche ist wohl der von Emrich, das Werk und den Dich-

---

[387] Ebd., 196.
[388] Ebd., 134.
[389] Ebd., 139.
[390] Ebd., 201.
[391] Ebd., 175.
[392] Ebd., 189.
[393] Ebd., 200.

ter, wenn schon auf insgesamt eines, dann auf das denkbar Allgemeinste festzulegen: nämlich das ›Universelle‹: Kafka als Dichter auf der Suche nach einem verlorengegangenen Universellen, sein Werk als Verkündigung der Botschaft einer solchen Universalität, als Korrektur für das Verhalten des dem Universellen entfremdeten Menschen. Solches Universelle, das in (grotesker) Rivalität zu der Ganzheitsauffassung seiner Zeit stehe,[394] ist schon wieder so allgemein, daß es, selbst als Negierung durch den Autor, den Interpreten an klassisch-humanistische Ideale, an Kant-Goethe-Hegel gemahnt und so – mit welcher Begründung schließlich aber? – als positive Größe der Betrachtung einzelner Texte Kafkas oder Sätze aus ihnen vorangestellt wird. Das Universelle, in dem alle Einseitigkeiten enthalten sind – und das im Speziellen stets den schlüssigen Respons auf einzelne Fragestellungen einzelner Interpretationsansätze erlaubt, bedeutet letztlich nur die Ackumulation von Einseitigkeiten, nicht deren Aufhebung, ist am Ende eine aporetische Kategorie, ein Bestimmungsgrund der Verlegenheit, mit dem die Nichtbegrenztheit, Unbestimmtheit zur Bestimmung erhoben ist – statt daß nach spezifischen Kategorien gesucht würde, die Kafkas Werk erschließen, das heißt, als eigenes Gebiet abgrenzen, definieren helfen. »Müßig ist es, an eine Deutung Kafkas zu gehen, ehe man langen Umgang mit seinen Motiven gepflogen hat«[395] – allen nur vorgeblich immanenten Deutern sei Benjamins Tadel und Warnung entgegengestellt –, »es ist nämlich viel leichter, [. . .] spekulative Schlüsse zu ziehen, als eine einzige Erzählung Kafkas wirklich zu verstehen«.[396] Rätselhafterweise entzieht sich Kafkas Dichtung dem deutenden Zugriff ja nicht wegen eines vagen, nebulosen Charakters, sondern gerade aufgrund ihrer Übergenauigkeit. Ja, »Kafkas klare Diktion und seine sogar künstlich verknappte Sprache [. . .] stehen in fast komischem Widerspruch zur scheinbaren [. . .] Vieldeutigkeit des Ganzen.«[397] Auf diese Ungenauigkeit als ein literarisches Merkmal gilt es zu antworten, nicht, sie zu überspringen, sich ihr zu entziehen, durch das Ausweichen in Ableitbarkeiten der unterschiedlichsten Art. »Kafkas Erzählungen sind nicht Abhandlungen über religiöse, metaphysische oder moralische Probleme, sondern Dichtungen«, formulierte es, in den Worten seiner Zeit, 1956 Hermann Hesse.[398]

Konzentrierter als leere-weite Konstruktionen, andererseits weitreichender als die bloße Reduktion literarischer auf biographische Konstellationen sind Hinweise auf strukturelle Analogien als auf Merkmale, die dem Werk immanent sind und zugleich über es hinaus zu verweisen imstande sind,

---

[394] Emrich [1958], 11–73 (»I. Die universelle Thematik«).
[395] Benjamin [1977b], 1234.
[396] Ebd., 1235.
[397] Stach [1984], 218.
[398] Hesse [1956/1970], 491.

Hinweise wie etwa auf »das Mechanische« bei Kafka,[399] die Zwanghaftigkeit fester Verweisungszusammenhänge von Verhaltensformen, Bewegungsabläufen und Raumzuordnungen (Dachböden als »die Gehirnkammern der Haus-Körper« zum Beispiel,[400] in denen die »Zentralen der Schuld«, die Verfügungsorte auch der Gerichtsbarkeit dann natürlich auch, angesiedelt seien). Solche Hinweise, ernst genommen als Ineinandergehen von Menschenbild und Weltansichten, Moral und Physiologie, Religion und Städtebau, machen ein Begreifen möglich, das viel weiter reicht als der Rekurs auf biographische oder andere Besonderheiten, weil damit biographisch Ableitbares selbst durchsichtig gemacht wird für größere Zusammenhänge, in denen erzähltechnische Realien wie Personal, Handlungsort und -zeit als Stellvertreter stehen für ein ganzes (Maschinen-)Zeitalter, zu Dokumenten werden einer eigenen Weise des Seins und der Seinserfahrung, der Verdinglichung nämlich, und ein eigenes Leben (der Entfremdung) vollziehen. Ähnliches gilt für frühe Hinweise auf die stilistische Besonderheit der Sprache Kafkas, die nach über einem halben Jahrhundert erst wieder aus der Überschwemmung durch weltanschauliche Interpretationen herausgesucht werden müssen, den Vergleich mit Kleist, den Walzel bereits 1915 angesichts der »Verwandlung« zog und den Tucholsky 1920 im Zusammenhang mit der »Strafkolonie« erneuerte,[401] oder den mit Robert Walser in Musils überaus positiver »Heizer«-Kritik 1912/1914, in der er die Lückenlosigkeit des Erzählstils, die Dichte der eng gesetzten Schritte, als wie auf der Suche nach einer Art stilistischer Infinitesimalrechnung entstanden bewundert.[402]

Grenzen des Erklärens aus Einzelnem und der Deutung in Allgemeinem geleiten zurück zum Text als dem einen Maß und Ziel. Dieser Text aber ist so beschaffen, daß er Deutung, allgemeiner gesprochen: Stellungnahmen ebenso herausfordert, ja provoziert, wie er sie ablehnt und gar verhindert.[403] Darin liegt das Dilemma, in das Kafka seine Leser gebracht hat und in dem sich ein jeder von ihnen irgendwann einmal wiederfindet. Die gesamte Deutungsvielfalt speist sich im Grunde aus zwei Positionen, die der Leser gegenüber dem Autor einnehmen zu sollen glaubt: Entweder er hebt sich von sich selbst ab in seinem Urteil: »Es gibt kein schlechtes Gedicht von Hölderlin, genausowenig wie es eine schlechte Zeile von Kafka [. . .] gibt: sie alle hatten nicht die Wahl, so oder anders zu schreiben«, bekennt,

---

[399] So bei Petersen [1937], 387 (der diesen Aspekt selbst jedoch nicht weiter verfolgt).
[400] Ebd.
[401] Walzel [1916/1979], Tucholsky [1920/1975]; vgl. Allemann [1980].
[402] Musil [1914/1978].
[403] Vgl. Wagenbachs polemische Klage, in Kafka [1959], 159 (Nachwort): »Diese unselige Eigenart Kafkascher Prosa ist ja zur Genüge bekannt: die Herausforderung zum Kommentar« – womit er sich nicht gegen das Werk, sondern gegen die Vielzahl seiner Interpreten und Interpretationen richtet.

selbstlos, Hans Christoph Buch.[404] Oder aber er setzt sich selbst, in einer Art geistiger Notwehr, absolut in seinem Urteil: ich finde kein passenderes Beispiel als die Karikatur einer solchen Haltung in Eckhard Henscheids schon mehrfach zitierter satirischer Hommage: »Ach was, hört mir doch mit diesem Franz Kafka (1883–1924) auf! Was war denn schon groß dran an ihm, daß alle Welt sich das Maul zerreißt! Und unsere blöden Professorenprimeln immer vorndran! Was war er denn, der Kafka? Ein Böhmackl war er halt und ein Jud dazu – naja, schreiben konnte er ganz gut (prima Stil!) – also z. B. ›Wo ich bin, ist keine Klarheit‹, sehr richtig, oder: ›Der Onkel ist mir der nächste Verwandte, viel näher als die Eltern‹, sehr gut gesagt, sehr prägnant und flott hingeschrieben – jaja, formulieren hat er können, dieser Kafka – aber sonst? Sieht's böse aus.«[405] Peter Handke ist schon beides, nacheinander, gelungen, und seine Wandlung macht offensichtlich, daß auch die ergebene Bereitschaft, von sich selbst abzusehen im Sprechen über ihn (»Erkenne, daß Kafka sich jeden Satz, und vor allem die Fortsetzung eines jeden Satzes, erkämpft hat«),[406] in Wahrheit eine Form des (auch sich selbst) Absolut-Setzens ist (»Jedes längere mystische Abenteuer – wie es das Schreiben ist – macht mich klarer, genauer, vernünftiger, und es zieht mich, den Leser, immer mehr von dem Geschlenkere Kafkas weg, hin zu dem hellen Tagwerk Vergils«),[407] – ein Absolut-Setzen, bei dem positive und negative Antriebe, Zustimmung und Ablehnung überaus eng beieinander liegen (»Ich hasse Kafka, den Ewigen Sohn«).[408]

Für die Literaturwissenschaft hilfreich sind aber kaum Bekenntnisse, höchstens dasjenige, dem Text zu unterliegen, als dessen Merkmal die Vielfalt der miteinander konkurrierenden Aufschlüsselungsversuche zu entschlüsseln sei. Kafkas Werk bietet keine noch so verschlüsselte Antwort auf Fragen, die der Interpret mit sich herumträgt und an es heranführt, es stellt selbst Fragen, unbeantwortbare, und nur im Innewerden und Nachvollziehen dessen, was sie unbeantwortbar macht, kann für den Leser so etwas wie seine adäquate Antwort liegen, darin, daß er der Unentscheidbarkeit innewird, welche seiner Lesebeobachtungen wichtig, welche unwichtig sind, an welche Teile der für ihn erfahrbaren Realität die angebotenen Bilder und Metaphern anknüpfen, welche Teile des Bildes für die ›Aussage‹ des Bildes entscheidend sind. Die Verweigerung des einen Sinns ist Merkmal der Literatur Kafkas, wie die Aufhebung der Perspektive, ungefähr gleichzeitig, zum Merkmal der Bildenden Kunst wurde; beidesmal ist der Betrachter gezwungen, »im Vordergrund der Künstlichkeit zu bleiben«.[409] Die Vielfalt

[404] Buch [1980], 60.
[405] Henscheid [1982], 269.
[406] Handke [1982], 145.
[407] Handke [1983], 90f.
[408] Ebd., 94.
[409] Rolleston [1979], 243f.

der Meinungen ist die eine Bestimmung des einen Textes und kann auch nicht abgeschüttelt werden als eine vorläufige, vorübergehende Verunklarung, so sehr man sich das erhoffen mag (»Der Zeitpunkt ist vorauszusehen, an dem alle Interpretationen Kafkas historisch geworden sein werden und alle seine Geschichten ihrer Deutungen müde. Dann wird die Herzwunde Kafkas ungeheilt wieder aufspringen und seine Schrift leuchten wie am ersten Tag«).[410] So verständlich der Überdruß an der offenbar unvermeidlichen »Deutungswut«[411] ist, das Bedürfnis nach einer neu-gereinigten tabula rasa, die Unberührt-Echtes nur präsentiere: die Deutungen gehören mit zu den Texten, sie sind, so wie sie von ihnen provoziert und produziert wurden, eine Eigenschaft von ihnen. Die besonderen Schwierigkeiten ihrer Deutung machen wahrscheinlich sogar die entscheidende Qualität dieser Texte aus, gesteigert in den besonderen Schwierigkeiten, das Ausmaß dieser Schwierigkeiten überhaupt richtig zu erkennen – eine unabgeschlossene, aus heutiger Sicht kaum abzuschließende Aufgabe: »Im übrigen glaube ich,‹ notiert sich Benjamin als die Meinung Werner Krafts, ›daß Kafkas Wert [Werk?] überhaupt verschlossen ist und daß jede Erklärung seine, Kafkas, Intentionen verfehlen muß. Den Schlüssel hat er mit sich genommen, ja vielleicht nicht einmal das, wir wissen es nicht.‹«[412] Wie sagte der Geistliche zu Josef K. und die Grundlage für dessen »Prozeß«: »Die Schrift ist unveränderlich und die Meinungen sind oft nur ein Ausdruck der Verzweiflung darüber.« (P 260)

cc) Erkenntnis als poetischer Prozeß: das Fremdwerden der Dinge, als Verwandlung

›Verwandlung‹ als literarische Struktur: Werkmotiv, Textbegehren, Schreibantrieb

Das Sich-Entfernen der Dinge, beim Versuch, ihrer habhaft zu werden, ihr Fremdwerden unter dem Schreiben, ist, als Schreib- wie Welterfahrung, das Grundmuster für jene literarische Figur, die all seine Texte, auf mehr oder weniger Ebenen ausführlich ausgeführt, prägt: ›Verwandlung‹ ist passendes Wort für das, was sich in Kafkas Schreiben ereignet, so für das, worunter sich die Entwürfe zum ›kleinen Ruinenbewohner‹ fassen ließen: Es verwandeln sich die Gegner, die vergangenen Erzieher, es verwandeln sich die Vorwürfe gegen sie und schließlich auch derjenige, der diese Vorwürfe erhebt, das schreibende Ich.

---

[410] Politzer [1962/1965/1978], 15 (Vorwort).
[411] Stach [1984], 215.
[412] Benjamin [1977b], 1218.

Kafkas Erzählungen sind Erzählungen einer Verwandlung seit der frühesten erhaltenen Fassung der »Beschreibung eines Kampfes« von 1904/1906, einem Text, in dem sich fortlaufend Drehungen und Wendungen, Veränderungen und Wechsel vollziehen, das Schwanken des Betrachters und das Schwanken des Standpunktes zusammenfallen und doch, und gerade darin, bereits die Thematik seines Werks überhaupt sich exponiert, das Modell der Kampfsituation, der Fremdheit der Figuren, denen die Dinge die Beziehung des Menschen zur Wirklichkeit störend trennen, Exempel sind für die Unmöglichkeit zu leben. Eine Verwandlung vollzieht sich in solch einem kurzen Text wie »Die Bäume«, im Zusammenhang mit der »Beschreibung eines Kampfes« entstanden, in dem ein Vergleich (»Denn wir sind wie Baumstämme im Schnee«, E 44) in drei Stufen erläutert und zugleich destruiert wird und am Ende die Metapher, in die der Vergleich übergegangen ist, durch eine doppelte, zweimalige Einschränkung ihrer Aussagekraft und Vertrauenswürdigkeit beraubt wird und an den Ausgangspunkt, die Scheinhaftigkeit, die alles infragezustellen vermag, zurückführt:

Scheinbar liegen sie glatt auf, und mit kleinem Anstoß sollte man sie wegschieben können.
Nein, das kann man nicht, denn sie sind fest mit dem Boden verbunden.
Aber sieh, sogar das ist nur scheinbar. (E 44)

Auf ähnliche Weise verwandelt sich 1912 der »Wunsch, Indianer zu werden«, wenn der Titel, ein elliptischer Hauptsatz, in einem Nebensatz fortgeführt werden soll, zur Widerlegung eben dieses Wunsches. Nicht nur »Die Verwandlung« selbst, auch bereits »Das Urteil« ist die Erzählung einer Verwandlung, auch hier werden, nicht anders als im Falle des Käfers Gregor Samsa, gesichert scheinende Zusammenhänge (im Leben des Sohnes) durch den Versuch der Rückversicherung (beim Vater) in immer steigendem Maße, einer kaum vorauszuahnenden Weise bedrohlich und lebensgefährlich. »In der Strafkolonie« ist es 1914 die Vertauschung der Rollen, welche die Erzählung zur Dokumentation einer − radikalen, gewalttätigen − Verwandlung macht: Der Offizier wird vom Exekutor zum Opfer, der Verurteilte vom Opfer zum tätigen Mitaufseher einer anderen, neuen Vollstreckung, und selbst der Reisende, der Betrachter, verwandelt sich; aus ›humanem‹ Mitgefühl mit dem Verurteilten, Parteinahme für die untergebenen Soldaten des Offiziers wird am Ende die ›inhumane‹ Weigerung, eben diesen den Zutritt zum rettenden Boot zu gestatten, das ein Entkommen von der Insel, der Strafkolonie, möglich machen würde. Verwandlung auch 1917 »Auf der Galerie«: die beiden Sätze kehren in dem, was sie aussagen, ihren Aussagemodus um, der erste Satz im Konjunktiv des Irrealis

Wenn irgendeine hinfällige, lungensüchtige Kunstreiterin in der Manege auf schwankendem Pferd vor einem unermüdlichen Publikum vom peitschenschwingenden erbarmungslosen Chef monatelang ohne Unterbrechung im Kreise rundum getrieben würde [...] (E 154)

gibt die Wirklichkeit wieder, die Wahrheit hinter aller Illusion; der zweite, im Indikativ des Realis,

Da es aber nicht so ist; eine schöne Dame, weiß und rot, hereinfliegt, zwischen den Vorhängen, welche die stolzen Livrierten vor ihr öffnen; der Direktor, hingebungsvoll ihre Augen suchend, in Tierhaltung ihre entgegenatmet [...]

erschließt nur den Schein, die Oberfläche, die Täuschung – eben gerade so (die Geschichte spricht es mit aus ihrem Ende), wie die Wahrheit eben nur als Verwandlung, im ›Traum‹ zu erfahren ist, in Überwindung des alltäglichen, wirklichkeitsbezogenen ›Wissens‹, vermittelt am Ende nur über die Kunst – so jedenfalls erfolgt die Auflösung der Kunstarbeit der Verwandlung in diesem kurzen Text:

[...] – da dies so ist, legt der Galeriebesucher das Gesicht auf die Brüstung und, im Schlußmarsch wie in einem schweren Traum versinkend, weint er, ohne es zu wissen.

Verwandlung ereignet sich auch in der Erzählung »Das nächste Dorf«, der ineinandergeschachtelten, mehrfachen Wiederholung des gleichen Musters: Ein Sprecher (Autor, Erzähler/Enkel, Großvater, junger Mensch) macht eine Aussage, in der die Ebenen Erinnnerung und Erwartung einander durchdringen, rückwärts- und vorwärtsgerichtete Zeiterfahrung sich miteinander vermischen:

Das nächste Dorf

Mein Großvater pflegte zu sagen: »Das Leben ist erstaunlich kurz. Jetzt in Erinnerung drängt es sich mir so zusammen, daß ich zum Beispiel kaum begreife, wie ein junger Mensch sich entschließen kann, ins nächste Dorf zu reiten, ohne zu fürchten, daß [...] (E 168f.).

Auch der »Bericht für eine Akademie« ist der von einer Verwandlung, Gegenstück zur »Verwandlung« Gregor Samsas, und wie diese radikal in der Darstellung und Bewertung humaner Qualitäten, der gänzlichen Umkehrung, in welcher Höherentwicklung als Erniedrigung nur vorkommt, der Autor, Vegetarier immerhin, den Affen Rotpeter auf dem Wege zu menschlichem Auftreten Fertigkeiten wie Handgeben und Spucken, Pfeiferauchen und Schnapstrinken erlernen läßt. Verwandlung in der Berichterstattung über einen »Brudermord«, in der, wie zur Illustration desssen, was später im Tagebuch die »Totschlägerreihe [...] Tat-Beobachtung« (892) heißt, der Täter (Schmar) zum Opfer des Beobachters (Pallas) wird, desjenigen, der Zeuge seiner Mordtat geworden ist und ihn nun (»»Schmar! Schmar! Alles bemerkt, nichts übersehen««) durch seine Beobachtung überwältigt (»Pallas und Schmar prüfen einander. Pallas befriedigt's, Schmar kommt zu keinem Ende«, E 180). Voll von Verwandlungen sind nicht zuletzt die großen Romane. Im »Verschollenen« hält bekanntermaßen die Freiheitsstatue eingangs des Hafens von New York, in Abwandlung der tatsächlichen Gegebenheiten, keine Fackel, sondern ein Schwert in der Hand (V 7) − wohl kaum ein Fehler Kafkas, eher ein bezeichnender Irrtum Karl Roßmanns, eine Verschreibung jedenfalls, die als ein Signum für die unfreiwillige Reise, die Roßmann ins Land der Freiheit angetreten hat, vom Fortgang des Romans als traurige Wahrheit eingeholt wird. Vergleichbar der − noch bekanntere − Eingang des »Prozeß«-Romans (»Jemand mußte Josef K. verleumdet haben, denn ohne daß er etwas Böses getan hätte, wurde er eines Morgens verhaftet«, P 9), der die Verwandlung von Tatsachenfeststellung in Imagination eines nur möglichen Geschehens erlaubt, offenläßt, »ob es das Gericht überhaupt gibt, ob nicht K. sich selbst den Prozeß macht«[413] und all das nachfolgend Geschilderte, die gesamte Prozeßwelt, als innere Realität, als ein Produkt seiner Wahrnehmung und Einbildung, Vorstellung aufzufassen erlaubt ist − ohne daß es damit im übrigen etwas von der äußeren Wirksamkeit, seiner zerstörerischen Kraft verlöre: indem nämlich die Mächtigkeit eines bedrohlichen Scheins (in seinen Augen), einer (von außen betrachtet) scheinhaften Macht, sich am Ende zur wirklichen Macht auswachsen würde. Diese Möglichkeit der Verwandlung und Verkehrung ist auf jeden Fall mit verantwortlich dafür, daß dieser Roman − und bei ihm ist es am deutlichsten von allen dreien − alle Augenblicke seinen Anblick wandelt, als eine »ungeheuerliche Mischung zwischen einem mystischen und einem satirischen Buch«.[414] Schließlich 1922 der »Schloß«-Roman − was verwandelt sich dort nicht alles. Die Erzählperspektive: Das Ich der ersten Person in den »K.« der dritten, und der Stil: rasch wechselnde Handlungen und Handlungsversuche, dicht geschildert, in endlos gedehnte Dialoge. Gegenstände: das Schloß zumal, Ziel der Annäherung des Landvermessers, verkehrt sich auf grandiose Weise, von weitem »deutlich umrissen« (SKA 16) und leicht und frei empor sich erhebend, erscheint es aus der Nähe »unsicher, unregelmäßig, brüchig« (SKA 18), gedrückt und auf eine ›irrsinnige‹ Weise gefangenhaltend:[415] »die Blicke des Beobachters« können sich an ihm und seinem ›absoluten Auge‹ (»Wenn K. das Schloß ansah, so war ihm manchmal, als beobachte er jemanden, der ruhig dasitze und vor sich hinsehe«, SKA 156) nicht mehr festhalten. Die Figuren schließlich: K. wird hin- und hergezogen, zwischen Oben und Unten, Schloß- und Dorf-Bewohnern,

---

[413] Stach [1984], 219.
[414] Benjamin [1977b], 1256.
[415] Vgl. Kobs [1970], 241f.

dem Ausblick auf Vorankommen und der Erfahrung des Aufgehaltenwerdens. Verwandlungen zuhauf, die sich vollziehen an beliebig herausgegriffenen Einzelzügen beliebig herausgegriffener Werke, sich abspielen auf so unterschiedlichen Ebenen wie Figur, Handlung und Erzählweise – Verwandlungen sind das Motiv des Kafkaschen Schreibens überhaupt.

Es soll hier nicht weiter interessieren, ob dieses Motiv der Verwandlungen – und die Art, in der es gestaltet wird – zur Einordnung in literaturgeschichtliche Epochenbegriffe oder besser: zwischen solche berechtigt, ob Kafkas Werk tatsächlich als »eines der sehr wenigen Verbindungsglieder zwischen Expressionismus und Surrealismus« zu gelten hat, wie es Benjamin schon vorschlug.[416] Literarisch möglich wird dieses Motiv nur durch eine besondere Form des Eigenlebens der Sätze, durch die immanente Bewegung eines Textes, der sich, indem er sich entwickelt und fortschreitet, unaufhörlich von seinem Ausgangspunkt nicht nur, auch von seinen Grundlagen entfernt, der, indem er etwas aufbaut, das, was hinter und unter ihm liegt, zerstört. »Kafkas Schreiben hat zwei Funktionen: Transkription in Verkettungen und Demontage dieser Verkettungen. Beides gehört zusammen.«[417] Nichts bleibt so stehen, wie es steht, alles verändert sich, es ist »kein Vorgang denkbar [. . .], der unter seiner Beschreibung [. . .] sich nicht entstellt.«[418] Diese Permutation ist das dem Text untrennbar immanente ›Begehren‹ zu nennen, es beruht auf der »grundsätzliche[n] Hypothetizität aller Erzählsätze«, wie Allemann es nennt, die sich niemals über einen längeren Zeitraum hinweg als bleibend gültig ausweisen können: »Das von ihnen als ihre Voraussetzung Suggerierte wird im Textverlauf relativiert, wenn nicht völlig zurückgenommen.«[419] Dieses Prinzip ›Verwandlung‹, im Sinne des ›stehenden Sturmlaufs‹ quasi Ersatz für oder eine Form von Entwicklung, Vorwärtsschreiten in Kafkas Schreiben, ist als Schreibantrieb prägend für jede einzelne Zeile. »Alles, was er beschreibt, macht Aussagen über etwas anderes als sich selber«[420] – Zeugnis der unaufhörlichen Verwandlung, als die sich Kafkas Schreiben vollzieht, in doppelter Hinsicht, indem sie die Gegenstände des Werkes und seinen Urheber erfaßt: Literatur, und kaum etwas macht dies bei Kafka deutlicher als sein Tagebuch, bedeutet zum einen »Verwandlung einer wirklich vorhandenen Sache in eine geschaffene Sache«,[421] zum anderen die »Verwandlung des Autors in den sich eigenständig bewegenden Text«.[422]

---

416 Benjamin [1977b], 1256.
417 Deleuze/Guattari [1975/1976], 65.
418 Benjamin [1931/1977a], 678.
419 Allemann [1980], 167.
420 Benjamin [1977b], 1204 (Tagebuch, 6. Junia 1931).
421 Matt [1983], 215.
422 Ebd., 15.

Das Fremdwerden der Dinge, als Organon der Erkenntnis

In dem Fremdwerden des Beschriebenen, zwischen Verrätselung und Aufklärung, zwischen Erfahrung der Entfremdung und Techniken des Ver-
fremdens, zwischen erlittenem Prozeß, der sich abspielt vor den Augen des
Beobachters, und inszeniertem Verlauf im hergestellten Text, in dieser Figur
der Umkehrung als Motiv und Antrieb des Schreibens ist ein gerichteter
Vorgang zu erkennen mit einer identifizierbaren Funktion, einer Leistung,
die sich angeben läßt: als Widerständig-Werden, Stand-Halten, Gegenwehr.
»Gegen die Wirklichkeit [. . .] verteidigte er [Kafka] sich, indem er sich
seine eigene Welt schuf«,[423] so könnte man das spannungsvolle Verhältnis
zwischen Abhängigkeit und Freiheit formulieren, das zwischen Kafkas Leben und Schreiben herrscht und für das sein Tagebuch, an der Schnittstelle
der Verwandlung des Lebens in Schrift (Benjamin),[424] das anschaulichste
Zeugnis gibt. »Die spannungsvollen Wechselbeziehungen zwischen der
Welt, in der Kafka lebte und arbeitete, und den Sätzen, die er in dieser Welt
erfunden hat, um sich ihrer zu erwehren«, ist verantwortlich für die literarische Struktur, oder, mit einem anderen Ausdruck, die »Kunstarbeit«[425] der
Verwandlung in seinen Texten. Seine Tagebücher sind die Gegenwelt, die er
sich errichtet, zu dem, was er in diesen Tagen erfährt, seine »Poesie ist der
Gegenpol der Entfremdung«,[426] bis in alle biographischen Einzelheiten, ist
die »synthetische Überwindung seiner Situation als Mensch, als Jude, als
Tscheche, als widerspenstiger Bräutigam, als Schwindsüchtiger usw.«[427] Das
macht die Verwandlung zu einem Organon der Erkenntnis. Bewirkt, »daß
wir in diesem ewigen ›Prozeß‹ [. . .] die Geschichte [. . .] und in der Geschichte uns selber«[428] wieder erkennen können, und vermittelt gleichzeitig
die eine, nicht rückgängig zu machende Erfahrung des ganz anderen: »Wen
einmal Kafkas Räder überfuhren, dem ist der Friede mit der Welt [. . .]
verloren.«[429] Verwandlung ist Organon der Erkenntnis einer Wahrheit, die
anders als in dieser Form: literarisch, nicht ausgesprochen werden kann; wer
sie unvermittelt anschauen und ergreifen wollte, würde sie und sich zerstören:

22. Januar [1918]. [. . .]
Die Kunst fliegt um die Wahrheit, aber mit der entschiedenen Absicht, sich nicht
zu verbrennen. Ihre Fähigkeit besteht darin, in der dunklen Leere einen Ort zu
finden, wo der Strahl des Lichts, ohne daß dies vorher zu erkennen gewesen wäre,
kräftig aufgefangen werden kann. (H 104)

[423] Hodin [1949], 90.
[424] Vgl. Benjamin [1966b] II, 618 (an Scholem, 11. August 1934).
[425] Robert [1979b/1985], Klappentext Buchumschlag.
[426] Garaudy [1966], 206.
[427] Sartre [1948/1958/1969], 174.
[428] Ebd., 133f.
[429] Adorno [1965], 130.

Auch Kafkas Tagebücher ergreifen nicht ihre Gegenstände – die Dinge des Lebens – selbst, sondern gestalten die Schwierigkeiten, sich ihnen anzunähern; auch ihre »Wahrheit ist [. . .] keine Einzelheit innerhalb des Textes [. . .]. Sie ist vielmehr genau das, was der Text *nicht* sagt.«[430] In diesem Sinne fallen bei ihm Erkenntnis und poetischer Prozeß, Abbildung und Schöpfung zusammen, ist die Kunstarbeit der Verwandlung Annäherung an die Realität, die Wahrheit des Realen durch Fiktion, in der Um-Schreibung, als und durch Verwandlung. »Wenn Kafka ein Wissen hatte, so dieses, daß Menschen Wahrheit nur im Gleichnis haben können.«[431] Es scheint so zu sein, daß die Erfahrung des Ungenügens, die Kafka, wie dargestellt, bei seinen Schreibanläufen im Tagebuch, mit dem Brüchigwerden der Einheit des Redestroms machen mußte, die paradoxe Erfahrung, daß das Angestrebte sich entfernt, vertraut und geordnet erscheinende Zusammenhänge durch den Versuch der Annäherung ein fremdartiges und ungesichert-bedrohliches Aussehen erhalten, skrupulöse Gewissenhaftigkeit und Rückversicherungszwang im (überscharfen) Detail zum Ungenauwerden und zur Undeutlichkeit, ja Unwirklichkeit des Ganzen führen, daß diese Erfahrung zum konstitutiven Muster seines Schreibens selbst geworden ist. »Kafkas Schreiben beginnt mit der Unterscheidung zwischen Leben und Literatur«;[432] unterm Schreiben verselbständigt sich das Geschriebene, mit einer durchdringenden Kraft, vor der die Grenzen zwischen Tagebuch und Brief, Erzählung und Roman, zwischen literarischem ›Selbstzeugnis‹ und ›Literatur‹ verschwimmen. Das Fremdwerden der Dinge, beim Schreiben, bestimmt die literarische Struktur der Verwandlung, jener befremdlichen, verändernden und zugleich kenntlich machenden Verwandlung aus dem Leben in Literatur, die sich, nicht allein in der gleichnamigen Erzählung, sondern in allem, was Kafka geschrieben hat, vollzieht, und die irritierende Aufgabe bleibt für die Leser – wenn nicht alle Zeiten (»sein Wort soll gelesen werden, solange noch gedacht, gesprochen und gelesen wird in unserer Sprache«),[433] so doch unserer.[434] Sein Werk bleibt vorerst aufgegeben als eine der rätselhaftesten Erscheinungen der Weltliteratur. Und es gehört mit zu dieser Irritation durch Entfernung, daß sie selbst sich zu verwandeln imstande ist, indem es bisweilen den Anschein hat, »als sei die Wahrheit dieses Werks nicht zu fern, sondern zu nahe um sie zu ergreifen.«[435]

---

[430] Weimar [1985], 953.
[431] W. Kraft [1968], 78.
[432] W. Kittler [1984], 40.
[433] Kl. Mann [1937/1983], 427.
[434] Vgl. [Anonym] Le siècle de Kafka [1984], 9.
[435] Stach [1984], 228.

Nachbemerkung

Nach Abschluß der vorliegenden Arbeit ist die Kafka-Forschung nicht stehengeblieben. Insbesondere zwei Untersuchungen sind zu erwähnen, Baumgarts Gang zu den autobiographischen Gründen des Kafkaschen Werks (im Vergleich zu dem der beiden anderen ›modernen Klassiker‹ deutscher Literatur, Thomas Mann und Brecht),[436] und Pasleys Lektüre der Handschrift des »Prozeß«- (richtiger: »Proceß«-)Romans.[437] Beide Arbeiten, von sehr unterschiedlichen Ausgangspunkten ausgehend und sehr unterschiedlichen Vorgehensweisen gehorchend, gelangen zu Ergebnissen, die dem Anliegen dieser Studie nahekommen: den Prozeßcharakter Kafkaschen Schreibens aus lebensgeschichtlichen Zusammenhängen heraus zu begreifen, den Widersprüchen und Abhängigkeiten nachzugehen, die bestehen zwischen der Autorenexistens und dem, was dann in Werken von ihr ›aufgehoben‹ ist. In jener »unmittelbare[n] Anwesenheit des Schreibenden in seinem Werk, die für Kafka charakteristisch ist« (Pasley),[438] kommen Lebens- und Schreib-Erfahrungen (des ›Fremdwerdens der Dinge‹) miteinander überein, funktioniert »Krise« als Moment von Verhinderung und Entwicklung zugleich: Bedingung der Unmöglichkeit des Lebens, der Möglichkeit »für sein virtuos gehemmtes Schreiben« (Baumgart).[439] Solche Überlegungen mögen als Erweis dafür gelten, daß die Fragestellung »In welchen Prozessen entstehen fiktive Werke statt ›nur‹ Selbstzeugnisse?«[440] für Kafkas Werk aufgegeben bleibt.

---

[436] Baumgart [1989].
[437] Pasley [1990].
[438] Pasley [1990], 24.
[439] Baumgart [1989], 9.
[440] Ebd.

Abkürzungen und Siglen

A   Amerika. Roman. = Kafka [1950–74] VI.

AS   Amtliche Schriften. = Kafka [1984].

B   Beschreibung eines Kampfes. Novelle, Skizzen, Aphorismen. Aus dem Nachlaß. = Kafka [1950–74] VIII.

BK   Beschreibung eines Kampfes. Die zwei Fassungen. = Kafka [1969a].

BKB   Max Brod/Franz Kafka: Eine Freundschaft. Briefwechsel. = Kafka [1987ff.] II.

BKR   Max Brod/Franz Kafka: Eine Freundschaft. Reiseaufzeichnungen. = Kafka [1987ff.] I.

Br   Briefe 1902–1924. = Kafka [1950–74] IX.

D   The Diaries [I] 1910–1913, [II] 1914–1923. = Kafka [1948–49].

E   Erzählungen. = Kafka [1950–74] V.

F   Briefe an Felice und andere Korrespondenz aus der Verlobungszeit. = Kafka [1950–74] X.

H   Hochzeitsvorbereitungen auf dem Lande und andere Prosa aus dem Nachlaß. = Kafka [1950–74] VII.

J   Gustav Janouch: Gespräche mit Kafka. = Janouch [1951/1968].

M   Briefe an Milena. = Kafka [1950–74] IV.

MM   Briefe an Milena. Erweiterte und neu geordnete Ausgabe. = Kafka [1983].

O   Briefe an Ottla und die Familie. = Kafka [1950–74] XI.

P   Der Prozeß. Roman. = Kafka [1950–74] I.

S   Das Schloß. Roman. = Kafka [1950–74] II.

SKA   Das Schloß (Schriften, Tagebücher, Briefe. Kritische Ausgabe). 2 Bde (SKA II: Apparatband). = Kafka [1982ff.] I.

T   Tagebücher 1910–1923. = Kafka [1950–74] III.

TKA   Tagebücher (Schriften, Tagebücher, Briefe. Kritische Ausgabe). 3 Bde. = Kafka [1982ff.] III.

V   Der Verschollene (Schriften, Tagebücher, Briefe. Kritische Ausgabe). 2 Bde (V II: Apparatband). = Kafka [1982ff.] II.

Verzeichnis der zitierten Literatur

[Anonym] [1977]: Stimmen der Dichter. Deutsche Autoren lesen aus ihren Werken: 1907–1977. Eine Dokumentation des ZEITmagazin exklusiv. Promoton S 102. 10 Langspielplatten.

– [1984]: Le siècle de Kafka. [Katalog der Ausstellung im] Centre Georges Pompidou. Paris.

– [1985] Tratschke fragt: Wer war's? »Mit einem solchen Körper läßt sich nichts erreichen«. [Franz Kafka] In: ZEITmagazin. Hamburg. 16. Jg. Nr 9 (22. Februar), S. 44.

Adorno, Theodor W. [1953]: Aufzeichnungen zu Kafka. In: Die neue Rundschau. Frankfurt/M. 64. Jg. H. 3, S. 325–353.

– [1965]: Engagement. In: T. W. A.: Noten zur Literatur III. Frankfurt/M., S. 109–135.

Aichinger, Ingrid [1977]: Selbstbiographie. In: Reallexikon der deutschen Literaturgeschichte. Begr. von Paul Merker und Wolfgang Stammler. 2. Aufl. neu bearbeitet und unter redaktioneller Mitarbeit von Klaus Kanzog sowie unter Mitwirkung zahlreicher Fachgelehrter hg. von Werner Kohlschmidt und Wolfgang Mohr. 4 Bde. Berlin/New York 1958–1984. Bd 3: P-Sk, S. 801–819.

Allemann, Beda [1963]: Franz Kafka. In: Der deutsche Roman vom Barock bis zur Gegenwart. Struktur und Geschichte. Bd 2. Hg. von Benno von Wiese. Düsseldorf, S. 234–290.

– [1980]: Kleist und Kafka. Ein Strukturvergleich. In: Franz Kafka. Themen und Probleme. Mit Beiträgen von Beda Allemann, Roger Bauer, Bernhard Böschenstein, Theo Buck, Claude David, Efim Etkind, Ulrich Fülleborn, Eduard Goldstücker, Heinrich Henel, Ingeborg C. Henel, Dominique Iehl, Malcolm Pasley, Claudine Raboin, Walter H[erbert] Sokel. Göttingen (Kleine Vandenhoeck-Reihe. Bd 1451), S. 152–172.

Alt, Peter-André [1985]: Doppelte Schrift, Unterbrechung und Grenze. Franz Kafkas Poetik des Unsagbaren im Kontext der Sprachskepsis um 1900. In: Jahrbuch der Deutschen Schillergesellschaft. Stuttgart. 29. Jg., S. 455–490.

Amiel, Henri-Frédéric [1976]: Journal intime. Edition intégrale publiée sous la direction de Bernard Gagnebin et Philippe M. Monnier. Bd 1: 1839–1851. Texte établi et annoté par Philippe M. Monnier avec la collaboration de Pierre Dido. Préfaces de Bernard Gagnebin et de Georges Poulet. Lausanne.

– [1986]: Intimes Tagebuch. Ausgewählt, übersetzt und eingeleitet von Ernst Merian-Genast. Mit Essays von Georges Poulet, Luc Boltanski und Emmanuel Le Roy Ladurie. München.

Anders, Günther [1951]: Kafka. Pro und Contra. Die Prozeß-Unterlagen. München.

– [1984]: Mensch ohne Welt. Schriften zur Kunst und Literatur. München.

Aragon, Louis [1963/1981]: Vorwort. In: Roger Garaudy: Für einen Realismus ohne Scheuklappen. Picasso, Saint-John Perse, Kafka. Mit einem Vorwort von Louis Aragon. [D'un Réalisme sans rivages. Paris; dt.] Aus dem Französischen von Eva Alexandrowicz. Wien/München/Zürich, S. 9–15.

Baader, Franz Xaver von [1850/1963]: Tagebücher aus den Jahren 1786–1793. Hg. von Emil August von Schladen. (F. X. v. B.: Sämtliche Werke. Systematisch geordnete, durch reiche Erläuterungen von der Hand des Verfassers bedeutend vermehrte, vollständige Ausgabe der gedruckten Schriften samt Nachlaß, Biografie und Briefwechsel. Hg. von Franz Hoffmann, Julius Hamberger [u. a.]. Hauptabteilung 2. Nachgelassene Werke, Bd 1. Bd 11 des Gesamtwerks. Neudruck der Ausgabe Leipzig) Aalen.

Bachmann, Ingeborg [1978]: Frankfurter Vorlesungen: Probleme zeitgenössischer Dichtung. IV. Der Umgang mit Namen. In: I. B.: Werke. Hg. von Christine Koschel, Inge von Weidenbaum, Clemens Münster. Bd 4: Essays, Reden, vermischte Schriften, Anhang. München/Zürich, S. 238–254.

Baum, Oskar [1927/1983]: Die Wunder einer unscheinbaren Hölle. [Zu »Das Schloß«, Vergleich mit »Der Prozeß«] (In: Berliner Börsen-Courier. 60. Jg. Nr 75 [15. Februar], S. 5 [1. Beilage]). In: Franz Kafka. Kritik und Rezeption 1924–1938. Hg. von Jürgen Born unter Mitwirkung von Elke Koch, Herbert Mühlfeit und Mercedes Treckmann. Frankfurt/M., S. 161–164.

Baumann, Gerhard [1978]: Über den Umgang mit uns selbst. Zur Phänomenologie des Tagebuchs. In: Universitas. Zeitschrift für Wissenschaft, Kunst und Literatur. Stuttgart. 33. Jg. Bd 2. H. 8 (August), S. 799–808.

– [1984]: Schreiben – der endlose Prozeß im Tagebuch von Franz Kafka. In: Études Germaniques. Revue trimestrielle de la Société des Études Germaniques. Paris. 39. Jg. Nr 2 (Lfg 154, April-Juni), S. 163–174.

Baumgart, Reinhard [1985]: »Laß die Deutungen!« sagte K. Über Franz Kafkas »Das Schloß«. (Romane von gestern – heute gelesen) In: Frankfurter Allgemeine Zeitung. 36. Jg. Nr 31 (6. Februar), S. 25.

– [1989]: Selbstvergessenheit. Drei Wege zum Werk: Thomas Mann, Franz Kafka, Bertolt Brecht. München.

Baumgartner, Walter [1969]: Kafka und Strindberg. In: Nerthus. Nordisch-deutsche Beiträge. Düsseldorf/Köln. Bd 2, S. 9–51.

Becher, Johannes R[obert] [1952]: Deutsches Kulturgespräch, Leipzig 1951. In: J. R. B.: Vom Anderswerden. Reden, Aufsätze, Briefe. (J. R. B.: Auswahl in 6 Bden. Bd 5) Berlin [Ost], S. 399–424.

Becker, Jürgen [1976]: Das Gedicht als Tagebuch. In: Deutsche Akademie für Sprache und Dichtung Darmstadt [Jahrbuch 1975]. Heidelberg, S. 36–41.

Beicken, Peter U. [1974]: Franz Kafka. Eine kritische Einführung in die Forschung. Frankfurt/M. (Fischer Athenäum Taschenbücher Literaturwissenschaft. FAT 2014).

– [1985]: Kafka heute: Aspekte seiner Aktualität. In: Franz Kafka Symposium 1983. Akademie der Wissenschaften und der Literatur zu Mainz. Hg. von Wilhelm Emrich und Bernd Goldmann. Mainz (Die Mainzer Reihe. Bd 62), S. 159–199.

Beißner, Friedrich [1952]: Der Erzähler Franz Kafka. Ein Vortrag. Stuttgart.

– [1958]: Kafka, der Dichter. Ein Vortrag. Stuttgart.

– [1963]: Der Schacht von Babel. Aus Kafkas Tagebüchern. Ein Vortrag. Stuttgart.

Benjamin, Walter [1924–25/1974]: Goethes Wahlverwandtschaften. In: W. B.: Gesammelte Schriften. Unter Mitwirkung von Theodor W. Adorno und Gershom Scholem hg. von Rolf Tiedemann und Hermann Schweppenhäuser. Frankfurt/M. Bd I.1. Frankfurt/M., S. 123–201.

– [1931/1977a]: Franz Kafka: Beim Bau der Chinesischen Mauer. [Vortrag, gehalten im Frankfurter Rundfunk, 3. Juli]. In: W. B.: Gesammelte Schriften. Unter Mitwirkung von Theodor W. Adorno und Gershom Scholem hg. von Rolf Tiedemann und Hermann Schweppenhäuser. Frankfurt/M. Bd II.2, S. 676–683.

- [1934/1977a]: Franz Kafka. Zur zehnten Wiederkehr seines Todestages. (Teile in: Jüdische Rundschau. Organ der Zionistischen Vereinigung für Deutschland. Berlin. 39. Jg. Nr 102/103 [21. Dezember], S. 8; Nr 104 [28. Dezember], S. 6) In: W. B.: Gesammelte Schriften. Unter Mitwirkung von Theodor W. Adorno und Gershom Scholem hg. von Rolf Tiedemann und Hermann Schweppenhäuser. Frankfurt/M. Bd II.2, S. 409–438.
- [1934–38/1966a]: Gespräche mit Brecht. Svendborger Notizen. In: W. B.: Versuche über Brecht. Frankfurt/M. (es 172), S. 117–135.
- [1966b]: Briefe. Hg. und mit Anmerkungen versehen von Gershom Scholem und Theodor W. Adorno. 2 Bde. Frankfurt/M. (es 930, 931).
- [1977a]: Gesammelte Schriften. Unter Mitwirkung von Theodor W. Adorno und Gershom Scholem hg. von Rolf Tiedemann und Hermann Schweppenhäuser. Frankfurt/M. 4 Bde.
- [1977b]: [Paralipomena zu Kafka.] In: W. B.: Gesammelte Schriften. Unter Mitwirkung von Theodor W. Adorno und Gershom Scholem hg. von Rolf Tiedemann und Hermann Schweppenhäuser. Frankfurt/M. Bd II.3, S. 1190–1276.

Bense, Max [1952]: Die Theorie Kafkas. Köln.

Bergman, Samuel Hugo [1973]: Von Prag zum himmlischen Jerusalem. Erinnerungen an Franz Kafka. In: Allgemeine (unabhängige) jüdische Wochenzeitung. Düsseldorf. 27. Jg. Nr 28 (14. Dezember), S. 19f.

Beutner, Barbara [1973]: Die Bildersprache Kafkas. (Phil. Diss. Münster) München.

Bezzel, Christoph [1964]: Natur bei Kafka. Studien zur Ästhetik des poetischen Zeichens. (Phil. Diss. Erlangen-Nürnberg) Nürnberg (Erlanger Beiträge zur Sprach- und Kunstwissenschaft. Bd 15).
- [1975]: Kafka-Chronik. Zusammengestellt von C. B. München (RH 178).

Binder, Hartmut [1975/1982a]: Kafka-Kommentar zu sämtlichen Erzählungen. München. 3. Aufl.
- [1976a]: Kafka in neuer Sicht. Mimik, Gestik und Personengefüge als Darstellungsformen des Autobiographischen. Stuttgart.
- [1976b]: Kafkas Schaffensprozeß, unter besonderer Berücksichtigung des *Urteils*. Eine Analyse seiner Aussagen über das Schreiben mit Hilfe der Handschriften und auf Grund psychologischer Theoreme. In: Euphorion. Zeitschrift für Literaturgeschichte. Heidelberg. 70. Bd. H. 2, S. 129–174.
- [1976c]: Kafkas Varianten. In: Deutsche Vierteljahresschrift für Literaturwissenschaft und Geistesgeschichte. Stuttgart. 50. Jg. H. 4 (Dezember), S. 683–719.
- [1976d/1982b]: Kafka-Kommentar zu den Romanen, Rezensionen, Aphorismen und zum Brief an den Vater. München. 2., bibliograph. ergänzte Aufl.
- [1979a] (Hg.): Kafka-Handbuch in 2 Bden. Unter Mitarbeit zahlreicher Fachgelehrter hg. von H. B. Bd 1: Der Mensch und seine Zeit. Bd 2: Das Werk und seine Wirkung. Stuttgart.
- [1979b]: Der Mensch. In: Kafka-Handbuch in 2 Bden. Unter Mitarbeit zahlreicher Fachgelehrter hg. von H. B. Bd 1: Der Mensch und seine Zeit. Stuttgart, S. 103–584.
- [1979c]: Tagebücher. In: Kafka-Handbuch in 2 Bden. Unter Mitarbeit zahlreicher Fachgelehrter hg. von H. B. Bd 2: Das Werk und seine Wirkung. Stuttgart, S. 539–554.
- [1983]: Der Schaffensprozeß. Frankfurt/M. (st 2026).
- [1986]: Zur Frage der Gesetze. Franz Kafkas »Amtliche Schriften« erstmals ediert. In: Frankfurter Allgemeine Zeitung. 37. Jg. Nr 31 (6. Februar), S. 24.

Binder, Hartmut/Jan Parik [1982]: Kafka. Ein Leben in Prag. Text und Bilddokumentation: H. B. Idee und Photos: J. P. München.

Blanchot, Maurice [1949]: Kafka et la littérature. In: M. B.: La Part du Feu. Paris, S. 20–34.
– [1958]: The Diaries: The Exigency of the Work of Art. In: Franz Kafka Today. Ed. by Angel Flores and Homer Swander. Madison, S. 195–220.
Blei, Franz [1922]: Das große Bestiarium der modernen Literatur. Berlin.
Boekhoff, Hermann [1952]: Franz Kafka. (Neue Bücher) In: Westermanns Monatshefte. Braunschweig. 93. Jg. H. 4 (Juli), S. 82.
Boerner, Peter [1964]: Einführung. In: Johann Wolfgang Goethe: Tagebücher. (Zweiter Ergänzungsband der Goethe-Gedenkausgabe mit einem Bildnis Goethes aus dem Jahre 1832. Hg. von Peter Boerner) Zürich/Stuttgart, S. 597–653.
– [1969]: Tagebuch. Stuttgart (Sammlung Metzler. M 85).
– [1972]: The Significance of the Diary in Modern Literature. In: Yearbook of Comparative and General Literature. Bloomington, Indiana. Nr 21, S. 41–45.
Born, Jürgen [1979] (Hg.): Franz Kafka. Kritik und Rezeption 1912–1924. Hg. von J. B. unter Mitwirkung von Herbert Mühlfeit und Friedemann Spicker. Frankfurt/M.
– [1980]: Vorahnungen bei Kafka? In: Literatur und Kritik. Österreichische Monatsschrift. Salzburg. 15. Jg. H. 141 (Februar), S. 22–28.
– [1983] (Hg.): Franz Kafka. Kritik und Rezeption 1924–1938. Hg. von J. B. unter Mitwirkung von Elke Koch, Herbert Mühlfeit und Mercedes Treckmann. Frankfurt/M.
– [1990]: Kafkas Bibliothek. Ein beschreibendes Verzeichnis. Frankfurt/M.
Born, Jürgen/Ludwig Dietz/Malcolm Pasley/Paul Raabe/Klaus Wagenbach [1965/1966]: Kafka-Symposion. Berlin [West] 2., veränderte Aufl.
Brecht, Bertolt [1967]: Gesammelte Werke in 8 Bänden. Hg. vom Suhrkamp Verlag in Zusammenarbeit mit Elisabeth Hauptmann. Frankfurt/M.
– [1973]: Arbeitsjournal. Hg. von Werner Hecht. Frankfurt/M. Bd 1: 1938 bis 1942. 2: 1942 bis 1955. 3: Anmerkungen.
– [1975]: Tagebücher 1910–1922. Autobiographische Aufzeichnungen 1920–1954. Hg. von Hertha Ramthun. Frankfurt/M.
Brod, Max [1928]: Zauberreich der Liebe. Roman. Berlin/Wien/Leipzig.
– [1937]: Franz Kafka. Eine Biographie (Erinnerungen und Dokumente). Prag.
– [1949]: Ein Brief an den Vater. In: Der Monat. Eine internationale Zeitschrift für Politik und geistiges Leben. Berlin. 1. Jg. Nr 8/9 (Juni), S. 98–105.
– [1959]: Verzweiflung und Erlösung im Werk Franz Kafkas. Frankfurt/M.
– [1966]: Der Prager Kreis. Stuttgart/Berlin/Köln/Mainz.
Brück, Max von [mb.] [1951]: An der Schwelle. Franz Kafka: Tagebücher 1911–1923. In: Die Gegenwart. Eine Halbmonatsschrift. Frankfurt/M. 6. Jg. Nr 134 (Nr 13, 1. Juli), S. 22f.
Buber, Martin [1973]: Briefwechsel aus sieben Jahrzehnten. 3 Bde. Hg. und eingeleitet von Grete Schaeder in Beratung mit Ernst Simon und unter Mitwirkung von Rafael Buber, Margot Cohn und Gabriel Stern. Bd 2: 1918–1938. Heidelberg.
Buch, Hans Christoph [1980]: »Le pauvre Holterling«. [Zu Friedrich Hölderlin: »Das Angenehme dieser Welt hab' ich genossen«] In: Frankfurter Anthologie. Bd 5. Gedichte und Interpretationen. Hg. und mit einer Nachbemerkung von Marcel Reich-Ranicki. Frankfurt/M., S. 60–62.
Buchholz, Magdalena [1942]: Die Anfänge der deutschen Tagebuchschreibung. (Phil. Diss.) Königsberg.
Büchner, Georg [1974]: Sämtliche Werke und Briefe. Historisch-kritische Ausgabe mit Kommentar hg. von Werner R. Lehmann. Bd 1: Dichtungen und Übersetzungen mit Dokumentationen zur Stoffgeschichte. München.

Bunge, Hans [1970/1972]: Fragen Sie mehr über Brecht. Hanns Eisler im Gespräch. Nachwort von Stephan Hermlin. München. 2. Aufl.

Burger, Hermann [1982]: Kafkas definitives Fragment. »Das Schloß« in einer kritischen Ausgabe. In: Frankfurter Allgemeine Zeitung. 33. Jg. Nr 303 (31. Dezember). Bilder und Zeiten, S. [5].

– [1983]: Die Lüge als Weltordnung. Über Franz Kafkas »Der Prozeß« (Romane von gestern – heute gelesen). In: Frankfurter Allgemeine Zeitung. 34. Jg. Nr 71 (25. März), S. 25.

Canetti, Elias [1969]: Der andere Prozeß. Kafkas Briefe an Felice. München (RH 23).

– [1982]: Rede zur Verleihung des Nobelpreises 1981. In: Moderna språk. Edited for the Modern Language Teachers' Association of Sweden. Stockholm. 76. Jg. Nr 1 (Februar/März), S. 47–49.

Caputo-Mayr, Maria Luise/Julius M. Herz [1982]: Franz Kafkas Werke. Eine Bibliographie der Primärliteratur [1980 bis 1980). Bern/München.

Carossa, Hans [1924/1962]: Rumänisches Tagebuch. (Leipzig) H. C.: Sämtliche Werke. 2 Bde. Frankfurt/M. Bd 1, S. 391–501.

Corngold, Stanley [1974]: »›You«, I said . . .‹. (Kafka Early and Late) In: European Judaism. Amsterdam. 8. Jg. H. 2, S. 16–21.

– [1978]: Angst und Schreiben in einer frühen Aufzeichnung Kafkas. In: Franz Kafka. Eine Aufsatzsammlung nach einem Symposium in Philadelphia. Hg. und eingeleitet von Maria Luise Caputo-Mayr. Berlin/Darmstadt (Agora. Bd 29), S. 59–70.

Deleuze, Gilles/Félix Guattari [1975/1976]: Kafka. Für eine kleine Literatur. [Kafka. Pour une littérature mineure. Paris; dt.] Aus dem Französischen übersetzt von Burkhart Kroeber. Frankfurt/M. (es 807).

Demmer, Jürgen [1973]: Franz Kafka, der Dichter der Selbstreflexion. Ein Neuansatz zum Verstehen der Dichtung Kafkas, dargestellt an der Erzählung »Das Urteil«. München.

Dietz, Ludwig [1963]: Franz Kafka. Drucke zu seinen Lebzeiten. Eine textkritisch-bibliographische Studie. In: Jahrbuch der deutschen Schillergesellschaft. Stuttgart. 7. Jg, S. 416–457.

– [1979]: Der Text. In: Kafka-Handbuch in 2 Bden. Unter Mitarbeit zahlreicher Fachgelehrter hg. von Hartmut Binder. Bd 2: Das Werk und seine Wirkung. Stuttgart, S. 3–14.

– [1982]: Franz Kafka. Die Veröffentlichungen zu seinen Lebzeiten (1908–1924). Eine textkritische und kommentierte Bibliographie. Heidelberg (Repertoria Heidelbergensia. Bd IV).

Döblin, Alfred [1927/1963]: Die Romane von Franz Kafka. (In: Die Literarische Welt. Berlin. 3. Jg. H 9 [4. März], S. 1) A. D.: Aufsätze zur Literatur. Olten/Freiburg (Br.), S. 283–286.

Duden [1976–81/1977]. Das große Wörterbuch der deutschen Sprache in 6 Bden. Hg. und bearbeitet vom Wissenschaftlichen Rat und den Mitarbeitern der Dudenredaktion unter Leitung von Günther Drosdowski. Mannheim/Wien/Zürich. Bd 3: G-Kal.

Ehrich-Haefeli, Verena [1980]: Funktionsweisen der Negation bei Kafka. In: Akten des VI. Internationalen Germanisten-Kongresses. Bern/Frankfurt (M.)./Las Vegas. Teil 2, S. 282–290.

Eichendorff, Joseph von [1980]: Tagebücher. Mit Vorwort und Anmerkungen von Wilhelm Kosch. (J. v. E.: Sämtliche Werke. Historisch-kritische Ausgabe. In Verbindung mit Philipp August Becker hg. von Wilhelm Kosch und August Sauer. Bd 11) Regensburg.

Emrich, Wilhelm [1958]: Franz Kafka. Bonn.

- [1960]: Die Bilderwelt Franz Kafkas. In: Akzente. München. 7. Jg. H. 2 (April), S. 172–191.

- [1975]: Nachwort. In: Franz Kafka: Brief an den Vater. Mit einem Nachwort von W. E. Frankfurt/M. (fi 1629), S. 75–85.

- [1985]: Franz Kafkas Diagnose des 20. Jahrhunderts. In: Franz Kafka Symposium 1983. Akademie der Wissenschaften und der Literatur zu Mainz. Hg. von Wilhelm Emrich und Bernd Goldmann. Mainz (Die Mainzer Reihe. Bd 62), S. 11–35.

Esslin, Martin [1959/1960/1962]: Brecht. Das Paradoxon des politischen Dichters. [A Choice of Evils. A Critical Study of the Man, his Work and his Opinions. London; amerikanische, überarb. Fassung: Brecht. The Man and his Work. Garden City; dt.] Frankfurt/M.

Fauchery, Pierre [1946]: Faut-il brûler Kafka? Pour une enquête d'action. In: action. Hebdomadaire de l'indépendance Française. Paris. Nr 90 (24. Mai), S. 14.

Fingerhut, Karlheinz [1979]: Bildlichkeit. In: Kafka-Handbuch in 2 Bden. Unter Mitarbeit zahlreicher Fachgelehrter hg. von Hartmut Binder. Bd 2: Das Werk und seine Wirkung. Stuttgart, S. 138–177.

Fischer, Ernst [1962]: Entfremdung, Dekadenz, Realismus. In: Sinn und Form. Beiträge zur Literatur. Berlin [Ost]. 14. Jg. H. 5/6, S. 816–854.

Flores, Angel [1946]: Introduction. In: The Kafka Problem. Ed. by Angel Flores. New York, S. IX-XII.

Freud, Sigmund [1900/1972]: Die Traumdeutung. Studienausgabe Bd II. Frankfurt/M. (Conditio humana. Ergebnisse aus den Wissenschaftn vom Menschen).

Frisch, Max [1950/1976]: Tagebuch 1946–1949. (Frankfurt/M.) M. F.: Gesammelte Werke in zeitlicher Folge. 6 Bde. Frankfurt/M. Bd 2, S. 349–750.

Garaudy, Roger [1963/1981]: Für einen Realismus ohne Scheuklappen. Picasso, Saint-John Perse, Kafka. Mit einem Vorwort von Louis Aragon. [D'un Réalisme sans rivages. Paris; dt.] Aus dem Französischen von Eva Alexandrowicz. Wien/München/Zürich.

- [1964/1969]: »Statt eines Nachwortes« zu »D'un Réalisme sans Rivages«. [Paris] Zitiert nach der deutschen Übersetzung von Gilbert Strasmann in: Marxismus und Literatur. Eine Dokumentation in 3 Bden. Hg. von Fritz J. Raddatz. Bd 3. Reinbek (Rowohlt Paperback 82), S. 210–214.

- [1966]: Kafka, die moderne Kunst und wir. (Übersetzt von Kurt Lauscher) In: Franz Kafka aus Prager Sicht. Berlin [West], S. 199–207.

Gernhardt, Robert/F. W. Bernstein [1976]: Besternte Ernte. Gedichte aus fünfzehn Jahren. Frankfurt/M.

Gide, André [1946]: Journal 1939–1942. Paris.

- [1951/1970]: Journal 1889–1939. Paris.

- [1954]: Tagebuch 1889–1939. (Deutsche Übertragung von Maria Schaefer-Rümelin) Bd 3: 1924–1939. Stuttgart.

- [1967]: Tagebuch 1939–1949. (Ins Deutsche übertragen von Maria Schäfer-Rümelin und Gisela Schlientz) Stuttgart.

Giesekus, Waltraud [1954]: Franz Kafkas Tagebücher. (Phil. Diss.) Bonn [Masch.].

Girard, Alain [1946]: Kafka et le problème du Journal intime. In: Critique. Revue Générale des publications Françaises et Etrangères. Paris. 1. Jg. H 1 (Juni), S. 23–32.

Glatzer, Nahum N. [1986/1987]: Frauen in Kafkas Leben. [Loves of Franz Kafka. New York; dt.] Aus dem Amerikanischen von Otto Beyer. Zürich.

Görner, Rüdiger [1986]: Das Tagebuch. Eine Einführung. München/Zürich (Artemis Einführungen. Bd 26).

322

Goethe, Johann Wolfgang [1887–1919]: Tagebücher. Hg. von Bernhard Suphan [u. a.]. (J. W. G.: Werke. Hg. im Auftrage der Großherzogin Sophie von Sachsen. III. Abt.) 15 Bde. Weimar.

– [1890]: Dichtung und Wahrheit. Dritter Theil. (J. W. G.: Werke. Hg. im Auftrage der Großherzogin Sophie von Sachsen. Bd 28) Weimar.

Goldstücker, Eduard [1966]: Über Franz Kafka aus der Prager Perspektive. (Übersetzt von Kurt Krolop) In: Franz Kafka aus Prager Sicht. Berlin [West], S. 23–43.

Gombrowicz, Witold [1957]: Dziennik [1953–1956]. Pary'z (Biblioteka »Kultury«. Bd 21).

– [1970]: Die Tagebücher. 3 Bde. 1953–1969. Aus dem Polnischen übersetzt von Walter Tiel. Bd 1: 1953–1956. Pfullingen.

Gräser, Albert [1955]: Das literarische Tagebuch. Studien über Elemente des Tagebuchs als Kunstform. (Phil. Diss.) Saarbrücken (Schriften der Universität des Saarlandes. Publications de l'Université de la Sarre).

Gray, Richard T. [1984]: Suggestive Metaphor. Kafka's Aphorisms and the Crisis of Communication. In: Deutsche Vierteljahrsschrift für Literaturwissenschaft und Geistesgeschichte. Stuttgart. 58. Jg. H. 3 (September), S. 454–469.

Greiner, Ulrich [1983]: Die Zeit der Interpretation ist vorbei. Auf dem Kafka-Symposion in Bari siegte die Philologie. In: DIE ZEIT. Hamburg. 38. Jg. Nr 15 (8. April), S. 42.

Grenzmann, Wilhelm [1959]: Das Tagebuch als literarische Form. In: Wirkendes Wort. Deutsches Sprachschaffen in Lehre und Leben. Zweimonatsschrift. Düsseldorf. 9. Jg. H. 2, S. 84–93.

Grözinger, Karl Erich/Stéphane Mosès/Hans Dieter Zimmermann [1987] (Hg.): Kafka und das Judentum. Frankfurt/M.

Gruenter, Rainer [1950]: Beitrag zur Kafka-Deutung. In: Merkur. Deutsche Zeitschrift für europäisches Denken. Stuttgart/Baden-Baden. 4. Jg. H. 3 (März), S. 278–287.

Gruša, Jiří [1983]: Franz Kafka aus Prag. Frankfurt/M.

Guérin, Maurice de [1842/1872]: Journal, lettres et poèmes. Publiés avec l'assentiment de sa famille, par G[uilleaume] S[tanislas] Trebutien et précédés d'une étude biographique et litteraire par M. [Charles-Augustin] Sainte-Beuve de l'Académie Française. Paris. 14. Aufl.

Guntermann, Georg [1983]: Das Leben des Schriftstellers. Bibliographie und Biographie zu Kafka. In: arcadia. Zeitschrift für vergleichende Literaturwissenschaft. Berlin/New York. Bd 18. H. 3, S. 306–312.

– [1988]: Teilnahme aus der Halbdistanz. Die städtische Welt in Kafkas Tagebüchern. In: Franz Kafka und die Prager deutsche Literatur. Deutungen und Wirkungen. Die Vorträge der 3. Literarischen Fachtagung der Kulturstiftung der deutschen Vertriebenen vom 3.–4. Juni 1988 in Königswinter. Hg. von Hartmut Binder. Bonn, S. 71–85.

Hackermüller, Rotraud [1984]: Das Leben, das mich stört. Eine Dokumentation zu Kafkas letzten Jahren 1917–1924. Wien/Berlin.

Haller, Albrecht von [1787/1971]: [. . .] Tagebuch seiner Beobachtungen über Schriftsteller und über sich selbst. Zur Karakteristik der Philosophie und Religion dieses Mannes. 2 Thle. (Hg. von Johann Georg Heinzmann) (Bern) Repr. Frankfurt/M.

Handke, Peter [1977]: Das Gewicht der Welt. Ein Journal (November 1975–März 1977). Salzburg.

– [1982]: Die Geschichte des Bleistifts. Salzburg.

– [1983]: Phantasien der Wiederholung. Frankfurt/M. (es 1168).

Hartung, Harald [1984]: Das Rätsel Bertolt Brecht. Studien über seine Romane und sein Leben in Amerika. In: Frankfurter Allgemeine Zeitung. 35. Jg. Nr 261 (17. November). Bilder und Zeiten, S. [5].

Hartung, Rudolf [1952]: Anwärter der Gnade. In: Eckart. 21. Jg, S. 369f.

Hasselblatt, Dieter [1964]: Zauber und Logik. Eine Kafka-Studie. Köln.

Hebbel, Friedrich [1903]: Tagebücher. (F. H.: Sämtliche Werke. Historisch-kritische Ausgabe, besorgt von Richard Maria Werner. 2. Abt.) 4 Bde. Berlin.

Henel, Ingeborg [1979]: Periodisierung und Entwicklung. In: Kafka-Handbuch in 2 Bden. Unter Mitarbeit zahlreicher Fachgelehrter hg. von Hartmut Binder. Bd 2: Das Werk und seine Wirkung. Stuttgart, S. 220–241.

Hennecke, Hans [1951]: Schöpfung und Deutung. Franz Kafka: Tagebücher 1911–1923. In: Das literarische Deutschland. Zeitung der Deutschen Akademie für Sprache und Dichtung. Heidelberg. 2. Jg. Nr 18 (20. September), S. 9.

– [1952/1958] Unentrinnbarer Zwang zur Selbstbeobachtung. Franz Kafka (Spiegelbilder der Selbsterkenntnis. Tagebücher, Briefe und andere Dokumente) In: H. H.: Kritik. Gesammelte Essays zur modernen Literatur. Gütersloh, S. 209–216.

Henscheid, Eckhard [1982]: Roßmann, Roßmann . . . Drei Kafka-Geschichten. Zürich.

Hering, Gerhard F. [1948]: Franz Kafkas Tagebücher. In: Merkur. Deutsche Zeitschrift für europäisches Denken. Baden-Baden. 2. Jg. H. 1, S. 96–109.

– [1950]: Zur Neuausgabe von Franz Kafkas »Prozeß«. In: Das literarische Deutschland. Zeitung der Deutschen Akademie für Sprache und Dichtung. Heidelberg. 1. Jg. Nr 3 (5. Dezember), S. 4.

Hermsdorf, Klaus [1961/1963/1978]: Kafka. Weltbild und Roman. Berlin [Ost]. 2., bearbeitete Aufl. 3. Aufl.

Heselhaus, Clemens [1952]: Kafkas Erzählformen. In: Deutsche Vierteljahrsschrift für Literaturwissenschaft und Geistesgeschichte. Stuttgart. 26. Jg. H. 3, S. 353–376.

Hess-Lüttich, Ernest W. B. [1979]: Kafkaeske Konversation. Ein Versuch, Kafkas Mißverstehen zu verstehen. In: Bedeutung, Sprechakte und Texte. Akten des 13. Linguistischen Kolloquiums, Gent, 1978. Bd 2. Hg. von Willy Vandeweghe und Marc Van de Velde. Tübingen (Linguistische Arbeiten. Bd 77), S. 361–370.

Hesse, Hermann [1924/1979]: Über die heutige deutsche Literatur. (Neue Zürcher Zeitung. 145. Jg. Nr 24 [7. Januar], S. 1f.) In: Franz Kafka. Kritik und Rezeption 1912–1924. Hg. von Jürgen Born unter Mitwirkung von Herbert Mühlfeit und Friedemann Spicker. Frankfurt/M., S. 187.

– [1932/1960]: Aus einem Tagebuch des Jahres 1920. (Corona. Zweimonatsschrift. München/Berlin/Zürich. 3. Jg. H. 2 [Dezember], S. 192–209) Zürich 1960.

– [1935/1983]: Bemerkungen zu neuen Büchern. (Die Neue Rundschau. Berlin. 46. Jg. Bd 1. H. 6 [Juni], S. 664–672) In: Franz Kafka. Kritik und Rezeption 1924–1938. Hg. von Jürgen Born unter Mitwirkung von Elke Koch, Herbert Mühlfeit und Mercedes Treckmann. Frankfurt/M., S. 392–394.

– [1956/1970]: Kafka-Deutungen. In: H. H.: Gesammelte Werke in 12 Bden. Werkausgabe edition suhrkamp. Bd 12: Schriften zur Literatur 2. Hg. von Volker Michels. Frankfurt/M., S. 489–491.

Hesse, Hermann/Franz Kafka/Thomas Mann [1983/1985]: Deutsche Meistererzählungen des 20. Jahrhunderts. 3 Bde. (Nachworte von Werner Weber [zu Hesse] und Herbert Tauber [zu Kafka]) Zürich. 2. Aufl. (Manesse Bibliothek der Weltliteratur).

Hillmann, Heinz [1964]: Franz Kafka. Dichtungstheorie und Dichtungsgestalt. (Phil. Diss.) Bonn (Bonner Arbeiten zur deutschen Literatur. Bd 9).

- [1979]: Schaffensprozeß. In: Kafka-Handbuch in 2 Bden. Unter Mitarbeit zahl-
reicher Fachgelehrter hg. von Hartmut Binder. Bd 2: Das Werk und seine Wirkung. Stuttgart, S. 15–35.
Hochhuth, Rolf [1985]: Wenn das ans Licht kommt. In: ZEITmagazin. Hamburg.
16. Jg. Nr 9 (22. Februar), S. 28–32.
Hocke, Gustav René [1963a]: Nicht für die Öffentlichkeit. Ein Blick in europäische
Tagebücher. In: Deutsche Rundschau. Stuttgart/Bern/Wien. 89. Jg. H. 3 (März),
S. 41–48.
- [1963b/1978]: Das europäische Tagebuch. 2. Aufl. Wiesbaden/München.
Hodin, J[oseph] P[aul] [1949]: Erinnerungen an Franz Kafka. In: Der Monat. Eine
internationale Zeitschrift für Politik und geistiges Leben. Berlin. 1. Jg. Nr 8/9
(Juni), S. 89–96.
Höck, Wilhelm [1968]: Franz Kafka (Zwischen Leben und Werk. Tagebücher der
Literaturgeschichte. Eine Aufsatzreihe. I). In: Der junge Buchhandel. (Beilage
zum Börsenblatt für den Deutschen Buchhandel. Frankfurter Ausgabe) 21. Jg.
Nr 1 (2. Januar), S. 1–7.
Hoffmann, Ernst Theodor Amadeus [1924]: Briefe und Tagebücher I. Jugendbriefe
[. . .]. (E. T. A. H.: Dichtungen und Schriften sowie Briefe und Tagebücher. Ge-
samtausgabe in 15 Bden. Hg. und mit einem Nachwort versehen von Walter Ha-
rich. Bd 14). Weimar.
Hofmannsthal, Hugo von [1904/1951]: Über Gedichte. (Die neue Rundschau. 15. Jg
der freien Bühne. H. 2 [Februar], S. 129–139) H. v. H.: Gesammelte Werke in
Einzelausgaben. Prosa II. Hg. von Herbert Steiner. Frankfurt/M., S. 94–112.
Hohl, Ludwig [1986]: Von den hereinbrechenden Rändern. Nachnotizen. 2 Bde
[Bd 2: Anmerkungen] Frankfurt/M.
Hohoff, Curt [1983]: Der wahre Weg führt über ein erdnahes Seil. Vor hundert
Jahren wurde Franz Kafka geboren. Das rätselhafteste Werk der Epoche wird
völlig neu entschlüsselt. In: Rheinischer Merkur. Deutsche Zeitung – Politik,
Kultur und Wirtschaft. Bonn, 38. Jg. Nr 216 (1. Juli), S. 23.
Hüsch, Hanns Dieter [1983]: Der Fall Hagenbuch. München.
Järv, Harry [1961]: Die Kafka-Literatur. Eine Bibiographie. Malmö/Lund.
Jahn, Wolfgang [1965]: Kafkas Roman »Der Verschollene« (»Amerika«). Stuttgart
(Germanistische Abhandlungen. Bd 11).
Janouch, Gustav [1951/1968]: Gespräche mit Kafka. Aufzeichnungen und Erinne-
rungen. Erweiterte Ausgabe. Frankfurt/M.
- [1963]: Brief an Werner Kraft, 11. Dezember 1963. (Unveröff.) In: Werner Kraft-
Archiv, Rheinbach bei Bonn.
Jens, Walter [1957/1978]: Poesie und Doktrin. Bertolt Brecht. In: W. J.: Statt einer
Literaturgeschichte. Pfullingen. 7., erweiterte Aufl., S. 259–290, 412–415.
Johnson, Samuel [1958]: Diaries, Prayers, and Annals. Ed. by E. L. McAdam, jr. with
Donald and Mary Hyde. London.
Jünger, Ernst [1949]: Heliopolis. Rückblick auf eine Stadt. Tübingen.
- [1979]: Strahlungen I (Sämtliche Werke. 1. Abt. Tagebücher. Bd 2. Tagebücher II)
Stuttgart.
Jurgensen, Manfred [1977]: Das Tagebuch in der zeitgenössischen Literatur. In: Uni-
versitas. Zeitschrift für Wissenschaft, Kunst und Literatur. Stuttgart. 32. Jg. Bd 2.
H. 7 (Juli), S. 685–692.
- [1979]: Das fiktionale Ich. Untersuchungen zum Tagebuch. Bern/München.
Just, Klaus Günther [1963/1966]: Das Tagebuch als literarische Form. (In: Zeitwen-
de. Die neue Furche. Hamburg. 34. Jg. H. 11 [November 1963], S. 751–760)
K. G. J.: Übergänge. Probleme und Gestalten der Literatur. Bern/München 1966,
S. 25–41.

Kästner, Erich [1961]: Notabene 45. Ein Tagebuch. Mit Zeichnungen von Paul Flora. Zürich.

Kafka, Frantisek [1969]: Franz Kafkas Handschrift. In: Zeitschrift für die Geschichte der Juden. Tel Aviv. 6. Jg. Nr 2, S. 75–81.

Kafka, Franz [1935–37]: Gesammelte Schriften. Hg. von Max Brod in Gemeinschaft mit Heinz Politzer. Berlin (1936f.: Prag).

I.   Erzählungen und kleine Prosa. 1935.
II.   Amerika. Roman. 1935.
III. Der Prozeß. Roman. 1935.
IV. Das Schloß. Roman. 1935.
V.   Beschreibung eines Kampfes. Novellen. Skizzen. Aphorismen aus dem Nachlaß. 1936.
VI. Tagebücher und Briefe. 1937.

–   [1945]: Journal Intime, suivi de Esquisse d'une autobiographie, Considérations sur le péché, Méditations. Introduction et traduction par Pierre Klossowski. Paris.

–   [1948–49]: The Diaries. London. [D]
I.   1910–1913. Translated from the German by Joeseph Kresh.
II.   1914–1923. Translated from the German by Martin Greenberg, with the co-operation of Hannah Arendt.

–   [1950–74]: Gesammelte Werke. Hg. Max Brod. Frankfurt/M.
I.   Der Prozeß. Roman. 1950 [Zitiert: P]
II.   Das Schloß. Roman. 1951. [S]
III. Tagebücher 1910–1923. 1951. [T]
IV. Briefe an Milena, Hg. von Willy Haas. 1952 [M]
V.   Erzählungen. 1952. [E]
VI. Amerika. Roman. 1953. [A]
VII. Hochzeitsvorbereitungen auf dem Lande und andere Prosa aus dem Nachlaß. 1953. [H]
VIII. Beschreibung eines Kampfes. Novellen. Skizzen. Aphorismen aus dem Nachlaß. 1954. [B]
IX. Briefe 1902–1924. 1958. [Br]
X.   Briefe an Felice und andere Korrespondenz aus der Verlobungszeit. Hg. von Erich Heller und Jürgen Born. 1967. [F]
XI. Briefe an Ottla und die Familie. Hg. von Hartmut Binder und Klaus Wagenbach. 1974. [O]

–   [1953]: Tentation au village et autres récits extraits du Journal de Franz Kafka. Traduit et présenté par Marthe Robert. Paris (Les cahiers verts. Bd 17).

–   [1957]: Briefe des Versicherungsangestellten Franz Kafka. In: Sinn und Form. Beiträge zur Literatur. Berlin [Ost]. 9. Jg. H. 4, S. 639–652.

–   [1959]: Erzählungen und Skizzen. (Auswahl und Nachwort von Klaus Wagenbach) Darmstadt.

–   [1965]: Erzählungen. Der Prozeß. Das Schloß. Mit einem Nachwort von Klaus Hermsdorf. Berlin [Ost].

–   [1967]: Amerika. Nachwort von Klaus Hermsdorf. Berlin [Ost].

–   [1969a]: Beschreibung eines Kampfes. Die zwei Fassungen. Parallelausgabe nach den Handschriften. Hg. und mit einem Nachwort versehen von Max Brod. Textedition von Ludwig Dietz. Frankfurt/M.

–   [1969b]: Hg. von Erich und Heller und Joachim Beug. München (Dichter über ihre Dichtungen).

–   [1970]: SämtlicheErzählungen. Hg. [mit einem Nachwort und einem Anhang: Zu den Texten] von Paul Raabe. Frankfurt/M. (fi 1078).

- [1978]: Erzählungen. [Hg. von Kurt Krolop. Mit einer Nachbemerkung von Kurt Krolop] Leipzig (RUB 700).
- [1979/1980]: Beim Bau der Chinesischen Mauer. Prosa und Betrachtungen aus dem Nachlaß. 3., in der Nachbemerkung veränderte Aufl. 4., in der Nachbemerkung veränderte Aufl. Leipzig/Weimar (Gustav Kiepenheuer-Bücherei).
- [1982ff.]: Kritische Ausgabe: Schriften, Tagebücher, Briefe. Hg. von Jürgen Born, Gerhard Neumann, Malcolm Pasley und Jost Schillemeit unter Beratung von Nahum Glatzer, Rainer Gruenter, Paul Raabe und Marthe Robert. Frankfurt/M.
  I.   Das Schloß. Hg. von Malcolm Pasley. 2 Bde. [Bd 2: Apparatband] 1982. [SKA]
  II. Der Verschollene. Hg. von Jost Schillemeit. 2 Bde. [Bd 2: Apparatband] 1983. [V]
  III. Tagebücher. Hg. von Hans-Gerd Koch, Michael Müller und Malcolm Pasley. 3 Bde [Bd 2: Apparat. Bd 3: Kommentar]. 1990. [TKA]
  IV. Der Proceß. Hg. von Malcolm Pasley. 2 Bde. [Bd 2: Apparatband] 1990. [PKA]
- [1983]: Briefe an Milena. Erweiterte und neu geordnete Ausgabe. Hg. von Jürgen Born und Michael Müller. Frankfurt/M. [MM]
- [1984]: Amtliche Schriften. Mit einem Essay von Klaus Hermsdorf. Berlin [Ost]. [AS]
- [1986]: Brief an den Vater. Text des Briefes in Faksimile und Transkription, mit einem Kommentarband von Joachim Unseld: Franz Kafkas »Brief an den Vater«. Hamburg.
- [1987ff.]: Brod, Max/Franz Kafka: Eine Freundschaft. Frankfurt/M.
  I.   Reiseaufzeichnungen. Hg. unter Mitarbeit von Hannelore Rodlauer von Malcolm Pasley. 1987 [BKR]
  II. Briefwechsel. Hg. von Malcolm Pasley. 1989. [BKB]
Karasek, Hellmuth [1978a]: Brecht ist tot. In: DER SPIEGEL. Hamburg. 32. Jg. Nr 9 (27. Februar), S. 216f.
- [1978b]: Bertolt Brecht. Der jüngste Fall eines Theaterklassikers. München.
Karst, Roman [1983]: Kafka und die Metapher. In: Literatur und Kritik. Österreichische Monatsschrift. Salzburg. 18. Jg. H. 179/180 (November/Dezember), S. 472–479.
- [1985]: Kafkas Prometheussage oder das Ende des Mythos. In: The Germanic Review. Devoted to Studies Dealing with the Germanic Languages and Literature. New York. Bd. 60. Nr 2 (Spring), S. 42–47.
Kaschnitz, Marie Luise [1965]: Gedächtnis, Zuchtrute. Kunstform. In: Das Tagebuch und der moderne Autor. Günther Anders, Heinrich Böll, Elias Canetti, Marie Luise Kaschnitz, Wolfgang Koeppen, Hans Werner Richter, Arno Schmidt, Ulrich Sonnemann. Hg. von Uwe Schultz. München (prosa viva. Bd 20), S. 20–33.
Kayser, Rudolf [1937]: Tagebücher und Briefe, Franz Kafka. Verlag Heinr. Mercy Sohn, Prag. 1937 (Bücherbesprechungen). In: Monatshefte für Deutschen Unterricht. A Journal Devoted to the Interests of Teachers of German in the Schools and Colleges of America. Madison, Wisconsin. Bd 29. Nr 8 (Dezember), S. 426.
Keller, Gottfried [1947]: Autobiographien, Tagebücher, Aufsätze zur Politik und zum Tage. (G. K.: Sämtliche Werke. Bd 21. Auf Grund des Nachlasses besorgte und mit einem wissenschaftlichen Anhang versehene Ausgabe. Hg. von Carl Helbling) Bern.
Kierkegaard, Søren [1910]: Papirer. Udgivne af P[eter] A[ndreas] Heiberg og V[ictor] Kuhr. 10 Bde. København 1909–1934. Bd. 2: Søren Kierkegaards Optegnelser fra 1837 27. Januar til 1840 2. Juni.

– [1962]: Die Tagebücher (S. K.: Gesammelte Werke. Die Tagebücher) 5 Bde. Bd 1. Ausgewählt, neugeordnet und übersetzt von Hayo Gerdes. Düsseldorf/Köln.

Kieser, Rolf [1975]: Max Frisch. Das literarische Tagebuch. Frauenfeld/Stuttgart.

Kittler, Friedrich A. [1985]: Aufschreibesysteme 1800/1900. München.

– [1986]: Grammophon/Film/Typewriter. Berlin [West].

Kittler, Wolf [1979]: Integration. In: Kafka-Handbuch in 2 Bden. Unter Mitarbeit zahlreicher Fachgelehrter hg. von Hartmut Binder. Bd 2: Das Werk und seine Wirkung. Stuttgart, S. 203–219.

– [1984]: Brief oder Blick. Die Schreibsituation der frühen Texte von Franz Kafka. In: Der junge Kafka. Hg. von Gerhard Kurz. Frankfurt/M. (stm 2035), S. 40–67.

Kleist, Heinrich von [1910]: Leben, Werke und Briefe, von Arthur Eloesser. (Tempel-Klassiker. Kleists Sämtliche Werke. Bd 5) Leipzig.

Klossowski, Pierre [1945]: Préface. In: Franz Kafka: Journal Intime, suivi de Esquisse d'une autobiographie, Considérations sur le péché, Méditations. Introduction et traduction par P. K. Paris, S. 7–17.

Kobloch, Heinz [1982]: Denn wer war Immanuel Kirch? [Über Kafkas Verhältnis zu Felice] In: H. K.: Stadtmitte umsteigen. Berliner Phantasien. Leipzig, S. 63–99.

Knopf, Jan [1980]: Brecht-Handbuch. Theater. Eine Ästhetik der Widersprüche. Stuttgart.

– [1983] (Hg.): Brecht-Journal. Frankfurt/M. (es 1191).

Kobs, Jürgen [1970]: Kafka. Untersuchungen zu Bewußtsein und Sprache seiner Gestalten. Hg. von Ursula Brech. Bad Homburg v. d. H.

Košik, Karel [1967/1976]: Die Dialektik des Konkreten. Eine Studie zur Problematik des Menschen und der Welt. Aus dem Tschechischen von Marianne Hoffmann. Frankfurt/M. 11. und 12. Tsd.

Kracauer, Siegfried [1926/1983]: »Das Schloß«: Zu Franz Kafkas Nachlaßroman. (Frankfurter Zeitung. 71. Jg. Nr 886 [28. November], S. 2 [1. Morgenblatt]) In: Franz Kafka. Kritik und Rezeption 1924–1938. Hg. von Jürgen Born unter Mitwirkung von Elek Koch, Herbert Mühlfeit und Mercedes Treckmann. Frankfurt/M., S. 139–142.

Kraft, Herbert [1976]: Kafkas Methode der Entstellung. In: »Sagen mit Sinne«. Festschrift für Marie-Luise Dittrich zum 65. Geburtstag. Hg. von Helmut Rücker und Kurt Otto Seidel. Göppingen (Göppinger Arbeiten zur Germanistik. Bd 180), S. 355–365.

– [1981]: Mondheimat Kafka. Pfullingen.

Kraft, Werner [1938]: Kafka. 7.5.1938. (Unveröffentlichtes Typoskript) In: Werner Kraft-Archiv, Rheinbach bei Bonn.

– [1968]: Franz Kafka. Durchdringúng und Geheimnis. Frankfurt/M. (BS 211).

Kranefuss, Annelen [1983]: Die Blicke des Beobachters. [Fernsehfilm zum 100. Geburtstag Franz Kafkas] ARD, 3. Juli.

Kurella, Alfred [1963/1978]: Der Frühling, die Schwalben und Franz Kafka. (Sonntag. Wochenzeitung für Kulturpolitik, Kunst und Wissenschaft. Berlin [Ost]. 18. Jg. Nr 31 [4. August], S. 10–12) In: Kritik in der Zeit. Literaturkritik der DDR 1945–1975. Bd 1: 1945–1965. Hgg. Klaus Jarmatz (Leiter), Christel Berger, Renate Drenkow. Erarbeitet in der Akademie für Gesellschaftswissenschaften beim ZK der SED. 2. Aufl. Halle/Leipzig, S. 380–392.

Kurz, Gerhard [1980]: Traum-Schrecken. Kafkas literarische Existenzanalyse. Stuttgart.

– [1984] (Hg.): Der junge Kafka. Frankfurt/M. (stm 2035).

Kurzrock, Ruprecht Heinrich [1955]: Das Tagebuch als literarische Form. (Phil. Diss.) Berlin [West] [Masch.].

Langenbruch, Theodor [1978]: Eine Odyssee ohne Ende: Aufnahme und Ablehnung Kafkas in der DDR. In: Franz Kafka. Eine Aufsatzsammlung nach einem Symposium in Philadelphia. Hg. und eingeleitet von Maria Luise Caputo-Mayr. Berlin/Darmstadt (Agora. Bd 29), S. 157–169.

Leisewitz, Johann Anton [1916–20/1976]: Tagebücher. Nach den Handschriften hg. von Heinrich Mack und Johannes Lochner. 2 Bde. Weimar. Repr. Hildesheim/New York.

Leo[nhardt, Rudolf Walter] [1984]: Pro Contra (30) Tagebücher. In: DIE ZEIT. Hamburg 29. Jg. Nr 49 (30. November), S. 79.

Lukács, Georg [1958]: Wider den mißverstandenen Realismus. (Die Gegenwartsbedeutung des kritischen Realismus) Hamburg.

Mann, Klaus [1937/1983]: Franz Kafka. (Die Neue Weltbühne. Prag. 6. Jg. H. 33 [12. August], S. 1030–1033) In: Franz Kafka. Kritik und Rezeption 1924–1938. Hg. von Jürgen Born unter Mitwirkung von Elke Koch, Herbert Mühlfeit und Mercedes Treckmann. Frankfurt/M., S. 423–427.

– [1944/1952]: Der Wendepunkt. Ein Lebensbericht. (The Turning Point. New York. Erweiterte Fassung; deutsch vom Autor) Frankfurt/M.

Mann, Thomas [1941/1949/1965]: Dem Dichter zu Ehren. Franz Kafka und »Das Schloß«. (In englischer Übersetzung unter dem Titel »Homage« in: Franz Kafka: The Castle. New York. 2. Aufl. – Deutscher Text erstmals in: Der Monat. Eine internationale Zeitschrift für Politik und geistiges Leben. Berlin. 1. Jg. Nr 8/9 [Juni], S. 66–70) T. M.: Reden und Aufsätze I. Frankfurt/M., S. 401–409.

– [1977]: Tagebücher 1933–1934. Hg. von Peter de Mendelssohn. Frankfurt/M.

– [1978]: Tagebücher 1935–1936. Hg. von Peter de Mendelssohn. Frankfurt/M.

– [1979]: Tagebücher 1918–1921. Hg. von Peter de Mendelssohn. Frankfurt/M.

Martini, Fritz [1958]: Ein Manuskript Franz Kafkas: Der Dorfschullehrer. In: Jahrbuch der deutschen Schillergesellschaft. Stuttgart. 2. Jg., S. 266–300.

Marx, Karl/Friedrich Engels [1845–46/1969]: Die deutsche Ideologie. Kritik der neuesten deutschen Philosophie in ihren Repräsentanten Feuerbach, B. Bauer und Stirner, und des deutschen Sozialismus in seinen verschiedenen Propheten. In: K. M./F. E.: Werke. Bd 3. [Hg. vom] Institut für Marxismus-Leninismus beim ZK der SED. Berlin [Ost], S. 9–530.

Matt, Peter von [1983]: . . . fertig ist das Angesicht. Zur Literaturgeschichte des menschlichen Gesichts. München/Wien (Literatur als Kunst).

– [1986]: Die Venus und der junge Mann aus Prag. Über Franz Kafkas »Der Verschollene« (»Amerika«). In: Frankfurter Allgemeine Zeitung. 37. Jg. Nr 122 (30. Mai), S. 25.

Mayer, Hans [1979]: Walter Benjamin und Franz Kafka. Bericht über eine Konstellation. In: Literatur und Kritik. Österreichische Monatsschrift. Salzburg. 14. Jg., H. 140 (November), S. 579–597.

Mecke, Günter [1981]: Der Jäger Gracchus: Franz Kafkas Geheimnis. In: Psyche. Zeitschrift für Psychoanalyse und ihre Anwendungen. Stuttgart. 35. Jg. H. 3 (März), S. 209–236.

– [1982]: Franz Kafkas offenbares Geheimnis. Eine Psychopathographie. München.

Merker, Paul/Wolfgang Stammler [1925–31] (Hg.): Reallexikon der deutschen Literaturgeschichte. 4 Bde. Berlin.

– [1925–31/1958–84]: Reallexikon der deutschen Literaturgeschichte. Begründet vom P. M. und W. S. 2. Aufl. neu bearbeitet und unter redaktioneller Mitarbeit von Klaus Kanzog sowie unter Mitwirkung zahlreicher Fachgelehrter hg. von Werner Kohlschmidt und Wolfgang Mohr. (Bd 4: Hg. von Klaus Kanzog und Achim Masser) 4 Bde. Berlin/New York.

Meyer, Richard M. [1898/1905]: Zur Entwicklungsgeschichte des Tagebuchs. (In: Cosmopolis. 10. Jg., S. 856–873) R. M. M.: Gestalten und Probleme. Berlin 1905, S. 281–298.

Mitscherlich-Nielsen, Margarete [1977]: Psychoanalytische Bemerkungen zu Franz Kafka. In: Psyche. Zeitschrift für Psychoanalyse und ihre Anwendungen. Stuttgart. 31. Jg. H. 1 (Januar), S. 60–83.

Morand, Jean [1971]: Le »Journal« de Kafka ou l'irreductible intériorité. In: Europe. Revue litteraire mensuelle. Paris. 49. Jg. Nr 511–512 (November-Dezember), S. 95–111.

Mühlberger, Josef [1951]: Kafka, Franz: Tagebücher 1910–1923. (Allgemeiner Bücherbericht. Tagebücher – Briefe) In: Welt und Wort. Literarische Monatsschrift. Tübingen. 6. Jg. H. 10 (Oktober), S. 412.

– [1953]: Hugo von Hofmannsthal. Franz Kafka. Zwei Vorträge. Eßlingen.

Müller-Seidel, Walter [1986]: Die Deportation des Menschen. Kafkas Erzählung »In der Strafkolonie« im europäischen Kontext. Stuttgart.

Musil, Robert [1914/1978]: Literarische Chronik. [Zu »Betrachtung« und »Der Heizer«] (Die Neue Rundschau. Berlin. 25. Jg. Bd 2. H. 8 (August), S. 1166–1172 [»Franz Kafka«: S. 1169f.]) R. M.: Kritik. (Gesammelte Werke in 9 Bden, hg. von Adolf Frisé. Bd 9) Reinbek, S. 1465–1471 (S. 1468f.).

– [1976]: Tagebücher. Hg. von Adolf Frisé. 2 Bde [Bd 2: Anmerkungen, Anhang, Register]. Reinbek.

Nagel, Bert [1974]: Franz Kafka. Aspekte zur Interpretation und Wertung. Berlin [West].

– [1983]: Kafka und die Weltliteratur. Zusammenhänge und Wechselwirkungen. München.

Neff, Kurt [1979]: Kafkas Schatten. In: Kafka-Handbuch in 2 Bden. Unter Mitarbeit zahlreicher Fachgelehrter hg. von Hartmut Binder. Bd 2: Das Werk und seine Wirkung. Stuttgart, S. 872–909.

Neumann, Gerhard [1968]: Umkehrung und Ablenkung. Franz Kafkas »Gleitendes Paradox«. In: Deutsche Vierteljahrsschrift für Literaturwissenschaft und Geistesgeschichte. Stuttgart. 42. Jg. H. 5 (Sonderheft: Literatur des 20. Jahrhunderts), S. 702–744.

– [1981]: Franz Kafka. In: Handbuch der deutschen Erzählung. Hg. von Karl Konrad Polheim. Düsseldorf, S. 448–460, 607f.

– [1982]: Der verschleppte Prozeß. Literarisches Schaffen zwischen Schreibstrom und Werkidol. In: Poetica. Zeitschrift für Sprach- und Literaturwissenschaft. Amsterdam. Bd 14. H. 1–2, S. 92–112.

– [1985]: »Nachrichten vom ›Pontus‹«. Das Problem der Kunst im Werk Franz Kafkas. In: Franz Kafka Symposium 1983. Akademie der Wissenschaften und der Literatur zu Mainz. Hg. von Wilhelm Emrich und Bernd Goldmann. Mainz (Die Mainzer Reihe. Bd 62), S. 101–157.

Niggl, Günter [1973/1977]: Geschichte der deutschen Autobiographie im 18. Jahrhundert. Theoretische Grundlegung und literarische Entfaltung. (Phil. Habil. München) Stuttgart.

Nin, Anaïs [1966]: The Journals. 1931–1934. Ed. and with an Introduction by Gunther Stuhlmann. London.

– [1968]: Die Tagebücher 1931–1934. Aus dem Amerikanischen übertragen von Herbert Zand. Hg. von Gunther Stuhlmann. Hamburg.

Noble, C. A. M. [1972]: Kafkas Männer ohne Eigenschaften. In: Literatur und Kritik. Österreichische Monatsschrift. Salzburg. 7. Jg. H. 66/67, S. 387–398.

Novalis [1960–75]: Schriften. Die Werke Friedrich von Hardenbergs. Hg. von Paul Kluckhohn und Richard Samuel. 2., nach den Handschriften ergänzte, erweiterte und verbesserte Aufl. in 4 Bden und einem [noch nicht erschienenen] Begleitband. Stuttgart.

Oellers, Norbert [1978]: Die Bestrafung der Söhne. Zu Kafkas Erzählungen »Das Urteil«, »Der Heizer« und »Die Verwandlung«. In: Zeitschrift für deutsche Philologie. Berlin/Bielefeld/München. Bd 97 (Sonderheft: Studien zur deutschen Literaturgeschichte und Gattungspoetik. Festgabe für Benno von Wiese), S. 70–87.

– [1982/1983/1984]: Goethes »Die Wahlverwandtschaften« und Kafkas »Der Prozeß«. Vorüberlegungen zu einem Vergleich. In: Jahrbuch des Wiener Goethe-Vereins. Hg von Herbert Zeman. Bd 86/87/88, S. 301–312.

– [1989]: Franz Kafka als Briefschreiber. In: Die österreichische Literatur. Ihr Profil von der Jahrhundertwende bis zur Gegenwart (1880–1980). Graz, S. 939–957.

Pascal, Roy [1956]: Franz Kafka. In: R. P.: The German Novel. Manchester, S. 215–257.

– [1960/1965]: Die Autobiographie. Gehalt und Gestalt. [Design and Truth in Autobiography. London 1960; dt.] Übersetzung aus dem Engl. von M. Schaible, überarbeitet von Kurt Wölfel. Stuttgart/Berlin/Köln/Mainz 1965.

Pasley, Malcolm [1980]: Der Schreibakt und das Geschriebene. Zur Frage der Entstehung von Kafkas Texten. In: Franz Kafka. Themen und Probleme. Mit Beiträgen von Beda Allemann, Roger Bauer, Bernahrd Böschenstein, Theo Buck, Claude David, Efim Etkind, Ulrich Fülleborn, Eduard Goldstücker, Heinrich Henel, Ingeborg C. Henel, Dominique Iehl, Malcolm Pasley, Claudine Raboin, Walter H[erbert] Sokel. Göttingen (Kleine Vandenhoeck-Reihe. Bd 1451), S. 9–25.

– [1985]: Kafka als Reisender. In: Was bleibt von Franz Kafka? Positionsbestimmung. Kafka-Symposion 1983. Unter Mitwirkung von Georg Kranner hg. von Wendelin Schmidt-Dengler. 2. Aufl. Wien (Schriftenreihe der Franz Kafka-Gesellschaft. Bd 1), S. 1–15.

– [1987]: Kafkas »Hinausspringen aus der Totschlägerreihe«. In: Jahrbuch der deutschen Schillergesellschaft. Stuttgart. 31. Jg., S. 383–393.

– [1990]: Franz Kafka: Der Prozeß. Die Handschrift redet. Bearbeitet von M. P. Mit einem Beitrag von Ulrich Ott. Marbach am Neckar (Marbacher Magazin 52/1990 für die Ausstellung vom 24. April bis 1. Juli 1990 im Schiller-Nationalmuseum Marbach am Neckar).

Pasley, Malcolm/Klaus Wagenbach [1965/1966]: Datierung sämtlicher Texte Franz Kafkas. In: Jürgen Born/Ludwig Dietz/Malcolm Pasley/Paul Raabe/Klaus Wagenbach: Kafka-Symposion. Berlin [West] 2., veränderte Aufl., S. 76–80.

Pepys, Samuel [1970–76]: The Diary. A New and Complete Transcription ed. by Robert Latham and William Matthews. Contributing Editors William A. Armstrong, Macdonald Emslie, Oliver Millar, the late T. F. Reddaway. 9 Bde. Berkeley/Los Angeles.

– [1980]: Das geheime Tagebuch. Mit 27 Wiedergaben von zeitgenössischen Kupfern. Hg. von Anselm Schlösser und übertragen von Jutta Schlösser. Leipzig.

Petersen, Wolfgang [1937]: Franz Kafka. In: Monatshefte für deutschen Unterricht. A Journal Devoted to the Interests of Teachers of German in the Schools and Colleges of America. Madison, Wisconsin. Bd 29. Nr 8 (Dezember), S. 373–388.

Podlech, Elmar [1985]: Franz Kafka hört noch immer Radio und telefoniert mit schönen Frauen Porträt eines Mannes vor dem Sterben Das Familienfest. Hörstück. Südwestfunk 2. 11. Juli, 20.30 Uhr.

Politzer, Heinz [1962/1965]: Franz Kafka. Der Künstler. [Franz Kafka. Parable and Paradox. Ithaca/N. Y.; dt.] [Mit einem neuen Vorwort] Frankfurt/M. (st 433).

- [1973a/1980a] (Hg.): Franz Kafka. Darmstadt. 2. Aufl. (WdF. Bd CCCXXII).
- [1973b/1980b]: Einleitung. In: Franz Kafka. Hg. von H. P. Darmstadt. 2. Aufl. (WdF. Bd CCCXXII), S. 1–32.
Raddatz, Fritz J. [1982]: Kälte und Kitsch. Vom erotischen Vergnügen an Gewalt und Tod: Die Herrenreiterprosa eines deutschen Dichters. Über den Goethepreisträger Ernst Jünger. In: DIE ZEIT. Hamburg. 37. Jg. Nr 35 (27. August), S. 33f.
- [1986]: Mein Tagebuch soll mein Spiegel sein. In: DIE ZEIT. Hamburg. 41. Jg. Nr 21 (16. Mai), S. 41–44.
Ramm, Klaus [1971]: Reduktion als Erzählprinzip bei Kafka. Frankfurt/M. (Literatur und Reflexion. Bd 6).
Rattner, Josef [1964]: Kafka und das Vater-Problem. Ein Beitrag zum tiefenpsychologischen Problem der Kinder-Erziehung. Interpretation von Kafkas »Brief an den Vater«. München/Basel (Aus der Psychologischen Lehr- und Beratungsstelle Zürich).
Reich-Ranicki, Marcel [1973]: Brecht war kein Brechtianer. Vom Sieg der Lehre über das Leben. Zu seinem Arbeitsjournal 1938–1955. In: Die ZEIT. Hamburg. 28. Jg. Nr 12 (16. März), S. 25f.
- [1983]: Notizen zur Tradition. Für Walter Jens. In: Frankfurter Allgemeine Zeitung. 34. Jg. Nr 54 (5. März). Bilder und Zeiten, S. [4].
Richter, Helmut [1962]: Franz Kafka. Werk und Entwurf. Berlin [Ost].
Robert, Marthe [1952/1953]: Introduction. In: Tentation au village et autres récits extraits du Journal de Franz Kafka. Traduit et présenté par M. R. Paris (Les cahiers verts. Bd 17), S. 7–36.
- [1979a]: Frankreich. (Die Aufnahme [Kafkas] in den einzelnen Ländern). In: Kafka-Handbuch in 2 Bden. Unter Mitarbeit zahlreicher Fachgelehrter hg. von Hartmut Binder. Bd 2: Das Werk und seine Wirkung. Stuttgart, S. 678–693.
- [1979b/1985]: Einsam wie Franz Kafka. [Seul, comme Franz Kafka. Paris; dt.] Aus dem Französischen von Eva Michel-Moldenhauer. Frankfurt/M.
Robertson, Ritchie [1985/1988]: Kafka. Judentum – Gesellschaft – Literatur. [Judaism, Politics and Literature. Oxford; dt.] Aus dem Englischen von Josef Billen. Stuttgart.
Rolleston, James [1979]: Die Romane. a) Ansätze der Frühzeit. In: Kafka-Handbuch in 2 Bden. Unter Mitarbeit zahlreicher Fachgelehrter hg. von Hartmut Binder. Bd 2: Das Wrk und seine Wirkung. Stuttgart. S. 402–407.
Rüdiger, Horst [1976]: Versuch über das Tagebuch als literarische Form. In: Deutsche Akademie für Sprache und Dichtung Darmstadt [Jahrbuch 1975]. Heidelberg, S. 24–35.
Sartre, Jean-Paul [1948/1958/1969]: Was ist Literatur? Ein Essay. [Qu'est-ce que la littérature? Paris; dt.] Übertragen von Hans Georg Brenner, Reinbek (rde 65).
Schaufelberger, Fritz [1949]: Kafkas Prosafragmente. In: Trivium. Schweiz. Vierteljahresschrift für Literaturwissenschaft. Zürich. 7. Jg. (1949). H. 1, S. 1–15.
Schillemeit, Jost [1985]: Das unterbrochene Schreiben. Zur Entstehung von Kafkas Roman ›Der Verschollene‹. In: Kafka-Studien. Hg. von Barbara Elling. Roman Karst zu seinem 70. Geburtstag gewidmet. New York/Bern/Frankfurt/M. (New Yorker Studien zur Neueren Deutschen Literaturgeschichte. Hg. von Joseph Strelka. Bd 5), S. 137–152.
Schiller, Friedrich [1780/1962]: Versuch über den Zusammenhang der thierischen Natur des Menschen mit seiner geistigen. In: Schillers Werke. Nationalausgabe. 20. Bd: Philosophische Schriften. Erster Teil. Unter Mitwirkung von Helmut Koopmann hg. von Benno von Wiese. Weimar, S. 37–75.

Schiller, Friedrich/Goethe, Johann Wolfgang [1984]: Briefwechsel. Im Auftrage der Nationalen Forschungs- und Gedenkstätten der klassischen deutschen Literatur in Weimar hg. von Siegfried Seidel. München. Bd 2: Briefe der Jahre 1798–1805.

Schings, Dietmar [1983]: »Das Kino stört aber das Schauen«. Anmerkungen zu Äußerungen Kafkas über das Kino. In: Frankfurter Rundschau. 39. Jg. Nr 293 (17. Dezember). Zeit im Bild, S. 2.

Schink, Helmut [1980]: Die literarisierte Kontaktlosigkeit – Kafkas Vaterbeziehung und sein ›Brief an den Vater‹. In: H. S.: Jugend als Krankheit? Hermann Hesse, Robert Musil, Franz Kafka, Reinhold Schneider, Anne Frank, Franz Innerhofer. Linz, S. 68–98.

Schmidt, Arno [1959]: Berechnungen I. In: A. S.: Rosen & Porree. Karlsruhe, S. 283–292.

– [1965]: Eines Hähers »TUÉ!« und 1014 fallend. In: Das Tagebuch und der moderne Autor. Günther Anders, Heinrich Böll, Elias Canetti, Marie Luise Kaschnitz, Wolfgang Koeppen, Hans Werner Richter, Arno Schmidt, Ulrich Sonnemann. Hg. von Uwe Schultz. München (prosa viva. Bd 20), S. 110–126.

Schneider, Michael [1979]: Bertolt Brecht – ein abgebrochener Riese. Zur ästhetischen Emanzipation von einem Klassiker. In: Literaturmagazin 10: Vorbilder. Redaktion: Nicolas Bron, Jürgen Manthey, Delf Schmidt. Reinbek (dnb), S. 26–66.

Schoeps, Hans Joachim [1936/1985]: Franz Kafka oder der Glaube in der tragischen Position. (H. J. S.: Gestalten an der Zeitenwende. Burckhardt, Nietzsche, Kafka. Berlin, S. 54–76) Im Streit um Kafka und das Judentum. Max Brod, Hans-Joachim Schoeps. Briefwechsel. Hg. und eingeleitet von Julius H. Schoeps. Königstein/Ts., S. 202–218.

Schramm, Godehard [1983]: Die Wahrheit, nichts als eine Wahrheit finden. Über Offenherzigkeit und Wahrhaftigkeit im Tagebuch. [Rundfunkmanuskript] Südfunk 2 (11. Oktober, 20.20–21.15 Uhr).

Schwenger, Hannes [1984] (Hg.): Menschen im Büro. Von Kafka bis zu Martin Walser. Vierzig Geschichten. Mit einem Nachwort von H. S. München (dtv 10215).

Seidler, Manfred [1953]: Strukturanalysen der Romane »Der Prozeß« und »Das Schloß« von Franz Kafka. (Phil. Diss.) Bonn [Masch.].

Skasa, Michael [1983]: Langer Prozeß um Kafkas Prozeß. Deutsche Erstaufführung an der Freien Volksbühne Berlin: »Der neue Prozeß« von Peter Weiss. In: DIE ZEIT. Hamburg. 38. Jg. Nr 14 (1. April), S. 34.

Sokel, Walter Herbert [1964]: Franz Kafka – Tragik und Ironie. Zur Struktur seiner Kunst. München/Wien.

Spann, Meno [1955]: Die beiden Zettel Kafkas. In: Monatshefte. A Journal Devoted to the Study of German Language and Literature. Madison, Wisconsin. Bd 47 Nr 7 (November), S. 321–328.

Spiel, Hilde [1983]: Kafkas »fürchterliche Anstrengung und Freude«. Zwei Ausstellungen in Oxford. In: Frankfurter Allgemeine Zeitung. 34. Jg. Nr 113 (17. Mai), S. 27.

Stach, Reiner [1984]: Eine höhere Art der Beobachtung. Zum Verhältnis individueller und kollektiver Erfahrung im Werk Kafkas. In: Neue Rundschau. Frankfurt/M. 95. Jg. H. 1/2 (Mai), S. 214–228.

– [1987]: Kafkas erotischer Mythos. Eine ästhetische Konstruktion des Weiblichen. Frankfurt/M. (Fischer Wissenschaft. fi 7370).

Steinmetz, Horst [1977]: Suspensive Interpretation. Am Beispiel Franz Kafkas. Göttingen (Sammlung Vandenhoeck).

- [1985] Negation als Spiegel und Appell. Zur Wirkungsbedingung Kafkascher Texte. In: Was bleibt von Franz Kafka? Positionsbestimmung. Kafka-Symposion 1983. Unter Mitwirkung von Georg Kranner hg. von Wendelin Schmidt-Dengler. 2. Aufl. Wien (Schriftenreihe der Franz Kafka-Gesellschaft. Bd 1), S. 155–164.

Stölzl, Christoph [1979]: Prag. In: Kafka-Handbuch in 2 Bden. Unter Mitarbeit zahlreicher Fachgelehrter hg. von Hartmut Binder. Bd 1: Der Mensch und seine Zeit. Stuttgart, S. 40–100.

Stoessel, Marleen [1983]: Dieser Schwung der Hand. Zum 100. Geburtstag von Franz Kafka. In: Süddeutsche Zeitung. München. 39. Jg. Nr 149 (2./3. Juli), S. 113.

Thieberger, Richard [1979]: Sprache. In: Kafka-Handbuch in 2 Bden. Unter Mitarbeit zahlreicher Fachgelehrter hg. von Hartmut Binder. Bd 2: Das Werk und seine Wirkung. Stuttgart, S. 177–203.

Tucholsky, Kurt [Pseudonym Peter Panter] [1920/1975]: In der Strafkolonie. (Die Weltbühne. Berlin. 16. Jg. Nr 23 [3. Juni], S. 655–657) K. T.: Gesammelte Werke in 10 Bden. Hg von Mary Gerold-Tucholsky, Fritz J. Raddatz. Reinbek. Bd 2: 1919–1920, S. 344–346.

- [1921/1975]: Drei Abende. [Zu einer Kafka-Rezitation von Ludwig Hardt] (Die Weltbühne. Berlin. 17. Jg. Nr 48 [1. Dezember], S. 562f.) K. T.: Gesammelte Werke in 10 Bden. Hg. von Mary Gerold-Tucholsky, Fritz J. Raddatz. Reinbek. Bd 3: 1921–1924, S. 91f.

- [1926/1975]: Der Prozeß (Die Weltbühne. Berlin. 22. Jg. Nr 10 [1. März], S. 383–386) K. T.: Gesammelte Werke in 10 Bden. Hg von Mary Gerold-Tucholsky, Fritz J. Raddatz. Reinbek. Bd 4: 1925–1926, S. 370–374.

- [1929/1975]: Auf dem Nachttisch. [Zu »Amerika«] (Die Weltbühne. Berlin. 25. Jg. Bd 1. Nr 9 [26. Februar], S. 337–341; 337f.) K. T.: Gesammelte Werke in 10 Bden. Hg von Mary Gerold-Tucholsky, Fritz J. Raddatz. Reinbek. Bd 7: 1929, S. 43–49; 44f.

- [1973]: Schnipsel. Hg von Mary Gerold-Tucholsky, Fritz J. Raddatz. Reinbek (ro 1669).

- [1977]: Briefe aus dem Schweigen 1932–1935. Briefe an Nuuna. Hg. von Mary Gerold-Tucholsky und Gustav Huonker. Reinbek.

- [1982]: Unser ungelebtes Leben. Briefe an Mary. Hg. von Fritz J. Raddatz. Reinbek.

Ueding, Gert [1981]: Verschlagen auf einen bösen Planeten. Ernst Jüngers Tagebuch-Aufzeichnungen 1965–1970. In: Frankfurter Allgemeine Zeitung. 32. Jg. Nr 32 (7. Februar). Bilder und Zeiten, S. [5].

Unseld, Joachim [1982]: Franz Kafka. Ein Schriftstellerleben. Die Geschichte seiner Veröffentlichungen mit einer Bibliographie sämtlicher Drucke und Ausgaben der Dichtungen Franz Kafkas 1908–1924. München.

Urzidil, Johannes [1924/1983]: Rede zum Ehrengedächtnis Franz Kafkas. (Gehalten bei der Trauerfeier in Prag) (Das Kunstblatt. Berlin. 8. Jg. H. 8 [August], S. 250f.) Franz Kafka. Kritik und Rezeption 1924–1938. Hg. von Jürgen Born unter Mitwirkung von Elke Koch, Herbert Mühlfeit und Mercedes Treckmann. Frankfurt/M., S. 57f.

- [1965]: Da geht Kafka. Zürich/Stuttgart.

U[thmann], J[örg] v[von] [1986]: Kafkariert. In: Frankfurter Allgemeine Zeitung. 37. Jg. Nr 260 (8. November), S. 25.

Vietta, Egon [i. e. Karl Egon Fritz] [1930]: Franz Kafka und unsere Zeit. In: Neue Schweizer Rundschau. Zürich. 23. Jg. H. 8 (August), S. 565–577.

Wagenbach, Klaus [1958]: Franz Kafka. Eine Biographie seiner Jugend 1883–1912. Bern.

- [1964]: Franz Kafka in Selbstzeugnissen und Bilddokumenten. Reinbek (romo 91).
- [1965/1966]: Wo liegt Kafkas Schloß? In: Jürgen Born/Ludwig Dietz/Malcolm Pasley/Paul Raabe/Klaus Wagenbach: Kafka-Symposion. Berlin [West] 2., veränderte Aufl., S. 161–180.
- [1983]: Franz Kafka. Bilder aus seinem Leben. Berlin [West].
Wagner, Richard [1904]: An Mathilde Wesendonk. Tagebuchblätter und Briefe 1853–1871. [Hg. von] Wolfgang Golter. Berlin (13. durchges. Aufl.).
Walberg, Ernst J. [1983]: Diese ungeheure Welt im Kopfe. Franz Kafka zum 100. Geburtstag. In: General-Anzeiger. Bonn. 92. Jg. Nr 28414 (2./3. Juli), S. XIX.
Walser, Martin [1952/1961]: Beschreibung einer Form. (Phil. Diss. Tübingen) München (Literatur als Kunst).
- [1962/1975]: Arbeit am Beispiel. In: Er. Prosa von Franz Kafka. Auswahl und Nachwort von M. W. Frankfurt/M. (BS 97), S. 219–225.
- [1982]: In Goethes Hand. Szenen aus dem 19. Jahrhundert. Frankfurt/M.
- [1985]: Meßmers Gedanken. Frankfurt/M.
Walzel, Oskar [1916/1979]: Logik im Wunderbaren. [Zu »Der Heizer« und »Die Verwandlung«] (Berliner Tageblatt. 45. Jg. Nr 342 [6. Juli], S. 2) Franz Kafka. Kritik und Rezeption 1912–1924. Hg. von Jürgen Born unter Mitwirkung von Herbert Mühlfeit und Friedemann Spicker. Frankfurt/M., S. 143–148.
Weimar, Klaus [1985]: Kafkas Wahrheit. In: Merkur. Deutsche Zeitschrift für europäisches Denken. Stuttgart. 39. Jg. H. 11 (November), S. 949–960.
Weinberg, Kurt [1963]: Kafkas Dichtungen. Die Travestien des Mythos. Bern/München.
Weiss, Ernst [1925/1983]: Die Jugend im Roman. [Zu »Ein Hungerkünstler«] (Berliner Börsen-Courier. 57. Jg. Nr 5 [4. Januar], S. 5) Franz Kafka. Kritik und Rezeption 1924–1938. Hg. von Jürgen Born unter Mitwirkung von Elke Koch, Herbert Mühlfeit und Mercedes Treckmann. Frankfurt/M., S. 81f.
- [1937]: Bemerkungen zu den Tagebüchern und Briefen Franz Kafkas (Verlag Heinrich Mercy, Prag). In: Mass und Wert. Zweimonatsschrift für freie deutsche Kultur. Zürich. 1. Jg. H. 2 (November/Dezember), S. 319–325.
Weiss, Peter [1981]: Notizbücher 1971–1980. 2 Bde. Frankfurt/M. (es 1067).
- [1984]: Der neue Prozeß. Stück in drei Akten. Franz Kafka gewidmet. Frankfurt/M. (es 1215.
Welzig, Werner [1982]: Schemata des Individuellen. Zur Genrediskussion von Autobiographie und Tagebuch. In: Neue Zürcher Zeitung. 203. Jg. Nr 229 (2./3. Oktober) S. 65f.
- [1983]: Amüsante, Mattoide und andere Zeitgenossen. Ueber eine Schwierigkeit beim Lesen von Tagebüchern und Autobiographien. In: Neue Zürcher Zeitung. 204. Jg. Nr 52 (4. März), S. 33f. (Fernausgabe).
Wiegand, Wilfried [1984]: Das Jahrhundert Kafkas. Die große Gedenausstellung im Centre Georges Pompidou. In: Frankfurter Allgemeine Zeitung. 35. Jg. Nr 188 (24. August), S. 23.
Wilpert, Gero von [1955/1964]: Sachwörterbuch der Literatur. Stuttgart. 4., verbesserte und erweiterte Aufl. (Kröners Taschenausgabe. Bd 231).
Wolff, Kurt [1965/1969]: Autoren, Bücher, Abenteuer. Betrachtungen und Erinnerungen eines Verlegers. Berlin [West] 2. Aufl.
Wuthenow, Ralph-Rainer [1974]: Das erinnerte Ich. Europäische Autobiographie und Selbstdarstellung im 18. Jahrhundert. München.
- [1990]: Europäische Tagebücher. Eigenart, Formen, Entwicklung. Darmstadt.

Zimmermann, Hans Dieter [1985]: Der babylonische Dolmetscher. Zu Franz Kafka und Robert Walser. Frankfurt/M. (es 1316).
Zischler, Hanns [1978]: Amerika vor Augen oder Kafka in 43 min. 30 sec. [Fernsehfilm] ARD.
− [1983]: Maßlose Unterhaltung. Franz Kafka geht ins Kino. In: Freibeuter. Vierteljahreszeitschrift für Kultur und Politik. Berlin [West]. 4. Jg. H. 16, S. 33–47.

Register

Das Register verzeichnet die Namen aller erwähnten Personen (mit Ausnahme von Kafka) sowie die Texte Kafkas (sie sind durch Kursivschreibung kenntlich gemacht).

337

341